DEVOCIONAL
EN UN AÑO®

VOLUMEN 2

PARA
NIÑOS

INCLUYE 365 PRINCIPIOS BÁSICOS PARA
LA FORMACIÓN DEL CARÁCTER

VOLUMEN 2

DEVOCIONAL
EN UN AÑO®
PARA NIÑOS

INCLUYE 365 PRINCIPIOS BÁSICOS PARA
LA FORMACIÓN DEL CARÁCTER

365

TYNDALE
NIÑOS

Tyndale House Publishers, Inc.
Carol Stream, Illinois, EE. UU.

Visite Tyndale en Internet: www.tyndaleespanol.com y www.BibliaNTV.com.

Visite Tyndale para niños: tyndale.com/kids.

TYNDALE, The One Year, One Year, En un año, el logotipo de En un año y el logotipo de la pluma son marcas registradas de Tyndale House Publishers, Inc. El logotipo de The One Year, el logotipo de Tyndale Niños y el logotipo de Tyndale Kids son marcas de Tyndale House Publishers, Inc.

Devocional en un año para niños #2

Originalmente publicado en inglés en 1997 como *The One Year Devotions for Kids #3* por Tyndale House Publishers, Inc., con ISBN 978-0-8423-4662-7.

Edición en inglés: Debbie Bible (1997) y Erin Keeley (2004)

Las historias fueron escritas por Katherine R. Adams, Susan Arcand, Elzena A. Arguello, Esther M. Bailey, Lisa A. Baird, Shari L. Barr, Michael R. Blackman, Ruth E. Blount, Judith K. Boogaart, Kathy A. Brand, Carol J. Brookman, Julie J. Brooks, Gail D. Brown, Wanda E. Brunstetter, Daniel A. Burns, Jane K. Chase, Karen E. Cogan, Mildred P. Colvin, Rosalie J. Currier, Mary L. De Mott, Carol A. DeCesare, Harriet A. Durrell, T. Suzanne Eller, Teresa J. Ellifrits, Bethany R. Elms, Helen C. Eshleman, Nancy J. Ferrier, Dean A. Fowler, Hope L. Funderberg, Cathy L. Garnaat, Dianne V. Godbold, Cynthia M. Graybill, Sheila M. Green, Jeane K. Greiser, Veronica R. Guerriero, Jan L. Hansen, Mary Kay Harllee, Nancy G. Hill, Christine P. Honey, Beth R. Hopper, Ed J. Horton, Ruth I. Jay, Pam E. Jones, Christi B. Kehn, Nance E. Keyes, Emily C. King, Bonnie L. Kinne, Dell S. Klein, Phyllis I. Klomparens, Manfred T. Koehler, Carolyn L. Kridiotis, Sherry L. Kuyt, Bertha E. Laird, Jacqueline J. Leacraft, Dolores A. Lemieux, Lynne M. Lepley, Karen R. Locklear, Myra J. Luetje, Richard S. Maffeo, Linda M. Magoon, Deborah S. Marett, Hazel W. Marett, Lorna B. Marlowe, Tanya K. Marshall, Elva M. Martin, Ruth McQuilken, Valerae C. Murphy, Sarah L. Nelson, Bill K. O'Connor, Elaine M. Okupski, Linda J. Opp, Mary Rose Pearson, Raelene E. Phillips, Margaret M. Primrose, Victoria L. Reinhardt, Pat L. Rennie, Brenda M. Rice, Lucinda J. Rollings, Shelly L. Russworm, Marlo M. Schalesky, Doris J. Schuchard, A. J. Schut, Patricia C. Singletary, Nita M. Smiley, Winona W. Smith, Linda R. Stai, Irene C. Strobel, Lois A. Teufel, Betty J. Thomas, Mary Ellen Uthlant, Charlie VanderMeer, Trudy VanderVeen, Sandy K. Vaughn, Rebecca L. Velez, Lyndel F. Walker, Linda M. Weddle, Barbara J. Westberg, Karen H. Whiting, Deborah L. Whitsitt, Bonnie L. Winters, Carolyn E. Yost, Letitia L. Zook.

Las iniciales del autor aparecen al final de cada historia. Todas las historias se tomaron de ejemplares de *Keys for Kids,* una revista publicada por Keys for Kids Ministries, antes conocido como Children's Bible Hour, P.O. Box 1001, Grand Rapids, Michigan 49501.

Traducción al español: Keila Ochoa

Para información sobre la fabricación de este producto, favor de llamar al 1-800-323-9400.

Para información acerca de descuentos especiales para compras al por mayor, por favor contacte a Tyndale House Publishers a través de espanol@tyndale.com.

ISBN 978-1-4964-3844-7

Impreso en Estados Unidos de América
Printed in the United States of America

25	24	23	22	21	20	19
7	6	5	4	3	2	1

CONTENIDO

INTRODUCCIÓN

Durante muchos años Children's Bible Hour (La Hora Bíblica para Niños) ha publicado *Keys for Kids* (Claves para niños), una revista devocional para niños. Padres e hijos han apreciado su buen ministerio a lo largo de los años, y Tyndale se complace en presentar esta nueva colección de historias de *Keys for Kids*.

Devocional en un año para niños #2 contiene historias para un año entero, cada una ilustra la lectura bíblica del día. Después de cada historia hay una sección titulada «¿Y tú?», que pide a los niños aplicar la historia a su vida.

También hay un versículo para memorizar cada día, por lo general tomado de la lectura bíblica. A menos que se indique de otra manera, el versículo para memorizar se cita de la Biblia Nueva Traducción Viviente. Los versículos marcados con NVI son tomados de la Nueva Versión Internacional, los versículos marcados con PDT son de la versión Palabra de Dios para Todos y los versículos con TLA son de la versión Traducción en lenguaje actual. Los versículos marcados con RVR60 son de la versión Reina-Valera 1960, y los versículos marcados con RVA-2015 son de la versión Reina Valera Actualizada. Quizás quiera animar a sus hijos a memorizar estos versículos como aparecen, o puede usar la traducción bíblica que su familia prefiera.

Cada devocional termina con una «clave». Esta frase de dos a cinco palabras resume la lección.

Las historias en este devocional están dirigidas a niños entre los ocho y doce años. Los niños pueden disfrutar estas historias por ellos mismos mientras desarrollan su propio tiempo a solas con Dios. (Usted puede supervisar ese tiempo tanto como lo desee). O las historias pueden usarse como parte de su devocional familiar. Como historias de la Biblia, estas historias no solo hablan a los niños sino también a los adultos. Son sencillas, directas y concretas; y les hablan a todos en términos comprensibles de la misma manera que lo hacen las parábolas de Jesús.

Este libro contiene índices de las lecturas diarias de las Escrituras y de los versículos para memorizar, así como un índice temático. Los índices de las Escrituras son útiles para localizar una historia o un versículo relacionado con un pasaje que quiera discutir. El índice temático es útil para lidiar con asuntos que surgen en cualquier familia, tales como una mudanza, una enfermedad y la pérdida de un amigo o un miembro de la familia.

Esperamos que su familia use este libro cada día, pero no se sienta limitado a un solo formato. Por favor use cualquier historia en cualquier momento que sienta que se relaciona con una situación especial en su familia.

YO ME PROPONGO

LEE SALMO 28:6-9

—Cristian —llamó su mamá—. Por favor, sal y quita la nieve de la entrada antes de que lleguen la abuela y el abuelo.

—En un minuto —contestó Cristian. Continuó leyendo su lista de propósitos de Año Nuevo. *Yo me propongo realizar mis quehaceres sin quejarme. Yo me propongo obedecer enseguida. Yo me propongo no discutir con...*

—¡Cristian! —llamó su mamá una segunda vez. A la tercera llamada, finalmente se puso de pie, se puso el abrigo y salió por la pala.

—No sé por qué siempre termino yo quitando la nieve —murmuró infelizmente. Terminó el trabajo justo cuando su hermana salía a jugar—. Ah, ahora sales, cuando todo el trabajo está terminado —dijo—. Podrías haberme ayudado.

—¿Por qué lo haría? Es tu trabajo —ella contestó. Trepó el montón de nieve al lado de la entrada y se deslizó.

—¡Oye! —gritó Cristian—. ¡Estás estropeando la entrada otra vez!

Amenazó con tirarle una bola de nieve, pero justo entonces llegaron sus abuelos, y los saludó con una gran sonrisa.

Más tarde ese día, Cristian sacó su lista de propósitos.

—¿Quieres ver mis propósitos de Año Nuevo, abuelita? —preguntó.

—¿Así que has hecho algunos propósitos? —preguntó la abuelita. Los revisó—. ¿Y cómo te está yendo? ¿Los has cumplido hasta el momento?

Cristian se alarmó. Sabía que no los había cumplido. Se había quejado sobre sus quehaceres, no había obedecido enseguida y había discutido con su hermana. *Oh, ¿de qué sirve?*, pensó mientras le admitía a su abuela que ya, antes de que el primer día del nuevo año terminara, había fallado en sus propósitos.

—Veamos ahora —dijo la abuelita—. ¿Cómo comienza cada uno de tus propósitos?

—Bueno —dijo Cristian—, dicen: "Yo me propongo..."

—¡Detente allí! —exclamó la abuela—. Allí está el problema. El gran "Yo". Estás tratando de hacer estas cosas con tus propias fuerzas, y no puedes. Necesitas las fuerzas del Señor para ayudarte. Él te ayudará si se lo pides. *HWM*

¿Y TÚ?

¿Has hecho propósitos de Año Nuevo? Querer mejorar es bueno, pero proponerte hacerlo no siempre es suficiente. Si eres un cristiano, tienes una fuente de fortaleza siempre disponible para ti. Pídele a Dios que te ayude. Él lo hará.

USA LAS FUERZAS DE DIOS

PARA MEMORIZAR:
«No tengas miedo, porque yo estoy contigo; no te desalientes, porque yo soy tu Dios. Te daré fuerzas y te ayudaré; te sostendré con mi mano derecha victoriosa». Isaías 41:10

DIOS Y LAS MONTAÑAS

LEE JUAN 20:26-31

Pablo y su papá se despertaron temprano para ir de excursión al valle al pie de las montañas Teton. Mientras Pablo veía los relucientes picos nevados, su papá sacaba fotos.

—¡Qué maravilloso Dios tenemos por haber creado esta belleza! —exclamó su papá.

Pablo se quedó quieto un momento. Luego dijo:

—Desearía que mi amigo Benjamín estuviera aquí. Dice que Dios no existe ya que no podemos verlo. Tal vez el ver estas montañas lo convencería.

—Podrías mostrarle algunas fotos de las montañas —sugirió su papá—. No podrá ver las montañas verdaderas, solo las fotos. Pero estoy seguro de que comprenderá que, aunque no podemos ver las montañas desde nuestra casa, no significa que no existan. Y...

—Y es lo mismo con Dios, ¿verdad? —interrumpió Pablo entusiasmado.

—Correcto —concordó su papá.

Pablo continuó:

—Pero tendremos fotos para que nos recuerden las montañas. No tenemos fotos reales de Jesús.

—No —reconoció su papá—. Pero tenemos la Biblia, y tenemos fe en Dios. La Biblia nos habla de la vida y las enseñanzas de Jesús, cómo vino en forma de hombre a la tierra hace muchos años, y fue crucificado. Murió y fue sepultado, pero resucitó. Después de resucitar, sus discípulos lo vieron. Desde que volvió al cielo, los que estamos en la tierra ya no podemos verlo físicamente, pero contamos con las verdaderas historias de aquellos que lo vieron.

Pablo asintió.

—Sé lo que le diré a Benjamín cuando lleguemos a casa —dijo pensativamente—. Le diré que puede aprender sobre nuestro viaje a través de nuestras fotografías y al escucharme. Y puede aprender sobre Jesús al leer la Biblia y escuchar sus historias. Aunque no podemos ver a Jesús, sí sabemos que existe. *KEC*

¿Y TÚ?

¿Recuerdas que Jesús está tan vivo hoy como lo estuvo cuando caminó sobre esta tierra? Aunque no lo podemos ver con ojos humanos, sus enseñanzas son tan reales ahora como lo fueron durante el tiempo de sus discípulos. Él es el Autor de la vida y el Conquistador de la muerte.

PARA MEMORIZAR:

«La fe demuestra la realidad de lo que esperamos; es la evidencia de las cosas que no podemos ver». Hebreos 11:1

VIVE POR FE

SIGUE TOCANDO

LEE LUCAS 18:1-8

—Amén.

Cuando la familia López terminó el devocional, Betsy se estiró.

—Todas las noches oramos por la señora Germán, pero ella solo se pone más pesada —dijo en voz alta—. Ya me cansé de orar por ella.

—Yo también —concordó Agustín—. Ayer me gritó porque mi pelota cayó en su patio.

—Más razones para orar por ella —dijo su papá—. Dios dice que debemos orar por aquellos que son malos con nosotros. Además, la señora Germán puede estar más cerca de convertirse en cristiana de lo que ustedes creen. —Tomó su abrigo—. Agustín, ¿me acompañas al correo?

—Yo me quedaré aquí y ayudaré a Betsy a lavarse el cabello —dijo su mamá.

Pronto el cabello de Betsy se convirtió en una montaña de espuma mientras se inclinaba sobre el lavabo. Cerró los ojos con fuerza.

—Creo que oigo el timbre —murmuró.

Su mamá dejó de enjabonarla y escuchó.

—Oh, cielos —dijo mientras alcanzaba una toalla. Se secó las manos—. ¡Ya voy! ¡Ya voy! —dijo mientras el timbre sonaba de nuevo.

Betsy miró a su mamá. Un poco de agua jabonosa goteó a uno de sus ojos.

—¡Ohhh! Tengo jabón en el ojo.

Su mamá le pasó una toalla.

—Solo quédate quieta —le dijo—. Regreso en un minuto.

Betsy se frotó el ojo suavemente mientras esperaba. En unos cuantos segundos, su mamá regresó.

—¿Quién era? —preguntó Betsy.

Su mamá se encogió de hombros al tiempo que abría la llave para enjuagar el cabello de Betsy.

—No lo sé —dijo—. Un auto se marchó justo cuando llegué a la puerta.

Betsy se enredó la toalla alrededor de la cabeza. Su madre sonrió.

—Esto me recuerda la conversación sobre la señora Germán.

—¿Por qué? —preguntó Betsy.

—Esas personas en el auto se rindieron justo antes de que atendiera la puerta...

—¡Tal vez Dios está a punto de contestar nuestras oraciones por la señora Germán! —terminó Betsy.

—Exactamente —respondió su mamá. *BJW*

¿Y TÚ?

¿Has estado orando por alguien durante un largo tiempo? ¿Te estás desanimando? No te rindas. Sigue orando.

SIGUE ORANDO

PARA MEMORIZAR:
«Siempre deben orar y nunca perder la esperanza».
Lucas 18:1, PDT

LA TAZA ROTA

La taza se resbaló de las manos de Janet y se estrelló contra el piso.

—¡Oh, no! —resopló. Y luego dijo una mala palabra en voz baja.

—¡Janet Montez! —exclamó su abuelita, que estaba lavando los platos mientras Janet los secaba—. Te he dicho que no digas palabras como esas.

—Ay, abuelita, no es una mala palabra —protestó Janet, recogiendo los pedazos de la taza rota—. Todos en la escuela la dicen.

—No me importa quién la diga —respondió su abuelita—. Aun así está mal hablar de ese modo. Ahora, cuando hayas recogido todos los pedazos, siéntate a la mesa. —Su abuelita salió para traer un tubo de pegamento—. Quiero que pegues todas esas piezas de nuevo —dijo al entrar en la cocina.

Janet trabajó un buen rato. Finalmente terminó, pero la taza no se veía como antes. Había pequeñas grietas por todos lados.

—Abuelita, ¿está bien así? —preguntó—. No puedo hacer que se vea mejor.

—No, no puedes, cariño —estuvo de acuerdo su abuelita—. Pero después de que el pegamento se seque podremos usarla de nuevo. Sabes, para Dios nuestra vida probablemente se parece mucho a esta taza. Todos hacemos cosas malas. Y cada vez que las hacemos, hay consecuencias. Las consecuencias son como las grietas en esta taza. Una consecuencia puede ser la sensación de que se nos revuelve el estómago cuando sabemos que hemos hecho algo que no debimos.

—¿O como la cicatriz en mi dedo de cuando mi mamá me dijo que no tocara la estufa caliente cuando era pequeña, pero lo hice de todos modos? —preguntó Janet.

—Sí —contestó su abuelita—. Aun cuando Dios promete perdonarnos por lo que hacemos mal, debemos vivir con las consecuencias.

Janet miró la taza.

—Pero es tan difícil no hacer lo que los otros chicos hacen.

Su abuelita asintió:

—Pero Jesús puede ayudarte a elegir lo correcto.

—Abuelita, tal vez esta deba ser mi taza cada vez que visite tu casa, solo para recordarme que debo hacer lo que es correcto —sugirió Janet.

—Es una gran idea —respondió su abuelita. *BKO*

¿Y TÚ?

¿Sigues el ejemplo de tus amigos solo cuando ellos hacen las cosas correctas? Cuando estén haciendo cosas incorrectas, pídele a Jesús que te ayude a resistir la tentación de unirte a ellos. Confía en que te ayudará a hacer y decir las cosas correctas.

PARA MEMORIZAR:

«Aborrezcan lo malo. Aférrense a lo bueno».
Romanos 12:9

HAZ LO CORRECTO

SE NECESITAN DOS

LEE LUCAS 6:27-35

—¡Ese Fernando Gaitán realmente me enfurece! —dijo Joaquín, sentado en la sala con su mamá—. Siempre me está diciendo cosas feas.

Justo entonces, Miguel, de tres años, entró a la habitación.

—Juega conmigo a la pelota, Joaquín —le rogó.

—Ahora no —contestó Joaquín.

—¡Atrápala, Joaquín! —interrumpió Miguel y lanzó una suave pelota de esponja a las rodillas de Joaquín.

Joaquín miró a Miguel enojado.

—Te dije que no quiero jugar ahora —le dijo y le lanzó de vuelta la pelota. Pero Miguel se la tiró de regreso. Ahora Joaquín estaba realmente molesto—. ¡Déjame en paz! —gritó, lanzando la pelota al otro lado de la sala. Con una sonrisa feliz, Miguel corrió para recogerla de debajo de la mesa. Se la lanzó a Joaquín.

—¡Haz que pare! —se quejó Joaquín con disgusto—. ¡Me está volviendo loco! Pateó la pelota en dirección a Miguel.

—Eso es obvio —dijo su mamá secamente—. Pero también es tu culpa, ¿sabes?

—¿Mi culpa? —reclamó Joaquín—. ¡Él es quien sigue lanzándome la pelota!

—Pero tú eres quien continúa devolviéndosela —dijo ella—. Se necesitan dos para que una pelota siga en movimiento. La próxima vez que te la lance —susurró su mamá—, deja la pelota en el piso.

Joaquín la miró con dudas, pero siguió la sugerencia de su madre. Ciertamente, Miguel pronto se cansó del juego de una sola persona y se fue a hacer otra cosa.

—Ahora, sobre tu problema con Fernando —dijo ella—. Creo que tú también puedes ser parte del problema. Parece que a Fernando le gusta lanzarte palabras hirientes para que tú...

—Le devuelva palabras de enojo —concluyó Joaquín—. Quizás si lo ignoro, él dejará de hacerlo.

—Tal vez —contestó mamá—. Ciertamente será un paso en la dirección correcta. Y también puedes intentar decirle cosas agradables de vez en cuando. ¿Quién sabe? Tal vez Fernando y tú sean amigos algún día. *SLK*

¿Y TÚ?

Recuerda, se necesitan dos para que haya una discusión. Cuando alguien te irrite, ¿por qué no intentas decir algo agradable en vez de responder con enojo? Te sorprenderá la diferencia que esto puede hacer.

NO DEVUELVAS INSULTOS

PARA MEMORIZAR:
«Deben ser rápidos para escuchar, lentos para hablar y lentos para enojarse».
Santiago 1:19

LA VERDADERA FORTALEZA

LEE MARCOS 15:1-5

Beatriz escuchaba con un malestar en el estómago mientras María Elena se burlaba de ella.

«¡Qué santita eres! Crees que eres mucho mejor que yo, ahora que vas a la iglesia todo el tiempo».

María Elena frunció el ceño y le dio la espalda a Beatriz. Beatriz comenzó a decirle algo hiriente a María Elena. Sabía que esto no estaba bien. Pero Beatriz quería lastimar a María Elena por avergonzarla frente a sus amigas. Se sentía tonta por quedarse allí parada en silencio. Finalmente, Beatriz simplemente se alejó.

Esa tarde, Beatriz habló con su mamá sobre el problema con María Elena.

—Me sentí tan tonta —dijo Beatriz—. Parecía como que era demasiado tonta para pensar en algo que decir.

Su mamá asintió con la cabeza.

—Es difícil contener las palabras hirientes cuando te sientes lastimada o avergonzada, ¿verdad?

Después de un momento, añadió:

—Supongo que Jesús sintió lo mismo cuando las personas mintieron sobre él. Pudo haber respondido cosas hirientes, pero no lo hizo. Y yo estoy orgullosa de ti por haber hecho lo mismo. Se necesita mucha fortaleza para hacerlo.

Pensativa, Beatriz enredó un mechón de su cabello rojizo alrededor de su dedo.

—Supongo que nunca pensé en lo fuerte que tuvo que ser Jesús para no hacer nada —dijo—. Pero, mamá, ¿eso implica que nunca debo defenderme?

—Oh no, Beatriz —dijo su mamá—. Hay momentos en los que te enojarás y deberás defenderte. Enojarte no es malo. Es cómo manejas tu enojo lo que importa. Ahora, vamos a pensar, ¿qué pudiste haberle dicho a María Elena sin ser cruel?

—Pude haberle dicho: "No creo ser mejor que tú, y lamento que te sientas de esa manera" —sugirió Beatriz.

—Eso habría sido algo bueno que decir, Beatriz —dijo su mamá—. Creo que lo harás bien la próxima vez que suceda algo así. Dios te ayudará a saber qué decir. Y recuerda, se necesita más fortaleza para hablar con gentileza que para gritar con enojo. *MLD*

¿Y TÚ?

¿Crees que estás siendo fuerte cuando alzas la voz con enojo? Jesús demostró que la verdadera fortaleza se muestra a través del dominio propio. Cuando alguien lastima tus sentimientos o te avergüenza, pide a Dios que te ayude a saber cómo responder. ¡Lo hará!

PARA MEMORIZAR:

«Dios bendice a los que son humildes, porque heredarán toda la tierra».
Mateo 5:5

SER AMABLE REQUIERE FORTALEZA

CARBONES ENCENDIDOS

LEE ROMANOS 12:17-21

Kevin entró al vestuario de niños. Se detuvo cuando Ramón, uno de sus compañeros de clase, lo miró. Kevin rápidamente dirigió sus pasos a su propio casillero. Ramón cerró su casillero de golpe. Luego golpeó el casillero de Kevin en su camino hacia la salida.

Kevin se sentó en la banca un buen rato. *Ramón no debe actuar como un mal perdedor solo porque su equipo perdió contra el mío en la clase de educación física,* pensó.

Al ir camino a casa, un auto se detuvo junto a Kevin.

—¿Necesitas un aventón? —dijo una voz. Era el señor Williams, su maestro de escuela dominical. Kevin sonrió y se subió al auto. Le agradaba charlar con el señor Williams. Le contó sobre la manera en que Ramón lo había tratado.

—Me quiero desquitar de Ramón —dijo Kevin—. Pero sé que usted piensa que no debería.

El señor Williams permaneció en silencio por un momento.

—Creo —dijo—, que debes amontonar carbones encendidos sobre su cabeza.

Kevin lo miró con sorpresa. El señor Williams sonrió.

—La Biblia dice que hagamos eso —dijo—. En tiempos bíblicos, la gente necesitaba fogatas para cocinar la comida y mantenerse en un lugar cálido. En ocasiones las fogatas se extinguían. No había cerillos entonces, así que la manera más sencilla de comenzar un fuego era obteniendo carbones encendidos de alguien más. Una persona que necesitaba empezar un fuego colocaba una vasija sobre su cabeza y caminaba junto a las ventanas de los demás. Algunas personas le mostrarían amabilidad al colocar unos cuantos carbones de sus propias fogatas en la vasija. Así que cuando la Biblia dice que debemos amontonar "carbones encendidos" en las cabezas de nuestros enemigos, nos está diciendo...

—Que seamos amables con ellos —contestó Kevin mientras se estacionaban frente a su casa.

—Correcto —dijo el señor Williams—. Pero ser amable no significa que permitamos que la gente nos lastime. Puede significar hacer algo amable por una persona, alejarnos de una pelea o defendernos de un modo que no lastime a la otra persona.

—Pensaré en lo que ha dicho. Y, señor Williams, un "montón" de gracias —dijo Kevin mientras se bajaba del auto. *CAD*

¿Y TÚ?

¿Sientes ganas de ser amable cuando la gente te maltrata? Probablemente no... pero la Biblia nos dice que debemos ser amables. (Ver Proverbios 25:22). Quizás una pequeña nota o una sonrisa ayude.

SÉ AMABLE CON LOS ENEMIGOS

PARA MEMORIZAR:
«No dejen que el mal los venza, más bien venzan el mal haciendo el bien».
Romanos 12:21

UN JOVEN AGENTE DE BIENES RAÍCES

LEE APOCALIPSIS 21:22-27

Para cuando Bruno se enteró de que su escuela había cancelado las clases del día por una avería en la calefacción, su madre ya se había marchado a un largo día de compras. El padre de Bruno, que era un agente de bienes raíces, se veía pensativo.

—Puedes ir al trabajo conmigo, Bruno —dijo.

Así que Bruno fue a la oficina con su papá y conoció al señor y a la señora Gutiérrez, que estaban buscando una casa. Papá explicó por qué Bruno estaba con él.

—No hay problema —dijo la señora Gutiérrez y sonrió—. Tenemos tres hijos, uno de la misma edad de Bruno.

A Bruno no le gustó la primera casa que fueron a ver. Era demasiado elegante para él. La segunda casa se veía oscura, y las habitaciones eran pequeñas.

—Ahora, este es mi tipo de casa —anunció Bruno cuando llegaron al tercer lugar—. ¡Miren el arroyo y todos esos árboles para escalar!

Bruno también se emocionó con el interior de la casa.

—Hay muchos lugares para esconderse —declaró con ojos brillantes.

El señor Gutiérrez rio.

—Creo que has hecho una venta, Bruno. Imagino que si a ti te gusta esta casa, a nuestros hijos también les gustará.

Esa tarde Bruno le llevó a su padre su cuaderno de trabajo de la escuela dominical.

—No lo vas a creer, papá —dijo—. Mira lo que tenemos que hacer para esta parte de nuestra lección: ¡escribir un anuncio de bienes raíces para el cielo! ¿Quieres ver lo que escribí?

Su papá tomó el cuaderno.

—Por supuesto —dijo. Sonrió mientras leía en voz alta—: "Una mansión construida para ti sobre una calle de oro. Sin recámaras, pues no hay noche. Sin hospitales cerca, pues no hay enfermedad. La ciudad entera está decorada con fabulosas joyas. Precio: ¡nada! Es un regalo del Señor Jesucristo". —Su papá sonrió mientras le devolvía el cuaderno—. ¡Genial! —dijo—. Pero recuerda, tu mejor anuncio para el cielo es...

—¡Mi comportamiento! —concluyó Bruno. *LMW*

¿Y TÚ?

¿Alguna vez has leído un anuncio de bienes raíces? Los anuncios pueden sonar muy atractivos. El anuncio de bienes raíces celestial descrito en la Biblia suena como el más atractivo de todos, pero no todos lo leen. ¿Qué tan bien anuncias el cielo a través de tu comportamiento?

PARA MEMORIZAR:
«La ciudad no tiene necesidad de sol ni de luna, porque la gloria de Dios ilumina la ciudad, y el Cordero es su luz». Apocalipsis 21:23

ANUNCIA EL CIELO A TRAVÉS DE TU COMPORTAMIENTO

MORAS OCULTAS

LEE SALMO 119:9-12

Juan trató de no reír, pero cuando Manuel hizo una cara chistosa, no se pudo contener. La señora DeSilva, la maestra de la escuela dominical, los miró con severidad. Los otros niños de la clase sonrieron. Ya nadie escuchaba la historia bíblica. La habían oído antes. Entonces la señora DeSilva dijo:

—¿Cuántos de ustedes fueron a recoger moras el verano pasado?

Juan, Manuel y otros levantaron la mano.

—¿Les gusta la tarta de moras recién hecha? —preguntó la señora DeSilva.

Incluso Juan y Manuel estaban escuchando ahora.

—Bueno, cierto día el verano pasado, vi unos arbustos de zarzamoras —dijo—. No parecía haber muchas moras, pero conseguí un recipiente y comencé a recogerlas de todos modos. Mientras las juntaba, me percaté de unas cuantas moras ocultas bajo unas hojas —continuó la señora DeSilva—. Las recogí, y entonces vi aún más zarzamoras ocultas detrás de otras hojas. Parecía que entre más de cerca veía esos arbustos, más moras encontraba. ¡Había más de las que había visto al principio!

La señora DeSilva se detuvo y sonrió.

—¿Sabían que escuchar historias de la Biblia es en ocasiones como cosechar moras? ¿De qué modo puede ser así? —preguntó.

Manuel contestó:

—Al principio, cuando escuchas una historia bíblica, parece solo una historia agradable. Pero tal vez si miras la historia más de cerca y piensas en ella, encontrarás más cosas interesantes.

—Así es, Manuel —concordó la señora DeSilva—. ¿Qué tipo de cosas, Juan?

—Bueno, cosas que nos ayudarán a conocer mejor a Dios y a amarlo más.

—Así es —respondió la señora DeSilva—. Ahora, repasemos otra vez la historia bíblica de hoy y veamos cuántas "moras ocultas", o cosas interesantes sobre Dios, podemos encontrar.

Esta vez, mientras la señora DeSilva contaba la historia, Juan y Manuel escucharon de una manera diferente. Querían ver cuántas cosas nuevas podían descubrir. *CEY*

¿Y TÚ?

¿Te aburres cuando escuchas una historia bíblica que ya has oído muchas veces antes? ¿Cómo puedes escuchar de otra manera? En este nuevo año, mira cuántas «moras ocultas» o cosas nuevas puedes encontrar en tus lecciones de la escuela dominical.

MIRA MÁS DE CERCA LAS LECCIONES DE DIOS

PARA MEMORIZAR:
«Abre mis ojos, para que vea las verdades maravillosas que hay en tus enseñanzas».
Salmo 119:18

ENERO
10

EL MEJOR AMIGO

LEE JUAN 15:13-17

—Mamá, ¡creo que ya no quiero ser la mejor amiga de Amanda! —anunció Cristina—. De hecho, no sé si siquiera quiero ser su amiga.

Su mamá la miró desde la mesa, donde estaba sentada con un pequeño fajo de facturas y una chequera.

—¿De verdad? —preguntó—. ¿Cuándo decidiste eso, Cristina?

—Hoy. ¡No creerás cómo se comportó!

Cristina tomó una manzana del frutero y se desplomó sobre una silla.

—Quería contarle sobre mi fin de semana, pero ella apenas me habló durante todo el día —dijo—. Durante el primer recreo jugó béisbol con otros niños. Luego, cuando tuvimos tiempo libre en clase, trabajó en un proyecto sola. Por lo general tenemos mucho tiempo para conversar durante el almuerzo, pero a esa hora habló con una niña nueva todo el tiempo. Después nos sentamos juntas en el autobús, pero ella leyó su libro.

—Parece que fue un día difícil —observó su mamá—, pero espero que un mal día no arruine tu amistad.

Esa tarde, durante el devocional familiar, Cristina tenía una petición.

—¿Me pueden excusar esta noche durante el tiempo de oración? —preguntó—. Estoy muy cansada, y no tengo ganas de orar ahora mismo. Además, tengo un examen mañana, así que necesito dormir.

—Mmm —murmuró su mamá—. ¿Recuerdas lo que me contaste hoy sobre Amanda?

Cristina la miró confundida y asintió.

—Bueno, si te saltas el tiempo de oración, ¿no te estás comportando como ella? —preguntó mamá—. No te agradó que Amanda no tuviera tiempo para ti hoy, incluso estabas considerando ya no ser su amiga, ¿cierto?

Cristina asintió lentamente.

—Desde que invitaste a Jesús a tu corazón, *él* es tu mejor amigo —continuó su mamá—. A él le gusta que converses con él cada día, y la oración es la manera en la que hablamos con él. Cuando no quieres orar, él echa de menos pasar tiempo contigo así como tú echaste de menos pasar tiempo con Amanda hoy.

—Mmmm —dijo Cristina—. No lo había pensado de esa manera antes. Creo que me quedaré. *ICS*

¿Y TÚ?

¿Tienes un buen amigo con quien te gusta hablar? Si le has pedido a Jesús que sea tu Salvador, él quiere ser tu mejor amigo. ¿Hablas con él con frecuencia en oración?

PARA MEMORIZAR:

«Dedíquense a la oración con una mente alerta y un corazón agradecido».
Colosenses 4:2

HABLA CON JESÚS CADA DÍA

CUANDO LOS PADRES DICEN NO

LEE HEBREOS 12:5-11

—¿Tu papá te dio permiso para ir a la fiesta de Xiomara que durará toda la noche? —preguntó María Paz mientras ella y su amiga Inés caminaban de regreso a casa del parque.

—No —dijo Inés—. Realmente no dijo por qué no... solo que no quería que yo fuera.

—Mis padres también dijeron no al principio —respondió María Paz—, pero les dije cuán injusto era eso ¡y que nunca confían en mí! Cedieron y dijeron que podía ir. ¿Por qué no le dices a tu papá que está siendo injusto? ¡Tal vez él también cambie de opinión!

Inés sacudió la cabeza.

—Sabes, María Paz, realmente confío en mi papá —dijo—. Supongo que desde que mi mamá se marchó, me he dado cuenta de cuánto se esfuerza por tratar de tomar las decisiones correctas para mí. Sé que debe decir no algunas veces porque piensa que es lo mejor para mí.

María Paz frunció el ceño.

—Oh, ¡eso es lo que mis padres dicen siempre! Pero yo no lo creo. Creo que es malo dar órdenes a los hijos.

Para entonces las niñas estaban en la acera opuesta a la casa de María Paz, y giraron para cruzar la calle. La perrita de María Paz, Lady, salió corriendo a recibirlas.

—¡Detente, Lady! ¡No! —gritó María Paz. Lady se detuvo de inmediato.

—¡Buen perrita! —alabó María Paz cuando se acercó a su mascota.

—¡Realmente eres injusta con Lady! —dijo Inés—. Solo quería venir a recibirte.

—¿Injusta? —preguntó María Paz con sorpresa—. No soy mala. Si simplemente dejo que cruce la calle corriendo, puede salir lastimada.

—¿Así que decir no fue ciertamente bueno para ella? —preguntó Inés con una sonrisa.

—Por supuesto que...

María Paz se detuvo.

— Bien, bien, veo tu punto —dijo—. Los padres a veces también deben decir no. *SKV*

¿Y TÚ?

¿Te enfadas o molestas cuando tus padres dicen no? Dios les ha dado la responsabilidad de tomar decisiones sobre tu bienestar. Aunque no comprendas su razonamiento, confía en ellos.

ACEPTA LAS DECISIONES DE TUS PADRES

PARA MEMORIZAR:

«Ninguna disciplina resulta agradable a la hora de recibirla. Al contrario, ¡es dolorosa! Pero después, produce la apacible cosecha de una vida recta para los que han sido entrenados por ella». Hebreos 12:11

ENERO
12

LA DIETA ADECUADA

LEE FILIPENSES 4:4-9

Cuando Susana llegó a casa de la escuela, su papá estaba sacando galletas con chispas de chocolate del horno mientras que el hermanito de Susana, Josías, observaba.

Su papá sonrió.

—Cada uno puede tomar un vaso de leche y dos galletas como refrigerio —dijo.

Josías se sirvió su leche y con emoción tomó dos galletas, pero Susana sacudió la cabeza.

—Estoy preparándome para correr una carrera importante, así que solo comeré refrigerios saludables esta semana —declaró.

Eligió un plátano y un puñado de palitos de zanahoria y los llevó a la sala donde encendió el televisor y se acomodó para descansar. Después de unos minutos, su papá entró a la sala.

—¿Qué estás viendo? —preguntó.

Susana se sonrojó.

—Es solo un programa vespertino de entrevistas. Lo voy a apagar y comenzar mi tarea en cuanto termine mi plátano.

Su papá frunció el ceño y observó el programa por un momento.

—Sabes que no nos gusta que veas la mayoría de estos programas —dijo—. No son algo con lo que deberías alimentar tu mente.

—Solo lo estoy viendo por unos minutos —protestó Susana—. No creo que me haga daño.

—Fuiste muy cuidadosa hoy al elegir un refrigerio saludable, y eso fue inteligente; me alegró verte disciplinando tus elecciones de ese modo —dijo su papá—. También deberías alimentar tu mente con cosas saludables. La Biblia dice que las cosas que escuchas y en las que piensas condicionan en lo que te conviertes.

—Bueno, no quiero ser jamás como una de las personas de este programa —estuvo de acuerdo Susana. Apagó el televisor—. De ahora en adelante, trataré de ser más cuidadosa con lo que miro. Después de todo, estoy en entrenamiento, ¿verdad? *KEC*

¿Y TÚ?

¿Tienes cuidado con lo que das de alimento a tu mente? Es bueno cuidar tu cuerpo y mantenerlo saludable. Es importante cuidar tu mente también. Los programas de televisión y la música con que «alimentas» tu mente pueden cambiar la manera en que vives y piensas.

PARA MEMORIZAR:

«Piensen en las cosas del cielo, no en las de la tierra».
Colosenses 3:2

«ALIMENTA» TU MENTE DE COSAS BUENAS

VE A LO PROFUNDO

LEE PROVERBIOS 2:1-5

Josué estaba tumbado sobre su cama examinando una pila de fotografías cuando su papá se asomó a la habitación. Josué miró hacia arriba.

—¡Oye, papá! ¡Mira estas fotos! Son las que tomó la tía Mayra buceando.

Su papá miró por encima del hombro de Josué.

—¡Qué plantas y animales tan extraños! —exclamó—. Son maravillosos. ¡Y qué colores tan brillantes!

Juntos estudiaron las fotografías.

—Dios debe tener una imaginación maravillosa para crear tal variedad de formas de vida —añadió su papá.

Josué asintió.

—La tía Mayra dice que entre más profundo vas en el océano, más hermoso es —dijo. Se detuvo y miró a su papá—: ¿Por qué crees que Dios hizo criaturas tan interesantes para luego esconderlas en lo profundo del océano donde la mayoría de las personas jamás las verán?

—No estoy seguro —dijo su papá, después de pensar un momento—, pero cuando veo estas fotografías, me hacen pensar en el gran Dios que tenemos. Y de algún modo también me recuerdan las riquezas que encontramos en la Biblia.

—¡La Biblia! —exclamó Josué—. ¿Por qué te recuerdan a la Biblia?

—Bien —dijo papá—, cuando era más joven, pensaba que pasar tiempo con Dios durante mi tiempo devocional no era necesario. Creía que ya había escuchado todas esas historias de la Biblia.

—Probablemente era así —dijo Josué—. Yo también.

—Bueno, estoy seguro de que en realidad no las hemos oído todas —dijo su papá—, aunque hemos oído muchas. Pero la tía Mayra ha visto el océano muchas veces, y aun así decidió bajar al fondo para ver qué podía descubrir. ¿Crees que fue recompensada por su esfuerzo?

—¡Por supuesto! —dijo Josué y miró las fotos nuevamente.

—El hecho es que, si tú y yo vamos a lo profundo en la Palabra de Dios y la estudiamos, Dios nos recompensará también. Él mostrará conocimiento oculto, perspectivas nuevas y sabiduría a aquellos que están dispuestos a excavar profundamente en su Palabra. *LRS*

¿Y TÚ?

¿Alguna vez has pensado que ya sabes todo lo que debes saber de la Biblia? Si pasas más tiempo leyendo y estudiando su Palabra, Dios te dará más conocimiento de sí mismo y mayor comprensión sobre la vida.

ESTUDIA LA PALABRA DE DIOS

PARA MEMORIZAR:

«Esfuérzate para poder presentarte delante de Dios y recibir su aprobación. Sé un buen obrero, alguien que no tiene de qué avergonzarse y que explica correctamente la palabra de verdad». 2 Timoteo 2:15

¿POR QUÉ, PAPÁ?

LEE PROVERBIOS 4:1-11

—¿Por qué no puedo ir a tirarme en trineo a la calle Colina con los otros chicos? —suplicó Guillermo durante la cena cierta noche—. Todos los demás tienen permiso para ir allí con sus trineos. Sé que piensas que es peligroso, ¡pero no veo por qué! Casi no hay autos en esa calle. Además, los conductores a menudo van muy lento. El papá de Mateo dice que saben que a los chicos les gusta jugar allí.

Su papá se recostó en su silla.

—Bueno, Guillermo, eso puede ser verdad —dijo—. Pero cuando era niño, tuve una mala experiencia en una de esas calles empinadas de nuestro pueblo. ¿No te lo conté alguna vez?

Guillermo sacudió la cabeza.

—Todos íbamos a tirarnos en trineo allí —continuó su papá—. Entre la cima y el pie de la colina había una calle que cruzaba, y siempre teníamos a alguien vigilando para decirnos si venía alguien. Un día, mientras descendía la colina en mi trineo, quien vigilaba me dijo que no venían autos. Pero justo cuando alcanzaba la intersección, también venía un camión. Yo iba rápido, y no tenía modo de detenerme. Tampoco había modo de que ese camión pudiera detenerse, pues las calles estaban resbaladizas. Me deslicé justo debajo de él, esquivando las llantas por unos centímetros. Aún hoy puedo recordar el susto, sabiendo cuán cerca estuve de morir, o por lo menos de ser seriamente herido. Por esa razón no quiero que montes trineo en esa calle. Quizás no haya muchos autos, pero solo se necesita uno para que ocurra un accidente grave.

—¡Vaya, papá, nunca había escuchado esa historia! —exclamó Guillermo—. Ahora veo por qué creaste esa regla para mí.

Su papá sonrió.

—Los padres por lo general tienen buenas razones para las reglas que ponen —le dijo a Guillermo—. Algunas veces puedes entenderlas y otras no. La verdadera prueba, Guillermo, es cuando no puedes entender mi razonamiento pero aun así estás dispuesto a obedecerme. *LMW*

¿Y TÚ?

Si no comprendes por qué tu papá o tu mamá crearon cierta regla, pídeles que te la expliquen. Si no estás de acuerdo, recuerda que Dios dice que es tu responsabilidad respetar y obedecer esas reglas.

PARA MEMORIZAR:

«Hijo mío, presta atención cuando tu padre te corrige; no descuides la instrucción de tu madre». Proverbios 1:8

OBEDECE A TUS PADRES

ENGRANAJES SUCIOS

LEE SALMO 51:1-12

Jairo entró en el taller de reparación de joyería donde el tío Camilo estaba bajando de un estante un reloj grande de metal.

—¡Hola! ¿Viniste a ayudarme a arreglar las campanas de este viejo reloj?

—Solo observaré —dijo Jairo sonriendo.

El tío Camilo abrió la parte trasera del reloj, y en unos cuantos minutos encontró el problema.

—Mira aquí, Jairo —dijo—. Estos engranajes son los que controlan las campanas. Tienen pequeños dientes que se engranan para que, al ir girando, cada engranaje mueva al siguiente. Entonces, estos minúsculos martillos pueden golpear para hacer sonar las campanas. ¿Puedes ver cuál es el problema aquí, por qué este viejo reloj no repica?

Jairo se acercó. Le gustaba ver todas esas pequeñas ruedas y engranajes que se movían en los relojes viejos.

—Parece que hay mugre dentro —dijo.

—Así es. Y toda esa mugre impide que los engranajes se ajusten apropiadamente.

—Eso suena sencillo de arreglar —comentó Jairo.

—No debe tomar mucho tiempo —estuvo de acuerdo el tío Camilo.

Jairo vio a su tío limpiar cada engranaje. Hablaba mientras trabajaba.

—¿Y tú tienes algo de mugre en tus engranajes, Jairo?

—¿Cómo? —preguntó Jairo—. ¿Qué quieres decir?

—Bueno, estos engranajes de reloj se parecen mucho a las personas —explicó el tío Camilo—. Aquellos que leen sus Biblias y ponen a Dios primero, evitan que la "mugre" se acumule en sus "engranajes". ¿Qué crees que sea esa "mugre"?

—Supongo que debe ser el pecado —dijo Jairo después de pensar un momento.

—Correcto —asintió el tío Camilo—. Cuando dejamos que el pecado se acumule en nuestra vida, no permite que funcionemos correctamente ni que cumplamos con el propósito de Dios para nosotros. —Le sonrió a Jairo—. Bueno, esto debe haberlo solucionado. Revisemos las campanas de este reloj.

El tío Camilo ajustó las manecillas, y Jairo esperó. Entonces el reloj empezó a repicar. *DAF*

¿Y TÚ?

¿Hay algo que te impida vivir para Jesús? Tal vez haya pecado no confesado, una mentira, un comentario feo que hiciste o una persona a quien debes perdonar. Mantén tu vida funcionando bien confesando las cosas que haces mal y buscando la ayuda de Dios.

DEJA QUE JESÚS TE LIMPIE

PARA MEMORIZAR:
«Lávame de la culpa hasta que quede limpio y purifícame de mis pecados».
Salmo 51:2

ENERO
16

OBJETOS PERDIDOS Y ENCONTRADOS

LEE LUCAS 15:4-7

Parada cerca de la gruesa puerta, mirando al estacionamiento del centro comercial, una lágrima resbaló por la mejilla de Raquel.

—¿Estás perdida? —le preguntó alguien.

—S-sí —logró decir Raquel y asintió con la cabeza.

Sabía que el hombre era un guardia de seguridad: su mamá se lo había señalado.

—Ven conmigo y te ayudaré a encontrar a tu madre —dijo el guardia.

—¿Me llevará adonde tienen las cosas perdidas? —preguntó Raquel entre lágrimas.

—Algo parecido —dijo el guardia con una sonrisa.

Raquel valientemente se limpió las lágrimas de sus pecosas mejillas. Luego giró y caminó con el hombre por el ancho pasillo. Cuando llegaron al centro de información, dieron la descripción de Raquel por el altoparlante.

Muy pronto una mujer vino corriendo de entre la gente, con lágrimas en los ojos.

—Oh, Raquel —dijo su mamá y se arrodilló para abrazar a su hija—. ¡He estado buscándote por todos lados!

Esa noche, Raquel y su mamá leyeron juntas la historia bíblica de la oveja perdida. Cuando terminaron, su mamá dijo:

—La oveja perdida me recuerda a ti, perdida en el centro comercial esta mañana. Esperabas que te encontrara, ¿verdad?

Raquel asintió.

—Tenía tanto miedo de estar sola, mamá —dijo.

Su mamá asintió.

—Lo sé, pero es aún peor estar lejos de Dios —contestó.

Raquel puso su cabeza sobre la almohada y escuchó a su mamá, quien continuó:

—Así como la oveja se apartó y se perdió, las personas también se extravían. Pueden estar perdidas como tú hoy o perdidas en la vida por las cosas malas que han hecho. Pero así como el pastor salió en busca de la oveja perdida, Jesús vino al mundo para buscar y salvar a niños y niñas, y a hombres y mujeres perdidos. Podemos pedirle que perdone las cosas malas que hemos hecho y que sea nuestro Salvador. *CEY*

¿Y TÚ?

¿Aún sigues «perdido»? Jesús te salvará si crees en él como Salvador. Pídele que perdone tus pecados. Entonces serás «encontrado» para siempre, y Dios jamás te dejará. Nunca estarás realmente perdido, sin importar dónde estés.

PARA MEMORIZAR:

«Pues el Hijo del Hombre vino a buscar y a salvar a los que están perdidos». Lucas 19:10

SÉ «ENCONTRADO» PARA SIEMPRE

FAMA Y FORTUNA

LEE COLOSENSES 3:1-3, 16-17

—Algún día caminarán por este lugar y verán *mi* casco y número en todos lados —dijo Ryan, mientras él y su clase de la escuela dominical abandonaban el salón de la fama del fútbol americano.

Jaime rio en voz alta.

—Lo dudo mucho —respondió.

Ryan no estaba listo para cambiar de tema.

—Solo espera, ¡ya verás! Seré tan conocido como los tipos que tienen sus cosas en exhibición allí ahora. Un día todos me reconocerán cuando camine por la calle, y también ganaré mucho dinero. ¡Estarás contento de conocerme entonces!

—Suena impresionante —dijo el señor Ruiz, su maestro—. Pero no olvides que para un cristiano, lo importante es estar dispuesto a hacer cualquier cosa que Dios quiera que hagas. Dios se encargará de los detalles, como de si serás famoso o no, o si tendrás mucho dinero o solo un poco. Esas cosas por sí solas no te harán feliz.

—Sí —aceptó Jaime—. Creo que yo seré un misionero. —Y miró a Ryan—. Mejor olvida esas tontas ideas que tienes —añadió con suficiencia.

—¡Epa! ¡Espera un minuto! —exclamó el señor Ruiz—. Si el Señor te quiere en el campo misionero, Jaime, eso será maravilloso. Pero si el Señor quiere que Ryan sea un jugador de fútbol rico y famoso que le sirva en ese trabajo, también será genial. Lo que quiero decir es que ya sea que seas un jugador de fútbol, un ingeniero, un misionero, un maestro de escuela o lo que sea, solo asegúrate de tener el objetivo de servir al Señor y darle gloria a él. El salón de la fama solo es importante mientras vives aquí en la tierra, pero tu vida con Dios durará para siempre. Es a él a quien debemos agradar. *SLK*

¿Y TÚ?

Si Dios quiere que seas un jugador de fútbol u otra persona famosa, sé alguien bueno, con un testimonio para Cristo más que un deseo de popularidad. Si Dios te llama a ser un misionero, sé el mejor misionero que puedas ser. Pídele a Dios que te ayude a honrarlo en todo lo que hagas.

SIRVE A DIOS EN TODO LO QUE HAGAS

PARA MEMORIZAR:
«Sea que coman o beban o cualquier otra cosa que hagan, háganlo todo para la gloria de Dios». 1 Corintios 10:31

UNA CASA O UN HOGAR

LEE COLOSENSES 3:17-25

La enorme casa al final de la cuadra era una casa modelo, abierta para inspección. Algunas de las niñas del vecindario decidieron ir a verla. De regreso a casa, Sabrina le contó a su mamá sobre ella.

—¡Debes verla! —empezó con emoción—. Tiene cuatro recámaras y cuatro baños. ¡Y deberías haber visto la sala! ¡Tiene una chimenea enorme! —Sabrina se detuvo—. Ciertamente hace que nuestra casa se vea como un basural.

Su mamá alzó la vista de su trabajo.

—¿Un basural? —repitió—. Bueno, entonces opino que es un hermoso basural. —Sonrió—. Creo que el lugar que acabas de visitar es aún más diferente del nuestro de lo que te has dado cuenta. Es una casa, pero el nuestro es un hogar.

—¿Cuál es la diferencia? —preguntó Sabrina.

—Una casa es un edificio —le explicó su mamá—. Tal vez tenga muchas cosas que la gente quiere y necesita; quizás tenga todo. Pero...

—Oh, esta lo tiene —interrumpió Sabrina—. ¡Tiene de todo!

—No, no lo creo —continuó su mamá—. No tiene una familia con personas que se aman. Es un edificio vacío, que necesita llenarse con personas que quieren lo mejor para los demás. Eso es lo que tenemos aquí.

Sabrina pensó en lo que su mamá estaba diciendo. En su hogar, sus padres mostraban mucho amor y afecto. De pronto, Sabrina comenzó a darse cuenta de cuán afortunada era de vivir en un hogar, un hogar cristiano. Tal vez la casa no era tan grande como la de al final de la cuadra, pero estaba llena de amor. Eso era mucho más importante.

—Está bien, tú ganas —dijo Sabrina. Luego le sonrió a su mamá—. Pero, mira... si *nosotros* viviéramos en esa casa grande, *esa* también sería un hogar.

Sonrió mientras se iba a su habitación. Sí, un «hogar» era mucho mejor que cualquier «casa». *RIJ*

¿Y TÚ?

¿Alguna vez has comparado lo que tienes con lo que tienen otras personas? ¿Te hace sentir insatisfecho? ¿Envidioso? ¿Disgustado? ¿Crítico? Detente y agradece a Dios por tu hogar, tus padres y tu familia. Pídele que te ayude a cumplir con tu parte ¡para hacer de tu casa un hogar!

PARA MEMORIZAR:
«En la casa del justo hay tesoros».
Proverbios 15:6

SÉ AGRADECIDO POR TU HOGAR

GENTE HAMBRIENTA

LEE HEBREOS 5:12-14

«La iglesia de la Biblia abierta», leyó César mientras su papá se estacionaba junto a la cuneta. La familia Díaz estaba esquiando en Colorado. Habían decidido visitar esta iglesia debido a su nombre. Cuando entraron, sin embargo, descubrieron que eran los únicos que llevaban Biblias, y que tampoco había en las bancas de la iglesia. El mensaje se centraba más en la votación por un nuevo alcalde que en el Señor. Se sintieron decepcionados.

Mientras conducían por la carretera al día siguiente, les dio mucha hambre y sed al mediodía, pero todo lo que veían eran colinas nevadas y blancas, y ningún lugar para comer. Carla miró el mapa.

—Hay una ciudad más adelante —les informó—. Quizás haya un restaurante allí.

—¿Qué tan lejos está? —preguntó César.

—Creo que a un poco más de veinticuatro kilómetros —dijo Carla.

Juntos contaron los kilómetros. Finalmente vieron un anuncio a lo lejos, del tipo que mostraba las opciones de gasolina, comida y hospedaje.

—Oh, no —se quejó su mamá mientras se acercaban—. Ese anuncio dice que no hay servicios. Este pueblo debe tener solo unas cuantas casas.

Carla y César también se quejaron. Unos minutos más tarde, Carla empezó a cantar una simple canción que aprendió en el campamento, y César se le unió.

—Aquí estamos como pájaros en el desierto... esperando ser alimentados —cantaron.

Su papá sonrió.

—No nos ha ido muy bien últimamente, ¿verdad? —preguntó—. Ayer en la iglesia estuvimos como "pájaros en el desierto" esperando alimento espiritual, pero no recibimos nada. Ahora estamos en un pueblo sin un lugar para comer.

Mientras decidían qué hacer, César se sentó erguido y señaló por la ventana.

—¡Ey, miren! —dijo—. Veo un montón de anuncios más adelante anunciando restaurantes en el siguiente pueblo. *LMW*

¿Y TÚ?

¿Alguna vez has tenido que saltarte una comida? ¿Tuviste hambre? ¿Qué hay de tu comida espiritual? ¿A menudo piensas en otras cosas que hacer cuando es hora de ir a la iglesia o estudiar tu Biblia? Obtener alimento espiritual es tan importante como obtener alimento físico.

BUSCA ALIMENTO ESPIRITUAL

PARA MEMORIZAR:
«Como bebés recién nacidos, deseen con ganas la leche espiritual pura para que crezcan a una experiencia plena de la salvación. Pidan a gritos ese alimento nutritivo». 1 Pedro 2:2

ENERO
20

SUS PROPIAS BIBLIAS

LEE SALMO 119:1-8

Prema y Jaya se sentaron bajo un gran árbol y observaron a otros niños jugando. Prema (cuyo nombre significa «amor») y su hermano, Jaya («victoria»), eran huérfanos y vivían en una escuela misionera en el sur de la India.

—Prema, ¿no te gustaría tener una Biblia? —preguntó Jaya—. A mí sí. Desde que recibí a Jesús como mi Salvador, quiero leer la Palabra de Dios cada día. Pero es difícil pedir prestada una Biblia todo el tiempo.

—Sí —respondió Prema—. Yo quiero mi propia Biblia. Pero somos demasiado pobres para comprar una.

Justo entonces un niño pasó cerca de ellos cargando una canasta. Se dirigía a la cabaña donde la misionera, la señorita Rut, vivía.

—¡Eso es! —exclamó Jaya—. ¿Por qué no pensé en eso antes? La señorita Rut nos dará Biblias por traerle canastas con estiércol de búfalo. Se usa como fertilizante.

—Esa es una buena idea —dijo Prema, con ojos brillantes—. Hagámoslo.

Prema y Jaya empezaron de inmediato a recolectar estiércol seco. Por fin cada uno tenía una canasta llena hasta el tope, y se pusieron en fila ante la puerta de la misionera, detrás de otros niños con canastas.

—Prema y Jaya, ¿también quieren ganarse una Biblia? —preguntó la señorita Rut.

—Sí, señorita Rut —respondieron.

—Entonces les faltan diecinueve canastas más —dijo la misionera mientras anotaba sus nombres y la cantidad que habían traído.

Día tras día, los niños llenaron sus canastas con estiércol. Por fin escucharon las buenas noticias, ¡les faltaba solo una canasta! Tan rápido como pudieron, llenaron la última canasta. Orgullosos se pusieron en fila con los otros niños, y con anticipación extendieron las manos para recibir una Biblia nueva en télugu, su idioma materna.

—¡Oh! Apenas lo puedo creer... ¡Mi propia Biblia! —exclamó Prema.

—Sí —dijo Jaya con una gran sonrisa—. Ahora podemos leer la Palabra de Dios todos los días. *MRP*

Nota: Basado en una historia real

¿Y TÚ?

¿Tienes una Biblia? ¿Qué tuviste que hacer para recibirla? La historia que acabas de leer es real. ¿Crees que Prema y Jaya descuidaron su lectura diaria después de trabajar tanto para obtener una Biblia? Debemos amar y atesorar la Palabra de Dios, leyéndola y estudiándola.

PARA MEMORIZAR:
«Tus enseñanzas son más valiosas para mí que millones en oro y plata». Salmo 119:72

APRECIA TU BIBLIA

TAPAS A PRUEBA DE NIÑOS

LEE JUAN 15:4-8

—Creo que jamás lograré que el abuelo Ávila nos acompañe a la iglesia —dijo Claudio, colgando con fuerza el auricular del teléfono—. Dice que debe componer su camioneta, así que está muy ocupado. Debo conseguir que venga, estoy seguro de que le gustará —dijo con un suspiro—. Es imposible.

—Oh, no digas eso —dijo su mamá, que estaba sobre una silla, limpiando los gabinetes de la cocina. Tomó dos botellas de la alacena de arriba y se las pasó a Claudio—. Solo hay unas cuantas píldoras en cada una —dijo—. Puedes poner todas en una botella y tirar la otra.

Claudio luchó para abrir las botellas. Las giró y las volteó, ¡e incluso trató de abrirlas con los dientes!

—No puedo hacerlo —se quejó, devolviéndolas.

Su mamá las tomó y las abrió con facilidad.

—Olvidé que tienen tapas a prueba de niños. Se supone que no debes poder abrirlas —dijo y miró las botellas con atención—. ¿Sabes?, mientras te escuchaba hablar sobre tu abuelo, te oí decir que deberías conseguir que viniera a la iglesia. Pero tu abuelito es como estas botellas con tapas a prueba de niños. Se necesita a Alguien más fuerte que tú y yo para hacer que él sea receptivo a lo que Dios quiere para él. No puedes cambiar a tu abuelito. Solo Dios puede cambiar a una persona.

Claudio pensó en sus palabras por un momento. Luego asintió.

—Si no puedo abrir una pequeña botella, ¡seguramente no puedo cambiar la vida de alguien! —asintió. De repente sonrió—. ¿Pero sabes qué? Se siente bien saber que estoy haciendo mi parte y que puedo dejarle el resto a Dios. *SLN*

¿Y TÚ?

¿Has tratado de cambiar a alguien? No puedes hacerlo. Ora por esa persona y pregúntale a Dios qué puedes decirles. Después de hacer tu parte, déjale el resto a Dios. Solo él puede cambiar el corazón de una persona.

SOLO DIOS PUEDE CAMBIAR A LAS PERSONAS

PARA MEMORIZAR:
«Ciertamente, yo soy la vid; ustedes son las ramas. Los que permanecen en mí y yo en ellos producirán mucho fruto porque, separados de mí, no pueden hacer nada». Juan 15:5

LA BATERÍA DESCARGADA

LEE 1 TESALONICENSES 5:11-18

—¡Me cansa tanto Juani Sarmiento! Se supone que es cristiano, pero lo cierto es que no actúa como uno —se quejó Tony cierta tarde—. Nunca compra almuerzo, por lo que siempre me está pidiendo que le regale algo. Y además —añadió Tony—, es muy brusco cuando juega. Luego, si alguien apenas lo toca, los acusa. Ya no vamos a juntarnos con él.

—El padre de Juani es alcohólico, ¿cierto? —preguntó el papá de Tony. Tony asintió, y su papá continuó—: Y creo que su mamá debe trabajar muchas horas. Las cosas deben ser difíciles en su casa.

—Y Juani es un nuevo creyente —añadió la mamá de Tony.

El timbre interrumpió la conversación. Se trataba de su vecino, el señor Arroyo.

—Oiga, lamento molestarlo, pero mi auto no arranca —dijo—. La batería no está lo suficientemente fuerte como para arrancar el motor. ¿Podría hacerle puente a la batería?

Tony miró cómo su papá primero conectaba unos cables bajo el capó de su propio auto y luego los estiraba para alcanzar el auto del señor Arroyo. El señor Arroyo intentó arrancar su auto otra vez, y todos aplaudieron cuando el motor muerto saltó a la vida.

El papá de Tony puso una mano sobre su hombro mientras caminaban de regreso a casa.

—Tony, Juani es como la batería del señor Arroyo —le dijo—. Es un cristiano, pero se cansa emocional y espiritualmente por la situación en casa. Necesita a alguien más fuerte que le dé un impulso. Es demasiado débil para funcionar por sí mismo.

Su mamá escuchó la conversación.

—Se supone que los cristianos deben ayudar a sus hermanos más débiles —añadió—. La Biblia nos dice que llevemos las cargas de los débiles y los animemos.

Tony comprendió lo que sus padres decían. Sabía que no sería tan fácil como hacerle puente a la batería de un auto, pero tal vez él y los demás podrían juntarse y pensar en maneras para ser amigos de Juani. *NGH*

¿Y TÚ?

¿Te irritan algunos cristianos que conoces? Tal vez necesiten una mano amiga, un oído atento o una sonrisa amistosa para ayudar a arrancar su batería espiritual. Tal vez puedas pensar en otras maneras de ofrecer ánimo.

PARA MEMORIZAR:

«Ayúdense a llevar los unos las cargas de los otros, y obedezcan de esa manera la ley de Cristo». Gálatas 6:2

AYUDA A LOS DÉBILES

EXPLOSIÓN

LEE EFESIOS 4:26-32

Mariana entró a la casa haciendo mucho ruido y azotó la puerta tras ella.

—Elena me molestó ayer todo el día, ¡y ahora está usando mi camisa favorita! —dijo.

Las lágrimas corrieron por su rostro y pateó una silla cercana. Había estado enfadada con su hermana Elena toda la semana hasta que finalmente estallaron las cosas.

—Recoge la silla, siéntate y cálmate —dijo su mamá—. Enseguida regreso.

Su mamá volvió pronto con un pequeño álbum de fotografías. Acercó una silla, abrió el álbum y comenzó a pasar las páginas.

—Cierto verano mi amiga Carol y yo alquilamos un lugar por una semana —dijo la mamá de Mariana, señalando la foto de una pequeña cabaña roja—. Fue grandioso, hasta que decidimos hornear conchitas de pasta. —Apoyó el brazo sobre los hombros de Mariana—. Abrí el horno mientras Carol encendía el cerillo. Al principio no pasó nada. Luego... *¡PUM! ¡Fush!* Un fogonazo amarillo brillante nos golpeó en la cara.

—¿Se lastimaron? —preguntó Mariana.

—Ambas tuvimos quemaduras profundas. Y la cocina quedó hecha un desastre.

—¿Por qué sucedió?

—Era la primera vez que se encendía el horno en esa temporada, y se había acumulado polvo en la línea de gas. Cuando el gas forzó su salida, salió con fuerza y provocó una explosión. ¿Sabes por qué te cuento esta historia?

Mariana miró al suelo.

—¿Porque mi temperamento explotó? —adivinó.

Su mamá asintió.

—Si el horno hubiera estado limpio y no se hubiera dejado que la mugre se juntara, la explosión podría haberse evitado —dijo.

—Supongo que debí haber hablado con Elena sobre lo que me estaba haciendo enojar en vez de dejar que se acumulara, ¿verdad?

—Así es —dijo su mamá—. Oremos primero, luego hablaremos con Elena y arreglaremos todo. *NEK*

¿Y TÚ?

¿Dejas que los malos sentimientos se acumulen hasta que pierdes el control? Cuando te molestes con alguien, pídele a Dios que te ayude a lidiar con la situación. Luego resuelve el conflicto de una manera amorosa antes de que termine el día.

RESUELVE SENTIMIENTOS DE ENOJO

PARA MEMORIZAR:
«Además, "no pequen al dejar que el enojo los controle". No permitan que el sol se ponga mientras siguen enojados». Efesios 4:26

COSAS QUE VAN JUNTAS

LEE SANTIAGO 2:14-18

Luisa estaba jugando a «cosas que van juntas» con su hermanita, Perla.

«¿Qué va con esto?», preguntó Luisa, poniendo un zapato de fieltro sobre el pizarrón de fieltro. Mientras Perla elegía unas medias de fieltro para poner junto al zapato, su hermano Esteban irrumpió en la habitación.

—¡Sal de aquí! —ordenó Luisa—. Este es nuestro juego.

Pero Esteban no se marchó. Se quedó, se burló de ellas y las fastidió.

—¡Te dije que te marcharas! —repitió Luisa.

Sintió que empezaba a perder la paciencia. Él continuó molestándola. Finalmente Luisa le pegó a su hermano.

—¡Mamá! —gritó Esteban—. ¡Luisa me pegó!

Cuando su mamá apareció, ambos niños la bombardearon con quejas. Unos minutos después, ambos fueron enviados a sus recámaras.

Pareció pasar una eternidad antes de que su mamá llamara a Luisa y a Esteban de regreso al cuarto de juegos. Sobre el pizarrón de fieltro había colocado algunas figuras de papel.

—Las "cosas que van juntas" es un buen juego para enseñar a Perlita a relacionar cosas, y puede ser bueno para niños grandes también. —Señaló unas figuras en el pizarrón: una Biblia, una persona orando, una cruz y una iglesia—. Todos estos elementos representan nuestra fe en Dios y nuestra creencia en él. —Entonces señaló algunas palabras: *amor, fe, adoración, enojo* y *burla*—. ¿Cuáles de estas van con los dibujos? —preguntó.

Al mirar al pizarrón, el labio de Luisa tembló. Aunque Esteban se había burlado de ella, ella sabía que pegarle no estaba de acuerdo con su fe cristiana. Y Esteban sabía que molestar a su hermana tampoco iba con su fe.

—Cuando decimos que creemos en Dios, nuestro comportamiento debe... —empezó la mamá de los chicos.

—Ir de la mano —continuó Luisa.

—Con nuestra fe —finalizó Esteban. *NEK*

¿Y TÚ?

¿Cómo tratas a los niños de la escuela que no necesariamente te agradan? ¿Eres paciente y amable con tus hermanos y hermanas? Si crees en Jesús, necesitas hacer cosas que estén de acuerdo con tu fe.

PARA MEMORIZAR:

«Ahora bien, alguien podría argumentar: "Algunas personas tienen fe; otras, buenas acciones". Pero yo les digo: "¿Cómo me mostrarás tu fe si no haces buenas acciones? Yo les mostraré mi fe con mis buenas acciones"». Santiago 2:18

LA FE Y LAS BUENAS OBRAS VAN JUNTAS

DECISIONES INSENSATAS

LEE HECHOS 24:24-27

—Ven, Dan —llamó el tío Pedro—, vamos a dar una vuelta.

—Está bien —dijo Dan.

Disfrutaba la compañía de su tío. El tío Pedro era hermano de su papá, pero ciertamente no se parecían. Por una parte, el papá de Dan era cristiano, mientras que el tío Pedro parecía no tener ningún interés en el Señor. Pero Dan tampoco era cristiano. Tal vez por eso disfrutaba tanto la compañía del tío Pedro.

Mientras Dan se ponía el cinturón de seguridad, el tío Pedro lo miró.

—No necesitas amarrarte esa cosa —dijo riendo—. Solo vamos aquí cerca.

Pero aun así Dan se lo abrochó.

—En la escuela nos enseñaron que los cinturones de seguridad salvan vidas —dijo. Mientras hablaba, se dio cuenta de que su tío sacaba un cigarrillo.

—Supongo que ahora me dirás que también es malo fumar —dijo el tío Pedro. Dan sonrió.

—Eso ya lo sabes.

El tío Pedro giró y miró al niño.

—Empiezas a sonar más y más como tu papá —dijo abruptamente.

—Bueno, tío Pedro, sabes que debes usar el cinturón de seguridad, y sabes que fumar es peligroso —replicó Dan—. Así que, ¿por qué ignoras todas las estadísticas?

El tío de Dan sujetó con más firmeza el volante. Permaneció en silencio un buen rato.

—La verdad es que realmente no lo sé —dijo por fin—. Si tu papá estuviera aquí, también querría saber por qué no soy cristiano. —Giró y miró a Dan—. Y ¡te haría a ti la misma pregunta!

Dan no tenía respuesta para ese comentario, pero cuando volvieron a la casa pensó largo tiempo en las palabras de su tío. Más tarde esa noche, Dan pensó: *¡Lo voy a hacer! ¡Ya no seré como el tío Pedro! Por lo menos no en este sentido.* Se levantó de un salto y fue a buscar a su papá. Sabía que su papá le explicaría otra vez lo que implicaba confiar en Jesús. *RIJ*

¿Y TÚ?

¿Ignoras las advertencias sobre tu bienestar físico? Eso puede ser peligroso. Es aún más peligroso descuidar tu bienestar espiritual. ¿Por qué no hablas con un adulto cristiano en quien confíes, como uno de tus padres o un maestro de la escuela dominical sobre cómo convertirte en cristiano?

NO POSPONGAS LA SALVACIÓN

PARA MEMORIZAR:

«Pues Dios dice: "En el momento preciso, te oí. En el día de salvación te ayudé". Efectivamente, el "momento preciso" es ahora. Hoy es el día de salvación». 2 Corintios 6:2

JENNY SIRVE A JESÚS

LEE 1 SAMUEL 1:20, 24-28; 2:11

Jenny escuchó atentamente mientras su maestra de la escuela dominical contaba cómo el niño Samuel sirvió al Señor.

«Recuerden —terminó la señora Carrillo—, nunca serán demasiado jóvenes para servir a Dios».

Jenny miró al piso. *¿Qué podría hacer una niña como yo por Jesús?*, se preguntó. *No puedo predicar ni enseñar y ni siquiera canto bien.*

Cuando terminó la escuela dominical, varios niños se empujaron unos a otros para salir por la puerta primero. Jenny esperó hasta que cesó el amontonamiento y salió.

«Gracias por la buena historia de hoy», dijo con una sonrisa al salir del salón. Luego fue a recoger a su hermana menor a su propio salón.

«Cámbiate de ropa, Jenny —le dijo mamá cuando llegaron a casa—. El almuerzo está listo».

La siguiente semana, la amiga de Jenny, Lisa, aceptó ir con ella a la iglesia y a la escuela dominical. La lección fue sobre Pablo, quien viajó por de todo el mundo sirviendo a Jesús a través de la prédica. El corazón de Jenny se sintió más y más afligido. Después de la clase le pidió a Lisa que recogiera a su hermana mientras ella se quedaba para conversar con la maestra.

—Señora Carrillo, no encuentro la manera de servir a Jesús —dijo Jenny.

La maestra la miró, sorprendida.

—Pero, Jenny, yo te veo sirviendo a Jesús de muchas maneras —le dijo—. Hoy trajiste a una amiga para que escuchara sobre Jesús. Eres amable y considerada con tu hermanita y conmigo. Y cuando obedeces a tu mamá, también estás sirviendo a Jesús.

El rostro de Jenny se iluminó.

—¿Así es como realmente se sirve a Jesús? —preguntó—. ¡Vaya! Seguro que puedo encontrar más maneras de servirlo. *CEY*

¿Y TÚ?

Jesús no espera que salgas y prediques o enseñes como un adulto, pero puedes servirlo al obedecer a tus padres, al ayudar a otros y al invitar a tus amigos a la escuela dominical o al grupo bíblico. Comienza a servir a Jesús hoy.

PARA MEMORIZAR:

«Debemos llevar a cabo cuanto antes las tareas que nos encargó el que nos envió. Pronto viene la noche cuando nadie puede trabajar». Juan 9:4

TÚ PUEDES SERVIR A JESÚS

LA HERENCIA DEL ABUELO

LEE HEBREOS 9:13-22, 28

El señor Dantes, el abogado, abrió una carpeta y carraspeó.

«La última voluntad y testamento de Andrés Felipe Blamires Reyes —leyó—. Yo, Andrés Felipe Blamires Reyes, estando en mi sano juicio...».

Qué cosa tan extraña dijo mi abuelito, pensó Andrea. Miró alrededor de la oficina del abogado. Todos lucían muy serios.

»... a cada uno de mis nietos les dejo cinco mil dólares para que los usen para su educación», leyó el abogado.

Los ojos de Andrea se abrieron muy grandes. *¡Vaya! ¿Cinco mil dólares para mí?* No podía creerlo.

El abuelito había recordado a todos, y todos los niños habían recibido algo especial para ayudarlos a recordar a su abuelito.

—¿Podemos ir a la granja, papá? —preguntó Andrea al subir al auto—. ¡Quiero ver a Princesa!

El abuelito le había dejado su yegua a ella.

Su papá asintió.

—Vamos. También quiero recoger la Biblia de mi papá.

Cuando estuvieron en casa más tarde, Andrea hojeó con cuidado las páginas de la vieja Biblia. «El Nuevo Testamento de nuestro Señor y Salvador Jesucristo», leyó en voz alta. Alzó la vista.

—Es casi lo mismo que dijo el abogado esta mañana —le dijo a su mamá—. Él dijo que la voluntad del abuelito era su testamento.

La mamá de Andrea asintió.

—Así es. El testamento es un documento importante que nos dice lo que tu abuelito nos dejó al morir. El Nuevo Testamento es un documento importante también. De él aprendemos que, debido a que Jesús murió por nosotros, hay una herencia valiosa disponible para todos: vida eterna en el cielo. Pero no todos la recibirán, porque hay una condición que se debe cumplir. Para recibirla, es necesario aceptar a Jesús como Salvador.

Andrea alzó las cejas.

—Me emociona la herencia que me dejó mi abuelito —dijo—, pero ¡la herencia que Dios tiene para mí es todavía mejor! *BJW*

¿Y TÚ?

¿Has cumplido con la condición que te hace un hijo de Dios y te asegura una herencia eterna? Solo piénsalo: ¡puedes ser un heredero de Dios! Si quieres saber más, habla con un amigo cristiano o un adulto en quien confíes.

RECLAMA TU HERENCIA

PARA MEMORIZAR:
«Pues la voluntad de mi Padre es que todos los que vean a su Hijo y crean en él tengan vida eterna; y yo los resucitaré en el día final». Juan 6:40

NO FUNCIONARÁ

LEE EFESIOS 2:1-10

Gracia y su mamá estaban conversando sobre sus compras mientras caminaban por el estacionamiento. Cuando llegaron al auto, se subieron, y la mamá de Gracia colocó la llave en el arranque.

—Algo está mal —dijo con una mirada de confusión—. Apenas mandé a hacer esta llave hace algunos días, y ha funcionado hasta el momento. Pero ahora no logro meterla de lleno en el arranque.

Empujó y movió la llave para un lado y para el otro y volvió a empujarla, pero simplemente no entraba.

—No funciona —dijo finalmente—. Tendremos que pedir ayuda.

Regresaron pronto con un hombre de una estación de servicio cercana. Al llegar al auto, la mamá de Gracia se detuvo.

—¡Oh, no! —dijo y se sonrojó—. El auto que estoy intentando arrancar no es el mío. Me estacioné cerca de esta camioneta café, pero mi auto está al otro lado. Este auto es del mismo color y estilo que el mío, pero yo tengo un maletero en la cajuela.

—No puedo creer que ambas nos subimos al auto y no nos fijamos que no era el nuestro —dijo Gracia—. Supongo que ambas estábamos demasiado ocupadas pensando en lo que habíamos comprado.

Mamá sacó las llaves y arrancó el auto con facilidad.

—Lamento haber hecho que perdiera su tiempo —dijo, disculpándose con el empleado de la estación de servicio.

Gracia y su mamá rieron y rieron al llegar a casa y contarle su historia al papá de Gracia. Él se rio con ellas. Entonces se puso serio.

—¿Saben? —dijo—, algunas personas se parecen mucho a ustedes. Trataron de volver a casa en el auto equivocado. Muchas personas intentan ir al cielo en el "auto" de las buenas obras pero ese también es el vehículo equivocado. Solo Jesús puede llevarnos al cielo. Si no les importa, quisiera usar su experiencia para ilustrar mi prédica de mañana.

Gracia y su madre dieron su consentimiento con agrado. *CLG*

¿Y TÚ?

¿Tratas de ir al cielo solo siendo bueno? Ir a la iglesia, orar y hacer cosas buenas por los demás está bien, pero no son los vehículos correctos que te llevarán al cielo. Solo a través de Jesús puedes ser salvo de tus pecados y recibir vida eterna.

PARA MEMORIZAR:

«Dios los salvó por su gracia cuando creyeron. Ustedes no tienen ningún mérito en eso; es un regalo de Dios. La salvación no es un premio por las cosas buenas que hayamos hecho, así que ninguno de nosotros puede jactarse de ser salvo». Efesios 2:8-9

SOLO JESÚS SALVA

UN DOMINGO DE AYUNO

LEE 1 JUAN 3:16-18

—Hoy es un domingo "de ayuno" en nuestra iglesia —dijo la tía Coni mientras ponía el jugo de naranja y el cereal sobre la mesa.

—¿Un domingo de ayuno? —repitió Alex—. ¡Ah! Recuerdo que mi mamá dijo algo sobre eso. ¿Qué es lo que hacen?

Su primo Víctor se rio.

—Es lo que *no* hacemos —dijo—. "Ayunar" significa no comer. Este domingo no comemos a mediodía.

Los ojos de Alex se abrieron muy grandes.

—¿No almuerzan? ¿Por qué no?

—El primer domingo de cada mes, las personas de nuestra iglesia usan el dinero que por lo general gastarían en almorzar y lo dan para alimentar a los que pasan hambre —explicó Víctor—. Has visto fotos de niños hambrientos, ¿cierto?

—Por supuesto —dijo Alex mientras bebía a sorbitos su jugo de naranja—. Pero no hay mucho que yo pueda hacer al respecto. Salvo desear que pudiera enviarles mis arvejas y habichuelas —dijo con una sonrisa.

Víctor rio de nuevo.

—Hoy harás algo al respecto —dijo—. El dinero que ahorres de la comida que te saltes se pondrá en un fondo.

—Puede que no parezca mucho, pero lo sería si todos lo hiciéramos —dijo la tía Coni—. Ahora, apresurémonos o llegaremos tarde a la escuela dominical.

Mientras los niños jugaban por la tarde, Alex se frotó el estómago. Estaba haciendo ruidos.

—Sería terrible tener hambre todos los días, ¿verdad? —dijo Alex, pensativo.

Víctor asintió.

—Mi papá dice que algunas personas nunca saben lo que se siente tener suficiente para comer, ¡en toda su vida!

Esa tarde cuando la tía Coni preparó un refrigerio ligero, los niños llegaron puntuales a la mesa.

—¿Cómo te fue, Alex? —preguntó la tía Coni.

—No tan mal —contestó Alex con calma, sorprendido—. Mi estómago está vacío, pero ¡me siento bien! Estoy más agradecido por la comida que recibo a diario, ¡incluidas las arvejas y las habichuelas! *BJW*

¿Y TÚ?

¿Podría tu familia saltarse una comida para ayudar a las personas hambrientas? ¿Estarías dispuesto a privarte de refresco o de dulces y dar tu dinero a las misiones?

COMPARTE TUS BENDICIONES

PARA MEMORIZAR:
«Juan contestó: "Si tienes dos camisas, da una a los pobres. Si tienes comida, comparte con los que tienen hambre"».
Lucas 3:11

ENERO
30

LUCES PARA LA NIEBLA

LEE JUAN 1:1-12

De regreso a casa, el papá de Cristóbal bajó la velocidad e incluso se detuvo unas cuantas veces debido a la espesa niebla.

—A este paso tardaremos mucho en llegar a casa —dijo la mamá de Cristóbal. Suspiró con pesadez—. Aún no puedo creer que mi hermano menor pudiera hacer semejante cosa.

En su mente, Cristóbal todavía podía escuchar al juez sentenciando a su tío Martín a veinte años de prisión.

El papá de Cristóbal la tomó de la mano.

—Uno de los misterios más grandes de la vida es cómo los hermanos criados en una misma casa crecen y son tan diferentes —dijo—. Tú eres una buena ama de casa y trabajadora de la comunidad; tu hermano mayor, Carlos, es un médico respetado...

—Y mi hermanito, Martín, es un criminal convicto —dijo la mamá de Cristóbal, limpiándose las lágrimas de las mejillas—. Martín nunca le prestaba atención a nadie —dijo con tristeza—. Siempre fue necio y se empeñaba en hacer su propia voluntad.

Contó cómo una y otra vez Martín había roto las reglas.

—También se negó a obedecer las leyes de Dios —dijo—. Se rebeló contra sus padres, contra la iglesia y contra toda autoridad.

El papá de Cristóbal se inclinó hacia adelante y activó el limpiaparabrisas.

—Esta niebla está tan espesa que no puedo ver ni a seis metros adelante —dijo.

En ese momento un semirremolque los rebasó.

—Bien —dijo papá, y aceleró—. Él tiene luces para la niebla. Podemos seguirlo con seguridad.

—¿Saben? —dijo mamá pensativa—. Martín se habría ahorrado muchos problemas si hubiera seguido a Jesús, la Luz del Mundo. En lugar de eso, ha estado tropezando todos estos años en la niebla del pecado.

Cristóbal añadió:

—Tal vez ahora comprenderá que no puede sobrevivir en este mundo por sí mismo. ¿Podemos orar para que se acerque a Jesús? *BJW*

¿Y TÚ?

¿Estás tropezando en la «niebla» del pecado? Obedece la luz de la Palabra de Dios. Te guiará al hogar celestial.

PARA MEMORIZAR:

«Jesús habló una vez más al pueblo y dijo: "Yo soy la luz del mundo. Si ustedes me siguen, no tendrán que andar en la oscuridad porque tendrán la luz que lleva a la vida"». Juan 8:12

SIGUE A JESÚS

ES UN PROBLEMA

LEE EFESIOS 6:10-17

Roberto entró a la cocina con los hombros caídos y se tumbó sobre una silla junto a su mamá, quien cargaba a Amelia, la hermanita pequeña de Roberto. La mamá de Roberto podía ver que traía algo en mente, pero no dijo nada, esperando que él hablara primero.

—Tengo un problema —dijo al fin con un suspiro—. Siempre pierdo los estribos. Sé que Dios no quiere que haga eso.

—No —concordó mamá y puso a Amelia de pie—. ¿Adivina qué? Amelia dio hoy su primer paso. Y tú también has dado un primer paso. Has admitido que tienes un problema.

Juntos vieron a Amelia dar unos pasos tambaleándose. Luego... ¡pum! Se cayó. Hizo un puchero, pero gateó hasta una silla y se puso de pie otra vez. Roberto observó a Amelia caminar unos cuantos pasos más y caer de nuevo.

—Jamás aprenderá a caminar —dijo con tono funesto.

—Por supuesto que lo hará. Amelia es una bebé perfectamente normal. Tú empezaste del mismo modo —dijo su mamá—, y mira cuán fuertes están tus piernas ahora. Así funciona también el andar cristiano.

El rostro de Roberto se iluminó con una sonrisa. Él sí era un corredor fuerte.

—Quieres decir que si trato de no perder los estribos, ¿mejoraré en eso también?

Su mamá sonrió y asintió mientras levantaba a Amelia:

—Pero también necesitarás la ayuda de Dios.

—Sí —concordó Roberto—. Ya sé que no puedo hacerlo solo. —Se puso de pie y se encaminó a su cuarto—. Voy a hablar con Dios sobre el asunto. *HAD*

¿Y TÚ?

¿Has admitido que tienes un problema, como perder los estribos, actuar con egoísmo o sentir antipatía por otras personas? Ese es el primer paso para superarlo. Luego busca a Dios para tener la fortaleza para controlarlo. Él desea que tengas la victoria y te ayudará.

DIOS NOS DA FORTALEZA

PARA MEMORIZAR:
«Pues todo lo puedo hacer por medio de Cristo, quien me da las fuerzas».
Filipenses 4:13

FEBRERO

1

UNA RESPUESTA APACIBLE

LEE PROVERBIOS 15:1-7

—El domingo pasado acordamos intentar un experimento —le recordó el señor Rossi a su clase de la escuela dominical—-. Íbamos a dar una respuesta apacible cuando estuviéramos tentados a discutir. ¿Quién quiere informar sobre lo que pasó?

Tres manos se levantaron.

—El lunes a primera hora, algunos niños me llamaron cabeza de zanahoria —dijo Nina, con su pelo rojo—. Solo sonreí y les dije: "Ciertamente mi cabello llama mucho la atención".

El señor Rossi rio.

—¡Estupendo! —dijo.

Natán continuó.

—Acabo de mudarme a un nuevo vecindario. El otro día jugaba con la pelota y me metí en el terreno baldío de mi vecino. Entonces, él salió de su casa y me ordenó salir de su propiedad. Al principio me disgusté, pero luego recordé el experimento y me disculpé. Justo entonces su perro salió corriendo a la calle y no regresó cuando él lo llamó. Mi vecino es demasiado anciano para correr, así que atrapé al perro y se lo traje de vuelta. Al día siguiente, el vecino le dijo a mi papá que yo podía jugar en su terreno baldío.

—¡Muy bien! —asintió el señor Rossi—. ¿Quién sigue?

—El otro día estaba mirando un libro de mi hermano —dijo Estefanía—. Cuando me vio, me arrebató el libro y gritó: "¡No te di permiso para leerlo!". Quería pegarle en la cabeza. Luego me acordé: "una respuesta apacible". Así que le dije: "Ay, lo siento. Pensé que no te importaría que lo leyera". Él se sorprendió y dijo "Ah... está bien, pero la próxima vez pídeme permiso primero". Y me lo devolvió.

Después de estos informes, el señor Rossi dijo:

—Cuando alejamos el enojo con respuestas apacibles, agradamos al Señor y creamos un mundo mejor. ¡Continuemos el experimento! *BJW*

¿Y TÚ?

¿A menudo das una respuesta apacible para evitar una pelea? ¡Cuánto mejor es agradar al Señor de esta manera que dar una respuesta que dé pie a una discusión! El verdadero ganador es quien detiene la pelea. Así que sé un ganador, y da una respuesta apacible hoy, mañana y el día siguiente.

PARA MEMORIZAR:

«La respuesta apacible desvía el enojo, pero las palabras ásperas encienden los ánimos».
Proverbios 15:1

NO HABLES CON ENOJO

¡PAF! ¡PAF!

LEE SALMO 1:1-6

—¡Mamá! Sami arruinó mi vestido preferido —se quejó Cristina, cruzando la puerta—. Me salpicó de lodo.

—¡Qué lástima! —dijo su mamá—. Se limpiará al lavarlo. Estoy segura de que no tenía la intención de echarte lodo encima.

—Tal vez no, pero no debió haberse reído —se quejó Cristina—. Y dijo que era mi culpa, que no debí estar parada tan cerca de él.

Dándose la vuelta, Cristina se fue a cambiar de ropa.

Algunos días después, Cristina llegó a casa de la escuela con el rostro triste. Sin decir una palabra, le entregó a su madre una nota de la señora Kirby, su maestra. Al abrir la nota, su mamá la leyó en voz alta: «Cristina provocó un disturbio en el comedor hoy. Ya que esto ha sucedido más de una vez, les he pedido a ella y a los otros involucrados que se queden en la escuela después de la salida mañana».

Su mamá frunció el ceño.

—Bien, ¿de qué se trata esto? —preguntó.

—Mamá, no hice nada —se quejó Cristina—. Son las niñas con las que me siento. Siempre están haciendo bobadas. A veces no puedo evitarlo, y me río, pero yo no soy la que empieza. ¿Puedes escribirle una nota a la señora Kirby y explicarle?

Su mamá lo pensó un momento antes de responder.

—Cristina, ¿recuerdas cuando Sami te salpicó de lodo el otro día? —preguntó. Cristina asintió.

—Bueno, así como el lodo te salpicó porque estabas muy cerca de Sami, las malas acciones de tus amigas te han "salpicado" también. Por estar junto a ellas mientras hacen cosas incorrectas, te vuelves tan culpable como ellas.

—¿Así que debo quedarme mañana después de la escuela? —preguntó Cristina.

Su mamá asintió y dijo:

—¿Pero puedes pensar en algunas cosas que puedes hacer para que esto no vuelva a suceder?

—Bueno —dijo Cristina, pensativa—. Puedo pedirles que ya no lo hagan, o puedo sentarme en otro lugar para no meterme en problemas. *CHP*

¿Y TÚ?

¿Alguna vez has dejado que tus amigos te convenzan de hacer algo que sabías no estaba bien? ¿Por qué crees que lo hiciste? ¿Qué puedes hacer la próxima vez que alguien intente hacer algo que esté mal? Recuerda, intenta elegir amigos que te ayuden a vivir como Dios quiere.

ELIGE A TUS AMIGOS CON CUIDADO

PARA MEMORIZAR:
«Qué alegría para los que no siguen el consejo de malos».
Salmo 1:1

EL MEJOR CUMPLEAÑOS

LEE FILIPENSES 2:3-8

Cecilia miraba por la ventana.

—¿En qué piensas? —preguntó su mamá.

—En la gran fiesta de cumpleaños del año pasado, y en lo diferente que será este año —contestó Cecilia, triste.

Desde su último cumpleaños se habían mudado a una pequeña aldea en un nuevo país con sus padres.

—Bueno, no siempre es malo que algo sea diferente —dijo su mamá—. Tal vez descubras que Dios tiene algo especial planeado para ti. Todavía podemos tener una fiesta de cumpleaños.

Cecilia puso los ojos en blanco.

—Tal vez Sita quiera venir —sugirió su mamá—. Dudo que haya tenido una fiesta de cumpleaños alguna vez. Muchas personas aquí no piensan en el tiempo como nosotros. Algunas no tienen idea de qué día, e incluso qué año, nacieron.

Este fue un pensamiento interesante. Cecilia nunca había tenido una amiga que no supiera cuándo era su cumpleaños. En los días siguientes Cecilia pensó en Sita. Entonces, una tarde tuvo una idea.

—Mamá, ¿puedo preguntarle a Sita si quiere compartir mi cumpleaños? —preguntó Cecilia.

—¡Por supuesto! —dijo su mamá.

Cuando llegó el gran día, la familia de Sita vino a cenar a la casa. De postre, la mamá de Cecilia sacó dos pasteles de cumpleaños con once velas cada uno. Sita resplandecía mientras seguía el ejemplo de Cecilia y soplaba las velas. ¡Luego rio y rio!

Era tan divertido observar a Sita y su reacción a todo, que Cecilia olvidó su propio pastel. Al compartir su cumpleaños con Sita, de repente comprendió lo que su papá quería decir al hablar del gozo de compartir el amor de Cristo con personas que nunca antes han escuchado de él.

Mientras Cecilia posaba con Sita para una fotografía, dijo:

—¡Gracias por la fiesta, mamá! Compartir es divertido. ¡Ha sido mi mejor cumpleaños hasta ahora! *SMG*

¿Y TÚ?

¿Te sientes mal cuando las cosas no salen como tú quieres? Cuando eso suceda, busca maneras de ayudar a alguien más. ¡Te sorprenderás de lo que ocurre!

PARA MEMORIZAR:

«No se ocupen solo de sus propios intereses, sino también procuren interesarse en los demás». Filipenses 2:4

PIENSA PRIMERO EN LOS DEMÁS

¿QUÉ LE PASA A WENDY?

LEE PROVERBIOS 17:27-28; 18:13

—¡Vamos, Wendy! —le rogó Nina a su amiga—. ¡No te rindas aún!

Pero Wendy comenzó a desamarrarse los cordones de los patines, diciendo que tenía frío.

—No hace *tanto* frío —se quejó Nina. Wendy no respondió, y Nina regresó al lago.

—Oye, Nina —la llamó Cindy mientras patinaba cerca—, ¿quieren Wendy y tú ir al Café de Ángelo?

—Déjame ver —respondió Nina. Dio un giro y regresó a la banca donde Wendy estaba sentada. Wendy tenía la cabeza entre las manos.

—¿Estás enferma? —preguntó Nina. Wendy sacudió la cabeza—. ¿Entonces quieres que vayamos al Café de Ángelo con Cindy?

—No —susurró Wendy—. No tengo ganas.

Nina suspiro. ¡Estar con Wendy no estaba siendo divertido! Nina se sintió molesta.

De regreso a casa, Nina le contó a su mamá sobre lo que pasó.

—Wendy anduvo cabizbaja. Probablemente quería un poco de atención —se quejó y miró a su mamá, que batía una tarta de queso—. Mmm, mi favorita.

Nina tomó una cuchara que su mamá había usado y la lamió.

—¡Guácala! —exclamó—. ¿Qué es esto? Pensé que era tarta de queso.

Se acercó al bote de la basura y escupió en él. Su mamá se rio.

—Es manteca —le dijo—. ¿Cuántas veces te he dicho que no saques conclusiones precipitadas? —Se detuvo y luego añadió—: ¿Estás segura de que no has sacado una conclusión errónea sobre Wendy también? Tal vez haya una razón para su actitud.

Esa tarde, la mamá de Nina entró a su recámara.

—Querida —le dijo—, la mamá de Wendy acaba de llamar. El papá de Wendy se marchó ayer, y no saben dónde está.

—Supongo que por eso Wendy no actuaba normal hoy —dijo Nina—. Me precipité en mis conclusiones otra vez.

—Me parece que debemos orar por Wendy y su familia, ¿no crees? —sugirió su mamá.

Nina asintió.

—También la llamaré —contestó—, y veré si quiere hablar. *HWM*

¿Y TÚ?

Cuando tus amigos no se comportan como siempre, ¿te precipitas en tus conclusiones como Nina? ¿Siempre te das cuenta cuando un amigo está triste? La próxima vez que comiences a enfadarte con un amigo que luce triste, ¿qué puedes hacer en vez de molestarte?

SÉ UN AMIGO COMPRENSIVO

PARA MEMORIZAR:
«Los que tienen entendimiento no pierden los estribos; los que se enojan fácilmente demuestran gran necedad». Proverbios 14:29

FEBRERO
5

NOSTALGIA POR EL CIELO

LEE FILIPENSES 1:20-27

Clop. Clop. El caballo de la granja caminó con pesadez. Ernesto presionó ligeramente su talón contra el costado del viejo animal, pero Bartolomé rehusó caminar más rápido. A Ernesto no le importó demasiado: tenía mucho en qué pensar. *¿Por qué tarda tanto en venir mi papá?*, se preguntó. *He estado en la lechería del tío Jorge por dos semanas, y es tiempo de volver a casa. ¿O no? No aguanto las ganas de volver a casa, aunque también odio marcharme de aquí.*

Ernesto se había sentido triste esa mañana al alimentar a las gallinas y darles paja a las vacas por última vez. Se tocó la gorra que el tío Jorge le había dado. Le enorgullecía portar las palabras *Lechería Jorge*. Le gustaba estar ahí. Aun así, durante el desayuno, pensar en su mamá y su papá en casa hizo que los panqueques de la tía Liliana se le atoraran en la garganta.

Justo entonces, Bartolomé giró hacia el camino de la granja. Ernesto trató de desviarlo.

—¡Bartolomé! —dijo Ernesto y tiró de las riendas—. No estoy listo para regresar aún.

Pero el viejo Bartolomé sacudió su cabeza y continuó pesadamente. De pronto, Ernesto se alegró pues ¡en el granero estaba su papá!

Durante todo el camino a casa, Ernesto habló de la granja.

—Todo es genial allí —dijo—, pero los extrañé a mamá y a ti... ¡mucho!

Su papá sonrió.

—Así es como la abuelita se siente a menudo —dijo su papá—. ¿Recuerdas cómo dice que está entusiasmada por ir al cielo y vivir con Jesús y disfrutar de todo lo que él ha preparado para ella? Pero odia la idea de dejarnos. Yo también me siento así. Como tu abuelita, quiero ver a otros que ya se han ido al cielo. Al mismo tiempo, quiero quedarme contigo y con tu mamá.

Ernesto asintió. Conocía bien ese sentimiento. *CJB*

¿Y TÚ?

¿Conoces a alguien que añora el cielo? Tal vez el cielo parece un poco irreal y lejano para ti. Aprende más de Jesús y del maravilloso hogar que está preparando para los que lo amamos. Disfruta tu vida ahora, pero también espera con alegría tu vida en el cielo.

PARA MEMORIZAR:
«Pues, para mí, vivir significa vivir para Cristo y morir es aún mejor».
Filipenses 1:21

ESPERA CON ALEGRÍA EL CIELO

¡VERDADERAMENTE RICA!

LEE JUAN 14:1-6

Tomás y Jaime silbaban mientras caminaban de regreso a casa desde la escuela. A veces lo hacían afinados, pero no muy seguido. Su dueto podía no ser armonioso, pero sí ruidoso. De pronto, Tomás dejó de silbar y olió el aire.

—Galletas con chispas de chocolate —dijo.

Se acercaban a la casa de la señora Santos, quien a menudo horneaba galletas para los niños del vecindario. Aun cuando no tuviera galletas, ellos a veces se detenían para ayudarla con su jardín o para visitarla. Cuando llegaron a la casa, tocaron a la puerta trasera y esperaron a que les abriera.

—Pasen, niños —dijo la señora Santos mientras ponía galletas sobre la mesa.

—No deberíamos venir aquí tan seguido —dijo Jaime—. Mi mamá dice que las galletas cuestan dinero, y no deberíamos comer toda su comida.

—No se preocupen por eso. Coman todas las que quieran —dijo la señora Santos. Les sonrió—. De hecho, ¿saben que soy muy rica?

—¿De verdad? —preguntó Tomás—. Pero su casa es muy pequeña.

—Oh, este es solo un lugar en el que me estoy quedando por poco tiempo —respondió la señora Santos—. Tengo una mansión a la que iré algún día.

—¿En serio? —Tomás volvió a preguntar—. ¿Dónde está?

La señora Santos rio.

—En el cielo, por supuesto —dijo—. Muchas personas piensan que el dinero es lo que las hace ricas, pero el dinero no llevará a nadie al cielo.

—Supongo que no —aceptó Tomás.

La señora Santos les sonrió otra vez a los muchachos.

—El amor es lo que te hace rico —dijo—. Tengo el amor de todos mis amigos, mis hijos y mis nietos, y todos los niños que vienen a visitarme. Lo mejor de todo, tengo el amor de Jesús. Me amó tanto que dio su vida para pagar el precio por mis pecados. Yo también lo amo, y él me está preparando un lugar en el cielo. Sí, verdaderamente soy muy rica. *MRB*

¿Y TÚ?

El amor de Dios es más valioso que cualquier tesoro que la tierra pueda ofrecer. Todo el dinero del mundo no tiene valor alguno si no tenemos un lugar en el cielo. Jesús está preparando un lugar para ti si has confiado en él como Salvador. Si no has confiado en Cristo, habla con alguien sobre cómo hacerlo.

SÉ RICO EN EL AMOR DE DIOS

PARA MEMORIZAR:
«¿Y qué beneficio obtienes si ganas el mundo entero pero pierdes tu propia alma? ¿Hay algo que valga más que tu alma?». Mateo 16:26

FEBRERO
7

GANAR DE VERDAD

LEE SALMO 119:11-16

—¡Claro que sí! —exclamó Tobías.

—Claro que no —declaró Megan.

Su papá entró en la habitación.

—¿De qué se trata todo esto? —preguntó.

Megan se balanceó de un lado a otro.

—Yo sé más versículos bíblicos de memoria que Tobías.

Su papá levantó las manos.

—Un momento. ¿Es esto una especie de competencia? —preguntó.

—¡Ojalá así fuera! —dijo Megan—. ¡Yo ganaría todos los premios!

—¡De ninguna manera! Yo ganaría —se mofó Tobías.

—¡Un momento! —dijo papá—. Me alegra que ambos hayan aprendido muchos versículos. Pero pensemos por un momento en lo que esos versículos significan. Por ejemplo, el Salmo 133:1. ¿Lo pueden recitar?

Tobías y Megan vacilaron. Entonces dijeron en voz alta:

—¡Qué maravilloso y agradable es cuando los hermanos conviven en armonía! Cada uno trató de terminar primero.

Su papá asintió.

—Ahora piensen en esas palabras —dijo—. No parece haber mucha armonía por aquí.

Megan se sonrojó, y Tobías miró el suelo.

—Realmente ganan cuando los versículos que memorizan los ayudan a actuar como Dios quiere —dijo su papá—. ¿Qué otros versículos los pueden ayudar?

—Cundo tuve miedo durante la fuerte tormenta la otra noche, recordé que Jesús está conmigo —dijo Megan.

Tobías miró a su papá.

—Cuando hacemos algo malo, debemos recordar que la Biblia dice que lo confesemos y que le pidamos a Dios que nos perdone.

Su papá asintió.

—¡Buenos ejemplos! Tal vez han ganado algo importante al memorizar versículos después de todo —dijo—. Si practican lo que memorizan, vivirán del modo en que Dios quiere que vivan. ¡Y eso los hace verdaderos ganadores! *HAD*

¿Y TÚ?

¿Memorizas versículos bíblicos para saber cómo vivir una vida que agrada a Dios? ¿Cómo puede ayudarte memorizar versículos?

PARA MEMORIZAR:

«Entonces la forma en que vivan siempre honrará y agradará al Señor, y sus vidas producirán toda clase de buenos frutos. Mientras tanto, irán creciendo a medida que aprendan a conocer a Dios más y más». Colosenses 1:10

USA LOS VERSÍCULOS QUE MEMORIZAS

LAS COSAS PEQUEÑAS CUENTAN

LEE JUAN 21:3-13

Catalina miró con ansias mientras su familia se sentaba a comer pastel de carne, puré de papas, zanahorias y ensalada. Todo lo había cocinado ella.

—Hiciste un buen trabajo —dijo su mamá—. Todo sabe maravilloso.

Juan, el hermano de Catalina, hizo una mueca.

—Solo si te gustan las verduras crudas y el pastel de carne aguado.

—Muy bien, sabelotodo —dijo Catalina frunciendo el ceño—. Quisiera verte intentar cocinar.

—¡Yo no! —contestó su hermano—. ¡Los hombres no cocinan!

Su papá sacudió la cabeza.

—No es verdad, Juan —dijo—. Muchos de los grandes chefs son hombres. ¿Y sabes quién creo que ha sido el mejor cocinero de todos? —preguntó.

—¿Quién, papá? —preguntó Catalina.

—¡Jesús! —respondió su papá.

—¿Jesús? ¡Ni siquiera sabía que cocinaba! —exclamó Juan.

Su papá sonrió.

—¿Recuerdan la historia sobre los discípulos que fueron a pescar? —preguntó—. No pescaron nada esa noche. Entonces Jesús los llamó desde la orilla del mar y les dijo que tiraran sus redes al otro lado del barco.

—Recuerdo esa historia —dijo Juan—, pero ¿qué tiene que ver con Jesús y su capacidad de cocinar?

—Bueno —respondió papá—, cuando los hambrientos pescadores llegaron a la orilla, encontraron a Jesús preparando el desayuno.

—No recordaba esa parte —dijo Juan—. Me pregunto por qué se preocupó por cocinar. ¿Por qué no hizo un milagro e hizo que la comida apareciera de la nada, ya lista?

—Quizás quiso darnos una lección sobre cómo servir a los demás —sugirió su papá—. Si Jesús no se sintió demasiado importante para realizar una tarea como cocinar, nosotros tampoco debemos pensar que un trabajo es demasiado pequeño o poco importante. Debemos alegrarnos de servir a los demás como podamos.

—Eso tiene sentido —dijo Juan, y comió el último bocado de su plato—. Apuesto a que puedo aprender a cocinar algo... ¡como pizza! *SLK*

¿Y TÚ?

¿Quieres hacer algo importante para el Señor algún día? Eso es bueno, pero no olvides las cosas pequeñas que puedes hacer hoy. Ayudar con los platos, a limpiar la casa, a leerles a tus hermanos pequeños, a escribir una nota, ¡todas estas son buenas maneras con las que puedes mostrar amor por los demás y por el Señor!

SÉ FIEL EN LAS COSAS PEQUEÑAS

PARA MEMORIZAR:
«Les di mi ejemplo para que lo sigan. Hagan lo mismo que yo he hecho con ustedes» Juan 13:15

EL MÁS INSIGNIFICANTE DE ESTOS

LEE MATEO 25:34-40

Eric y Elliot se bajaron del autobús en la granja de sus abuelos. Mientras caminaban por la entrada de autos hablaban de Jasón, un nuevo niño en la escuela.

—¿Alguna vez has visto a alguien tan debilucho? —se burló Elliot.

—Espera a que Ronny y los demás se encarguen de él mañana —dijo Eric con una sonrisa.

Ronny había planeado una broma pesada para el chico nuevo.

—Hola, chicos —los saludó su abuelita con una sonrisa—. ¿Qué es tan gracioso?

—Oh, solo una travesura que Ronny está planeando hacer mañana para un niño nuevo en la escuela —contestó Eric—. Probablemente lo asuste a muerte.

Su abuelita frunció el ceño.

—Espero que ustedes no sean parte de eso —dijo ella.

—Bueno... no realmente —dijo Elliot—. No fue nuestra idea. —Luego, rápidamente cambió de tema—. ¿Ya llegaron los pollitos?

Su abuelita asintió.

—Están en el garaje —dijo.

—Vamos, Eric. Vamos a verlos.

Pronto, los niños regresaron corriendo a casa.

—¡Abuelita, ven rápido! —dijeron—. ¡Un pollito está a punto de morir!

—¡Los otros lo están picoteando a muerte! —exclamó Elliot con horror—. ¡Está sangrando!

En el garaje, la abuelita levantó al pollito medio muerto. Curó sus heridas mientras los niños observaban.

—¡Qué malos! —se enfadó Eric—. ¡Abusar del más pequeño!

Su abuelita lo miró de frente.

—Los pollitos no son las únicas criaturas que pueden ser crueles —les dijo.

Elliot se veía confundido.

—¿Qué? —preguntó.

—Sé a lo que te refieres —dijo Eric lentamente—. Te refieres a la broma a Jasón.

—Pero no pensamos lastimarlo —protestó Elliot.

—Algunas heridas no dejan moretones, y algunos cortes no sangran —les recordó la abuelita.

Mientras seguían a su abuelita a la casa, Eric susurró.

—Hablando de mañana, Elliot, nosotros somos dos. Podemos hacer que Ronny cambie de opinión. *BJW*

¿Y TÚ?

¿Conoces a alguien a quien los otros niños siempre molestan? ¿Te has unido a ellos? ¿O defiendes al que molestan? ¿Qué crees que haría Jesús?

PARA MEMORIZAR:

«Y el Rey dirá: "Les digo la verdad, cuando hicieron alguna de estas cosas al más insignificante de estos, mis hermanos, ¡me lo hicieron a mí!"». Mateo 25:40

NO LASTIMES A OTROS

MALA COMPAÑÍA

LEE PROVERBIOS 1:10-15

Teo estaba de mal humor. Acababa de recibir otro sermón de su papá sobre sus amigos. *¿Y qué si mis amigos no son unos angelitos? ¡Nos divertimos! Lo bueno es que papá no sabe que les lanzamos piedras a las gallinas del señor Foley. Cuando el señor Foley llamó a la policía, casi nos atrapan.* Los pensamientos de Teo se interrumpieron cuando vio que su papá se acercaba.

—Ven conmigo, Teo —llamó su papá.

Su papá le mostró el camino a través del campo abierto hacia el río. El caluroso sol de Florida caía con fuerza sobre ellos. Su papá parecía estar buscando algo. Finalmente habló.

—¡Aquí! No hagas ningún ruido.

Teo se acercó. *¡Es solo un viejo caimán!*, pensó. *Los he visto cientos de veces.* Cuando estaba a punto de hablar, su papá le hizo una señal para que guardara silencio. En un susurro muy bajo, su papá le dijo:

—¿Sabes por qué ese caimán está tirado allí al sol?

—¡Claro! —susurró Teo—. Está tomando una siesta con la boca abierta.

Su papá sonrió.

—Los insectos piensan que es un buen lugar para broncearse —dijo—. ¿Ves los insectos y las moscas en la boca del caimán?

Teo asintió.

—Sí, y una rana y una lagartija están allí adentro ¡comiéndose a los insectos!

—Las cosas no suelen suceder como uno espera —contestó su papá.

De pronto, el caimán cerró su boca, y esa fue su cena. Entonces la gran boca se abrió de nuevo para esperar. Teo y su papá se dieron vuelta para volver a la casa.

—Teo, a veces somos como la lagartija y la rana —dijo su papá—. Hacemos cosas que parecen divertidas, aunque sean malas, sin darnos cuenta de que estamos en peligro. Debemos pedirle a Dios que nos ayude a huir de lo malo antes de que sea demasiado tarde.

Papá está hablando de mis amigos otra vez, pensó Teo. Pero en su corazón, Teo sabía que su papá tenía razón. *HWM*

¿Y TÚ?

¿Pasas tiempo con los amigos equivocados? ¿O tus amigos te convencen de ir a lugares y hacer cosas que están mal? Como la rana y la lagartija, puede que no veas el peligro. Pídele a Dios que te ayude a elegir a tus amigos.

HUYE DE LO MALO

PARA MEMORIZAR:
«Hijo mío, si los pecadores quieren engatusarte, ¡dales la espalda!».
Proverbios 1:10

11
LA LISTA DE ACUSACIONES

LEE COLOSENSES 3:12-15

Sixto y Keyla siempre discutían. También interrumpían constantemente a su mamá para acusarse el uno al otro. Por lo general, sus quejas eran cosas pequeñas.

—¿Piensan que su actitud le agrada a Dios? —les preguntaba su mamá—. ¿No pueden resolver los pequeños problemas, perdonarse y llevarse bien?

Pero los niños continuaban acusándose.

Un día su mamá les dijo:

—¡Ya me cansé de esto! A cada uno le daré una libreta. Escriban lo que el otro hace que les molesta. El próximo viernes, después de cenar, su papá y yo miraremos sus listas y daremos los castigos que consideremos necesarios.

¡Ahora sí! pensó Sixto. *¡Keyla estará en graves problemas!* No veía la hora de que hiciera algo malo... y no esperó mucho para que su hermana escuchara sus CDs sin pedírselos. ¡Corrió para agarrar su libreta! Observó toda la semana, y para el viernes, Sixto había escrito más de veinte cosas sobre Keyla en su «lista de acusaciones».

Justo antes de la cena, Keyla lo buscó.

—Te enseño mi lista si tú me enseñas la tuya —le dijo.

Sixto estuvo de acuerdo. ¡Se sorprendió de ver casi treinta cosas en la lista de Keyla! «Sixto me cerró la puerta en la nariz», decía. «Sixto desordenó mi armario». «Sixto me insultó». Y el peor: «Sixto me pegó cuando no le di uno de mis dulces».

—¡Oye! —se quejó Sixto—. Si mamá y papá ven esta lista, ¡estoy acabado!

Keyla estaba ocupada leyendo la lista de Sixto.

—Yo también —dijo ella—. Sixto, lamento todas estas cosas. ¿Me perdonas?

—Lo haré, si tú me perdonas a *mí* —dijo Sixto—. Rompamos estas listas. Guardar una lista de acusaciones no es tan divertido como pensé que lo sería. *SLK*

¿Y TÚ?

¿Disfrutas acusando a tu hermano o a tu hermana? Cuando tus quejas son de pequeñas cosas, ¿no sería mejor perdonarse el uno al otro e intentar llevarse bien? Piensa en todas las cosas que Dios te ha perdonado. Entonces estarás más dispuesto a perdonar a otros. ¡No seas acusete!

PARA MEMORIZAR:

«Sean comprensivos con las faltas de los demás y perdonen a todo el que los ofenda. Recuerden que el Señor los perdonó a ustedes, así que ustedes deben perdonar a otros». Colosenses 3:13

NO SEAS ACUSETE

LA TORTUGUITA MANUELITA

LEE 1 CORINTIOS 9:24-27

Lamar tenía una tortuga como mascota que se llamaba Manuelita. Decidió inscribir a Manuelita en la carrera anual de tortugas. Durante semanas Lamar trabajó con Manuelita, persuadiéndola para que corriera al poner comida frente a ella. Las reglas decían que no se podía tocar a la tortuga durante la carrera, pero cualquier otra cosa para hacer que la tortuga se moviera estaba permitida.

El día de la carrera, había mucho entusiasmo mientras cada concursante colocaba a su tortuga en la línea de salida. Con un fuerte *pum* de la pistola de salida, las tortugas comenzaron a caminar. Todos los dueños de las tortugas saltaban y gritaban. Algunos incluso soplaban a sus tortugas.

Lamar columpió una araña, una de las favoritas de Manuelita, frente a ella. Manuelita se movió más y más rápido intentado obtenerla.

—Vamos, vamos —la animaba con un susurro—. ¡Tú puedes!

¡Manuelita fue la primera en cruzar la línea de meta! Lamar recibió el listón azul, que rápidamente pegó en la espalda de Manuelita.

—Eso fue divertido, Lamar —dijo su papá mientras conducían de regreso a casa—. Tu araña logró el objetivo.

—Sí, funcionó bien —contestó Lamar—. ¡Incluso me sobraron algunas arañas que le puedo dar a Manuelita de postre!

Su papá rio.

—¿Sabes? —dijo—, por extraño que parezca, la carrera de tortugas me recordó la carrera a la que entramos cuando nos volvemos cristianos. Manuelita mantuvo los ojos en la araña, y al seguirla, ganó la carrera. La Biblia nos dice que mantengamos la vista en Jesús y lo sigamos. Entonces ganaremos la carrera de la vida.

—Sí —asintió Lamar.

Luego le sonrió a su papá.

—Y así como Manuelita se mantuvo viendo hacia adelante para conseguir la araña, nosotros esperamos estar en el cielo con Jesús, ¿verdad? ¡Yo prefiero ir al cielo que comer una araña! —dijo riéndose. *CVM*

¿Y TÚ?

¿Has «entrado a la carrera» al confiar en Cristo como tu Salvador? Entonces sigue mirándolo a él, aprendiendo de él, hablando con él, haciendo las cosas que le agradan a él.

SIGUE A JESÚS

PARA MEMORIZAR:
«Todos los atletas se entrenan con disciplina. Lo hacen para ganar un premio que se desvanecerá, pero nosotros lo hacemos por un premio eterno». 1 Corintios 9:25

13

LA TORTUGA MORDEDORA

LEE PROVERBIOS 18:6-8, 21, 24

Sun Hee estaba acostada en su cama llorando.

—¡No quiero hablar contigo! —dijo bruscamente cuando su papá tocó a su puerta.

—¿No quieres ir a pescar? —preguntó su papá.

Sun Hee saltó de la cama rápidamente.

—¡Sí quiero! ¡Espérame!

Más tarde sentados junto al río, su papá preguntó:

—¿Te preocupa algo? Últimamente te la pasas en casa, sola.

—Ay, papi —dijo Sun Hee—, nadie quiere ser mi amiga.

—¿Tienes idea del por qué? —preguntó su papá.

—¡No! —respondió bruscamente Sun Hee—. ¡Todas son egoístas y malas! Yo... ¡Oh! ¡Aléjate! ¡Aléjate! —Sun Hee gritó. Se puso de pie de un salto y tiró la caña de pescar.

—¿Qué sucede? —preguntó su papá, también poniéndose de pie. A solo unos metros, una tortuga miraba y amenazaba furiosa con morder a Sun Hee.

—No es una criatura muy amigable, ¿cierto? —Su papá rio—. Déjala en paz, Sun Hee; no te hará daño.

Sun Hee se estremeció.

—No me gustan las tortugas mordedoras. Cambiémonos de lugar. De todos modos, los peces no están picando aquí.

—Sun Hee —dijo su papá cuando se acomodaron en un nuevo lugar—, ¿será que todos te dejan sola porque has estado actuando como una tortuga mordedora? He visto que últimamente hablas bruscamente. Cuando esa tortuga empezó actuar de manera amenazante, ¿qué hicimos? —preguntó papá.

—Nos apartamos de su camino — respondió Sun Hee—. Tal vez eso sea lo que las niñas en la escuela están haciendo, alejándose de mí.

Su papá respondió:

—La Biblia dice que para tener amigos, debemos ser amigables. Esa tortuga mordedora no fue muy amigable. Y en ocasiones tú tampoco eres muy amigable.

Al día siguiente cuando Sun Hee regresó a casa de la escuela, estaba sonriente.

—Tenías razón, papi —dijo—. Me fue mucho mejor en la escuela hoy. Dejé de hablar bruscamente, y mis amigas dejaron de alejarse de mí. *BJW*

¿Y TÚ?

¿Te han estado evitado las personas? ¿Es porque has sido brusco con ellas? La Palabra de Dios está llena de sabiduría práctica, y algo que enseña es que tu lengua puede provocar todo tipo de problemas. Examina tu actitud y tu lengua. Pídele a Dios que te ayude a usarla para hacer amigos en lugar de alejar a las personas.

PARA MEMORIZAR:

«Me dije: "Tendré cuidado con lo que hago y no pecaré en lo que digo. Refrenaré la lengua"». Salmo 39:1

HABLA A LOS DEMÁS CON AMABILIDAD

ABUELITO Y DIOS

LEE ROMANOS 8:35-39

Salvador se quejó cuando el bolo se desvió lentamente hacia la izquierda y cayó en la canaleta.

—Estoy seguro de que preferirías no haberme traído —dijo, y se tumbó en una silla junto a su abuelito—. No hago nada bien.

Su abuelito puso su brazo sobre los hombros de Salvador.

—Algunos días son así —dijo—. Pero no me arrepiento de haberte traído.

Su abuelito lo miró, luego apretó los labios como siempre solía hacer cuando estaba pensando en algo importante.

Poco después, mientras se cambiaban los zapatos, su abuelito le preguntó:

—¿Quieres pasar por una hamburguesa y unas papas?

Salvador se encogió de hombros y miró al suelo.

—Supongo que sí —respondió sin ganas.

Atravesaron el estacionamiento. En el auto, el abuelito alborotó el cabello de Salvador juguetonamente.

—¿Sabes? —dijo—. Realmente me divertí hoy. ¿Sabes por qué?

Salvador lo miró y sacudió la cabeza.

—Me divertí porque estaba contigo —dijo su abuelito—. Desearía que hubieras jugado un buen juego, solo porque así te habrías divertido más. Lo importante para mí es poder estar contigo porque te amo.

Sonrió y Salvador le sonrió también.

—Quiero que recuerdes algo más, Salvador —dijo su abuelito—. A medida que vas creciendo, te preguntarás en algunas ocasiones si Dios realmente te ama, especialmente cuando no eres el mejor estudiante o el corredor más rápido o el niño más popular de la escuela.

Su abuelito abrió la puerta y entraron al auto.

—Espero que recuerdes que el amor de Dios por ti no se basa en esas cosas —dijo su abuelito—. En cierto modo, él es como yo. Te ama por ser quién eres, como yo.

Se puso el cinturón de seguridad.

—Ahora —dijo—, ¡vamos por esas hamburguesas! *RSM*

¿Y TÚ?

¿A veces piensas que Dios no te ama? No permitas que ese pensamiento permanezca en tu mente. El amor de Dios nunca cambia. Él te ama mucho, aun cuando a ti te cueste trabajo amarte a ti mismo.

DIOS SIEMPRE TE AMA

PARA MEMORIZAR:
«Ningún poder en las alturas ni en las profundidades, de hecho, nada en toda la creación podrá jamás separarnos del amor de Dios, que está revelado en Cristo Jesús nuestro Señor». Romanos 8:39

SOBRESALIENTE (PARTE 1)

LEE 1 PEDRO 3:10-12

Era viernes, y había sonado la última campana. Ricky y Randy Thompson se encaminaron a casa, cada uno llevando consigo una carta del director.

—¡Mamá! —dijo Ricky con entusiasmo cuando llegó a casa—. ¿Adivina qué? ¡Me eligieron como estudiante de la semana!

—¡Qué maravilloso! —exclamó su mamá, tomando la carta de Ricky y abriéndola—. ¡Mira! Aquí dice que has sido un excelente ejemplo para todos en la escuela. Qué genial. ¡Felicidades!

Cuando Randy llegó a casa, discretamente puso el sobre encima de la mesa donde su mamá lo encontró más tarde. Se veía preocupada mientras leía que habían descubierto a Randy y a otros niños escribiendo en la pared del baño. Se quedarían después de la escuela durante la siguiente semana para ayudar al conserje. Le enseñó ambas cartas al papá de los chicos cuando este llegó a casa.

A la hora de la cena, el papá de Ricky lo felicitó por su logro. No dijo nada del problema de Randy hasta después de la cena, cuando lo llevó aparte para charlar.

—Veo que he tenido dos hijos sobresalientes esta semana —comenzó su papá—. Pero han sobresalido por diferentes razones.

Randy se veía desafiante.

—Los otros niños empezaron —dijo—. No sé por qué el viejo y malvado señor Castro se enojó tanto por eso.

Sacó un poco la barbilla.

—Randy —dijo su papá con dureza—, ¡no hablarás de tu director de esa manera! Sobre quién tiene la culpa... los otros niños son responsables de lo que hicieron, pero Dios te hace responsable de lo que hiciste *tú*. No importa quién comenzó. Ahora, me temo que tendré que castigarte una semana. Quiero que vayas a tu habitación y pienses en lo ocurrido.

Con un suspiro, Randy subió las escaleras. *HWM*

¿Y TÚ?

¿Eres «sobresaliente»? ¿En qué sentido? La Biblia dice que no debes comportarte de modo que sufras por hacer lo malo. Si eso sucede, admite que has hecho algo malo. Luego pídele a Dios que te perdone y te ayude a corregir tu conducta.

PARA MEMORIZAR:

«Sin embargo, si sufren, que no sea por matar, robar, causar problemas o entrometerse en asuntos ajenos». 1 Pedro 4:15

NO HAGAS LO QUE ESTÁ MAL

SOBRESALIENTE (PARTE 2)

LEE 1 PEDRO 4:14-16

En el fondo, Randy sabía que merecía el castigo. Antes de irse a dormir, les pidió tanto a Dios como a sus padres que lo perdonaran. También le escribió una carta al director de la escuela y se disculpó por su comportamiento. Después de hacer todo eso, se sintió mucho mejor, aunque sabía que de todos modos sería castigado.

Randy y los otros niños se quedaron después de la escuela cada día para lavar las paredes. Los otros niños se quejaban por el castigo y trataban de pensar en nuevas maneras de provocar problemas. Randy hacía su trabajo en silencio, sin unirse a los alborotadores. Pronto se dieron cuenta.

Un día, Carter, el niño más grande, retó a Randy.

—Oye, oí que te disculpaste con Castro —dijo con sarcasmo—. ¿Estás loco o qué?

Los otros niños se pararon cerca de ellos viendo.

—Bueno, lo que hicimos *estuvo* mal —respondió Randy—. No quiero más problemas.

—Tú eliges: problemas con el viejo Castro o problemas con nosotros —le dijo Carter—. Elige.

Randy se mantuvo firme.

—No haré más cosas malas. —Titubeó, pero luego añadió con valor—: Soy cristiano.

¡Cómo se burlaron los niños! El resto de la semana le pusieron apodos y continuamente se burlaron y lo molestaron.

El viernes, Randy volvió con otra carta del director para sus padres. Esta vez, cuando su papá leyó la carta, apareció una sonrisa en su rostro.

—El señor Castro dice que has hecho un buen trabajo esta semana —informó—. Has sido un excelente trabajador y un ejemplo sobresaliente, aun cuando has sufrido presión de parte de los otros niños. ¿Se te hizo muy difícil, Randy?

—Bastante —admitió Randy.

—Estoy orgulloso de tener un hijo sobresaliente otra vez esta semana —dijo su papá con una sonrisa—. No es fácil soportar presión por lo que uno cree. *HMW*

¿Y TÚ?

¿Eres un cristiano? Si es así, ¿te atreves a decir «no» cuando alguien quiere que hagas algo malo? ¿Te comportarás como Jesús quiere, aunque otros se burlen y se rían de ti? Te sentirás feliz si estás de parte de Jesús.

DISPONTE A SUFRIR POR JESÚS

PARA MEMORIZAR:
«Si los insultan porque llevan el nombre de Cristo, serán bendecidos, porque el glorioso Espíritu de Dios reposa sobre ustedes».
1 Pedro 4:14

FEBRERO
17

LEE 1 TIMOTEO 6:6-11

—Veamos primero en la tienda departamental —sugirió la mamá de Érica, mientras ella y Érica entraban al centro comercial. Buscaban un regalo de cumpleaños para Heidi, la prima de Érica. Ella entró con su mamá a la tienda.

—¡Oh, mamá! ¡Mira ese elegante suéter azul! ¡Yo quiero uno! —exclamó.

Su mamá sonrió y dijo:

—Estamos buscando algo para Heidi, ¿recuerdas?

—Ay, pero es tan...

La voz de Érica se desvaneció cuando miró la vitrina de joyería.

—¡Oh! ¡Yo quiero un brazalete como ese!

—Vamos, Érica. No tenemos mucho tiempo —dijo su mamá mientras revisaba la ropa—. No veo nada aquí. Vayamos a la juguetería.

La juguetería también estaba llena de cosas lindas. Érica de inmediato vio una muñeca que quería. Pero la olvidó cuando llegaron al pasillo de juegos.

—Mamá, allí está el nuevo juego que quiero —dijo Érica y señaló.

Su mamá suspiró.

—Bueno, aquí hay un juego que le gustará a Heidi. Comprémoslo y vamos a casa antes que tu "yo quiero" se convierta en una seria enfermedad.

—¿Qué quieres decir? —preguntó Érica.

—Érica, has visto todo tipo de cosas esta mañana y las quieres —su mamá respondió—. La Biblia nos pide estar contentos con lo que tenemos. Yo quiero que seas una niña que esté agradecida por lo que tiene en vez de siempre querer algo más.

Érica frunció el ceño un momento. De pronto rio.

—¿Sabes? Ni siquiera puedo recordar las cosas que te dije que quería. Mejor salgo de aquí con los ojos puestos en la salida.

—Bien pensado —dijo su mamá—. Yo haré lo mismo. Pidamos las dos al Señor que nos ayude a estar contentas con lo que tenemos. *LMW*

¿Y TÚ?

Cuando vas de compras, ¿pides con avaricia todo lo que ves? Es cierto, es lindo tener nuevos juguetes y ropa, pero está mal desearlos de modo egoísta. Agradece al Señor por las muchas cosas que tienes. Deja el hábito de pedir más constantemente.

PARA MEMORIZAR:

«No amen el dinero; estén contentos con lo que tienen, pues Dios ha dicho: "Nunca te fallaré. Jamás te abandonaré"». Hebreos 13:5

SIÉNTETE CONTENTO CON LO QUE TIENES

VACUNAS

LEE MARCOS 14:32-38

Samanta estaba acompañando a su mamá y a su hermanita a una cita con el médico.

—¿Tienen que ponerle vacunas a Rebeca hoy? —preguntó Samanta.

Su mamá asintió.

—Una revisión y vacunas —dijo.

—¡No creo que le agraden las vacunas! —exclamó Samanta, pensando en su propia experiencia con las inyecciones.

—Tal vez no —dijo su mamá—, pero es para protegerla y evitar que se enferme. Es más sencillo y seguro recibir una inyección ahora que sufrir una enfermedad grave después.

—Supongo que sí, pero estaré feliz cuando ya no necesite vacunas —comentó Samanta rumbo al auto.

—Bueno, Sami, lamento decirte que aún los adultos necesitan inyecciones algunas veces —dijo mamá. Después de un momento añadió—: Y como cristianos también necesitamos vacunas regularmente.

Sonrió ante la expresión sorprendida de Samanta.

—¿Qué quieres decir, mamá?

—Para alejarnos de la tentación, necesitamos protegernos antes de que esta llegue, antes de que nuestra resistencia disminuya y cedamos a sus caminos —explicó su mamá—. ¿Sabes cómo podemos hacerlo?

Samanta pensó por un momento.

—Podemos leer la Biblia y así sabremos si algo está bien o mal —sugirió—. Y podemos memorizar versículos también.

—Bien —aprobó mamá—. ¿Y qué tal mantenernos lejos de las personas o los lugares que nos pueden llevar a pecar? Eso nos impide entrar en una situación que no podemos manejar. ¿Puedes pensar en algo más?

—¡La oración! —exclamó Samanta—. Podemos pedirle a Dios que nos ayude.

—Muy bien.

Mamá sonrió mientras entraban al estacionamiento de la oficina del doctor.

JLH

¿Y TÚ?

¿Memorizas la Palabra de Dios, te mantienes apartado de lugares pecaminosos, lees tu Biblia y oras regularmente? Estas son tus «vacunas» espirituales que te protegen del pecado.

PROTÉGETE CONTRA EL PECADO

PARA MEMORIZAR:
«Velen y oren para que no cedan ante la tentación, porque el espíritu está dispuesto, pero el cuerpo es débil».
Marcos 14:38

FEBRERO
19

ACOLCHADO PASO A PASO

LEE SALMO 37:23-31

—Tía Margarita, ¿qué canción estás tarareando? —preguntó Amalia mientras ella y la tía Margarita trabajaban juntas en una colcha para la cama de Amalia.

—Es un viejo coro sobre cómo Dios nos guía un paso a la vez —contestó la tía Margarita.

Amalia tomó un pedazo de la colcha y se la pasó a su tía.

—Ya casi terminamos, ¿verdad? —preguntó Amalia con entusiasmo.

La tía Margarita rio.

—La parte de arriba de la colcha está casi lista —dijo—, pero todavía tenemos trabajo por hacer. Empecemos a marcar las líneas donde haremos el acolchado real.

—¿Qué más debemos hacer? —preguntó Amalia.

—Bueno, cuando haces acolchado, preparas las piezas de encima primero, que ya hicimos —dijo la tía Margarita—. Después marcas las líneas del acolchado. A continuación hilvanas juntas la parte de encima, el relleno y la de abajo. Entonces la colcha está lista para colocarla en el bastidor y hacer las verdaderas puntadas del acolchado. Finalmente, coses las orillas, ¡y entonces la colcha está hecha!

—¡Uf! —exclamó Amalia—. ¡Estaremos trabajando en esto para siempre!

—No es tanto —dijo tía Margarita—. Solo sé paciente y haz un paso a la vez... así como vives tu vida.

—¿Mi vida? —preguntó Amalia.

La tía Margarita asintió.

—Cuando tenía tu edad, quería saber cómo sería mi vida en el futuro. Pero mi mamá siempre me decía que dejara al Señor guiarme un paso a la vez. He descubierto que es la mejor manera.

Amalia se preguntó dónde estaría en unos cuantos años y qué sería de grande.

La tía Margarita tarareó de nuevo.

—Te enseñaré esta canción —se ofreció—, y entonces, cuando veas esta colcha, te recordará que debes vivir tu vida un paso a la vez según el Señor te guíe. *REP*

¿Y TÚ?

¿Estás dispuesto a dejar que el Señor te guíe en cada paso de tu vida? Pídele cada día que te ayude con los problemas y las oportunidades del día. Puedes hacerlo escuchando programas de radio cristianos, leyendo buenos libros, aprendiendo de Dios a través de la escuela dominical y la iglesia, y estudiando la Palabra de Dios para aprender el modo en que él quiere que vivas.

PARA MEMORIZAR:
«Podemos hacer nuestros planes, pero el SEÑOR determina nuestros pasos». Proverbios 16:9

DIOS NOS GUÍA UN PASO A LA VEZ

EL PATRÓN CORRECTO

LEE SANTIAGO 4:13-17

—Vamos a elegir la tela para tu vestido nuevo, Rocío —dijo su mamá—. Te hará bien salir.

Rocío se limpió la nariz. Acababa de enterarse de que su papá sería transferido a otra ciudad. Tendría que despedirse de sus amigos.

Su mamá continuó:

—Si este cambio es la voluntad de Dios para nuestra familia, es lo que queremos porque será lo mejor para nosotros.

Cuando entraron a la tienda de telas, Rocío casi de inmediato vio una tela que le gustó.

—¡Oh, mamá! —exclamó—. ¿Podemos comprar esta tela?

Su mamá asintió.

—Ese color te quedará muy bien —estuvo de acuerdo—. Encontremos un patrón.

Juntas revisaron el libro con diseños y patrones.

—Quiero este patrón —dijo Rocío poco después—. Todas las niñas están usando este estilo.

Su mamá se acercó para ver. Sacudió la cabeza.

—Ese patrón no es el correcto para la tela que elegiste —dijo—. No creo que te agrade el producto final.

Rocío apretó los dientes y suspiró.

—¡Entonces elige tú el patrón! —dijo.

La semana siguiente, una tarde, su mamá la llamó.

—Rocío, tu vestido está terminado. Ven a probártelo.

A Rocío le encantó el vestido. Su mamá había elegido el patrón correcto. Mientras modelaba, su papá llegó a casa. Silbó.

—¡Mira! ¡Qué hermosa señorita!

Rocío resplandeció. Antes de poder responder, su papá continuó:

—Tengo buenas noticias. Los Farías también están siendo transferidos a Houston.

—¡Los Farías! —gritó Rocío—. Mi mejor amiga, Damaris, ¿va a vivir en Houston también?

Su mamá sonrió.

—Mira, Rocío, el patrón de Dios para nuestras vidas no siempre es el que queremos, pero si confiamos en él, todo resulta hermoso al final. Debo admitir que no siempre podemos verlo rápidamente, o verlo siquiera. Pero aun así debemos confiar en él. *BJW*

¿Y TÚ?

¿Te cuesta trabajo comprender algunas cosas que te están sucediendo? Recuerda, Dios está cortando y uniendo las piezas de tu vida. Confía en él.

CONFÍA EN DIOS

PARA MEMORIZAR:
«Y sabemos que Dios hace que todas las cosas cooperen para el bien de quienes lo aman y son llamados según el propósito que él tiene para ellos». Romanos 8:28

21

UN COMIENZO CORRECTO

LEE PROVERBIOS 4:10-18

—Mira, Pancho, allí está el viejo Harvey en su puesto de frutas —dijo Cristóbal—. Tú distráelo, y yo nos consigo unas manzanas.

Unos momentos después, en un callejón, cada muchacho sostenía una gran manzana roja.

—¡Harvey ni siquiera me vio! —exclamó Cristóbal.

Pancho rio.

—¡Eso fue divertido!

—Tal vez piensen que la cárcel también será divertida —dijo una voz.

Los niños giraron y vieron a un oficial de policía parado allí.

Ya que era el primer encuentro de los niños con la ley, Harvey accedió a no levantar cargos. Sin embargo, los niños fueron llevados a la estación de policía, y llamaron a sus padres.

—¿Por qué tanto alboroto por tomar un par de manzanas? —se quejó Cristóbal cuando estaban listos para irse.

—Sí —concordó Pancho—. Fue algo tan pequeño.

—Pero robaron algo y pensaron que era divertido —dijo el padre de Cristóbal—. Eso es serio. Así comienza una vida de crimen. Puede escalar a cosas mayores.

—Ay, papá, realmente no crees eso, ¿o sí? —replicó Cristóbal.

—Podría suceder —contesto su papá. Se puso su abrigo—. Me parece particularmente decepcionante ya que ambos dicen ser cristianos. Lo son, ¿verdad?

—Claro —dijo Pancho—, pero no pueden esperar que actuemos como adultos.

—Sí —dijo Cristóbal—. Nos calmaremos cuando crezcamos.

—Son suficientemente grandes para saber la diferencia entre lo bueno y lo malo —dijo su papá—. Y Dios espera que usen ese conocimiento para vivir una vida agradable a él ahora mismo. —Comenzó a abotonarse el abrigo. Cuando terminó, dijo—: Miren... Algo está mal con mi nuevo abrigo. No se abotona de la manera correcta.

Los niños rieron.

—Empezaste mal —dijo Cristóbal—. Si quieres terminar bien, debes empezar bien también.

—Ese es mi punto —asintió su papá. *MRP*

¿Y TÚ?

¿Crees que no importa lo que hagas mientras seas joven, siempre y cuando termines bien después? Sí importa. La manera en que te conduces ahora podrá ser la manera en que acabes también. Elige lo correcto ahora.

PARA MEMORIZAR:

«Pues Dios hizo que Cristo, quien nunca pecó, fuera la ofrenda por nuestro pecado, para que nosotros pudiéramos estar en una relación correcta con Dios por medio de Cristo». 2 Corintios 5:21

SIRVE A DIOS MIENTRAS SEAS JOVEN

OCUPARSE DE LAS COSAS IMPORTANTES

LEE 2 CORINTIOS 5:20-21; 6:11-12

Timoteo recogió algo del suelo de su armario y lo sacudió frente a Alan.

—¿Recuerdas la pieza del juego que perdimos cuando jugamos a la Batalla de Ninjas la última vez que estuviste aquí? —preguntó.

—¿La encontraste? —preguntó con entusiasmo.

—Mírala —dijo Timoteo, ofreciendo el objeto a Alan.

Alan estiró la mano y agarró el objeto.

—¡Oye! ¡Vaya que la encontraste! —dijo. Miró dentro del armario de Timoteo—. Es un milagro que la hayas encontrado aquí —dijo.

Tim preparó el tablero del juego.

—Juguemos una partida —dijo.

—¿No quieres ordenar tus cosas primero? —preguntó Alan.

—No. Lo haré después —contestó Timoteo.

—A ti te gusta posponer las cosas, ¿verdad? —dijo con una sonrisa—. ¿Recuerdas el tiradero que hicimos en el patio trasero hace tiempo? Tenía que correr a casa, pero tú dijiste que recogerías todo. Solo que no lo hiciste.

—Lo recuerdo —dijo Timoteo—. ¡Uy! ¡Mi papá se enojó mucho! No pudimos jugar juntos durante una semana. —Le sonrió a Alan—. Cuando jugamos en tu casa, tú recoges las cosas inmediatamente, ¿verdad?

Alan asintió.

—No me gusta dejar las cosas tiradas por ahí.

Timoteo se levantó de un salto.

—Bien —dijo—. Limpiemos esto ahora mismo antes de que mi papá llegue a casa. Esta vez lo sorprenderé.

Juntos pusieron los juegos en su lugar y acomodaron los zapatos deportivos, los otros zapatos, las revistas, e incluso algunas medias sucias.

—Listo —dijo Timoteo—. Me encargué de lo que por lo general pospongo. Ahora, ¿qué te parece si nos ocupamos de lo que tú pospones con frecuencia?

Alan se veía confundido.

—¿Qué sería eso? —preguntó.

—Convertirte en cristiano —respondió Timoteo rápidamente. Había estado compartiendo con Alan y llevándolo a la iglesia durante meses—. Te gusta encargarte de las cosas rápidamente. Y esta es la cosa más importante de la que debes ocuparte.

—Bueno... está bien. Háblame del tema una vez más —dijo Alan. *HAD*

¿Y TÚ?

¿Has pospuesto recibir a Jesús como tu Salvador? Nada es más importante que eso. Si no lo has hecho antes, ¿confiarás en él hoy?

RECIBE HOY A JESÚS

PARA MEMORIZAR:
«No dejes que la emoción de la juventud te lleve a olvidarte de tu Creador. Hónralo mientras seas joven, antes de que te pongas viejo y digas: "La vida ya no es agradable"». Eclesiastés 12:1

BUEN CONSEJO

LEE ROMANOS 13:8-10

Kim caminó a casa con los ojos llenos de lágrimas. Un frío dolor la embargaba. *Nadie me ve siquiera,* pensó mientras sus compañeros de escuela pasaban a su lado, riendo. Esa noche lloró hasta quedarse dormida.

—Papá, ¡regresemos a Miami! ¡Odio estar aquí! —dijo a la mañana siguiente.

—No podemos —contestó su padre—. Lamento que estés tan triste.

Las lágrimas rodaron por las mejillas de Kim.

—Hemos estado aquí seis semanas, y aún no tengo amigos, ¡ni uno solo!

Su mamá la miró.

—Kim, tal vez este poema te ayude. Escucha —dijo—: "Salí en busca de un amigo, pero ni uno pude encontrar; salí para ser un amigo, y había amigos por todas partes".

Kim se limpió la cara con una servilleta.

—¿Qué significa?

Su mamá explicó con gentileza.

—Significa que no debes preocuparte por encontrar un amigo. Más bien, busca quién necesita un amigo.

Su papá se puso de pie.

—La Biblia nos da el mismo consejo en el libro de Proverbios —dijo. Apretó el hombro de Kim—. Ahora, recoge tus libros y te llevaré a la escuela.

Cuando llegaron a la escuela, Kim saltó del auto.

—Sé amigable hoy —la animó su papá.

Al alejarse su papá, Kim vio una niña caminando por la acera. *Se parece a la niña que se sienta a mi lado en la primera clase,* Kim pensó. *¿Cómo se llama? ¡Oh sí! Nadia. Me pregunto dónde están todas sus amigas. Tal vez...*

—Nadia, espera —la llamó Kim—. ¿Puedo caminar contigo?

Nadia levantó la vista. Se dibujó una sonrisa en su cara.

—Claro que puedes. Soy nueva aquí y no conozco a muchas personas todavía.

Un sentimiento cálido llenó a Kim. ¡Tal vez Nadia era la amiga que estaba buscando! *BJW*

¿Y TÚ?

¿Te sientes solo? ¿Excluido? ¿Siempre esperas que otros te hablen primero? Mejor empieza hoy a ser un amigo. Encontrarás a otros que también necesitan un amigo.

PARA MEMORIZAR:
«El hombre que tiene amigos ha de mostrarse amigo». Proverbios 18:24, RVR60

SÉ UN AMIGO

NO ESTÁS SOLO

LEE MARCOS 10:13-16; LUCAS 17:11-19

Jana se acurrucó contra la harapienta sábana de su cama. No le gustaba quedarse sola en casa mientras su madre salía por la noche. Y tenía hambre, además de sentirse sola. Para la cena, se las había arreglado sola, y no había encontrado mucho qué comer. Pero por lo menos había recuperado a Ricitos, su oso de peluche. Ricitos estaba viejo y desgastado, y la mamá de Jana lo había tirado a la basura. Justo a tiempo, Jana lo había visto allí y lo había rescatado.

Mientras estaba allí acostada, Jana empezó a pensar en el señor y la señora Armenia. Venían al centro comunitario después de la escuela y enseñaban en el club infantil. Cada miércoles estaban allí con una nueva historia bíblica y una sonrisa amigable.

A Jana le encantaba oír sobre Jesús porque a él le importaban los niños. Aunque Jana había estado yendo al club bíblico solo unas cuantas semanas, le había pedido a Jesús que fuera su Salvador. A Jana le parecía que aún podía escuchar a la señora Armenia al hablar de cuánto amaba Jesús a los niños. Y la historia bíblica de esa semana había sido sobre cómo amó y ayudó a unos leprosos. La señora Armenia había dicho: «La lepra es una enfermedad terrible. Por lo general hacía que la gente luciera fea. La enfermedad era contagiosa, pero Jesús no se alejó de ellos. Los amó y los ayudó. Quizás tú también tienes problemas en tu vida, pero recuerda: tú le importas a Jesús. Él siempre está contigo. Él te cuida y te ayudará, así como ayudó a esos leprosos».

Al recordar esas palabras, Jana pensó en Ricitos, y eso la ayudó a comprender lo que la señora Armenia quería decir. Jana amaba a Ricitos, aunque estuviera viejo y desgastado, y mucho de su relleno había desaparecido. Si una niña podía amar tanto a un viejo oso de peluche, ella sabía que ¡Jesús podía amar a una niña mucho más!

Los labios de Jana se curvaron en una sonrisa y abrazó a Ricitos contra ella. Dejó escapar un suspiro de alivio, se puso la delgada sábana sobre sus hombros y se durmió. *CEY*

¿Y TÚ?

¿Hay cosas en tu vida que te ponen triste? ¿Te sientes solo o piensas que a nadie le importas? Le importas a Jesús. Él está contigo sin importar dónde estés o lo que te suceda. Él ama a todos los niños. ¡Él te ama!

JESÚS AMA A LOS NIÑOS

PARA MEMORIZAR:
«Cuando Jesús vio lo que sucedía, se enojó con sus discípulos y les dijo: "Dejen que los niños vengan a mí. ¡No los detengan! Pues el reino de Dios pertenece a los que son como estos niños"». Marcos 10:14

LA CENA DE BETO

LEE SALMO 37:3-9

Beto tomó un libro y se sentó en su silla favorita mientras los aromas de la cocina flotaban hacia la sala. Un momento después, preguntó:

—¿Está lista la cena, mamá?

—Para cuando tu papá llegue, estará lista —dijo su mamá.

—Tengo hambre —se quejó Beto y volvió a su libro. Leyó una página o dos, y volvió a preguntar—: ¿Tenemos que esperar a papá? ¿Por qué no podemos comer ahora?

Poco después, su mamá lo llamó a la mesa.

—¡Oh, delicioso! —dijo Beto mientras se sentaba—. ¡Pizza y chocolate caliente! ¡Y pudín de caramelo de postre! —Pero cuando mordió la pizza, se decepcionó—. ¡Guácala! —dijo—. Esto está prácticamente frío.

Alcanzó su chocolate caliente para quitarse el sabor en la boca. Tomó un pequeño sorbo, y lo puso de vuelta sobre la mesa. Tampoco estaba caliente. Desanimado, probó el pudín. Estaba tibio y muy líquido. ¿Qué estaba pasando? Su mamá había hecho pizza y pudín muchísimas veces, y nunca sabían tan mal.

Confundido, Beto volteó a verla.

—No lo entiendo, mamá —dijo—. Nada sabe bien. La pizza y el chocolate no están calientes, y el pudín está tibio.

Su mamá le puso la mano sobre el hombro.

—Eso es porque no le di suficiente tiempo a tu comida para cocinarse —le explicó— Hacer algo bien requiere tiempo y paciencia, pero tú querías tu cena de inmediato. Creo que debes admitir que has estado muy impaciente últimamente.

Beto no supo qué decir. Sabía que ella tenía razón. Beto miró su comida.

—Si terminas de cocinar esto para mí, te prometo que esperaré con mejor actitud —dijo.

Y así lo hizo. *DAB*

¿Y TÚ?

¿Eres impaciente? ¿Te enfadas cuando las cosas no pasan tan rápido como quisieras? Aprende a ser paciente en las cosas comunes y corrientes de la vida. Dios se alegra con la paciencia.

PARA MEMORIZAR:

«En cambio, la clase de fruto que el Espíritu Santo produce en nuestra vida es: amor, alegría, paz, paciencia, gentileza, bondad, fidelidad». Gálatas 5:22

SÉ PACIENTE

DOS AMIGOS

LEE LEVÍTICO 26:3-6, 14-17

—Avísame si ves otra señal de límite de velocidad —la mamá de Ricardo le dijo mientras se acercaban a Ciudad Central.

—Bien —asintió Ricardo.

Unos minutos después, dijo:

—¡Allí hay uno! Dice setenta kilómetros por hora de aquí en adelante.

—Gracias —dijo su mamá, y bajó la velocidad.

Unos kilómetros más adelante, Ricardo miró por la ventana trasera.

—¡Oh no, mamá! —exclamó—. Hay un auto de policía ¡justo detrás de nosotros!

—No hay nada de qué preocuparse —respondió su mamá.

Los ojos de Ricardo se abrieron muy grandes con sorpresa.

—¿Por qué no? —preguntó—. Nos pueden poner una multa.

Su mamá respondió preguntándole:

—¿Por qué habríamos de recibir una multa si vamos a setenta kilómetros por hora? —Rio y Ricardo también sonrió, pues su mamá tenía razón—. De hecho, el policía está ayudándonos —añadió su mamá—. Está viendo que conduzcamos a una velocidad segura y que los demás también lo hagan.

—Así que consideramos al policía como en un amigo si vamos a la velocidad correcta —dijo Ricardo—, pero si vamos más allá del límite, debemos tenerle miedo.

—Así es —dijo su mamá. Miró por el retrovisor—. En cierto modo, Dios es como un policía —añadió—. Veamos si puedes pensar en algunas razones del porqué.

Ricardo pensó en eso.

—Creo que lo sé —dijo un poco después—. Dime si tengo razón. Si hacemos algo malo, debemos temer a Dios, como las personas que van muy rápido le tienen miedo a la policía.

—Así es —dijo su mamá asintiendo con la cabeza—. Y...

—Y si estamos haciendo lo correcto, nos podemos sentir bien sabiendo que Dios nos está mirando porque eso le agradará. Además, él nos protege de quienes podrían hacernos daño mientras están haciendo el mal.

Su mamá asintió y Ricardo miró por la ventana trasera una vez más.

—La policía y Dios —dijo lentamente—. Ambos son nuestros amigos. *CLG*

¿Y TÚ?

¿Tienes temor de Dios? Es bueno temerle en el sentido de que lo respetamos porque es santo. Pero si eres su hijo y estás dando lo mejor de ti para seguir sus mandatos, no debes tenerle miedo. Él te ama.

DIOS ES TU AMIGO

PARA MEMORIZAR:
«El Señor, Dios de Israel, dice: [...] Honraré a los que me honran y despreciaré a los que me menosprecian». 1 Samuel 2:30

FEBRERO
27

VALE LA PENA ESPERAR

LEE LUCAS 8:4-8, 11-15

A Gabriel le encantaban los catálogos de jardines, especialmente cuando llegaban en invierno. Le recordaban que, aunque su granja seguía cubierta de nieve, pronto llegaría la primavera. Agarró un catálogo y empezó a hacer una larga lista de cosas que quería comprar. Miró una sección titulada: «Semillas poco comunes». Lo primero en la lista era ginseng. El catálogo afirmaba que era tan valiosa que sus raíces secas se vendían por mucho dinero en las tiendas naturistas. También decía que las semillas de ginseng se dilataban un año o más en brotar.

—¿Puedo comprar algunas semillas de ginseng, papá? —preguntó Gabriel.

—No lo sé —dijo su papá—. Estas semillas tardan mucho tiempo en crecer. ¿Estás seguro de que quieres esperar tanto tiempo para verlas brotar? —le preguntó.

Gabriel se encogió de hombros.

—Bueno, tú dices que las cosas que valen la pena tener, valen la pena esperar —dijo—. Si crecen, podrían valer mucho dinero.

Su papá se quedó pensativo.

—Gabriel, acabas de recordarme algo importante —dijo—. He sido pastor en la iglesia de aquí por ocho años, y últimamente me he estado sintiendo un poco desanimado. Me has recordado que cada vez que predico, planto semillas valiosas. A veces, crecer les tomará mucho tiempo o quizás nunca broten. Pero si crecen, bien habrá valido la pena el esfuerzo porque el fruto que produzcan durará para siempre. Lo mismo puede decirse de ti cuando les hablas de Jesús a los demás.

—Entonces, ¿puedo sembrar un poco de ginseng? —preguntó Gabriel.

Su papá asintió mientras miraba el formulario de compra.

—Una vez que reduzcas la lista un poquito, la podemos enviar. Y después de que siembres las semillas, los dos nos podemos recordar el uno al otro que hay que tener fe, seguir instrucciones y resistir la tentación de sacarlas antes de tiempo para ver cómo van. ¿Te parece?

—Muy bien —dijo Gabriel con una sonrisa. *LBM*

¿Y TÚ?

¿Estás dispuesto a esperar por las cosas que más quieres? ¿Te impacientas con Dios, con otras personas, o tal vez contigo mismo cuando las cosas no suceden tan rápido como crees que debieran? Ten fe: tus oraciones siempre son escuchadas. Déjale el tiempo a Dios, ¡y no sufrirás decepciones!

PARA MEMORIZAR:

«Y las semillas que cayeron en la buena tierra representan a las personas sinceras, de buen corazón, que oyen la palabra de Dios, se aferran a ella y con paciencia producen una cosecha enorme». Lucas 8:15

CONFÍA EN EL TIEMPO DE DIOS

LA FUTURA NOVIA

LEE APOCALIPSIS 19:7-8; 21:2, 9-10, 27

—¡Bruno! ¡Mira! —dijo Julia, dando una patadita a su hermano por debajo de la mesa y señalando a su hermana mayor, Rosalía.

Bruno volteó y vio cuando Rosalía recogía un plato sucio de la mesa y lo ponía dentro del refrigerador.

—Es la segunda vez que lo hace —susurró Julia.

Bruno levantó las cejas, y ambos estallaron en risas.

—Mamá —dijo Julia más tarde—, ¿te has fijado en Rosalía últimamente? Su mente está totalmente en las nubes. ¡Solo piensa en Fabio! ¡No se puede concentrar en nada!

Su mamá sonrió.

—Es muy normal para una chica a solo semanas de su boda.

Julia suspiró.

—Pero solo habla de Fabio. Es aburrido para el resto de nosotros.

Su mamá rio.

—¿Sabes?, creo que todos deberíamos ser más como Rosalía —dijo—. Nosotros también estamos esperando que venga el "novio". La Biblia llama a los cristianos "la novia de Cristo". Cuando Jesús vuelva, nos llevará a nosotros, su novia, al cielo. Debemos estar esperando con anticipación ese momento.

—Bueno, ¡espero que no estés queriendo decir que deberíamos poner los platos sucios en el refrigerador como hizo Rosalía! —dijo Bruno al entrar a la habitación.

Su mamá sonrió.

—No, pero quizás deberíamos hablar más de Jesús. Fabio está constantemente en la mente de Rosalía porque lo ama mucho. Por eso piensa en él y habla de él todo el tiempo.

Julia se quedó callada.

—Yo no pienso en Jesús todo el tiempo. ¿Significa que no lo amo? —preguntó.

—No —dijo su mamá tranquilizándola—. Pero si tu amor por él no crece, eso sería un motivo para preocuparse. Continúa siguiendo a Jesús, y piensa en todo lo que ha hecho por ti. No dudes en hablar de él también. *KRL*

¿Y TÚ?

¿Piensas mucho en Jesús? ¿Sabes que él piensa en ti todo el tiempo? Y te ama aún más de lo que las personas se aman entre sí. Piensa en todas las bendiciones que recibes de él. Al hacerlo, tu amor por él crecerá, y querrás hablar de él más seguido.

HABLA DE JESÚS

PARA MEMORIZAR:
«Nosotros somos ciudadanos del cielo, donde vive el Señor Jesucristo; y esperamos con mucho anhelo que él regrese como nuestro Salvador».
Filipenses 3:20

MARZO
1

HOYO DE AGUA

LEE PROVERBIOS 27:11-12

La camioneta del papá de Jonatán y Ani rechinó en un alto. Todos se inclinaron hacia adelante. Frente a ellos, la calle estaba completamente inundada.

—¡Vaya! —exclamó Jonatán. Sonrió. ¡Esto se veía divertido!—. Atraviésalo, papá —dijo.

Pero la pequeña Ani de seis años se veía asustada. Su papá miró sobre su hombro. Detrás estaba la empinada colina que acababan de descender. A cada lado había cercas. ¿Hacia dónde podía girar?

—No lo sé, hijo. Por acá no hay señal de celular, está oscureciendo, y si nos quedamos varados... —su papá titubeó—. No. Debo encontrar un lugar para dar la vuelta —dijo.

Así que con mucho cuidado el papá de Jonatán retrocedió camino arriba con la camioneta. La mamá tranquilizó a Ani y luego cerró los ojos. Jonatán sabía que estaba orando. Finalmente, alcanzaron la cima de la colina. Su papá encontró un pequeño espacio para dar la vuelta.

—Ay, deberíamos haber atravesado el agua —dijo Jonatán—. Habría sido divertido.

—Hijo, a veces debes saber cuándo dar la vuelta —dijo su papá—. No sabemos qué tan profunda era el agua. Lo que *parece* divertido puede llevarte directo a los problemas, tanto en la vida como en el camino.

—¿En la vida? —preguntó Jonatán.

—Bueno, a veces las cosas pecaminosas lucen divertidas, como ver ciertos programas de televisión o ir a una fiesta escandalosa, o un sinnúmero de cosas más —explicó su papá—. Así como yo me alejé de la calle inundada...

—Dios quiere que nos alejemos de las cosas que son malas para nosotros —dijo Jonatán. Luego continuó—: No es tan complicado alejarse de las cosas que sabes con seguridad que son malas —dijo—. Pero *sí* es difícil alejarse de las cosas que *podrían* ser malas y no parecen serlo.

Su papá asintió.

—Retroceder por la colina también fue difícil —dijo—, pero lo hicimos. Cuando tanto tú como Ani enfrenten decisiones difíciles, recuerden, Dios los puede ayudar. *CJB*

¿Y TÚ?

¿Hay algo que quisieras hacer, pero que no estás seguro de que debas hacerlo? ¿Algo que parezca divertido, pero que creas que está mal? No te arriesgues: te podría causar problemas. Habla con un adulto en quien confíes y pídele a Dios que te ayude a saber qué hacer.

PARA MEMORIZAR:

«El camino de los íntegros lleva lejos del mal; quien lo siga estará a salvo». Proverbios 16:17

ALÉJATE DEL MAL

SAL DE LA BARCA

LEE MATEO 14:25-32

Niki caminó de la escuela hacia la orilla del estanque para patinar, donde unas niñas más grandes se reían y señalaban a un compañero en el hielo.

—Vamos, Alex. Levántate —gritaba una niña—. ¡Queremos ver cómo te caes de nuevo!

—Es tan torpe —dijo alguien más en voz alta.

El grupo rio a carcajadas.

Esas niñas están molestando a Alex, pensó Niki enfadada. No había hablado con él antes porque era tímida. Pero había querido hacerlo. Sin embargo, Alex no parecía darse cuenta de las burlas.

—¿Por qué no vienen todas a patinar? —dijo él con una sonrisa.

—¿Y hacer el ridículo como tú lo estás haciendo? —preguntó una de las niñas.

Después de la escuela, Niki le contó a su hermana mayor, Shannon, lo que había pasado.

—Esas niñas fueron muy crueles, pero Alex no se enfadó —dijo.

—¿Sabes? —contestó Shannon—, mi maestra de escuela dominical habló de alguien en la Biblia parecido a Alex. Habló de Pedro. ¿Recuerdas cuando caminó sobre el agua?

—Sí —respondió Niki—. Caminó un poco, luego se hundió. Jesús tuvo que rescatarlo. Siempre sentí pena por Pedro porque no le salieron bien las cosas.

—Pero por lo menos lo intentó —contestó Shannon con un brillo en la mirada—. Niki, ¿quién crees que agradó más a Jesús, los discípulos que se quedaron en la barca o Pedro?

—Pedro, porque salió de la barca y lo intentó —dijo Niki con una sonrisa.

—Mi maestra dice que es de especial importancia tratar de "salir de la barca" cuando se trata de intentar cosas nuevas y hacer cosas que creemos que Dios quiere que hagamos.

Niki asintió.

—Trataré de hablar con Alex mañana. Quiero decirle lo valiente que fue al tratar de patinar frente a todas esas niñas.

—Bueno —dijo Shannon—, creo que eres valiente por tratar de hacer un nuevo amigo. *CBK*

¿Y TÚ?

¿Te da miedo intentar algo nuevo? ¿Te sientes tímido cuando se trata de hacer nuevos amigos? ¿Tienes miedo de que alguien se burle de ti? Por lo general, aquellos que se burlan de otros son los que tienen más miedo. Así que adelante. ¡Sal de tu barca!

ATRÉVETE A INTENTAR COSAS NUEVAS

PARA MEMORIZAR:
«No tengas miedo, porque yo estoy contigo». Isaías 41:10

CHOCOLATE EN LA ALFOMBRA

LEE SALMO 51:1-12

Marcos se sentó en la sala, mezclando su chocolate caliente. Se suponía que no debía traer bebidas a esta habitación debido a la alfombra nueva. Pero su mamá no estaba en casa, y quería ver un programa de televisión. *Seré cuidadoso,* pensó. Puso la taza sobre la mesita de centro. Luego se estiró para alcanzar el control y puso los pies sobre la mesa.

«¡Oh, no!» gritó cuando su pie tiró la taza al suelo. El chocolate dejó una enorme mancha en la alfombra nueva.

Marcos corrió por una toalla. Restregó y frotó, pero no pudo quitar la mancha de la alfombra. Al oír el auto de su mamá, Marcos cubrió la alfombra manchada con la mesita de centro.

Marcos oyó a su mamá poniendo la comida en la alacena. Se sentía culpable. *Si le digo ahora, quizás ella halle un modo de limpiarla,* pensó.

Lentamente, Marcos se dirigió a la cocina.

—Mamá, y-yo te desobedecí y llevé chocolate a la sala —confesó—. Por accidente lo derramé sobre la alfombra, y no puedo limpiarla.

—¡Oh Marcos! ¿En serio? —exclamó su mamá—. ¡No sobre la alfombra nueva! —Corrió para revisar el daño—. ¿Dónde está la mancha?

Lentamente, Marcos quitó la mesa.

—Parece que trataste de esconderlo —dijo su mamá.

—Así es —admitió Marcos—. Sé que estuvo mal. Lo siento.

—Bueno, tengo un poco de líquido para limpiar alfombras que funciona bien con manchas frescas —dijo su mamá. Mientras la limpiaba, dijo—: Me alegra que decidieras decírmelo y no ocultaras la mancha, Marcos. Ocultarla no habría solucionado la situación. Es como cuando queremos esconder el pecado. La única forma de corregirlo es llevándolo ante Jesús y confesándolo. Él puede limpiar las manchas de nuestro pecado.

—Así como el limpiador está quitando la mancha de la alfombra, ¿cierto? —preguntó Marcos.

—Así mismo —dijo su mamá—, ¡e incluso mejor! *KEC*

¿Y TÚ?

¿Le has confesado tus pecados a Jesús y le has pedido que te perdone? No puedes ocultar tus pecados o arreglarlos por ti mismo, sin importar cuántas cosas buenas intentes hacer. Solo la sangre de Jesús puede limpiar tu corazón. Si quieres aprender más sobre el tema, habla con un adulto confiable.

PARA MEMORIZAR:
«La sangre de Jesús, su Hijo, nos limpia de todo pecado». 1 Juan 1:7

JESÚS PUEDE LIMPIARTE

EQUIPO DE PROTECCIÓN

LEE EFESIOS 6:10-17

—¡Baruch!, toma tu equipo de cácher y te ayudaré a practicar un poco —dijo su papá, quien ya traía una pelota de béisbol y su manopla.

Baruch tomó su equipo y salió corriendo por la puerta. Su hermanita Mía corrió tras él.

Baruch se detuvo en el patio y se puso su protector de pecho, sus espinilleras y su mascarilla. Luego agarró su manopla.

Mía sonrió y tocó el relleno de su peto.

—¡Te ves tan chistoso! —dijo—. ¿Por qué te vistes así?

—Estas cosas me protegen cuando estoy atrapando la pelota —Baruch le explicó—. Mira qué fuerte es.

Baruch golpeó el relleno protector con sus puños antes de correr al patio trasero.

Allí se acuclilló y mantuvo el equilibro con sus pies en su «posición de cácher». Mía corrió a una banca de picnic y miró a su papá tomar aire y lanzar la pelota con fuerza hacia Baruch. La pelota rebotó de la manopla y golpeó la mascarilla con fuerza.

Mía corrió hacia su hermano.

—Baruch, ¿te lastimaste? —preguntó.

—Estoy bien —dijo—. Mira, la mascarilla detuvo la pelota antes de que me pudiera lastimar.

Durante el devocional familiar esa tarde, su papá leyó sobre la armadura de Dios.

—Hoy ambos vieron cómo el equipo de Baruch impidió que se lastimara.

—Y me ayudó a hacer mi trabajo —añadió Baruch.

—Bueno, Dios también nos da equipo especial para nuestra vida espiritual. La armadura de Dios nos protege de los ataques de Satanás.

Los ojos de Mía se abrieron muy grandes.

—¿No debemos tenerle miedo a Satanás? —preguntó.

—Así es, cariño —dijo su papá—. Así como el equipo de Baruch lo protegió de esas pelotas que le lancé, la armadura de Dios nos protege de los ataques del diablo para que podamos ser cristianos fuertes. *BMR*

¿Y TÚ?

¿Sientes a veces que no eres suficientemente fuerte para luchar contra Satanás? ¿Qué tipo de cosas hace Satanás para engañarnos? Dios te ofrece su propia armadura para protegerte: verdad, bondad, presteza, fe, salvación y su Palabra.

PONTE LA ARMADURA DE DIOS

PARA MEMORIZAR:
«Pónganse toda la armadura de Dios para poder mantenerse firmes contra todas las estrategias del diablo». Efesios 6:11

MARZO
5

PLATOS SUCIOS

LEE 2 TIMOTEO 2:19-22

Era un miércoles por la tarde y a la mamá de Keli se le había hecho tarde.

—Pondré la mesa —ofreció la abuelita. Aunque era casi ciega, le gustaba ayudar.

—Gracias —dijo la mamá—. Usa los platos del lavavajillas.

Cuando estuvo lista la cena, la mamá de Keli llamó a todos a la mesa. Keli fue la primera en darse cuenta de que algo andaba mal.

—¡Guácala! —exclamó—. Estos platos están sucios. ¿Por qué estaban en la mesa? Su mamá miró el tenedor.

—¡Oh! —se lamentó—. ¡Debo haber olvidado encender el lavavajillas anoche!

—Y yo no pude ver que estaban sucios —dijo la abuelita.

Después de unas buenas carcajadas, todos ayudaron a quitar los platos sucios y a reemplazarlos con unos limpios.

Durante el devocional familiar esa noche, el papá de Keli dijo:

—En los versículos que acabamos de leer, a nuestros cuerpos se les compara con "utensilios". Un utensilio es como un tenedor o una cuchara. Hoy vimos cuán terrible sería comer usando platos sucios. Dios nos dice que mantengamos nuestros cuerpos limpios para él. ¿Creen que se refiere a que debemos darnos un baño?

Keli contestó:

—No creo que Dios se refiera a eso. ¿O sí, papá?

Su papá rio.

—No, aunque debemos mantener nuestros cuerpos limpios, por supuesto —dijo—. Pero Dios está más interesado en que vivamos una vida limpia y pura. De eso está hablando el apóstol Pablo aquí. Le dice a Timoteo que para eso debemos huir de las cosas malas. ¿Qué son algunas cosas malas que causan tentación a chicos de su edad?

Dana respondió primero.

—Mentir, hacer trampa en los exámenes de la escuela, tomar cosas que no nos pertenecen...

Keli continuó:

—Decirles cosas feas a los demás, ver cosas en la televisión que no son buenas para nosotros, o no obedecerte a ti o a mamá.

—Esos son buenos ejemplos, niñas. Espero que cuando sientan la tentación de hacer esas cosas, recuerden que Dios quiere que hagan lo correcto y sean un utensilio limpio. No quieren ser como esos platos sucios, ¿cierto? —preguntó.

—¡Para nada! —gritaron Dana y Keli. *MRP*

¿Y TÚ?

¿Estás manteniendo tu cuerpo y tu corazón limpios y puros? Sigue el consejo de Pablo a Timoteo, y entonces serás un utensilio que Dios puede usar.

PARA MEMORIZAR:
«Si te mantienes puro, serás un utensilio especial para uso honorable. Tu vida será limpia, y estarás listo para que el Maestro te use en toda buena obra». 2 Timoteo 2:21

MANTÉN TU CUERPO PURO

CORRER LA CARRERA (PARTE 1)

LEE 1 TESALONICENSES 5:11-15

Trotando a buen paso, Mireya miró hacia atrás a su mamá, que iba chapoteando por los charcos. Los ojos de su mamá estaban medio cerrados por la llovizna. Estaban entrenando juntas para la carrera del festival anual de su pueblo, la Celebración del Cangrejo. Cuando Mireya ganó un listón en la carrera el año anterior, su mamá decidió que le gustaría competir al año siguiente. Pero su mamá ya no se veía tan entusiasmada ahora, practicando en el clima frío y mojado.

Cuando su mamá bajó la velocidad y continuó caminando, Mireya la esperó.

—Vamos, mamá —la animó, trotando en su lugar para mantener el ímpetu—. Puedes llegar hasta la señal de alto. No falta mucho.

Su mamá sonrió débilmente y trotó hasta la señal.

—Ahora, una vez más alrededor de la cuadra —la apremió Mireya—. Yo estaré a tu lado.

Su mamá frunció el ceño, y Mireya añadió:

—Te ayudará pensar en otra cosa mientras corres. A veces yo recito versículos bíblicos.

Una mirada decidida se dibujó en el rostro de su mamá y siguieron adelante. Pronto terminaron el entrenamiento del día.

En casa, Mireya y su mamá se pusieron ropa seca y se desplomaron sobre el sofá.

—No estaba segura de que lo lograrías —admitió Mireya—, pero lo hiciste bien.

Su mamá se frotó las piernas doloridas.

—No sé si lo hubiera logrado sin tu aliento, querida —dijo—. Has sido de gran ayuda.

Mireya sonrió y su mamá le dio un abrazo.

—Aprecio tu ayuda con mi entrenamiento, especialmente cuando me animas a no renunciar. Y gracias por esa sugerencia de recitar versículos bíblicos. Creo que me ayudará a seguir adelante cuando salgamos a correr mañana nuevamente. Mireya, ¡eres un tesoro! *SA*

¿Y TÚ?

¿Animas a tus padres y a otros miembros de tu familia? ¿Pueden contar contigo para escuchar una palabra amable o un versículo bíblico edificante? Puede que seas joven, pero eso no significa que no puedas ayudar a los que te rodean.

ANIMA A TU FAMILIA

PARA MEMORIZAR:
«No permitas que nadie te subestime por ser joven. Sé un ejemplo para todos los creyentes».
1 Timoteo 4:12

CORRER LA CARRERA (PARTE 2)

LEE HEBREOS 12:1-3

Era el día antes de la gran carrera, y Mireya estaba sacando todas las cosas de sus cajones y de su armario.

—¿Qué hice con ellos? —se quejaba.

—¿Qué está pasando? —preguntó su hermano Jack, con los ojos muy abiertos ante el desorden.

—¡No encuentro mis pantalones cortos favoritos para correr! —se quejó Mireya, con la cabeza dentro del armario—. ¿Los has visto?

—¿Yo? —preguntó Jack—. ¡No! —Recogió unos jeans de la cama y se los lanzó—. ¿No puedes usar estos?

Mireya giró para ver lo que le ofrecía.

—¡Por supuesto que no puedo usar esos! —dijo enojada—. ¡Qué idea más tonta! ¡Sería imposible correr con ellos!

—No imposible —corrigió su mamá, entrando con una pila de ropa recién lavada—. Pero ciertamente incómodo y difícil. ¿Buscabas estos, Mireya?

Mireya sonrió avergonzada cuando recordó que había puesto sus pantalones cortos en el cesto de la ropa sucia.

—Es importante que Mireya use estos mañana, Jack —dijo su mamá, mientras Mireya tomaba los pantalones cortos y los colocaba en un cajón—. Cuando corremos, no queremos cargar peso de más.

—¿Así que ninguna de las dos quiere llevar mi herradura de la suerte? —preguntó Jack con una sonrisa.

—¡No! —Se burló Mireya—. ¡Ni siquiera tienes una! Y si la tuvieras, no querríamos que nos pesara. Mi entrenador de la escuela dice que el día de la carrera debemos sacar cualquier otra cosa de nuestra mente, y de nuestros bolsillos también.

—El escritor de Hebreos nos da el mismo consejo —añadió su mamá.

—¿La Biblia da consejos para correr? —preguntó Jack con sorpresa.

Su mamá sonrió.

—El apóstol Pablo se refiere a nuestra vida cristiana como una carrera —explicó—. Y el autor de Hebreos nos insta a dejar de lado el "peso" pecaminoso de nuestra vida y a correr con paciencia. El peso de cualquier pecado, como decir mentiras, palabras hirientes o tener resentimientos, nos impide dar lo mejor de nosotros. *SA*

¿Y TÚ?

¿Estás corriendo la carrera cristiana? Como lo saben todos los atletas, para correr con éxito, debemos quitarnos el peso extra. Si te agobia un pecado no confesado, confiésalo al Señor y ¡vuelve a la carrera!

PARA MEMORIZAR:

«Quitémonos todo peso que nos impida correr, especialmente el pecado que tan fácilmente nos hace tropezar. Y corramos con perseverancia la carrera que Dios nos ha puesto por delante». Hebreos 12:1

DESHAZTE DEL PECADO

CORRER LA CARRERA (PARTE 3)

LEE MATEO 24:14-15, 19-23

Por fin llegó la carrera del festival de la Celebración del Cangrejo. Era un día soleado pero fresco, un día perfecto para correr por el centro del pueblo. Mireya y su mamá salieron juntas, pero Mireya pronto dejó atrás a su mamá. Cada una corría a su propio ritmo por el camino marcado por las calles del centro y por el camino de la pradera junto al lago. El papá de Mireya y Jack esperaban en la línea de meta. Le aplaudieron a Mireya cuando cruzó la meta, y después aplaudieron a la mamá. Tanto Mireya como su mamá recibieron listones por sus esfuerzos.

—No lo entiendo, mamá —dijo Jack camino a casa—. ¿Cómo es que conseguiste un listón cuando muchas más personas llegaron antes que tú? Quiero decir, Mireya fue la quinta en cruzar la meta. Pero papá y yo contamos, ¡y tú fuiste la número veintinueve!

Su mamá sonrió.

—Jack, obtuve un listón rojo porque fui la segunda en llegar en mi categoría de edad —explicó—. Aunque corrí la carrera con todos, solo competía contra las mujeres de mi edad. Mireya competía contra las chicas de su propia edad.

—¡Ah, ya entiendo! Esa es una buena manera de hacerlo —opinó Jack.

—Dios también juzga de acuerdo al talento y la habilidad —dijo su papá—. Nos desanimaríamos si tuviéramos que ser los mejores en el mundo para ser reconocidos por él. Pero Dios nos creó. Él conoce nuestras debilidades y fortalezas. Solo espera que hagamos lo mejor posible con los talentos que hemos recibido.

—Mmm —dijo Jack—. Tengo un talento que quisiera usar hoy.

—¿Cuál es? —preguntó Mireya.

—Mi talento para comer helado. ¿Podemos ir a comer uno? —preguntó Jack con una sonrisa. *SA*

¿Y TÚ?

¿Te sientes triste cuando parece que te has quedado atrás en la carrera cristiana? Dios sabe cuándo das lo mejor de ti mismo. Invierte tu tiempo y tus talentos con sabiduría. Serás recompensado al final.

DA LO MEJOR DE TI

PARA MEMORIZAR:
«Miren, yo vengo pronto, y traigo la recompensa conmigo para pagarle a cada uno según lo que haya hecho». Apocalipsis 22:12

QUITAR EL POLVO

LEE JUAN 8:31-36

A Ana le gustaba cocinar y ayudar en la cocina, pero no le agradaba mucho limpiar y quitar el polvo. Aun así, había cierto sentimiento de orgullo al hacer que la casa luciera agradable. Una mañana soleada de sábado, mientras sus padres limpiaban el polvoriento ático, Ana pasó unas cuantas horas ayudando a limpiar las encimeras del baño, barrer las escaleras, limpiar espejos y ventanas, y sacudir la sala, el comedor y el estudio.

—Realmente valoro la manera en que ayudas con el trabajo —dijo su papá, bajando del ático con una mancha négra de polvo en la nariz y una pila de cosas viejas para tirar—. Tu mamá y yo nos sentiríamos agobiados si no ayudaras con los trabajos que hay que hacer por aquí.

Ana sonrió y miró la sala acabada de limpiar. El sol brillaba con fuerza a través de la ventana.

—¡Oh, no! —exclamó mientras veía la mesa de noche—. Me pasé un lugar cuando quité el polvo esta mañana. El sol me ayudó a verla.

Corrió por un trapo para limpiarlo.

—¿Sabes algo? —preguntó su papá—. Esta es una buena ilustración de algo que ocurre en nuestra vida espiritual. Como cristianos, podemos pensar que nuestra vida es buena y que todo está bien. Entonces, de repente, el Hijo de Dios señala un pecado que debe ser limpiado, casi como estás haciendo al quitar el polvo.

—Puedo quitar el polvo de la mesa, pero solo Jesús puede "limpiar" el pecado de nuestra vida, ¿verdad? —preguntó Ana.

—¡Correcto! —su papá asintió. *RIJ*

¿Y TÚ?

¿Te ha señalado Jesús cosas que deben cambiar en tu vida, como la falta de amabilidad, la necesidad de obedecer, o la tendencia a decir medias verdades? Sea lo que sea, ¿le pides que te limpie de inmediato? Cuando el Hijo te muestre un pecado, confiésalo. Pídele a Jesús que te libere de él, y déjalo de lado.

PARA MEMORIZAR:
«Si el Hijo los hace libres, ustedes son verdaderamente libres».
Juan 8:36

EL HIJO REVELA NUESTRO PECADO

LENTO PARA ENOJARSE

LEE PROVERBIOS 14:14-18

Federico y Ryan jugaban la mancha. De pronto, Ryan tropezó con el pie de Federico y cayó, lastimándose la rodilla.

—¡Ay! —gritó—. ¡Me hiciste tropezar! —Se agarró la rodilla y se meció.

—Tú caíste sobre mi pie —dijo Federico.

El rostro de Ryan se veía enojado, y estaba tratando de no llorar.

—Pusiste el pie a propósito porque estaba a punto de atraparte —acusó a su hermano.

—No fue así. ¡Fue tu culpa! —dijo Federico con fuerza. También estaba enojado.

Ryan se incorporó, apretó los puños y se abalanzó contra Federico. Federico se hizo a un lado rápidamente, pero no antes de que Ryan lograra golpear su brazo con fuerza.

El señor Harmon, su vecino, había estado mirando a los niños desde su patio. Cuando los vio peleando, se apresuró a acercarse.

—¡Muchachos! —gritó—. ¡Muchachos!

Estaba a punto de separarlos cuando se escucharon fuertes gruñidos y ladridos en el patio al otro lado de la calle. Federico y Ryan dejaron de pelear y voltearon para ver de dónde venía el ruido. Dos perros gruñían y se mordían el uno al otro.

—¡El perrito pequeño va a salir lastimado! —exclamó Ryan, dirigiéndose hacia allá. Para su alivio, el dueño salió de la casa y separó a los perros.

—No me gusta cuando los perros se pelean —dijo Federico—. Me da miedo.

El señor Harmon asintió.

—Seguramente comenzaron a pelearse por un hueso o alguna cosa —dijo. Después de un momento añadió—: ¿Cómo creen que Dios se siente cuando ve a las personas pelear como ustedes lo estaban haciendo hace un momento?

Los niños se miraron el uno al otro.

—Probablemente no le agrada —sugirió Federico.

—No, no le agrada. Creo que le entristece ver que las personas se lastiman unas a otras —dijo el señor Harmon—. La Biblia nos dice que seamos lentos para enojarnos y rápidos para escuchar. Tal vez deben practicar eso —añadió con una sonrisa.

—Creo que tiene razón —dijo Ryan.

—Lo intentaremos —dijo Federico. Él y Ryan se miraron.

—Lo siento —dijeron al mismo tiempo. *WEB*

¿Y TÚ?

Cuando te enojas, ¿haces cosas tontas como discutir o incluso pelear? Pídele a Jesús que te ayude a ser lento para enojarte, y a hablar y solucionar las cosas con tus amigos en lugar de pelear con ellos.

HABLA, NO PELEES

PARA MEMORIZAR:
«Todos ustedes deben ser rápidos para escuchar, lentos para hablar y lentos para enojarse».
Santiago 1:19

MARZO
11

UN BUEN GUÍA

LEE PROVERBIOS 1:2-9

Jazmín se sentó con otros niños cerca del frente del salón y escuchó con atención mientras el señor Pérez, el orador invitado en la iglesia juvenil, contaba algunas de las experiencias que había tenido durante su visita a Egipto.

—¿Quién puede nombrar uno de los lugares turísticos más interesantes de Egipto? —preguntó.

Jazmín levantó la mano. Nunca había viajado lejos de casa, pero estaba segura de saber la respuesta.

—Las pirámides —sugirió.

—Así es —dijo el señor Pérez—. ¿Han visto pinturas sobre las pirámides, o incluso las han visto en películas o televisión? Para mí, verlas en vivo fue emocionante y dramático. Había varios guías que llevaban a grupos de turistas a visitar las pirámides. En el área que visité yo, uno de los guías más populares tenía catorce años. Comenzó a trabajar como guía oficial cuando tenía solo nueve años.

Jazmín se asombró al pensar en un niño de nueve años trabajando como guía.

El señor Pérez continuó con su historia. Les contó cómo desde pequeño, el niño Noubi Aly, había aprendido todo sobre las pirámides y otros lugares de Egipto. Había escuchado a otras personas hablar y las había observado al visitar el área. También había estudiado todas las notas históricas. Al seguir cuidadosamente las instrucciones que su padre y otras personas mayores le dieron, se convirtió en uno de los guías turísticos más solicitados.

El señor Pérez miró a los niños.

—Noubi Aly me recuerda a ustedes —les dijo—. Dios les ha dado a muchos de ustedes padres que les enseñan lo que es correcto. Les ha dado un pastor y maestros de la escuela dominical. Les ha dado su Palabra para que aprendan a vivir como él quiere que vivan. Y ahora, pueden ser un "guía" para otros. *RIJ*

¿Y TÚ?

¿Crees que eres demasiado joven para ser un guía espiritual? No lo eres. Escucha con atención a tus maestros, pastores, padres y la Palabra de Dios. Luego comienza ahora a compartir a Cristo y su amor con las personas que te rodean. Usa el conocimiento que ya te ha dado para guiar a otros hacia él.

PARA MEMORIZAR:

«El hijo sabio acepta la disciplina de sus padres; el burlón se niega a escuchar la corrección».
Proverbios 13:1

APRENDE A GUIAR A LAS PERSONAS HACIA JESÚS

LA VISTA DESDE LA CIMA

LEE PROVERBIOS 3:5-7

Bridget jadeó mientras obligaba a sus cansadas piernas a subir la última parte de la colina rocosa. Su prima Anita apuntó hacia el valle de abajo.

—¡Mira a Brett allá abajo! —dijo casi sin aliento—. Ya ha metido a casi todas las vacas al corral.

Bridget miró a su hermano Boris que corría detrás de las vacas, conduciendo al ganado hacia la entrada. Todo se veía muy pequeño desde lo alto de la colina. Podía ver casi toda la granja: los campos verdes de algodón, el río serpenteante, incluso parte del campo del vecino. Entonces contuvo la respiración. Coco, su perrita, de alguna manera se había salido del patio cercado y corría directo hacia las vacas.

Bridget y Anita agitaron los brazos y gritaron, intentando captar la atención de Boris. Pero él no podía verlas ni escucharlas, y tampoco podía ver a Coco todavía. Pero ciertamente, cuando Coco llegó adonde las vacas, ladró tan salvajemente que las dispersó lejos de la entrada. Boris tuvo que reunirlas otra vez.

Esa tarde, Boris se quejó con su papá.

—Si solo hubiera visto a Coco a tiempo, me habría ahorrado mucho trabajo —dijo.

—La vimos venir. Estábamos en la cima de la colina, y podíamos ver toda la granja —dijo Bridget—. Te llamábamos a gritos y agitábamos los brazos, pero no nos viste ni oíste.

Su papá sonrió.

—Lamento que hayas trabajado de más, Boris —dijo—. Pero pienso que me acabas de dar la imagen que necesito para ilustrar la lección de la escuela dominical que enseñaré la próxima semana. Lo que sucedió es un gran ejemplo de cuánto más Dios ve que nosotros. Él ve toda nuestra vida, así como Bridget y Anita podían ver toda la granja. Esa es una razón muy buena para permitir que Dios nos guíe.

—Supongo que nos puede ahorrar mucho trabajo —dijo Boris, pensativo.

—¡Y también se asegura de que no nos perdamos nada bueno! —añadió Bridget. *KRL*

¿Y TÚ?

¿Confías en que Dios te guiará? Él te rodea de cristianos mayores y más sabios, y te da su Palabra, la Biblia. Todo esto te lo da para ayudarte a seguirlo. Confía en él mientras te guía. Él conoce tu vida de principio a fin, y sabe lo que es mejor para ti.

DEJA QUE DIOS TE GUÍE

PARA MEMORIZAR:
«Busca su voluntad en todo lo que hagas, y él te mostrará cuál camino tomar».
Proverbios 3:6

MARZO
13

A VECES DIOS DICE NO

LEE MATEO 6:9-15

Sammy miró a su hermanito, Milo, gatear por todos lados en la sala. Milo tomó un juguete, lo mordió y luego lo tiró al suelo. Después se acercó y comenzó a apretar los botones del televisor y del reproductor de DVD, uno de sus juegos favoritos.

—No —dijo la mamá de Sammy, mientras lo recogía del suelo con gentileza. Milo se retorció y se quejó un poco.

Sammy sonrió cuando su hermanito arrugó la nariz.

—¡Es un bebé muy activo! —dijo.

—Sí, lo es —su mamá asintió.

Milo se retorció en los brazos de su mamá, y finalmente ella lo puso en el suelo. De inmediato, Milo gateó rumbo al televisor.

—¡No, Milo! —repitió su mamá.

Esta vez Milo lloró cuando ella lo recogió y lo alejó de los fascinantes botones. Su mamá lo llevó rumbo a su cuarto.

—Creo que es hora de una siesta. Eres un pequeño que está muy cansado.

Cuando regresó, Sammy estaba sentado en el suelo mirando por la ventana. No escuchó cuando su mamá se sentó a su lado.

—¿En qué piensas? —preguntó su mamá.

Sammy sonrió.

—¿Crees que a veces Dios se cansa de decirnos "no"? —preguntó.

—Bueno, sabemos que Dios quiere lo mejor para nosotros —dijo su mamá y lo abrazó—. No quiere que salgamos lastimados al obtener algo que no es bueno para nosotros.

Sammy pensó por un momento.

—Pero a veces, como Milo, no nos gustan las respuestas que nos da —dijo.

Su mamá asintió.

—Sí, pero a medida que crezca, Milo aprenderá a escuchar lo que decimos y a aceptar nuestras respuestas —dijo—. Y conforme nosotros crecemos y aprendemos más de Dios, también aprenderemos a aceptar sus respuestas, aun cuando no sean lo que queremos. *VRG*

¿Y TÚ?

¿A veces le pides algo a Dios y luego no obtienes la respuesta que quieres? ¿Piensas que Dios no te escuchó? Él siempre escucha cuando le hablas, y sabe la respuesta correcta a cada situación. Ora para que se haga su voluntad, y confía en que te dará lo que es mejor.

PARA MEMORIZAR:
«Y estamos seguros de que él nos oye cada vez que le pedimos algo que le agrada». 1 Juan 5:14

LA RESPUESTA DE DIOS ES LO MEJOR

EL MODO DE DAR

LEE 2 CORINTIOS 9:6-11

—¿Crees que se pondrá bien? —preguntó Nico, mirando a su mamá con ansiedad.

—Creo que sí, pero tendremos que esperar y ver —contestó su mamá.

Su perrita, Luna, se había roto la pata y el veterinario la estaba atendiendo.

—Yo ayudaré a pagar el veterinario —ofreció Nico—. Puedes usar todos mis ahorros.

Las cosas habían estado difíciles para el negocio familiar últimamente. Sabía que las visitas al veterinario por lo general eran caras.

Su mamá sonrió y puso un brazo sobre los hombros de Nico.

—Gracias, Nico, pero no te preocupes. Podemos pagarlo —dijo—. Aun así, aprecio tu corazón dispuesto. —Su mamá se quedó pensativa—. ¿Recuerdas hace unos días cuando te estaba dando tu mesada y ese dinero extra que ganaste por ayudar a tu papá en la tienda? Estábamos hablando de ofrendar.

—Y yo no quería. —Se acordó Nico.

—Cierto —asintió su mamá—. Te costaba trabajo dar con alegría en ese momento. Pero hoy no dudaste en ofrecer todos tus ahorros para ayudar a Luna.

Nico tragó saliva.

—Daría lo que fuera para que ella estuviera bien, mamá.

—Lo sé —dijo su mamá—. Cuando realmente amamos a alguien, damos con entusiasmo. Pero, ¿puedes darte cuenta de que Dios también quiere que estemos dispuestos a darle de lo que tenemos, porque lo amamos mucho?

—En realidad quiero darle así a Dios —dijo Nico con melancolía—. Pero a veces es complicado. No es lo mismo que dar para ayudar a Luna. ¡Veo y juego con Luna todos los días!

—Sé que es más difícil acostumbrarse a la idea de que Dios está real y verdaderamente contigo y que tienes una relación con él. Pero ¿sabes qué?, Dios te ayudará —dijo su mamá—. Pídele que te dé un corazón dispuesto.

El veterinario entró a la sala de espera.

—Tu perrita estará bien —dijo con una sonrisa—. Fue una fractura simple, y sanará en poco tiempo. *KRL*

¿Y TÚ?

¿Sabías que Dios quiere que le des parte del dinero que ganas? Pero quiere que lo hagas con buena disposición. Es fácil decir que amas a Dios, ¡pero es más difícil demostrarlo dando! Si sabes que no has dado con gozo pero quisieras hacerlo, solo pídele a Dios que te ayude.

DA CON ALEGRÍA

PARA MEMORIZAR:
«Cada uno debe decidir en su corazón cuánto dar; y no den de mala gana ni bajo presión, "porque Dios ama a la persona que da con alegría"».
2 Corintios 9:7

UN NUEVO COMIENZO

LEE SALMO 32:1-5

Evan miró a su hermanito y rio.

—¡Tienes mal abrochada la camisa, Travis! —dijo—. Mira cómo la punta de un lado es más larga que la otra. Ven... te ayudaré a arreglarla.

—Puedo hacerlo solo —insistió Travis con terquedad.

Así que Evan lo dejó y bajó a desayunar.

El resto de la familia estaba alrededor de la mesa cuando Travis llegó.

—¿Tienes problemas con tu camisa? —preguntó su papá.

—¡Le dije que no estaba bien! —dijo Evan—. Le ofrecí ayuda, pero no me dejó.

Mientras la cara de Travis se fruncía para llorar, su mamá hizo callar a Evan y le dijo a Travis que se acercara.

—No es tan grave —dijo con una sonrisa.

—Intenté arreglarlo —dijo Travis, llorando—. Ahora abajo está parejo.

—Sí, ahora está flojo a la mitad. —Evan se rio, pero una mirada seria de su papá lo calló.

—Aquí está el problema —dijo su mamá, señalando bajo la barbilla de Travis—. Comenzaste mal. Cuando ese es el problema, la manera de arreglarlo es retroceder y empezar de nuevo.

Mamá desabrochó la camisa y la puso en orden.

—No me gusta empezar de nuevo —murmuró Travis mientras su mamá lo ayudaba a sentarse en su silla.

—A nadie le gusta —respondió su mamá—, pero generalmente es la mejor manera de hacer las cosas.

—Sí que lo es —asintió su papá—, especialmente en lo que concierne a Dios. La Biblia nos dice que si confesamos nuestros pecados, Dios nos perdonará y nos limpiará. Es maravilloso que podamos dejar atrás nuestros errores y empezar de nuevo.

—Y cada cristiano sabe lo que se siente; todos hacemos cosas de las que luego nos arrepentimos porque le desagradan a Dios —dijo su mamá.

—Oye, mamá —dijo Evan. Le guiñó el ojo a papá—. ¡Lamento haber comido mis panqueques tan rápido! ¿Puedo empezar de nuevo con otros? *SA*

¿Y TÚ?

¿Hay algo malo que ha sucedido, algo que has hecho mal, de lo que estés verdaderamente arrepentido? Cuéntale a Dios. Él está listo para perdonarte y dejarte comenzar de nuevo, fresco y limpio. Dios perdona y olvida.

PARA MEMORIZAR:

«Finalmente te confesé todos mis pecados [...] ¡y tú me perdonaste! Toda mi culpa desapareció». Salmo 32:5

CONFIESA TU PECADO Y COMIENZA DE NUEVO

LA CABRA ASTUTA

LEE MATEO 25:31-34, 41, 46

—Ya sé, ya sé que tenemos poco dinero, ¿pero por qué tiene que ser Tragona? ¿Por qué debe irse Tragona? —le preguntó Leo a su papá—. ¿No podemos ahorrar el dinero de otra manera?

—Siento lo de Tragona. Sé que has disfrutado tener una cabra de mascota —dijo su papá—. Pero tú mismo has visto que sus travesuras nos han costado mucho dinero.

Leo sabía que era verdad. Las dos ovejas solo comían pasto, pero la cabra prefería comerse las flores y los arbustos de los vecinos. Leo y sus padres habían tenido que disculparse muchas veces y compensar los daños. La semana anterior, Tragona también se había comido dos retoños de árboles de manzana que el papá de Leo había plantado. Intentaban mantenerla en su corral, pero tarde o temprano el astuto animal se las ingeniaba para salir.

—Lo peor fue hoy —continuó el papá de Leo—. Mira esto.

Leo siguió a su papá afuera. Vio a lo que se refería. Cerca de doce tejas de madera habían sido arrancadas del costado de la casa. Varias piezas masticadas estaban esparcidas por el suelo.

—Tragona se mete en líos a veces, pero parece mucho más astuta que las ovejas —dijo Leo. Meneó la cabeza.

Su papá añadió:

—Las cabras pueden ser muy divertidas, y útiles también, pero tienen la reputación de meterse en problemas. Aún en los tiempos bíblicos, las cabras eran conocidas por su conducta rebelde.

—¿Por eso Jesús comparó a las personas que no lo siguen con las cabras? —preguntó Leo.

—Quizás —dijo su papá con una sonrisa—. Es una idea interesante. Es cierto que muchas personas que no conocen al Señor son hermosas, encantadoras y divertidas. Algunas pueden ser muy brillantes. Pero debemos tener cuidado de no seguir sus pasos. *LBM*

¿Y TÚ?

¿Animas al «payaso» de la clase a interrumpir la lección? ¿Admiras a los niños atrevidos que rompen las reglas o desobedecen a sus padres? ¿Te llaman la atención los niños y niñas que lucen glamorosos y hacen cosas que sabes que están mal? Ten cuidado de no seguir su ejemplo.

SIGUE EL EJEMPLO DE JESÚS

PARA MEMORIZAR:
«Serás aceptado si haces lo correcto, pero si te niegas a hacer lo correcto, entonces, ¡ten cuidado! El pecado está a la puerta, al acecho y ansioso por controlarte; pero tú debes dominarlo». Génesis 4:7

LA CONSENTIDA DE LA MAESTRA

LEE SANTIAGO 3:13-18

—¿Vamos a invitar a Emily a la fiesta de pijamas del viernes por la noche? —preguntó Alison.

Karina negó con la cabeza.

—De ninguna manera. ¡Es demasiado perfecta! Podemos pasarla bien sin la "consentida de la maestra".

—Pero es la única niña de la clase a la que no estamos invitando —dijo Alison—. Si mis padres se enteran de que la excluí, tendremos que invitarla. No le digas a nadie, ¿quieres?

—¡Niñas! —las llamó el padre de Alison—. Vengan a ver lo que traigo.

Alison guardó su lista en el cajón del escritorio, y después Karina y ella salieron al porche.

—¡Ohhh! —exclamaron con deleite cuando vieron al cachorro que el señor Hilton traía en brazos.

—¿Nos lo podemos quedar? —preguntó Alison—. ¿Cómo se llama?

Su papá sonrió.

—Negrín. Y sí, nos lo quedaremos si Osa nos deja.

Cuando abrieron la puerta del patio, una perrita peluda corrió a través del jardín. De pronto se detuvo y gruñó profundamente.

—Osa, no actúes así —la instó Alison—. Negrín quiere ser tu amigo. ¿No es verdad, Negrín?

El cachorro gimió, y la perrita gruñó de nuevo.

—¡Qué vergüenza, Osa! —la regañó Alison.

Giró hacia su padre.

—¿Por qué se comporta con tanto odio, papá?

—Porque está celosa —respondió él—. Tomará tiempo, pero creo que Osa y Negrín aprenderán a ser amigos —dijo su papá—. Traigan al cachorro adentro, niñas. Será mejor que no lo dejemos afuera.

En la casa, Karina llevó al cachorro hasta el cuarto de Alison. Ambas se deleitaron con el cachorro, pero algo les impedía disfrutar de sus travesuras. Muy pronto, Alison sacó la lista de invitados de la fiesta y añadió «Emily».

Karina asintió.

—Me parece que Osa nos enseñó una lección sobre la envidia —dijo.

—Sí —dijo Alison—. ¡Imagínate a Osa de maestra!

Ambas niñas rieron. *BJW*

¿Y TÚ?

¿Has permitido que la envidia entre a tu vida? Puede robarte a tus amigos. Si sientes envidia de alguien, pídele a Dios que te perdone. Luego haz algo lindo por esa persona.

PARA MEMORIZAR:

«Donde hay envidias y ambiciones egoístas, también habrá desorden y toda clase de maldad». Santiago 3:16

LÍBRATE DE LA ENVIDIA

TU PADRE Y TÚ

LEE 1 JUAN 1:3-7

—¡No me importa lo que digas, mamá! —gruñó Berto malhumorado—. Puedes defender a papá todo lo que quieras. Podrá ser Don Perfecto para ti, pero no es un buen padre.

La mamá de Berto se sentó junto a él.

—Berto —dijo suavemente—, ¿qué te molesta? ¿Por qué estás tan enojado con tu papá?

—¡Nunca está cuando lo necesito! —declaró Berto.

—¿Cuándo no ha estado papá ahí para ti? —preguntó su mamá.

—¡El martes! ¡Se perdió mi juego de fútbol! —explotó.

—Cierto —reconoció su mamá—. Pero, ¿por qué no fue?

—Fue al hospital con la abuelita en la ambulancia —murmuró Berto.

Su mamá asintió.

—¿Qué más? —preguntó.

—Papá nunca escucha cuando le hablo —dijo Berto—. La otra noche le dije que iría a una fiesta este fin de semana. Simplemente dijo: "¡No! ¡Fin de la discusión!".

—¿Pero no fue eso *después de* que le dijiste quiénes irían a la fiesta? —preguntó su mamá.

—Bueno... sí —admitió Berto.

—Tu papá intentó explicarte que ir a esa fiesta no era una buena idea, ¿o no fue así? Porque él dijo que no, tú sacaste la conclusión de que tu papá no te escuchó, ¿cierto?

—¡Oh! Bueno... tal vez —dijo Berto tartamudeando—. ¡Pero nunca lo veo!

—Mmm. —Esta vez su mamá asintió—. Puedo ver que esto es verdad en parte. Él está en el trabajo todo el día. Pero, también ¡tú estás en la escuela todo el día!

—¿Y qué de anoche? —preguntó Berto—. Papá no estuvo aquí, y yo estaba aburrido, ¡así que salí a encontrarme con mis amigos!

Su mamá empezó a reír.

—Ciertamente ¡solo ves lo que tú quieres ver! —dijo—. Corrígeme si estoy equivocada, pero ¡creo que fuiste *tú* quien lo pasó por alto a *él* cuando ibas de salida!

—¿Lo hice? —Berto pensó por un momento—. Vaya, mamá —dijo lentamente—, supongo que soy yo el que no pasa mucho tiempo con papá, ¿verdad? *MJL*

¿Y TÚ?

¿Algunas veces sientes que tu Padre (tu Padre celestial) no se interesa por ti? ¿O que permite que pasen cosas malas en tu vida? ¿O que está lejos porque no puedes verlo? Dios quiere que pases tiempo con él. Él te ama mucho. Está disponible. ¿Y tú?

PASA TIEMPO CON DIOS

PARA MEMORIZAR:
«Acérquense a Dios, y Dios se acercará a ustedes». Santiago 4:8

MARZO
19

ATASCADO EN LA CHIMENEA

LEE ROMANOS 8:1-6

—¿Qué es ese ruido? —preguntó Carlos, mientras él y Gregorio jugaban en la casa de Gregorio.

Gregorio sonrió.

—Las ardillas usan nuestro techo como campo de juego —dijo.

¡Pum! Ambos niños saltaron ante el fuerte ruido.

—¡Algo cayó por la chimenea! —gritó Gregorio. Corrió hasta la chimenea y se asomó. Saltó hacia atrás con un grito ahogado—. Hay una ardilla ahí sentada. Me estaba mirando. No luce muy contenta.

Los niños decidieron hacer un camino hacia la puerta delantera para que la ardilla pudiera escapar. Pero nada sucedió.

—Tiene mucho miedo —dijo Carlos—. Tendremos que sacarla.

—Las ardillas son salvajes cuando se sienten acorraladas —dijo Gregorio. Miró su camiseta y pantalones cortos—. Pongámonos ropa más gruesa.

Los niños corrieron al armario del pasillo y se pusieron abrigos largos, guantes gruesos y botas. Gregorio se puso una máscara de esquiar y le dio a Carlos su mascarilla de cácher. Luego ataron una red de pescar a la punta de un palo de escoba. Caminaron hasta la chimenea donde Gregorio alzó el palo de la escoba hacia la ardilla. Con un rápido movimiento, envolvió al pequeño animal con la red. La ardilla se retorcía y arañaba mientras que Gregorio la sacaba afuera. Gregorio abrió la red y la ardilla escapó. Una vez libre, la ardilla corrió hacia el árbol más cercano. A salvo en una rama, hizo sonidos de enojo hacia los niños.

—Esa tonta ardilla no sabe lo que es bueno para ella —dijo Carlos—. ¡Estábamos haciendo todo lo posible para liberarla!

—Sí. Ni siquiera sabía que estaba en peligro —dijo Gregorio—. Quería quedarse en esa chimenea sucia y oscura.

—Bueno, aunque la ardilla no haya dicho gracias... —empezó Carlos.

—¡Me alegra haberlo hecho! —terminó Gregorio. *LLZ*

¿Y TÚ?

¿Tienes miedo de seguir a Jesús? Quizás pienses que si te haces cristiano, Jesús hará que renuncies a todo lo que es divertido. ¡No es verdad! Él quiere rescatarte del pecado y del castigo de este. Seguirlo es la aventura más grande del mundo.

PARA MEMORIZAR:

«Si el Hijo los hace libres, ustedes son verdaderamente libres». Juan 8:36

JESÚS PUEDE LIBERARTE

EL CACHORRO DE BRANDON

LEE JUAN 4:4-14

El cachorro de Brandon estaba enfermo. El veterinario le recetó un medicamento y le dijo a Brandon que también debía asegurarse de que su perrito bebiera mucha agua.

Brandon trató de seguir las órdenes del veterinario con entusiasmo pero, para su tristeza, el cachorro se negó a beber.

—¿Cómo puedo hacer que Rayo beba agua? —le preguntó Brandon a su mamá—. He intentado todo, pero no logro que beba.

—No estoy segura —contestó su mamá—, pero recuerdo que cuando eras chiquito, tampoco querías tomar agua, así que el doctor me recomendó que te diera una galleta salada. Funcionó. La galleta seca y salada hizo que te dieras cuenta de que tenías sed.

Brandon corrió a intentarlo. Se necesitó mucha persuasión, pero al final el perrito se comió la galleta salada. Miró a Brandon con tristeza y abrió y cerró la boca. Cuando Brandon le ofreció agua, el cachorro volteó la cabeza. Brandon suspiró. ¡Entonces sucedió! El perrito metió la nariz en el agua. Se lamió los bigotes y luego volvió al agua otra vez y tomó una buena cantidad.

—¡Mira, mamá! —exclamó Brandon feliz—. Rayo está bebiendo.

—¡Bien! —contestó su mamá. Después de un momento dijo—: ¿No tenías un versículo de la escuela dominical sobre beber agua?

Brandon asintió y lo citó en voz alta.

—"Todos los que beban del agua que yo doy no tendrán sed jamás. Esa agua se convierte en un manantial que brota con frescura dentro de ellos y les da vida eterna", Juan 4:14.

Mamá asintió.

—Es Jesús quien está hablando —dijo—. Él es el Agua Viva que todos necesitamos. Muchas personas están "sedientas" de paz y gozo eternos en el corazón, pero no siempre se dan cuenta de eso. Aun los niños y las niñas pueden estar tan ocupados con la escuela, los clubs, el béisbol y otras actividades, que casi no se dan cuenta de que tienen "sed". Pero ninguna de sus actividades u ocupaciones pueden satisfacerlos por mucho tiempo. Solo Jesús puede satisfacer su sed espiritual. *RIJ*

¿Y TÚ?

¿Te has dado cuenta de que tienes «sed» espiritual? La Biblia dice que debes acercarte a Jesús, el «Agua Viva», y beber. ¿Te has acercado a Jesús a recibir esta agua eterna? Habla con un adulto en quien confíes sobre cómo puedes hacer esto.

JESÚS DA «AGUA VIVA»

PARA MEMORIZAR:

«El Espíritu y la esposa dicen: "Ven". Que todos los que oyen esto, digan: "Ven". Todos los que tengan sed, vengan. Todo aquel que quiera, beba gratuitamente del agua de la vida». Apocalipsis 22:17

EL ALFARERO Y EL BARRO

LEE ISAÍAS 64:6-9

Jessie trabajó el barro cuidadosamente con sus dedos. Pronto, lo que se veía como una masa cobriza se convirtió en un jarrón. Cuando su mamá entró a la cocina, Jessie levantó el jarrón para que lo viera.

—Está hermoso —dijo su mamá.

—Es un regalo para el cumpleaños de la abuelita —dijo Jessie—. Seguiré trabajando hasta que esté perfecto.

Jessie trabajó pacientemente en el jarrón hasta que quedó justo como ella quería. Entonces lo puso en una repisa para que se secara.

Esa tarde, Jessie estaba en medio de un emocionante libro cuando su mamá le pidió que sacara la basura.

—¡Rápido! —la apresuró su mamá—. Creo que oigo el camión.

—No sé por qué siempre debo interrumpir lo que estoy haciendo para ir a hacer mis tontos deberes —se quejó mientras se ponía de pie para hacer lo que su mamá le pedía.

Más tarde, su amiga Clara vino a visitarla. Pero después de jugar un rato, Jessie perdió la calma. Clara se enfadó y se fue a su casa.

Jessie pensó en lo que había sucedido. Se sentía mal por haberse enfadado. También se sentía mal por su actitud cuando su mamá le pidió que hiciera sus deberes. Jessie fue a hablar con su mamá.

—Mamá —dijo titubeando—, yo... lamento haber estado de mal humor a la hora de hacer mis deberes. También perdí los estribos con Clara. Supongo que soy un caso imposible. Nunca seré la persona que quiero ser.

Su mamá se limpió las manos y apuntó al estante donde estaba el jarrón que Jessie había hecho.

—Ese jarrón comenzó como un pedazo de barro —dijo—. Hizo falta una alfarera, como tú, para convertirlo en algo hermoso. Y trabajaste en él hasta que quedó perfecto, ¿cierto?

Jessie asintió. Su mamá continuó:

—Bueno, cuando tú aceptaste a Jesús, le diste permiso para que moldeara tu vida. Toma tiempo y paciencia, y él puede arreglar las imperfecciones que impiden que seas quien él quiere que seas.

—¿Las imperfecciones como mi mal humor? —preguntó Jessie.

—Exacto —dijo su mamá. *KEC*

¿Y TÚ?

¿Te desanimas porque haces y dices cosas de las que te arrepientes? ¿Te sientes a veces como un caso imposible? ¡No es así! ¡Dios no te abandonará!

PARA MEMORIZAR:

«Estoy seguro de que Dios, quien comenzó la buena obra en ustedes, la continuará hasta que quede completamente terminada el día que Cristo Jesús vuelva». Filipenses 1:6

DIOS SIGUE TRABAJANDO EN TI

SIGUE LAS INSTRUCCIONES

LEE SANTIAGO 1:22-25

Troy luchó para abrir el pequeño bote de pintura. Su papá había ido a hacer un recado, y Troy deseaba que se apresurara y volviera. Él y su papá iban a usar la pintura para decorar el carrito que estaban construyendo juntos, un poco cada fin de semana.

La cara de Troy enrojeció al tratar de dar vuelta a la tapa. Cuando no pudo, se enfadó y se impacientó. Tomó uno de los desarmadores de su papá y trató de hacer palanca para abrir la tapa. El desarmador se resbaló y lo golpeó en un dedo.

—¡Auch! —gritó Troy. Puso el bote en el suelo y fue por una venda. Se encontró con su papá que entraba por la puerta del frente.

—¿Qué te hiciste en el dedo? —preguntó su papá.

Troy le explicó la situación con la tapa.

—¿Leíste las instrucciones? —preguntó su papá.

Troy meneó la cabeza.

—¿Instrucciones? —preguntó—. ¿Para abrir un bote? No sabía que existieran.

Su papá lo ayudó con el vendaje y luego fue con él al garaje. Su papá levantó la pintura y señaló las letras sobre la tapa.

—Dice que presiones hacia abajo y luego gires.

Troy siguió las instrucciones y la tapa se abrió con facilidad.

—Supongo que debería haber prestado atención —dijo—. Ni siquiera vi esas instrucciones.

—¿Recuerdas que la semana pasada hablamos sobre por qué debes leer la Biblia y memorizar versículos? —preguntó su papá pensativo.

Troy asintió.

—Dijiste que la Biblia da instrucciones para la vida —contestó—. Y sin esas instrucciones, quizás hagamos cosas que son incorrectas y entonces seguramente saldremos lastimados. Así como yo me lastimé mi dedo cuando ignoré las instrucciones en la tapa del bote de pintura, ¿cierto?

—Cierto —dijo papá—. Solo que la herida puede ser peor cuando no sigues las instrucciones de Dios sobre cómo vivir tu vida. *KEC*

¿Y TÚ?

¿Lees la Biblia para aprender sobre las instrucciones de Dios para tu vida, o tratas de hacer las cosas a tu manera? Lee la Biblia, y haz lo que Dios dice.

SIGUE LAS INSTRUCCIONES DE DIOS

PARA MEMORIZAR:
«Pero si miras atentamente en la ley perfecta que te hace libre y la pones en práctica y no olvidas lo que escuchaste, entonces Dios te bendecirá por tu obediencia».
Santiago 1:25

LA CONTRASEÑA

—¡Hola, tía Julia! —dijo Miguel, arrojando su mochila sobre una silla y sentándose a la mesa de la cocina.

Su tía estaba sacando una bandeja con brownies de chocolate del horno.

—Hola, Miguel. —Su tía Julia le sonrió—. ¿Cómo te fue hoy en la escuela?

—¡Genial! —contestó—. ¿Puedo comer una de esas?

—Uno de esos —lo corrigió su tía—. Claro. Pero solo uno. —Le dio un brownie y luego preguntó—: Entonces, ¿qué es lo que fue tan genial en la escuela?

—Aprendimos sobre las contraseñas en la clase de informática —contestó—. ¿Sabes lo que es una contraseña? Es una palabra especial que debes teclear en las computadoras. Si no pones la palabra correcta, la computadora no te deja usar el programa —le explicó Miguel.

—Mmm —dijo su tía—. Suena muy parecido a lo que le dije a nuestra vecina, la señora Goldman.

—¿Estuviste hablando con la señora Goldman sobre computadoras? —preguntó Miguel.

Su tía Julia rio.

—No. Le hablaba de Jesús.

El ceño de Miguel se frunció con confusión y preguntó:

—¿Qué?

—Bueno —dijo su tía y se sentó al lado de Miguel—. La señora Goldman cree que las personas que viven una vida buena irán al cielo, sin importar lo que crean. Hablamos de eso un buen rato. Luego le mostré el capítulo 14 de Juan, donde Jesús dice: "Yo soy el camino, la verdad y la vida; nadie puede ir al Padre si no es por medio de mí". Le dije que cada uno de nosotros estará un día frente a Dios. Y solo aquellos que han confiado en Jesús como Señor y Salvador podrán entrar a su reino.

—¿Más o menos como una contraseña? —preguntó Miguel con una sonrisa.

—En cierto sentido, sí —asintió su tía—. Algo así como una contraseña. *RSM*

¿Y TÚ?

¿Es Jesús tu Señor y Salvador? ¿Le has pedido que te perdone por las cosas malas que has hecho? Si no, habla con un adulto en quien confíes para aprender más sobre el tema.

PARA MEMORIZAR:

«¡En ningún otro hay salvación! Dios no ha dado ningún otro nombre bajo el cielo, mediante el cual podamos ser salvos». Hechos 4:12

JESÚS ES EL ÚNICO CAMINO AL CIELO

PIEDRAS VIVAS

LEE 1 PEDRO 2:4-10

Los Solís estaban entusiasmados por terminar su nueva casa. Habían visto el progreso desde el principio. El terreno había sido limpiado y nivelado. Se armó la casa, se le puso el techo, se le añadieron los pisos y las paredes y se pusieron las ventanas. Habían mirado con admiración.

—¡De un terreno baldío a una casa nueva! —dijo el papá de Reina.

—¡Sí! —exclamó Reina—. Apenas puedo esperar.

Llegó el día en que los albañiles cubrirían las paredes de madera, y Reina y su papá fueron a observar.

—Mira lo perfectamente derechos que esos hombres colocan los ladrillos —dijo el papá de Reina.

Los dos habían estado mirando por un rato, y habían notado que una cuerda se extendía de una esquina a la otra. Los ladrillos se alineaban con la cuerda.

—Si la cuerda no estuviera allí para que los hombres la vieran, la línea de ladrillos podría quedar chueca, ¿verdad? —preguntó Reina.

—Así es —contestó su papá.

Se sentaron y miraron a los albañiles un poco más.

—¿Sabes que este edificio de ladrillos se puede comparar a nuestra vida como cristianos? —preguntó el papá de Reina—. La Biblia nos llama "piedras vivas", con las que se edifica la casa espiritual. Dice que Cristo es la piedra principal.

—¿Quieres decir... como esa primera piedra donde comienza la cuerda? —preguntó Reina.

—Sí, esa piedra es la guía, así como Cristo es la guía en nuestra vida —contestó su papá—. Él es perfecto porque es Dios. Ahora, ¿qué pasaría si algunos ladrillos no se colocaran en la pared?

Reina pensó por un momento.

—La pared sería más débil y podría caerse —sugirió.

—Correcto —asintió su papá—. Cada ladrillo es importante. Y en el reino espiritual, cada cristiano es importante también. *DLW*

¿Y TÚ?

¿Sientes que no eres importante? Tú eres importante para Dios. Siempre recuerda que Jesús es la piedra principal. Él es la guía para tu vida. Y como cristiano, eres una «piedra viva».

ERES IMPORTANTE

PARA MEMORIZAR:

«Y ustedes son las piedras vivas con las cuales Dios edifica su templo espiritual. Además, son sacerdotes santos. Por la mediación de Jesucristo, ustedes ofrecen sacrificios espirituales que agradan a Dios». 1 Pedro 2:5

SOBRAS

LEE DEUTERONOMIO 16:1-2, 10-11

—¿Puedo tener un gatito? ¿Por favor? ¿Por favor? —suplicó Ingrid.

Un enorme letrero en el patio del vecino decía Gatitos Gratis. Durante una semana Ingrid le había rogado con persistencia a su mamá que la dejara tener uno. Finalmente, su mamá aceptó con reticencia, e Ingrid se apresuró a reclamar su premio.

Cuando Ingrid regresó, cargaba un pequeño gatito gris.

—Tomé el más pequeño —le informó a su mamá—. Se veía muy triste con los gatitos más grandes trepando sobre él. Se llama Enano.

Unas semanas después, Ingrid y su mamá llevaron a Enano a su primera cita con el veterinario.

—Mmm —murmuró el veterinario, después de hacer su revisión—. Este gatito está muy flaquito. ¿Qué le han dado de comer?

—Sobras —dijo Ingrid inmediatamente.

—Puede que ese sea el problema. Las sobras no contienen los nutrientes correctos para ayudar a que Enano crezca apropiadamente. Si lo alimentan con comida hecha especialmente para gatitos, crecerá saludable y fuerte.

De camino a casa, Ingrid y su mamá se detuvieron en una tienda de mascotas para comprar la comida especial que el veterinario había sugerido.

—No más sobras para Enano —le dijo Ingrid a su papá esa tarde—. Solo comida buena y saludable.

—¡Muy bien! —exclamó su papá con una sonrisa—. Estoy seguro de que Enano lo agradecerá. —Después de un momento, añadió—: ¿Y sabes quién más no debe recibir sobras?

—¿Tú? —preguntó Ingrid, pensando en las sobras que mamá pensaba darles de cena.

—No me refería a mí —dijo su papá riendo—. ¡No me molesta comer sobras! Pensaba en Dios. Algunas veces estamos tan ocupados que no le damos a Dios mucho de nuestro tiempo o amor. A veces estamos tan ocupados con otras cosas y con nuestros propios planes que no tenemos mucho entusiasmo o fuerzas para invertir en los propósitos de Dios. Debemos darle a Dios lo mejor de nosotros en lugar de darle las sobras de nuestro tiempo, nuestro amor y nuestros esfuerzos.

—Mmm —dijo Ingrid—. Nunca pensé en eso. *LIR*

¿Y TÚ?

¿Le das a Dios solo un poco de tu tiempo al final del día para leer la Biblia y orar? ¿Le das el dinero que te sobra después de que has comprado algo que *tú* quieres? ¿Te quedas sin energía para ayudar a los demás porque estás demasiado cansado después de hacer lo que *tú* quieres? ¡Da a Dios lo mejor de ti!

PARA MEMORIZAR:
«Cuando recojas tus cosechas, lleva a la casa del SEÑOR tu Dios lo mejor de la primera cosecha».
Éxodo 23:19

DA A DIOS LO MEJOR DE TI

CELULAR APAGADO

LEE SALMO 119:9-12

—Javier, ¿ya memorizaste tu versículo para este domingo? —preguntó su mamá.
Javier sacudió la cabeza.

—Terminé mi lección. Pero me toma mucho tiempo aprender el versículo
—dijo mientras levantaba el modelo de la nave especial que estaba armando—.
Quiero terminar mi nave para presentarla en la escuela. —Frunció el ceño—. Se
suponía que mi amigo Glen vendría esta mañana a ayudarme. Dijo que su mamá
llamaría si no podía venir. Es casi mediodía, y no ha venido ni ha llamado.

—Bueno, quiero que aprendas el versículo antes de que termines tu nave
—dijo su mamá—. Puedes trabajar en la nave esta tarde. Tal vez Glen pueda venir
entonces. ¿Por qué no llamamos a su mamá para preguntarle?

—Sí, creo que será lo mejor —asintió Javier. Apoyó el modelo de la nave espacial sobre la mesa y fue a buscar el celular de su mamá—. ¡Oh, no! —exclamó—.
Ahora sé por qué Glen no ha llamado. ¡Tu teléfono está apagado!

—Ah, debe ser que se le acabó la batería y se me olvidó cargarlo —dijo su
mamá—. Glen probablemente ha tratado de llamar, pero no has recibido su mensaje. —Miró a Javier—. Los cristianos también se pierden los mensajes del Señor.

—¿Qué quieres decir? —preguntó Javier.

—En cierto modo, a veces nuestros aparatos para escucharlo están apagados, y
él no puede comunicarse con nosotros.

—¿Porque estamos ocupados haciendo otras cosas? —preguntó Javier.

—Así es —respondió su mamá—. Estudiar la Palabra de Dios y memorizar versículos bíblicos son medios que nos ayudan a estar en contacto con él.

Javier suspiró. Sabía a qué se refería su mamá.

—Estás hablando de mi versículo bíblico otra vez, ¿verdad? —preguntó.

—¡Sí! —contestó su mamá.

Javier suspiró.

—Bien —asintió—. Llamaré a Glen y le diré que venga en la tarde. Luego trabajaré en mi versículo. *WEB*

¿Y TÚ?

¿Está todo en orden para escuchar las llamadas de Dios? Dios quiere comunicarse
contigo a través de su Palabra. Léela, piensa en ella, memorízala y actúa de acuerdo
a ella.

MEMORIZA VERSÍCULOS BÍBLICOS

PARA MEMORIZAR:
«Estudiaré tus mandamientos
y reflexionaré sobre tus caminos».
Salmo 119:15

27

VIDA O MUERTE

LEE DEUTERONOMIO 30:15-20

Carlitos estaba pensativo mientras ayudaba a la señora Bustamante a ordenar la habitación después del club bíblico. Los niños se turnaban para ayudar, y como premio, podían terminar lo que hubiera sobrado de los refrigerios. Sin embargo, Carlitos sacudió la cabeza cuando la señora Bustamente le ofreció una rosquilla.

—No, gracias —dijo.

Estaba pensando en lo que su papá le había preguntado. *Si Dios es en realidad tan bueno y amoroso como dicen los cristianos, ¿por qué no lleva a todas las personas al cielo?*

La señora Bustamante vio que Carlitos estaba más callado que de costumbre.

—¿Te preocupa algo? —preguntó.

Carlitos titubeó.

—Sí —dijo—. Si Dios es tan bueno, ¿por qué no nos lleva a todos al cielo?

—Buena pregunta —respondió la señora Bustamante—. Veamos, ¿cómo te puedo ayudar a entender? —Pensó por un momento—. Dime, ¿estás molesto conmigo porque no te di más rosquillas hoy? Cuando llegues a tu casa, ¿le dirás a tu mamá: "Esa malvada señora Bustamante me mandó a casa sin más rosquillas"?

—Por supuesto que no —dijo Carlitos con sorpresa—. Usted me las ofreció, ¿así que por qué debería enfadarme? Están deliciosas, pero yo ya no quería más.

La señora Bustamante asintió.

—Yo te las ofrecí, pero tú decidiste no aceptarlas —dijo—. Es más o menos igual con Dios. Él ofrece el cielo a quienes aceptan a Jesús como su Salvador. Jesús murió en la cruz y pagó el castigo por nuestros pecados, así que nadie tiene que ir al infierno. Pero luego él permite que las personas tomen la decisión de creer en Jesús o no. Sin embargo, algunas personas rechazan aceptar lo que Jesús ha hecho por ellas. ¿Me explico?

Carlitos asintió lentamente. Le contaría a papá lo que la señora Bustamante le había dicho. *CEY*

¿Y TÚ?

¿Has elegido seguir a Jesús? Él te está llamando hoy para que lo recibas en tu vida. Admite tu necesidad y pídele que perdone tu pecado. Entonces tendrás vida eterna en el cielo. La Pascua es un buen tiempo para descubrir más sobre cómo ser un cristiano.

PARA MEMORIZAR:

«Hoy te he dado a elegir entre la vida y la muerte [...]. ¡Ay, si eligieras la vida, para que tú y tus descendientes puedan vivir!». Deuteronomio 30:19

ELIGE A JESÚS Y LA VIDA

UNA VIDA NUEVA

LEE JUAN 3:14-18, 36

A Alina le encantaban los colores profundos y ricos de las violetas africanas, y a menudo ayudaba a su abuelito a cuidarlas.

—Mira, abuelito, esta hoja grande de tu violeta africana morada se rompió —dijo con tristeza un día.

Entonces tiró la hoja en el bote de la basura. Su abuelito rápidamente la recuperó.

—Mira... déjame mostrarte lo que podemos hacer con esta hoja —dijo. Llenó un vaso con agua y cortó un trozo de papel grueso para poner sobre el borde. Luego hizo un corte en el papel e insertó la hoja en la abertura de modo que el tallo estuviera en el agua—. Ahora esperaremos a que broten raíces de la hoja —dijo.

Algunos días más tarde, Alina vio que del extremo del tallo comenzaban a brotar pequeñas raíces velludas, y al pasar más días, las raíces siguieron creciendo.

—Ahora —dijo su abuelito un día—, es hora de plantar el tallo en la tierra, Alina. Tendrá que ser regado de vez en cuando, y ese será tu trabajo.

Alina regó fielmente la pequeña planta, y pronto se emocionó al ver pequeñas hojas asomando de la tierra. Pero unos días después se entristeció de nuevo.

—¡Abue! ¡Mira! El tallo grande se está secando. ¿Qué hacemos ahora?

—No hay nada que hacer, Alina. Así es como se supone que debe ser. Mira, la "hoja madre" ha terminado su trabajo —explicó el abuelo—. Ha dado su vida para que pueda haber plantas nuevas.

Esa tarde, Alina le dijo a su papá lo que había sucedido.

—Eso es interesante —dijo él—. ¿Sabes a qué me recuerda, Alina? Me recuerda a nuestro Señor Jesús. Él murió para que pudiéramos vivir. Dio su vida para que podamos tener vida eterna en el cielo. A diferencia de la planta, sin embargo, ¡Jesús no permaneció muerto! Resucitó, y ahora está en el cielo preparando un lugar para todos los que han recibido vida nueva en él. *CVM*

¿Y TÚ?

¿Has recibido vida nueva en Jesucristo? Él murió para que tú pudieras vivir por siempre. Si estás interesado en aprender más, habla con un adulto confiable.

CRISTO DA VIDA NUEVA

PARA MEMORIZAR:
«Los que creen en el Hijo de Dios tienen vida eterna. Los que no obedecen al Hijo nunca tendrán vida eterna». Juan 3:36

MARZO
29

UNA CAJA DE CACHORROS

LEE SANTIAGO 2:14-23

—¡Mamá! ¡Ven a ver lo que encontré! —dijo Andrés, jalando el brazo de su mamá. La condujo al porche y le enseñó una caja de color marrón. Su mamá miró dentro.

—¡Cinco cachorros! —exclamó ella.

—Sí, los encontré en una zanja en mi camino a casa de la escuela —dijo Andrés.

—Pronto necesitarán leche —dijo su mamá, acariciando a un cachorro negro y peludo.

—Traeré un poco del refrigerador —se ofreció Andrés.

—No creo que esa leche sea la mejor para los cachorros —dijo su mamá—. Llamaré al veterinario para ver qué debemos darles.

Llamó por teléfono para obtener información. Después de alimentar a los cachorros, Andrés los llevó con cuidado en la caja al garaje.

—Duerman bien —susurró.

Luego entró de nuevo a la cocina.

—Amo a los perros —le dijo a su mamá—. Me gustan todos los animales.

—Lo sé —dijo su mamá—. Tus acciones lo demuestran. —Sonrió—. Me recuerda a lo que el pastor dijo ayer, sobre cómo nuestras acciones manifiestan a otros nuestra fe. Dijo que cuando realmente creemos en Dios, demostramos nuestra fe por medio de las cosas que hacemos.

—Las cosas que hacemos ¿demuestran que amamos a Dios? —preguntó Andrés.

—Así es —asintió su mamá—. Tú *dices* que amas a los animales, y lo demuestras con tus acciones, con cómo los tratas. Tú *dices* que tienes fe en Dios, y lo demuestras con tus acciones, también. Lo demuestras por la manera en que lo obedeces y por cómo tratas a otros.

Justo entonces, Andrés y su mamá escucharon la puerta del auto de su papá.

—Me pasó la cosa más extraña... —dijo el papá de Andrés al entrar a la habitación—. Venía entrando a la casa por el garaje a oscuras y me asustó un sonido extraño como de chillidos. Creo que estoy imaginando cosas.

—No estás imaginando nada —dijo Andrés sonriendo—. Sígueme. Te explicaré todo. *JKG*

¿Y TÚ?

¿Pueden los demás darse cuenta de que crees en Dios al observar tus acciones? ¿Saben tus amigos que amas a Dios por lo que dices y haces? Todo lo que haces les dice a los demás lo que estás pensando y lo que es importante para ti. ¿Qué dicen tus acciones?

PARA MEMORIZAR:

«Ahora bien, alguien podría argumentar: "Algunas personas tienen fe; otras, buenas acciones". Pero yo les digo: "¿Cómo me mostrarás tu fe si no haces buenas acciones? Yo les mostraré mi fe con mis buenas acciones"». Santiago 2:18

NO SOLO HABLES, ¡HAZ!

JESÚS ME AMA

LEE ROMANOS 8:35-39

¡Hoy fue el peor día en la vida de Diandra! Esa mañana, su papá y su mamá se sentaron en el sofá y con calma le dijeron algo que destrozó su mundo.

—Aún te amamos. Es solo que ya no podemos vivir juntos —dijo su papá.

—Pasarás los fines de semana con papi y los días de escuela conmigo —dijo su mamá.

Su papá asintió.

—Iremos a lugares especiales cada fin de semana. Nos divertiremos... ya verás.

Con el paso del tiempo, la vida de Diandra cayó en un nuevo patrón. Entre semana, después de la escuela, ella y su mamá cocinaban la cena y pasaban juntas las tardes. Los fines de semana su papá la recogía el viernes después de la escuela.

Cierto viernes su papá no llegó. En su lugar, su mamá la esperaba, estacionada afuera. Después de ese día, papá a veces venía, pero por lo general, no. Cierto día apareció, pero su auto estaba lleno, ¡con su nueva familia! El amor que ella alguna vez había conocido se había dividido en dos. Ella no sabía dónde encajaba.

Cierta semana, la vecina de Diandra la invitó a la escuela dominical y Diandra aceptó. La lección fue sobre el amor de Dios. Diandra se burló mientras la maestra hablaba. *Un día somos una familia, y al día siguiente puedes estar perdida entre dos padres que se han separado,* pensó Diandra. Las lágrimas se agolparon en sus ojos, y continuó sentada aun después de que los otros niños se marcharon.

—¿Puedo ayudarte? —preguntó la señora Marín mientras se arrodillaba junto a Diandra.

—No creo lo que dijo. El amor no es así —dijo Diandra abruptamente.

—Diandra, el amor de Dios no es como el amor humano —le dijo la señora Marín—. Nada nos puede separar del amor de Dios.

Diandra escuchó con mucha atención mientras la maestra compartía con ella la buena noticia del amor de Dios. ¡Se sentía maravilloso saber que existía un amor como ese! *TSE*

¿Y TÚ?

¿Te han decepcionado tus amigos o tu familia o las circunstancias? ¿Te han fallado? Dios no puede fallarte ni te fallará. Te ama demasiado. Recuerda que su Palabra dice que nada puede separarte de su amor.

EL AMOR DE DIOS NO CAMBIA

PARA MEMORIZAR:

«Y estoy convencido de que nada podrá jamás separarnos del amor de Dios. [...] Ni nuestros temores de hoy ni nuestras preocupaciones de mañana. Ni siquiera los poderes del infierno pueden separarnos del amor de Dios». Romanos 8:38

UN GRAN SACRIFICIO

LEE JUAN 15:9-13

Josué vio una pintura en la pared de la sala. Era la pintura de dos manos en posición de oración y se titulaba *Manos que oran*.

—Mamá, ¿son esas las manos de Jesús? —preguntó Josué.

Su mamá sacudió la cabeza.

—No, el artista fue Alberto Durero, y las manos son las de un amigo especial de él —dijo—. Alberto Durero nació en Alemania hace más de quinientos años. Venía de una familia muy grande, y eran pobres. Alberto tuvo que trabajar duro, pero le encantaba pintar, y soñaba con ser un gran artista. Finalmente, dejó su hogar para estudiar arte. Ya que también debía trabajar, tenía poco tiempo para pintar. Un día conoció a un hombre mayor que también quería ser artista. Decidieron compartir una casa, y su amigo tuvo una idea. "Yo trabajaré mientras tú estudias, y cuando tus pinturas empiecen a venderse, yo estudiaré", dijo el amigo de Alberto. Así que el amigo lavaba platos y restregaba pisos mientras Alberto estudiaba. Por fin Alberto vendió sus primeras pinturas. Ahora su amigo, ansioso por empezar sus estudios, tomó sus pinturas y brochas y comenzó a hacer lo que había querido hacer durante muchos años.

—¡Genial! —dijo Josué—. ¿Así que también llegó a ser un buen artista?

Su mamá negó con la cabeza.

—Tanto restregar pisos hizo que sus manos le quedaran rígidas y ásperas —dijo—. Era incapaz de pintar. Pero un día Alberto vio a su amigo con sus manos en oración. Así que Alberto las pintó.

—Entonces, el amigo de Alberto realmente sacrificó su sueño —dijo Josué—. Estoy seguro de que Alberto hizo todo lo posible por ayudarlo después.

—Probablemente —asintió su mamá. Después de un momento, añadió—: Estoy pensando en otras manos, las manos de alguien que hizo un sacrificio aún mayor.

—Te refieres a Jesús, ¿verdad? —preguntó Josué.

Su mamá asintió y dijo:

—Él dio su vida por nosotros. De hecho, se hizo pecado por nosotros para que nuestros pecados fueran perdonados. Sus manos muestran las marcas de los clavos. Sin duda deberíamos hacer todo lo que podamos por él. *EAA*

¿Y TÚ?

La Pascua es un buen tiempo para recordar lo que Jesús ha hecho por ti. ¿Estás dispuesto a servirlo?

PARA MEMORIZAR:

«Asegúrense de temer al Señor y de servirlo fielmente. Piensen en todas las cosas maravillosas que él ha hecho por ustedes». 1 Samuel 12:24

SIRVE A DIOS CON ALEGRÍA

CUMPLEAÑOS DE ABRIL

LEE EFESIOS 5:1-2, 8-10

«¡Feliz cumpleaños a ti! —cantaban Tito y Natalia mientras su mamá traía el postre a la mesa—. ¡Feliz cumpleaños, querido papi, feliz cumpleaños a ti!».

Su papá sonrió con satisfacción mientras su mamá ponía el pastel con varias velas encendidas frente a él.

—Apaga las velas —pidieron los niños—, y no olvides pedir un deseo.

Su papá cerró los ojos y pensó por un momento. Luego respiró hondo, infló las mejillas y ¡sopló! Las pequeñas luces alrededor del pastel se apagaron. Pero una de ellas se recuperó y volvió a arder con intensidad.

—¡Uf! —dijo su papá.

Lo intentó de nuevo. Nuevamente la vela titubeó y pareció apagarse, pero cuando dejó de soplar, la flama regresó. Trató una tercera vez con los mismos resultados.

—Oigan, esperen un minuto —dijo el papá de Tito y Natalia mientras los niños se reían con fuerza. Miró la vela—. ¿De quién fue la idea? —gruñó divertido.

—Tito consiguió la vela en Productos Mágicos Frye —dijo Natalia con una risa—. Es una vela especial, y no se apagará. Debes ponerla bajo el agua para que se apague.

—Eso te pasa por cumplir años el primero de abril —se rio Tito—. ¡Feliz cumpleaños! ¡Y feliz día de los inocentes!

Los niños se turnaron para ver si podían apagar la vela. Incluso su mamá lo intentó, pero nadie pudo.

—Esa vela de broma me recuerda lo que Dios ha hecho por nosotros —dijo finalmente el papá—. Dios nos ha dado el privilegio de ser luces en el mundo. Hay muchas cosas y personas que quieren "soplar" sobre nosotros y hacer que nuestras luces titilen. Y cuando hacemos cosas malas, nuestra luz se atenúa. Pero el Señor nos da el valor y la capacidad de seguir brillando para él. *HWM*

¿Y TÚ?

¿Está brillando con intensidad tu «luz»? ¿O hay un pecado que la hace titilar? Si lo hay, confiesa el pecado, pídele perdón a Dios, y brilla para él.

EL PECADO ATENÚA TU LUZ

PARA MEMORIZAR:

«Pues antes ustedes estaban llenos de oscuridad, pero ahora tienen la luz que proviene del Señor. Por lo tanto, ¡vivan como gente de luz!». Efesios 5:8

UNA CAMINATA EN EL BOSQUE

LEE COLOSENSES 1:15-18

—¿Te gustaría venir a la escuela dominical conmigo, Carlita? —preguntó Ángela mientras caminaban juntas por el sendero. A su clase de ciencias le habían asignado como tarea un proyecto especial que implicaba identificar veinticinco flores silvestres diferentes. Habían decidido caminar juntas y ver cuántas podían encontrar.

Como respuesta a la pregunta de Ángela, Carlita negó con la cabeza.

—Realmente no me parece tan importante. Mis padres creen que puedes acercarte más a Dios caminando por el bosque que sentándote en un aburrido y viejo edificio leyendo un libro anticuado —dijo—. Creo que eso es verdad.

—Bueno... eso es interesante —admitió Ángela—. Pero quizás la Biblia no sea tan anticuada como piensas.

—Mi papá dice que lo es —insistió Carlita. Luego señaló—. Mira ese campo, ¡está prácticamente cubierto de flores!

—¡Vaya! —exclamó Ángela—. Saca la guía de flores silvestres que trajimos de la escuela, Carlita.

—No traje el libro —dijo Carlita—. ¿No lo trajiste tú?

Gimió cuando Ángela sacudió la cabeza.

—Bueno, no importa —dijo Ángela después de un momento—. Supongo que es un libro terriblemente antiguo, ¿cierto? Probablemente fue escrito antes de que naciéramos. Apuesto a que sería mucho mejor para nosotras mirar las flores que aprender algo en un libro tan anticuado.

—¡Las flores no cambian! —protestó Carlita—. ¡El libro todavía es bueno!

—También la Biblia —dijo Ángela suavemente—. Es tan importante hoy como lo era cuando fue escrita. Dios tampoco cambia. Y aunque apreciamos su creación, aun así debemos aprender sobre él por medio de la Biblia. De la misma manera en que debemos aprender sobre las flores en un libro. *LMW*

¿Y TÚ?

¿Crees que puedes aprender más de Dios viendo su creación que yendo a la iglesia? ¿Alguna vez usas este razonamiento como una excusa para no ir a la iglesia e irte de pesca o a pasear? Es bueno apreciar lo que Dios ha creado, pero es aún más importante aprender lo que él dice en su Palabra.

PARA MEMORIZAR:

«Él ya existía antes de todas las cosas y mantiene unida toda la creación». Colosenses 1:17

HONRA AL CREADOR

ADVERTENCIA: PELIGRO

LEE PROVERBIOS 4:13-21

Miguel miró al pájaro de color rojo intenso en el árbol. La brillante cresta sobre la cabeza del cardenal se movía mientras el pájaro emitía sonidos nerviosos y breves. Cerca de ahí, otro pájaro emitía el mismo sonido de advertencia y saltaba de una rama a otra rama. Las plumas de ese pájaro no eran tan brillantes, pero su cabeza tenía la misma cresta. Los bebés cardenales estaban aprendiendo a volar, y estaban posados sobre diferentes ramas. Los padres sabían que los bebés no podían volar lo suficientemente bien como para escapar del peligro, por lo que les advertían que permanecieran en el árbol.

Justo entonces Miguel sintió algo suave que se frotaba contra sus piernas. Miró hacia abajo y vio a su gata, Flaca Cola Larga, que acababa de salir de entre los arbustos. Miguel no la había visto antes, pero los pájaros padres sabían que ahí había un gato. Ahora los pájaros bebés estaban a salvo porque habían obedecido la advertencia de sus padres.

Levantando a Flaca Cola Larga, Miguel la llevó adentro de la casa.

—No puedes atrapar a esos hermosos pájaros —le dijo—. Tendrás que quedarte adentro hasta que los bebés aprendan a volar bien.

Cuando su papá regresó a casa del trabajo, Miguel le contó sobre los cardenales. Su papá sonrió y puso su brazo sobre los hombros de Miguel mientras caminaban por el patio.

—Esa es una hermosa ilustración de cómo nos ayuda Dios —dijo su papá—. Esos polluelos probablemente ni siquiera vieron a Flaca Cola Larga, o tal vez habrán querido verla más cerca, pero se les advirtió que se mantuvieran lejos. Dios también nos advierte sobre el peligro. A veces no vemos nada malo en ciertas actividades. Quizás hasta deseamos intentarlas. Pero Dios nos ha dicho que nos mantengamos lejos de cosas como mentir, robar, tener malas amistades y llevar a cabo malas acciones. Dios sabe que estas cosas nos lastiman a nosotros, así como a otras personas.

Miguel miró a su papá.

—Y los bebés estuvieron a salvo porque escucharon a sus padres y obedecieron —dijo.

—Correcto —dijo su papá—. Y nosotros estaremos a salvo si escuchamos a Dios y lo obedecemos. *CEY*

¿Y TÚ?

¿Cómo nos advierte Dios? Recuerda, cuando Dios nos pide que evitemos ciertas actividades, es porque sabe que nos harán daño. ¿Estás escuchando las advertencias de Dios?

OBEDECE LAS ADVERTENCIAS DE DIOS

PARA MEMORIZAR:
«Sigue mis mandatos y vivirás».
Proverbios 4:4

JINETE DEL PONY EXPRESS

LEE JOSUÉ 1:6-9

—¡Oye, mamá! ¿Adivina qué? —dijo Joel mientras entraba corriendo a la casa y ponía sus libros sobre la mesa—. Hoy en el club bíblico, mi maestra habló del Pony Express. ¿Sabías que hace mucho tiempo el correo lo llevaban desde Missouri hasta California cuarenta hombres? Cada uno cabalgaba lo más rápido que podía por un poco más de ochenta kilómetros, hasta que cubría casi tres mil cincuenta y ocho kilómetros. ¡Les tomaba diez días sin parar! No podían llevar ropa pesada, y el correo también debía ser ligero. El camino era muy peligroso, pero no podían portar un arma porque podía retrasarlos...

Joel se detuvo para respirar.

—Es muy interesante —dijo su mamá—. ¿Pero por qué estaba tu maestra del club bíblico dándote una lección de historia?

—No era una lección de historia —dijo Joel—. Fue más como... eh... una lección objetiva, mamá. ¿Y sabes qué más?

Los ojos de Joel brillaron.

—Cada jinete llevaba una Biblia de tamaño normal que había recibido al ser aceptado en el Servicio Postal. Debido a la posibilidad de ser atacados por bandidos o incluso morir en el camino, el Servicio creía que era importante que los hombres llevaran una Biblia... aunque pesara.

—Entonces... ¿cómo es todo eso una lección objetiva? —preguntó su mamá.

—Bueno, así como los jinetes del Pony Express llevaban mensajes importantes, Dios nos ha dado un mensaje importante para llevar al mundo —contestó Joel—. Quiere que algunas personas lo lleven lejos, como a otros países. No todos viajamos lejos, pero todos debemos llevarlo, así sea solo a las personas más cercanas. ¿Y sabes qué más?

—¿Qué más? —preguntó su mamá.

—Así como los jinetes del Pony Express debían ir rápido, nosotros debemos apresurarnos también, porque el tiempo podría acabarse —dijo Joel—. Así que me detuve en el camino e invité a Domingo para que viniera en la semana a ver mi nueva película cristiana. ¿Está bien?

Su mamá sonrió.

—Claro que está bien —dijo. *PIK*

¿Y TÚ?

¿Les hablas a tus amigos sobre Jesús y lo que él ha hecho por ti y por ellos? ¿A veces tienes miedo? Pídele a Dios que te dé valentía. Recuerda, él estará contigo todo el tiempo.

PARA MEMORIZAR:

«¡Sé fuerte y valiente! No tengas miedo ni te desanimes, porque el SEÑOR tu Dios está contigo dondequiera que vayas». Josué 1:9

LLEVA EL MENSAJE DE DIOS

PRESIÓN DEL GRUPO

LEE DANIEL 1:8-15

Michele miraba mientras su mamá cerraba varios frascos de verduras y los metía a la olla de presión. Luego su mamá tapó la olla y subió el fuego.

—¿Cómo funciona una olla de presión, mamá? —preguntó Michele.

—No estoy muy segura —dijo su mamá—. Solo sé que el calor hace que la presión aumente dentro de la olla. La fuerza de la presión ayudará a preservar los frijoles dentro de los frascos. Cuando estén listos, podremos guardarlos por un año o más, y no se echarán a perder.

Cuando el indicador de la olla mostró que había alcanzado la presión correcta, su mamá bajó el fuego, y después de un rato, apagó la estufa.

—Ahora debemos esperar hasta que la presión baje a cero antes de abrir la olla —dijo—. La presión es una fuerza poderosa.

—Sí —murmuró Michele—. Yo me siento como en una olla de presión en la escuela. Los niños de mi clase están molestos conmigo porque no hice trampa en la última prueba de historia, porque el señor Carmona los atrapó. Querían que yo firmara una petición pidiendo un maestro diferente. Querían que todos la firmaran, pero yo creo que él es un buen maestro. No quiero firmarla. Desearía que me dejaran en paz.

Justo cuando terminó de hablar se oyó un fuerte *¡crac!* Michelle saltó.

—¿Qué fue eso?

Su mamá frunció el ceño.

—Se reventó un frasco dentro de la olla —dijo—. Debe haber tenido un punto débil y no pudo soportar la presión. —Después de un momento añadió—: La presión en nuestra vida puede trabajar de dos maneras. Puede hacer que nos rindamos a lo malo porque somos débiles. O puede hacer que dejemos que Dios sea nuestra fortaleza cuando nos sentimos débiles. Cada vez que vemos cuán fuerte es Dios, nos ayuda a crecer en nuestra fe.

—¿Crees que Dios me ayudaría en mi situación? —preguntó Michele.

—Sé que lo hará —contestó su mamá—. Aunque pueda ser difícil, él te ayudará a hacer lo correcto. *BJW*

¿Y TÚ?

¿Te presionan tus amigos para que hagas lo malo? Los cristianos, especialmente los jóvenes, están siempre bajo la presión de ser como todos los demás. Mantente firme en lo que es correcto. Proponte en tu corazón, como lo hizo Daniel, no dejar que las malas acciones de otros influyan en ti.

CRECE BAJO PRESIÓN

PARA MEMORIZAR:
«El Señor me librará de todo ataque maligno y me llevará a salvo a su reino celestial».
2 Timoteo 4:18

SAL Y GOZO

LEE ROMANOS 15:4-6

Consuelo entró saltando a la cocina.

—¡Buenos días! El desayuno está listo —dijo su mamá—. Ya está en la mesa.

—Es cereal caliente, y *yo* lo hice —añadió Sara, la hermana de Consuelo, mientras sacaba la leche del refrigerador.

Consuelo se sentó y después de dar gracias, agregó un poco de azúcar a su cereal y lo probó. Le añadió un poco más de azúcar y volvió a probarlo. Sara dejó de comer, miró su cereal con disgusto, y añadió más azúcar. Consuelo siguió su ejemplo.

—Están usando demasiada azúcar, ¿no creen, niñas? —preguntó su mamá—. ¿Pasa algo con el cereal?

—Supongo que sí. No sabe bien —admitió Sara—. ¿Qué hice mal?

Su mamá probó el cereal caliente.

—No está tan mal. Es solo que le falta un poco de sabor —dijo—. ¿Le añadiste sal, Sara?

Sara negó con la cabeza, así que su mamá tomó el salero y roció un poco de sal sobre el cereal de cada quien.

—Ya sabe mejor —declaró Consuelo después de probarlo.

Su mamá les explicó:

—La sal ayuda al sabor. Es bueno recordarlo de vez en cuando. La Biblia dice que debemos ser como la sal.

Consuelo y Sara se miraron la una a la otra.

—¿De qué hablas, mamá? —preguntó Sara.

Su mamá sonrió.

—Debemos rociar la tierra con el gozo de Jesús. ¿Cómo podemos hacerlo?

—Haciendo cosas amables por los demás —dijo Consuelo.

—Esa es una manera —asintió su mamá.

—Tengo una sugerencia —dijo Sara—. Después del desayuno, Consuelo y yo podemos visitar a María. Su mamá dice que ha estado muy sola desde que se rompió la pierna.

—Está bien —concordó Consuelo—. Iremos y rociaremos un poco de gozo sobre María hoy.

Ambas niñas rieron. *BRH*

¿Y TÚ?

¿«Rocías» el gozo de Jesús en las vidas de los demás? Tal vez los padres de un amigo estén pasando por un divorcio; quizás conozcas a alguien que está discapacitado o enfermo o es nuevo en la escuela; o tal vez alguien necesite ayuda con la tarea. Sé un amigo y un ayudante.

PARA MEMORIZAR:
«Ustedes son la sal de la tierra». Mateo 5:13

HAZ MÁS AGRADABLE LA VIDA DE LOS DEMÁS

EL DOLOR QUE DESAPARECIÓ

LEE FILIPENSES 4:10-13

—¡Ay, mamá, por favor! —rogó Tricia, sentándose a la mesa de la cocina con un catálogo—. Por favor, déjame comprar una de estas lindas sudaderas. Si no consigo una, ¡moriré!

Justo entonces, ambas escucharon un grito fuerte y el pequeño Máximo entró del patio.

—Me lastimé en la casa de Ricky —lloraba Máximo—. Me lastimé el dedo, ¡y me duele mucho!

Mientras lloraba, su mamá le preguntó:

—¿Qué dedo es?

Máximo se detuvo, miró su mano y movió los dedos.

—No recuerdo —dijo, sorprendido—. ¡Supongo que ya no me duele!

Sonriendo, se dio media vuelta y volvió al patio a jugar con sus amigos.

Mientras lo veían alejarse, Tricia y su mamá se rieron.

—¡Vaya "dolor"! ¡Ni siquiera se acordaba qué dedo era! —dijo Tricia.

Su mamá preguntó con una sonrisa:

—¿Recuerdas el pasado septiembre, cuando dijiste que te "morirías" a menos que te comprara algo que sentías que necesitabas?

Tricia frunció las cejas en concentración.

—¿Qué es lo que quería?

—Un par de zapatos deportivos que dijiste que todos estaban usando —le recordó su mamá—. Te compré un par que costó la mitad que los otros, y te quejaste por una semana o dos. Después olvidaste el tema. ¿Por qué?

Tricia se sonrojó.

—Supongo que lo olvidé —admitió—. ¿Estás tratando de decirme que si no consigo esta sudadera ahora, con el tiempo también olvidaré cuánto la quería?

—Algo así —contestó su mamá—. No está mal querer cosas. Pero también debemos aprender a estar contentos con lo que tenemos. Cuando no estamos contentos, siempre queremos más. En unas semanas, querrás algo nuevo. Así como Máximo, debes aprender que tu "dolor" no es tan malo como crees. *SLK*

¿Y TÚ?

¿Hay cosas que sientes que debes tener para ser feliz? ¡Piénsalo otra vez! La Biblia nos dice que debemos estar contentos con lo que tenemos.

SIÉNTETE CONTENTO CON LO QUE TIENES

PARA MEMORIZAR:

«He aprendido a estar contento con lo que tengo. Sé vivir con casi nada o con todo lo necesario». Filipenses 4:11-12

HERRAMIENTAS PARA LA VIDA

—Será una casa de árbol fenomenal —declaró Jacinto.

Caleb examinó una tabla.

—No lo sé —dijo—. Esta tabla es demasiado larga. Traté de cortar el borde, pero el serrucho está sin filo.

—Usa esta —sugirió Jacinto.

Le pasó a Caleb otra tabla. Caleb la tiró al suelo y se rascó la cabeza.

—Es demasiado corta —dijo—. ¡Me rindo! ¡Nunca construiremos una casa de árbol a menos que consigamos mejores herramientas!

Comenzó a caminar hacia la casa.

—¡Derrotista! —se quejó Jacinto—. No te dejaré jugar en mi casa de árbol si no ayudas.

Caleb siguió caminando.

—Adiós —dijo.

Molesto, Jacinto tomó un martillo y algunos clavos, sujetó una tabla, y trató de clavarla en el árbol. Dio un martillazo.

—¡Auch! —gritó cuando la cabeza del martillo salió volando—. ¡Mi dedo! —Sujetándose el pulgar, Jacinto saltaba por todas partes—. También yo me rindo —dijo con un sollozo.

Esa tarde, Jacinto le contó a su papá sobre el problema.

—Ese viejo martillo me lastimó. —Le mostró el dedo a su papá—. ¿No tenemos mejores herramientas?

—Sí tenemos —contestó su papá—. Están en mi auto. Las usé hoy en el trabajo, pero estaré aquí mañana. Puedo ayudarte entonces. Te mostraré cómo usarlas. Pero ahora, usemos la herramienta que necesitamos para construir nuestra vida.

—¿Cuál es esa? —preguntó Jacinto.

—Me sorprende que no lo sepas —dijo su papá mientras alcanzaba la Biblia que tenían en un estante de la sala—. Esta es la herramienta. Y es hora del devocional familiar.

—Nunca pensé en la Biblia como en una herramienta —dijo Jacinto. Le sonrió a su papá—. Supongo que la oración también puede ser una herramienta.

Su papá asintió.

—Así es —dijo—. Cuando usamos estas herramientas con fidelidad, hacen una gran diferencia en nuestras vidas. *HAD*

¿Y TÚ?

¿Estás usando las herramientas correctas para construir tu vida? Algunos programas de televisión, películas y libros no son buenos para tu crecimiento espiritual. Leer y estudiar la Biblia te muestra el camino de Dios para vivir. Orar te mantiene en contacto con Dios para que él pueda guiarte a medida que construyes tu vida.

PARA MEMORIZAR:

«Pues cada casa tiene un constructor, pero el que construyó todo es Dios». Hebreos 3:4

LEE LA BIBLIA Y ORA

EL TALLER DE SATANÁS

LEE PROVERBIOS 6:6-11

Wendy y David estaban acostados en el suelo de la sala, viendo televisión. Cuando su mamá entró, se sentó con cansancio en un sillón. David la miró y sonrió.

—¿Qué te pasa, mamá? ¡Te ves cansada! —bromeó.

—Mientras ustedes estaban aquí acostados, yo estuve limpiando la madera, horneando tartas, y planchando y separando su ropa. Con razón estoy cansada. Supongo que debí haberles pedido ayuda.

Wendy bostezó.

—Bueno, nosotros también estamos cansados.

—Sí —concordó David con aire sombrío—. Cansados de estar sin hacer nada. Estamos aburridos.

Su mamá respondió:

—¿Saben? Mi abuelita solía decir: "Las manos ociosas son las herramientas del diablo, y la mente ociosa es su taller". Creo que tenía razón.

—¿Qué quiere decir? —preguntó Wendy.

—Quiere decir que si no están ocupados haciendo cosas buenas, serán tentados a hacer cosas que no valen la pena —explicó su mamá—. Es como... bueno... David, ¿recuerdas cuando te pedí que vaciaras tus cajones?

David asintió.

—Me hiciste tirar tantas cosas que desalojé un cajón y no había nada que poner en él.

—Sugerí que tomaras algunos de tus juguetes del armario y los guardaras en el cajón —le recordó su mamá—. Pero cuando abrí el cajón esta mañana, ¡estaba lleno de cachivaches! ¡Un lío!

David frunció el ceño.

—Lo siento, mamá —dijo—. No tuve tiempo de poner los juguetes ahí, así que otras cosas hallaron un sitio allí. Ese cajón vacío parecía un buen lugar para meter cosas.

Su mamá asintió.

—Lo sé —dijo—. Y eso mismo sucede cuando no llenan sus días con cosas buenas y útiles, incluyendo el trabajo duro. Terminarán llenando sus "horas libres" con todo tipo de cosas inútiles.

—Como estas tontas caricaturas —dijo Wendy y apagó el televisor—. Ven, David. Démosle a mamá un descanso. Vamos a poner la mesa para la cena. *SLK*

¿Y TÚ?

¿Te sucede que pierdes el tiempo a menudo? ¿Ves televisión más de lo que debes o chismeas por teléfono o haces cosas malas porque estás aburrido? Encuentra cosas buenas que hacer que te ayudarán a ti y a los demás. Así no tendrás tiempo de aburrirte. ¡Incluso verás que te diviertes!

NO ESTÉS OCIOSO

PARA MEMORIZAR:
«No sean nunca perezosos, más bien trabajen con esmero y sirvan al Señor con entusiasmo». Romanos 12:11

UN AMIGO HERIDO

LEE MATEO 9:2-8

—¡Ay, me duele! ¡Me duele tanto el brazo!

Al escuchar la voz de su amigo, Jeremías miró hacia los columpios. Vio a Mateo mordiéndose el labio mientras trataba de contener las lágrimas. Jeremías saltó de las barras y corrió hacia su amigo.

—¿Te caíste? —preguntó.

Mateo asintió y se sujetó el brazo herido.

—No te preocupes. Todo estará bien —lo consoló Jeremías—. Ven, te llevaré a la enfermería.

Torpemente, Jeremías sujetó el brazo sano de Mateo y se dirigió hacia el edificio de la escuela con su amigo. Pronto Mateo estaba camino a la oficina del médico, donde le enyesaron el brazo.

Esa tarde, Jeremías le contó a su papá sobre Mateo:

—Me dio un poco de miedo. Ni siquiera estaba seguro de dónde estaba la enfermería —dijo—. Pero me alegra haberlo ayudado.

—¿Por qué lo ayudaste? —preguntó su papá.

Jeremías lo miró sorprendido.

—Porque estaba herido —dijo—. No sería un buen amigo si simplemente lo hubiera dejado allí.

—¿No es Mateo el amigo del que me hablaste la semana pasada? —preguntó su papá—. ¿El que no asiste a la iglesia?

Jeremías asintió.

—¿Lo has invitado a venir contigo? —preguntó su papá.

—No —admitió Jeremías—. Dice que su papá no cree en Dios, y que la iglesia es para los debiluchos. Tenía miedo de que Mateo se riera de mí si le decía que yo sí voy.

—Llevaste a Mateo a la enfermería de inmediato porque te importa —dijo su papá—. ¿Te importa lo suficiente como para hablarle de Jesús o invitarlo a la escuela dominical para que aprenda sobre Jesús?

—Su... supongo que podría intentarlo —dijo Jeremías.

—Oremos y pidamos a Dios que te dé el valor para invitar a Mateo a la iglesia. Él te ayudará a saber cuándo es el momento correcto.

Jeremías asintió y juntos inclinaron la cabeza para orar. *LRS*

¿Y TÚ?

Ayudarías de inmediato a un amigo que está herido físicamente, ¿cierto? A veces es más difícil ver cuando las personas están heridas espiritualmente. Pero si no conocen a Jesús, su necesidad es grande. Cuando Jesús vivió en la tierra, se ocupaba del cuerpo y del espíritu de las personas. Pídele a Dios que te muestre cómo ayudar a tus amigos.

PARA MEMORIZAR:

«Por lo tanto, vayan y hagan discípulos de todas las naciones». Mateo 28:19

ACERCA A TUS AMIGOS A JESÚS

GALLETAS PARA EL PASTOR ZAMBRANO

LEE 1 TESALONICENSES 5:12-13; 1 PEDRO 5:1-5

—¡Guau! Creo que estas son las mejores galletas que jamás haya probado —dijo el pastor Zambrano y le sonrió a Amanda—. ¡Eres una buena cocinera! Tendré que anotarte para la próxima cena de la iglesia.

Amanda rio.

—Gracias, pastor —dijo—. ¿Puedo preguntarle algo?

—Mmm... creo que sí —concordó el pastor—. Dime.

—En la escuela, nuestra maestra estaba hablando de la evolución, y yo levanté la mano y le dije a la clase lo que creo —explicó Amanda—. Mi maestra me pidió que llevara versículos bíblicos para demostrar mi posición. ¿Puede ayudarme?

—Por supuesto —dijo el pastor Zambrano—. ¿Por qué no traes un lápiz y un pedazo de papel ahora?

Durante varios minutos, el pastor Zambrano y Amanda buscaron en la Biblia versículos que Amanda podía usar, y para cuando el pastor se marchó, tenía una larga lista.

—El pastor Zambrano es muy amable —dijo Amanda cuando se marchó—. Siempre está dispuesto a ayudar. Cuando Christy se enfermó el año pasado, la visitó en el hospital casi todos los días. Y vino a la entrega de premios de la escuela cuando gané por participar en el coro.

—También asistió a nuestra boda —dijo su mamá sonriente—. Si no lo hubiera hecho, no habríamos podido casarnos.

—Pienso que debería recibir algún premio especial —declaró Amanda—. Pasa tanto tiempo preocupándose por los demás.

—No te preocupes. El Señor se encargará de su premio especial —aseguró su papá—. La Biblia menciona una "corona de gloria" que se otorgará a aquellos que cuidan el "rebaño". El "rebaño" quiere decir los cristianos, las ovejas del Buen Pastor. El pastor Zambrano alimenta al rebaño al enseñarnos la Palabra de Dios, al cuidar de nosotros y al amarnos.

—Eso es bueno —dijo Amanda pensativa. Luego sonrió—. El pastor Zambrano recibirá su recompensa en el cielo, pero creo que puedo recompensarlo ahora mismo haciéndole una tarjeta. *LMW*

¿Y TÚ?

¿Aprecias a tu pastor? ¿A tu maestro de escuela dominical o del grupo bíblico? ¿A otros líderes cristianos? Ellos te enseñan, se preocupan por ti y te animan en tu vida cristiana. Te protegen al enseñarte cómo evitar el pecado. Haz que sepan que los aprecias por medio de tu actitud, tus acciones y tus palabras.

APRECIA A LOS LÍDERES CRISTIANOS

PARA MEMORIZAR:
«Amados hermanos, honren a sus líderes en la obra del Señor. [...] Ténganles mucho respeto y de todo corazón demuéstrenles amor por la obra que realizan». 1 Tesalonicenses 5:12-13

NO SOLO CONSEJOS, ¡REGLAS!

LEE SALMO 119:97-104

Derek estaba en su cama del hospital, frustrado con el juego electrónico portátil que tenía en sus manos. No podía superar esa etapa. Dejó el juego en la mesita al lado de la cama.

—Esta cosa es imposible, Danilo —le dijo al niño que estaba en la otra cama.

—No te vas a rendir tan rápido, ¿cierto? —rio su compañero de habitación.

En lo que respectaba a Derek, ya lo había intentado por suficiente tiempo.

—Ten —le dijo y le dio el juego a Danilo—. Apuesto a que tú tampoco puedes hacerlo.

Sin otra palabra, Danilo comenzó a jugar el juego. Pronto alzó la vista.

—¿Ves? —dijo.

Le mostró a Derek que ya había completado la primera etapa.

Derek rio.

—Esa parte es fácil —dijo—. Lo que resta es lo complicado.

Danilo no dijo nada, pero empezó a jugar otra vez. En poco tiempo le devolvió el juego a Derek.

—¿Te rindes? —preguntó Derek con una sonrisa.

—No —contestó Danilo con buen humor—. Mira la puntuación.

Derek la miró. No podía creerlo. Sorprendido, se rascó la cabeza.

—¿Cómo hiciste? —preguntó.

—Seguí las sugerencias del libro de instrucciones —contestó Danilo. Señaló al pequeño libro en la mesita de Derek—. Tengo este juego en casa, y aprendí que cuando sigues cada paso como te dicen, ¡no puedes fallar!

Derek miró el juego y luego el librito. Las palabras de Danilo le recordaron algo que su papá había dicho.

«Dios tiene un libro de instrucciones para nosotros, que es la Biblia. En él, te da reglas para vivir —el papá de Derek le había dicho—. Aprende a seguirlas. Cuando no sigues el libro de reglas de Dios, es probable que te equivoques considerablemente».

Derek miró a Danilo.

—Oye, gracias —dijo con sencillez. Luego tomó el Nuevo Testamento—. Tengo un libro de instrucciones aún más importante. De hecho, no solo tiene consejos, sino reglas garantizadas sobre cómo ganar en la vida —le dijo a Danilo—. Podría hablarte de eso. *RIJ*

¿Y TÚ?

La Biblia es el libro de instrucciones de la vida; es la Santa Palabra de Dios. Léela, estúdiala, memorízala, y sobre todo, síguela.

PARA MEMORIZAR:

«El Señor dice: "Te guiaré por el mejor sendero para tu vida; te aconsejaré y velaré por ti"». Salmo 32:8

SIGUE LAS INSTRUCCIONES DE DIOS

LA GRIETA SIN PARCHAR

LEE LUCAS 12:1-3

Con los hombros caídos, Clark arrastró los pies mientras regresaba a casa de la escuela. La noche anterior había tomado el cronómetro de su papá sin permiso. Y accidentalmente lo había roto. Clark lo había devuelto al cajón, esperando que pasaran semanas antes de que su papá lo necesitara.

Al entrar a la casa, Clark se encogió de hombros, tratando de deshacerse del peso de la culpa. Caminando por el pasillo, vio a su hermano mayor, Neil, pintando su recámara.

—¡Súper! —exclamó Clark— Te ayudaré.

—Oh, no. No lo harás —contestó Neil—. No sabes pintar.

Clark metió las manos en sus bolsillos y se recargó contra la puerta. Observó que Neil pintaba sobre una grieta que iba desde la parte superior de la ventana hasta el techo.

—Oye, Neil, ¿no vas a parchar esa grieta? —preguntó Clark.

Neil negó con la cabeza.

—No importa. La pintura la rellenará.

—Papá siempre parcha... —comenzó a decir Clark.

—¡Sal de aquí y déjame en paz! —dijo Neil—. ¿Acaso no puedo hacer nada sin que me molestes?

Más tarde, su papá miró la habitación.

—Se ve genial, Neil, a excepción de esa grieta sobre la ventana —dijo—. ¿Por qué no la parchaste antes de pintarla?

—Era mucho trabajo —contestó Neil—. Pensé que la pintura la rellenaría, pero aún se ve, ¿verdad?

—Le dije que la parchara —se regodeó Clark.

—Tendrás que parcharla, Neil —dijo su papá, y salió al pasillo—. Hay algunas cosas que no se pueden encubrir.

Clark tragó saliva cuando las palabras de su papá resonaron en su mente. Se acordó de una reciente lección de la escuela dominical sobre cómo las personas no pueden ocultar el pecado por siempre. Sabía que no debía ocultar su pecado. Tendría que decirle a su papá lo del cronómetro.

—Papá —lo llamó un momento después—. Hay algo que debo decirte. *BJW*

¿Y TÚ?

¿Hay algo que has estado tratando de ocultar? Dios dice que eso no se puede hacer, por lo menos, no de modo permanente. ¿Te arrepientes de eso? Entonces, ¿por qué no lo confiesas ahora mismo?

NO PUEDES OCULTAR EL PECADO

PARA MEMORIZAR:
«Llegará el tiempo en que todo lo que está encubierto será revelado y todo lo secreto se dará a conocer a todos». Lucas 12:2

ENCIENDE LA LUZ

LEE JUAN 3:19-21

Abigail estaba mirando la televisión una tarde mientras su mamá tejía sentada en una silla. Cuando empezaron los comerciales, su mamá preguntó:

—¿Terminaste de limpiar la cocina como te pedí?

—Sí... bueno, hice todo menos limpiar la mesa —dijo Abigail.

—Será mejor que lo hagas ahora entonces —le dijo su mamá.

Abigail se levantó de un salto y corrió hasta la cocina. Tomó un trapo del fregadero, limpió la mesa y arrojó el trapo sobre la encimera. Regresó a su silla justo cuando empezaba el programa.

Un poco después, su mamá fue a beber agua. Cuando encendió la luz de la cocina, vio que la mesa no estaba limpia.

—Abigail, ven acá —la llamó—. ¡Pensé que habías limpiado la mesa!

—Lo hice —contestó Abigail. Miró la mesa sorprendida—. No vi todas esas migajas.

—Esta parecerá una pregunta tonta pero —dijo su mamá—, ¿encendiste la luz antes de limpiar la mesa?

Abigail se sonrojó.

—Ah... bueno, no —admitió—. Estaba apurada.

Su mamá rio.

—Con razón no tardaste en limpiar la mesa —dijo—. ¿A quién se le ocurre tratar de limpiar algo a oscuras?

Abigail sonrió.

—A mí —dijo y limpió la mesa de nuevo—. Pero la próxima vez que trate de limpiar algo, encenderé la luz primero.

—¡Buena idea! —dijo su papá, quien venía del sótano—. Todos nosotros también necesitamos encender la luz en nuestra vida de vez en cuando.

—¿De qué hablas? —preguntó Abigail.

—Bueno, la Biblia es como una luz porque nos muestra nuestro pecado. Cuando leemos la Biblia y aprendemos más sobre Cristo, esta nos muestra las áreas de nuestra vida que necesitamos cambiar. *SLK*

¿Y TÚ?

¿Piensas que las cosas que haces o dices están bien? O tal vez sientes que algo en tu vida necesita cambiar, pero no sabes qué. Enciende la luz de la Palabra de Dios. Leerla te ayudará a ver lo que necesitas cambiar.

PARA MEMORIZAR:

«Pues la palabra de Dios es viva y poderosa. Es más cortante que cualquier espada de dos filos; penetra entre el alma y el espíritu, entre la articulación y la médula del hueso. Deja al descubierto nuestros pensamientos y deseos más íntimos». Hebreos 4:12

LA BIBLIA REVELA EL PECADO

MÁS MIEL; MENOS VINAGRE

LEE ROMANOS 12:13-21

El hermano de tres años de Karina, Ramón, le daba muchos problemas. A veces iba a la habitación de Karina cuando ella no estaba y abría los cajones, coloreaba en sus papeles y jugaba con sus joyas. Lo castigaban cuando lo hacía, pero aun así seguía pasando. Un día, Karina decidió que no podía aguantarlo más.

—¡Mamá! —gritó—. ¡Ramón siempre está desordenando mis cosas! ¿Podemos cerrar mi puerta con llave?

Su mamá contestó:

—Sí, supongo que podríamos, pero no me parece la mejor solución. ¿Por qué no hablas con Ken y le preguntas qué hace él para que Ramón no tome sus cosas?

Ken era el hermano mayor de Karina.

—Muy bien —concordó Karina.

Cuando Karina le preguntó a su hermano mayor sobre el asunto, Ken sonrió.

—Bueno —dijo—, un viejo dicho dice: "Puedes atrapar más moscas con miel que con vinagre".

—¿Qué quieres decir? —preguntó Karina.

—Por lo general es más sencillo que las personas cooperen si eres amable con ellas en lugar de enfadarte y gritar. A veces simplemente dejo que Ramón entre a mi cuarto y vea las cosas que estoy haciendo. Incluso le he dejado el último cajón para que sea "su" cajón y guarde allí unas cuantas cosas. Y me aseguro de que las cosas que pueden romperse estén fuera de su alcance. He visto que cuando hago esto, rara vez debo reprenderlo.

—Me parece mucho trabajo solo para alejarlo de mis cosas —se quejó Karina—. Es más fácil solo gritarle.

—No es tanto trabajo —contestó Ken—, y vale la pena. Así no se mete con mis cosas, y nos hace buenos amigos. Y como mamá siempre nos está diciendo, Dios quiere que los hermanos y las hermanas "convivan en armonía".

—Bien, lo intentaré —decidió Karina—. Ramón a veces es un fastidioso, pero me alegra que sea mi hermano. ¡Y me alegra que lo seas tú también! *SLK*

¿Y TÚ?

¿Te enfadas cuando las personas usan tus cosas o las usan mal? Intenta ser amable y compartir. Te sorprenderán y agradarán los buenos resultados.

LLÉVATE BIEN CON LOS DEMÁS

PARA MEMORIZAR:
«¡Qué maravilloso y agradable es cuando los hermanos conviven en armonía!». Salmo 133:1

ABRIL
16

¡NO ES JUSTO!

LEE 1 PEDRO 2:21-24

Alec lanzó su gorra de béisbol sobre la mesa de la cocina y entró tempestuosamente en la sala donde sus padres leían.

—¡Se acabó! —dijo con enojo—. ¡Estoy cansado de ser el niño bueno!

El papá de Alec levantó la vista de su revista.

—Pareces muy enfadado —dijo.

—¡Enfadado! —exclamó Alec—. ¡Estoy furioso!

Y con eso se desplomó en una silla.

—Soy yo quien comenzó este club de béisbol —continuó—. Soy yo quien consiguió los bates y las pelotas para ese primer juego y...

Su papá levantó la mano para detenerlo.

—¿Y qué sucedió?

—¿Qué sucedió? —preguntó—. Sucedió que ¡prácticamente me sacaron del equipo! Ahora que tienen a más chicos de dónde escoger, olvidan que soy yo quien inició todo. Incluso conseguí que la Lavandería Joya nos confeccionara esas camisetas.

Alec miró a su papá para ver cómo recibía las noticias.

Su papá sacudió la cabeza.

—¿Son mejores que tú los nuevos chicos? —preguntó.

—Bueno... sí, son buenos, supongo, pero ¡soy yo quien empezó todo! —se quejó Alec.

—Quizás no sea muy justo —dijo su papá suavemente—. Las cosas en este mundo no siempre son justas. Pero trata de ver la situación como una oportunidad. Quizás si lo tomas con calma los otros chicos verán que ser cristiano marca una diferencia en tu vida y en tus acciones. —Su papá hizo una pausa—. ¿Crees que podrías hacerlo? —preguntó—. ¿Sabes?, a veces Jesús también fue tratado mal por la gente. ¡Y es él quien empezó todo el universo!

A Alec le costó trabajo aceptar lo que su papá decía, y aun así sabía que era verdad. Sabía que estar amargado y molesto por lo que estaba pasando no cambiaría nada. Pero si lo manejaba con calma podría marcar una diferencia. *RIJ*

¿Y TÚ?

Cuando alguien te trata mal o hace algo que realmente te lastima, ¿cómo reaccionas? En momentos como ese, ¿qué ven tus amigos en ti? Pídele a Dios que te ayude a manejar esa herida.

PARA MEMORIZAR:

«Cristo sufrió por ustedes. Él es su ejemplo, y deben seguir sus pasos. [...] No respondía cuando lo insultaban ni amenazaba con vengarse cuando sufría. Dejaba su causa en manos de Dios, quien siempre juzga con justicia». 1 Pedro 2:21, 23

LLÉVALE TUS HERIDAS A DIOS

EL ÁRBOL CAÍDO

LEE SALMO 1

—No sé por qué tenemos que ir a la iglesia todos los domingos —se quejó Celia.

Apoyó su cara contra la ventana del auto mientras la familia conducía por las conocidas calles hacia la iglesia. De pronto, su atención se desvió hacia la escena que había adelante.

—¡Miren ese árbol! —exclamó y apuntó al lado del camino donde un enorme árbol yacía tirado, desarraigado del suelo.

La mamá de Celia miró por la ventana.

—Hubo un viento muy fuerte anoche —dijo—. Me fui a dormir escuchando el aullido fuera de las ventanas de mi recámara.

—No cabe duda de que ese árbol se desarraigó a causa de la fuerza de ese viento —dijo el papá de Celia—. Pero creo que tenía que pasarle tarde o temprano, a juzgar por lo superficial de las raíces de ese árbol. ¿Las observaron?

—Sí, se veían algo cortas y pequeñas para un árbol de ese ese tamaño. —Celia estuvo de acuerdo—. ¿Es por eso que este árbol se cayó y no los otros?

—Probablemente —contestó su mamá—. Por alguna razón, no le crecieron raíces profundas, que lo habrían hecho más fuerte. Entonces, cuando el viento azotó anoche, fue derribado.

—Celia, ¿sabes que hay un salmo en la Biblia que compara a una persona con un árbol? —preguntó su papá.

Celia negó con la cabeza.

—Dice que un hombre sabio y justo, uno que estudia las enseñanzas de Dios día y noche, es como un árbol saludable y bien regado —continuó su papá mientras se acercaban al estacionamiento de la iglesia—. Una persona así es como un árbol bien arraigado que puede mantenerse en pie ante los vientos fuertes.

—Así que supongo que esa es una razón por la que vamos a la iglesia: para aprender más acerca de Dios —dijo Celia.

—Así es —dijo su mamá—. Entonces, cuando vengan los problemas, no caeremos como ese árbol. *JKB*

¿Y TÚ?

¿Quieres faltar a la iglesia algunas veces? No es inusual. Pero lo importante es aprender de Dios. Cuando no sientas ganas de ir a la iglesia, pídele a Dios una mejor actitud. Luego asiste, y pídele que te enseñe por lo menos una cosa que te ayude a ser más fuerte en él.

ARRÁIGATE EN CRISTO

PARA MEMORIZAR:
«Arráiguense profundamente en él [Jesús] y edifiquen toda la vida sobre él. Entonces la fe de ustedes se fortalecerá en la verdad que se les enseñó». Colosenses 2:7

UNA MORDIDA DEMASIADO GRANDE

LEE MARCOS 4:3-20

—Mañana por la tarde será la reunión misionera en la iglesia —el papá de Marla le recordó a la familia mientras comían en su restaurante favorito.

—Tengo ensayo de mi obra teatral en la escuela —dijo Marla.

—La última vez que tuvimos un servicio especial tuviste un concierto —le recordó su mamá—. Quizás te hemos dejado hacer demasiadas cosas en la escuela.

—¡Hola! ¡Qué sorpresa! —Interrumpió la voz de la maestra de escuela dominical de Marla—. Te extrañé el sábado por la mañana, Marla —dijo la señorita Willis—. La pasamos muy bien en el hogar de ancianos.

Después de unos minutos de conversación, se marchó.

—¿Por qué no fuiste al hogar de ancianos? —preguntó el papá de Marla.

Marla frunció el ceño.

—Estaba haciendo carteles para el consejo escolar. Oye, ¿qué pasa con ese hombre allá? —preguntó ella de pronto.

Su papá saltó de su asiento y cruzó el salón.

—¿Se está ahogando, señor? —preguntó.

El hombre asintió frenéticamente.

—Lo ayudaré —dijo el papá de Marla.

Se colocó detrás del asustado hombre y puso sus brazos alrededor de él. Con su puño cerrado, apretó con fuerza hacia arriba y hacia adentro. El hombre jadeó por aire, y un momento después estaba respirando normalmente otra vez. Todos aplaudieron.

—Ay, gracias —dijo el hombre cuando pudo hablar—. Creo que traté de comer muy rápido. Tenía demasiada prisa.

Camino a casa, la familia de Marla hablaba sobre lo que había sucedido.

—Estamos tan ocupados que incluso comemos con prisa —comentó su papá—. Eso hace que sea fácil que nos ahoguemos. Podemos involucrarnos en tantas cosas que también nos ahogamos en nuestra vida espiritual.

La mamá de Marla asintió.

—Hay muchas cosas en las que nos podemos involucrar que no son malas —dijo—. Incluso pueden ser buenas, a menos que consuman tanto de nuestro tiempo y nuestras energías que no nos dejen tiempo para las cosas de Dios.

Marla estaba segura de que sus padres se referían a ella.

—Tal vez estoy demasiado ocupada —admitió—. Probablemente podría dejar una actividad. Después de todo, ¡no quiero ahogarme! *BJW*

¿Y TÚ?

Cuando estés en quinto o sexto grado, descubrirás que muchas cosas llenan tu vida. ¿Aún tienes tiempo para orar, leer la Biblia e ir a la iglesia? Asegúrate de que no estés tan ocupado con las cosas de la vida que ahogues tu vida espiritual.

PARA MEMORIZAR:

«¡Tengan cuidado! No dejen que su corazón se entorpezca [...] por las preocupaciones de esta vida». Lucas 21:34

NO ESTÉS TAN OCUPADO

RECORDAR

LEE DEUTERONOMIO 8:1-7

Cuando Jimena y José regresaron a casa de la escuela, encontraron a su mamá sentada en medio del piso de la sala. Estaba rodeada de pequeños montones de fotografías.

—Finalmente decidí organizar estas fotos —dijo con una sonrisa—. Ustedes pueden ayudar si desean.

Pronto José y Jimena reían con las fotos. Algunas habían sido tomadas antes de que ellos nacieran. Parecía chistoso ver a su mamá con su cabello recogido en una coleta. Y había una de su gato, Tippy, ¡cuando era pequeño!

Cuando su papá llegó, se veía desanimado.

—Todavía no hay puestos vacantes ¡en ningún lado! —se quejó.

—Cariño, ¿por qué no ayudas a los niños a organizar estas fotografías mientras preparo la cena? —sugirió la mamá.

Así que su papá se unió a los gemelos en el suelo.

Después de la cena, tuvieron el devocional familiar y papá hizo algo extraño. Antes de tomar la Biblia, sacó dos fotografías de su bolsillo.

—¿Qué les recuerda esta? —preguntó, y mostró una foto de Jimena en su bata de baño.

—¡Esta me la tomaron después de mi operación! —exclamó Jimena.

La familia habló sobre cómo se le había reventado el apéndice y los doctores habían dicho que podría morir.

—¿Acaso no fue bueno Dios con nosotros? —preguntó su papá—. Sanó a Jimena.

Luego mostró la segunda foto, una con un viejo auto.

La mamá se rio.

—¡Oh, cielos! ¿Recuerdan todos los problemas que tuvimos con ese auto?

El papá sonrió, pero lucía pensativo.

—Sí, y cuando vi la foto me acordé de la ocasión en que tuvimos que remplazar la transmisión y no teníamos dinero. ¿Recuerdan cómo Dios proveyó el dinero por medio de un trabajo de pintura?

José lucía confundido.

—Papá, ¿qué tienen que ver estas dos fotografías con el devocional familiar?

—Solo esto, José —contestó su papá—. Creo que Dios quiere que recordemos lo que él ha hecho por nosotros en el pasado. Así como fue fiel entonces, lo seguirá siendo para guiarnos y ayudarnos en el futuro. *REP*

¿Y TÚ?

¿Te preocupas por el futuro? A veces, una buena manera de evitar preocuparnos es recordar lo que Dios ha hecho por nosotros en el pasado.

RECUERDA LAS BENDICIONES DE DIOS

PARA MEMORIZAR:
«Me acuerdo de todo lo que has hecho, oh Señor; recuerdo tus obras maravillosas de tiempos pasados». Salmo 77:11

RECIBIR UN GOLPE

LEE MATEO 5:21-24

—¡Tonto! —gritó Benito—. Derramaste jugo de naranja en mi proyecto de arte. Ahora tendré que volver a hacerlo. ¡Quisiera que no fueras tan torpe!

—Lo siento —se disculpó Jasón, con lágrimas en los ojos.

—¡Oye! —La voz de Benito arreció—. Esto no es jugo de naranja. ¡Es ponche! ¿Cómo es que estás bebiendo ponche? Eso es lo que yo quería.

Entrando rápidamente a la sala, la mamá de Benito confrontó a su enfadado hijo.

—Benito, sabes que no tienes permiso para insultar a tu hermano —dijo severamente.

—Bueno, Jasón echó a perder mi proyecto de arte —dijo Benito balbuceando—. Además, ¿cómo es que él recibió ponche y yo jugo de naranja? Los vasos se veían iguales.

—Solo quedaba un vaso con ponche de su fiesta de cumpleaños de ayer —le explicó su mamá—, así que le dije a Jasón que podía beberlo. Pero tienes razón. No tenías modo de saber lo que había en el vaso hasta que se derramó por el golpe. Así como tampoco sabíamos lo que había dentro de ti hasta que fuiste golpeado.

Benito sacudió la cabeza.

—Jasón no me golpeó —dijo—. Golpeó su vaso y el contenido se derramó sobre mi proyecto de arte.

—Lo sé —dijo su mamá—, pero cuando sucede algo que echa a perder nuestros planes o nuestros esfuerzos, es como un golpe que nos saca de nuestro carril. Lo que hay dentro de nuestro corazón se derrama. Si nuestro corazón está lleno de paciencia y amabilidad, brotan palabras gentiles. Pero si albergamos malas actitudes o enojo, en su lugar surgen palabras duras. —Elevó las cejas—. Jasón derramó ponche, pero tú derramaste palabras ásperas. ¿Qué es peor?

Benito miró al suelo. Luego giró hacia su hermano.

—Yo... yo siento haberte gritado —dijo—. Sé que fue un accidente. ¿Me perdonas?

Feliz, Jasón asintió. *LRS*

¿Y TÚ?

¿Qué surge de ti cuando eres «golpeado», cuando las cosas no te salen bien? Si tienes una actitud egoísta e impaciente, confiésala a Dios y pídele que llene tu corazón con paciencia, amabilidad y comprensión. Entonces, cuando seas «golpeado», otros verán el amor de Dios surgir de ti.

PARA MEMORIZAR:

«Lo que está en el corazón determina lo que uno dice». Mateo 12:34

DESARROLLA BUENAS ACTITUDES

LA ROCA INAMOVIBLE

LEE SALMO 18:1-3

Laurita suspiró y cerró su libro de matemáticas.

—He estudiado tanto que ya ni puedo ver los números en las páginas, mamá —dijo—, pero sé que voy a reprobar este examen de matemáticas mañana.

—Laurita, has estudiado mucho, y has orado sobre tu examen —dijo su mamá—. Ahora solo haz lo mejor que puedas, confiando en que el Señor te ayudará.

—Supongo que sí —dijo Laurita—. Pero me pongo a pensar en lo terrible que soy para las matemáticas, y solo sé que resolveré mal los problemas.

Su mamá sacudió la cabeza.

—No te enfoques en ti misma y tus propias habilidades —dijo—. Confía en Dios, el que nunca falla. —Hizo una pausa, y luego preguntó—: ¿Recuerdas la vez que nos quedamos atrapadas en esa gran roca en la playa cuando la marea subió y había una tormenta?

—¡Claro que sí! —exclamó Laurita—. Fue uno de los momentos más aterradores de mi vida. Las olas eran muy grandes.

Su mamá sonrió.

—Eran grandes, es cierto —dijo—. Supongo que se veían aún más grandes porque tú eras muy pequeña. ¿Recuerdas lo que dijo tu tío Sam?

—Me dijo que no tuviera miedo —contestó Laurita—. Dijo: "Podemos temblar sobre la roca, pero la roca nunca va a temblar debajo de nosotros". Y tuvo razón.

Su mamá asintió.

—El Señor es tu Roca, Laurita. Cuando te das cuenta de cuán fuerte es, no debes temblar en absoluto mientras descansas en él. Puedes confiar en que te ayudará, incluso cuando enfrentes un examen de matemáticas.

Laurita se puso de pie y le dio a su mamá un beso de buenas noches.

—Bueno, entonces voy a dormir bien esta noche —dijo—. Quizás no siempre tengo una gran fe, pero confío en un gran Dios. Y mañana él me ayudará a enfrentar ese examen. *MRP*

¿Y TÚ?

¿Sientes que tus necesidades serán satisfechas cuando estás con otros cristianos, pero empiezas a dudar cuando enfrentas problemas solo? Quizás comienzas a verte a ti mismo o a tus circunstancias en vez de a Dios. Él es la roca inamovible. ¡Descansa en él!

CONFÍA EN CRISTO, LA ROCA

PARA MEMORIZAR:
«El Señor es mi roca, mi fortaleza y mi salvador; mi Dios es mi roca, en quien encuentro protección. Él es mi escudo, el poder que me salva y mi lugar seguro». Salmo 18:2

¡SIN INSTRUCCIONES!

LEE SALMO 25:4-10

—¿Quieres venir conmigo a la escuela dominical la próxima semana? —preguntó Juan José a su amigo Raúl mientras ponían sus patinetas en el garaje de Raúl.

—No, gracias —contestó Raúl. Arrastró una caja grande de cartón hacia el centro del garaje—. Ya voy a la escuela toda la semana. No quiero ir el domingo también.

—¿Qué es eso? —preguntó Juan José, señalando la caja.

—Es un triciclo para mi hermano Alejandro —contestó Raúl—. Es su regalo de cumpleaños. Mis papás me pidieron que lo ensamblara. ¿Me ayudas?

—Claro —dijo Juan José

—Mmm. Me pregunto dónde están las instrucciones —dijo Raúl mientras buscaba en la caja—. No las puedo encontrar aquí. —Se escuchaba un poco frustrado—. Tal vez mi mamá las tenga en el escritorio de la casa.

—Me imagino que podríamos ensamblarlo sin instrucciones —dijo Juan José con confianza.

—¡De ninguna manera! —exclamó Raúl—. Mi papá me hizo prometerle que seguiría las instrucciones con cuidado. Si no, papá dice que pondré el manubrio donde debe ir el asiento. Y tiene razón. He cometido demasiados errores por no seguir las indicaciones. Ahora no hago nada sin leer las instrucciones primero.

—Oh —dijo Juan José—. Bueno, desearía que te sintieras igual sobre lo más importante: la vida.

Raúl levantó la vista de la caja.

—¿Qué quieres decir?

—Bien, en la escuela dominical estudiamos las instrucciones que Dios da sobre cómo debemos vivir en este mundo —explicó Juan José—. Esas instrucciones se encuentran en su Palabra, la Biblia. Si no puedes armar una tricicleta sin instrucciones, seguramente no puedes vivir tu vida sin ellas.

—Quizás tengas razón —dijo Raúl pensativo—. Quizás deba ir a la escuela dominical contigo. *SLN*

¿Y TÚ?

¿Crees que la Biblia es una lista de lo que debes y no debes hacer? ¿Crees que es solo un libro de historias bonitas? Dios nos dio su Palabra para que sepamos cómo vivir. Estúdiala a diario y aprende a hacer lo que dice.

PARA MEMORIZAR:

«Muéstrame la senda correcta, oh SEÑOR; señálame el camino que debo seguir». Salmo 25:4

LEE LAS INSTRUCCIONES DE DIOS

SUSY, LA TEMPERAMENTAL

LEE 2 PEDRO 1:3-8

—Buenos días —dijo la mamá de Susy y se acercó para darle un abrazo.

Susy evitó el abrazo de su mamá.

—Hola —murmuró y se sentó.

Esa tarde después de la escuela, Susy entró corriendo por la puerta.

—¡Hola, mamá! ¡Tuve un gran día!

Para sorpresa de su mamá, Susy le dio un fuerte abrazo.

Mientras sus padres hablaban al día siguiente, un grito los interrumpió.

—Susy es como un oso pardo hoy —dijo el hermano de Susy, Caleb.

El teléfono sonó y Caleb lo contestó.

—¡Es para ti, osita! —llamó a Susy.

Susy entró y le arrebató el teléfono de la mano. Aclaró su garganta.

—Hola —dijo con dulzura. Escuchó un momento—. ¡Oh, estoy genial! —dijo.

Su papá, su mamá y Caleb se miraron con sorpresa.

Susy continuó con un humor cambiante: un minuto estaba de buen humor, y al siguiente lloraba con irritación. Un día estaba ayudando a su papá con la parrilla.

—Papá, el fuego se apagó —dijo—. Echaré un poco más de líquido de gasolina a las brasas.

—No, no lo hagas. Va a... —empezó a decir su papá, pero fue demasiado tarde. Susy ya había echado el líquido sobre las brasas. De pronto, las llamas se elevaron.

—¡Oh! —exclamó Susy y saltó hacia atrás.

Su papá la agarró.

—¿Estás bien? —preguntó.

—Sí —dijo ella nerviosamente—. ¡Pero no esperaba que sucediera eso!

Después de que ambos se calmaron, su papá dijo:

—¿Sabes, Susy? Últimamente me recuerdas mucho a esas brazas ardientes.

—¿Qué quieres decir? —preguntó Susy con sorpresa.

—Bueno, un minuto estás tranquila y al siguiente "explotas" contra alguien —contestó su papá—. Así como saltaste para alejarte del fuego, tu humor cambiante hace que la gente se aleje de ti.

—Tal vez necesite pedirle a Dios que me ayude a ser más ecuánime —dijo Susy.

—Buena idea —concordó su papá. *SLN*

¿Y TÚ?

¿Estás feliz un minuto y molesto o antipático al otro? Puedes sentirte triste, molesto o desanimado de vez en cuando, pero un continuo cambio de humor no es algo bueno. Pídele a Dios cada día que te ayude a controlar tu temperamento.

CONTROLA TU TEMPERAMENTO

PARA MEMORIZAR:

«En cambio, la clase de fruto que el Espíritu Santo produce en nuestra vida es: amor, alegría, paz, paciencia, gentileza, bondad, fidelidad, humildad y control propio». Gálatas 5:22-23

BOTÓN PARA ADELANTAR

LEE LUCAS 2:51-52

Silvia y Brittany se dejaron caer sobre el sofá.

—Gracias por invitarme —dijo Brittany—. Me estaba aburriendo en casa. Tenía muchas ganas de ir a la fiesta. No es justo que nuestros padres no nos dejen ir solo porque no somos adolescentes.

—Sí —concordó Silvia—. Piensan que todavía somos unas niñitas. Algunas niñas de nuestra edad tienen suerte: pueden maquillarse y pasar tiempo con otros adolescentes. E incluso salen con chicos.

Brittany suspiró.

—Desearía que pudiéramos apresurarnos y crecer.

Silvia asintió y tomó una caja con CDs de música.

—Encontré la colección de música de mi mamá —le dijo a Brittany—. Me cuesta imaginar que algún día tuvo nuestra edad. —Metió un disco en el reproductor y lo encendió—. Ay, no me gusta esta canción —dijo cuando la música comenzó—. La siguiente es mejor.

Apretó el botón para adelantar. Pero cuando volvió a pulsar reproducir, descubrió que se había adelantado demasiado.

—Ay, ahora me pasé unas canciones que quería que escucharas —dijo. Silvia se detuvo, poniéndose seria—. ¿Sabes?, cuando mi mamá oye que deseo ser mayor, me dice que no debería tratar de "adelantar" mi vida. Dice que si crezco demasiado rápido, podría perderme muchas cosas buenas.

Justo entonces el abuelo de Silvia entró a la habitación.

—Hola, abuelito —dijo Silvia. Le contó sobre la conversación que estaban teniendo—. Cuando eras joven, ¿deseabas apurarte y crecer? —le preguntó.

—¡Claro! Supongo que todos los niños lo desean —contestó su abuelito—. Pero tu mamá tiene razón. Tratar de actuar como un adulto demasiado rápido hace que te pierdas buenos momentos y experiencias de aprendizaje que necesitas. Dios nos da la niñez para crecer, para aprender gradualmente cómo convertirnos en adultos responsables. También nos da tiempo para la diversión en la niñez. Sean pacientes con su crecimiento. Pronto serán grandes.

—Supongo que sí —dijo Brittany con un suspiro.

Su abuelito sonrió.

—Disfruten de su niñez mientras puedan. Es la única que tendrán. *MRP*

¿Y TÚ?

¿Te gustaría que te permitieran hacer lo que los chicos más grandes hacen? Date tiempo para crecer y aprender. Incluso Jesús obedeció a María y a José mientras esperaba pacientemente el tiempo en el que empezaría su propio ministerio. La Biblia dice que «corramos con perseverancia la carrera que Dios nos ha puesto por delante» (Hebreos 12:1).

PARA MEMORIZAR:

«Así que dejen que crezca, pues una vez que su constancia se haya desarrollado plenamente, serán perfectos y completos, y no les faltará nada». Santiago 1:4

DISFRUTA LA NIÑEZ

AGUA EN EL BOTE

LEE 2 CORINTIOS 6:14-18

—Vamos, Tara. Vamos a pasear en bote —dijo Kevin, animando a su hermanita.

El papá de Kevin iba a llevar a pasear a los niños en el bote de remos mientras su mamá preparaba el almuerzo. Pero Tara quería nadar. Aferró con fuerza su cubeta y su pala mientras su papá le abrochaba el salvavidas.

Kevin remó y, mientras se movían por la orilla del lago, su papá señaló algunos lugares conocidos. Tara no estaba interesada. Más bien, tomó su cubeta, la llenó de agua y la vació dentro del bote.

—¡Detente, Tara! —exclamó su papá—. ¿Qué intentas hacer?

—Estoy llenando el bote —dijo Tara—. Quiero nadar en el agua. No quiero pasear sobre el agua.

—No puedes llenar el bote, Tara. Y aún si pudieras, se hundiría —dijo Kevin.

Más tarde, mientras almorzaban, Kevin le contó a su mamá sobre su paseo en bote. Cuando mencionó la tonta idea de Tara de llenar el bote con agua para poder nadar, su mamá le sonrió a la niñita.

—Creo que Tara te ha dado una ilustración sobre por qué no debes unirte a ese grupo de niños del vecindario —dijo—. Piensa por un momento que el agua es el mundo y tú eres el bote, un cristiano. Así como el bote está en el agua, tú estás en el mundo. Tienes contacto con el mundo, pero no eres parte de él.

Su papá asintió.

—El agua no pertenece en el bote, y el mundo no pertenece en tu vida —añadió—. Demasiada agua en el bote lo puede hundir. De forma similar, entre más participes en las actividades malas del mundo como beber, usar palabras groseras y otras cosas, más sencillo será que te hundas en ese estilo de vida. Es importante ser amigables y amables con quienes no son cristianos. Pero cuando se trata de un cierto estilo de vida y determinadas actividades, debemos elegir con cuidado cuándo, o si deberíamos participar. *NEK*

¿Y TÚ?

¿Sabes cuándo evitar a los que no son cristianos? Pídeles a tus padres y a tus maestros de escuela dominical que te orienten. Pídele a Dios que te dé dirección con su Palabra. Pídele que te use para influir en las personas a la distancia cuando participar en sus actividades pudiera tener una influencia negativa en ti.

SÉ INDEPENDIENTE DEL MUNDO

PARA MEMORIZAR:
«Por lo tanto, salgan de entre los incrédulos y apártense de ellos, dice el SEÑOR. No toquen sus cosas inmundas, y yo los recibiré a ustedes. 2 Corintios 6:17

CRISTIANISMO TIBIO

LEE APOCALIPSIS 3:14-16

—¿Me das algo frío para beber, mamá? —preguntó Tina al entrar del patio trasero.

—Oh, no creo que tengamos algo —dijo su mamá—. Ni siquiera tengo leche. Debo ir a comprar comida. —Abrió la alacena y tomó una caja de leche en polvo—. Ten... ¿por qué no te preparas leche con chocolate? —sugirió.

Tina tomó la caja, mezcló un poco del polvo con agua y le añadió jarabe de chocolate. Luego se unió a su mamá en la mesa del comedor.

—Necesito un consejo —le dijo—. Hay una niña nueva en la escuela. Es linda, pero se viste algo raro. Es fácil ser amable cuando estamos las dos solas. Pero cuando estamos con las otras niñas y se burlan de ella, no sé qué hacer. Ella se ve muy herida. Pero si le digo algo a ella, puedo perder a mis otros amigos.

Tina sorbió un poco de leche y puso mala cara.

—¡Guácala! ¡Esto sabe horrible! —exclamó—. ¿Qué hice mal?

—¿Le pusiste un poco de hielo cuando la preparaste? —preguntó su mamá.

Tina sacudió la cabeza.

—No la calentaste tampoco, ¿o sí?

Tina volvió a sacudir la cabeza.

—Cuando te hago leche con chocolate por lo general te la caliento o te la sirvo fría —dijo su mamá—. No sabe bien tibia. Y pienso que ese puede ser tu problema con la niña nueva.

—¿Qué quieres decir? —preguntó Tina.

—Pienso que estás siendo una amiga tibia —dijo su mamá—. Eres una amiga cuando no tienes nada que perder, pero te retraes cuando tus amigos te están viendo. No eres ni fría ni caliente, sino algo en término medio, temerosa de luchar por lo que sabes que es correcto.

Tina estudio su vaso de leche pensativa. La volvió a probar, y luego alejó el vaso.

—No más leche tibia para mí. Y no más cristianismo tibio tampoco —dijo con firmeza—. Seré amigable... sin importar lo que otros piensen. *KEC*

¿Y TÚ?

¿Estás dispuesto a ser valiente cuando se trata de lo que sabes que es correcto, o en ocasiones eres tibio? La Biblia nos advierte que seamos fuertes por Jesús. No tengas miedo de defender lo que crees.

PARA MEMORIZAR:

«Mis justos vivirán por la fe. Pero no me complaceré con nadie que se aleje». Hebreos 10:38

SÉ VALIENTE
POR JESÚS

LA MENTIRA DE FELIPE

LEE 1 JUAN 1:8-10

Felipe daba vueltas en su habitación. Durante días se había propuesto confesarle algo a su mamá, y cada vez era más difícil. *Odio tener que decírselo ahora,* pensó. *Pero debería hacerlo de una vez.* Fue a buscarla.

En la cocina, Felipe vio que el refrigerador estaba en el centro del piso. Su mamá estaba arrodillada detrás de él con una cubeta de agua y un cepillo de limpieza.

—¿Qué estás haciendo? —preguntó Felipe.

Su mamá suspiró.

—Estoy tratando de limpiar la mugre del piso aquí atrás —dijo—. Ha estado escondida detrás del refrigerador por tanto tiempo que es complicado quitarla. Debí haberlo hecho antes.

Felipe respiró profundo.

—Debo decirte algo. ¿Recuerdas cuando mi maestro de escuela dominical llamó la semana pasada? Bueno, me recordó que había una fiesta de la escuela dominical el viernes por la noche. Pero yo quería ir más bien a un juego de béisbol. Así que le dije que estabas enferma y debía quedarme en casa.

Su mamá frunció el ceño y Felipe se apresuró.

—Tomás vino esta mañana y te trajo una tarjeta de esas que dicen "que te mejores pronto". Me dijo que recaudaron dinero para un regalo también. No sabía qué hacer, así que tomé la tarjeta. Ya le he pedido a Dios que me perdone, pero no sabía cómo decirles que no te compren un regalo. Me temo que ya lo han hecho.

—Me alegra que hayas dicho la verdad. Pero mejor llama a Tomás ahora mismo y dile lo que hiciste —dijo su mamá.

Señaló al piso.

—¿Recuerdas que te dije cómo la mugre empeora entre más la deje oculta bajo el refrigerador?

Felipe asintió.

—Lo mismo sucede contigo y esta mentira —continuó su mamá—. Tu mentira creció más cuando aceptaste la tarjeta. Ahora será más complicado "limpiarla". Tú tendrás que reponer el dinero de la tarjeta y del regalo, si ya lo han comprado.

Felipe asintió. Aunque sería difícil, Felipe estaba contento por haber dicho la verdad. *KEC*

¿Y TÚ?

¿Alguna vez has dicho una mentira y luego has tratado de mantenerla para ocultar la verdad? Entre más ocultes un pecado como una mentira, más difícil se vuelve corregir la situación. Necesitas confesarle tu pecado a Dios. Ocúpate de esto de inmediato.

CONFIESA EL PECADO DE INMEDIATO

PARA MEMORIZAR:

«Confiésense los pecados unos a otros y oren los unos por los otros, para que sean sanados. La oración ferviente de una persona justa tiene mucho poder y da resultados maravillosos».
Santiago 5:16

LAS MEDIAS SUCIAS

LEE 2 TIMOTEO 3:14-17

—¡Papá! ¡No tengo medias limpias! —gritó Agustín.

Momentos después, su papá entró a la recámara, levantó el borde de la colcha de Agustín y apuntó debajo de la cama. Allí, en montones y arrugadas, había varios pares de medias, ¡todas sucias!

—Agustín —dijo su papá—, las tendrás que lavar tú mismo.

—Lo sé, pero no me gusta lavar ropa —dijo Agustín—. Antes no tenía que hacerlo.

—Ahora eres más grande, Agustín —dijo su papá—. Y es tiempo de que asumas un poco más de responsabilidad aquí, especialmente ahora que tu mamá está lejos cuidando a tu abuelita.

Después de la cena esa tarde, Agustín fue al cuarto de lavado. Apiló las medias y algunas de sus camisas oscuras en la lavadora, añadió detergente y apretó el botón. Luego bajó la tapa. Se sentía orgulloso de sí mismo.

Cuando Agustín llevó la ropa a la sala y empezó a doblarla, su papá estaba en su escritorio, estudiando su Biblia. Lo miró y sonrió.

—Buen trabajo, Agustín —dijo—. Por cierto, ¿vas a entrar al concurso de versículos bíblicos de la iglesia?

Agustín sacudió la cabeza.

—Esos versículos son muy difíciles —contestó—, y mi mamá no está aquí para ayudarme.

—Bueno, te ayudaré yo cuando pueda —dijo su papá. Vio a Agustín terminar de doblar la ropa—. Pero también puedes aprender por ti mismo —añadió su papá—. ¿Sabes?, quería que asumieras más responsabilidades, y lo has hecho. Estoy orgulloso de ti. Tal vez ahora también necesites asumir más responsabilidad en tu vida espiritual.

—¿Qué quieres decir? —preguntó Agustín.

—Bien —dijo su papá—, te hiciste cristiano hace casi tres años. Tal vez sea tiempo de que trabajes en memorizar más versículos difíciles por tu cuenta.

Agustín recogió su ropa.

—Supongo que podría intentarlo —dijo lentamente—. Empezaré después de guardar esto. *CJB*

¿Y TÚ?

¿Asumes la responsabilidad de leer la Palabra de Dios, orar y aprender versículos bíblicos? ¿O esperas a que un adulto te pida que hagas estas cosas? ¿Por qué no hablas con Dios hoy y le dices que estás listo para ser un cristiano más responsable?

PARA MEMORIZAR:

«Pues cada uno es responsable de su propia conducta». Gálatas 6:5

SÉ UN CRISTIANO RESPONSABLE

ACERTIJOS

LEE 2 JUAN 1:7-11

—Veamos si puedes resolver este acertijo —le sugirió Beatriz a su hermano Ron—. Un autobús con diez personas se detiene y recoge a cinco más. Después de dos cuadras se bajan tres y recoge a cuatro. Una cuadra después deja a cuatro. Finalmente, hace una última parada y se suben dos. —Beatriz preguntó—: ¿Cuántas veces se detuvo el autobús?

—¡Catorce! —gritó Ron rápidamente. Entonces su sonrisa se borró al darse cuenta de que lo había engañado—. ¡Oye! Pensé que preguntarías cuántas personas quedaban en el autobús. No recuerdo cuántas veces se detuvo el autobús.

Su mamá, que había escuchado la conversación, se acercó a ellos.

—Yo tengo un acertijo para ambos —dijo—. ¿Recuerdan a las personas que se acercaron a la puerta el otro día vendiendo libros religiosos? —Cuando los niños asintieron, dijo—: Esas personas hicieron lo mismo que Ron. Ron y esas personas son culpables de escuchar solo la parte que deseaban escuchar.

Los niños aún lucían confundidos.

—Comprendo lo que dices de Ron —dijo Beatriz—. Solo escuchó los números que él pensaba que eran importantes y no prestó atención al resto de la historia.

—Correcto —dijo su mamá, asintiendo con la cabeza—. Y eso no es tan grave; fue solo un acertijo. Pero las personas que estaban a la puerta el otro día dicen basar sus creencias en lo que dice la Biblia, solo que no ponen atención a toda la historia. Eligen algunos versículos y dejan otros fuera.

Ron asintió lentamente.

—Así que no debemos creerle a alguien solo porque él o ella nos dice que la Biblia lo dice —observó—. Debemos buscarlo y cerciorarnos de que está de acuerdo con lo que declara el resto de la Biblia.

—Correcto —concordó su mamá. *CVM*

¿Y TÚ?

¿«Oyes» lo que quieres oír de la Palabra de Dios en lugar de escuchar lo que realmente se está enseñando? Presta mucha atención a lo que la Biblia realmente dice. No te dejes engañar por los que declaran creer en la Biblia, pero rechazan creer todo lo que dice. Y recuerda, cualquier persona que niega que Jesús es Dios es un falso maestro.

ESCUCHA TODA LA PALABRA DE DIOS

PARA MEMORIZAR:
«Por eso uso estas parábolas: Pues ellos miran, pero en realidad no ven. Oyen, pero en realidad no escuchan ni entienden». Mateo 13:13

LA CUENTA DE FE

LEE ROMANOS 10:8-17

—Aquí hay unos cheques viejos con los que puedes jugar, Mindy —dijo su mamá—. Pero quiero que los mantengas dentro de la casa y los destruyas cuando termines de jugar con ellos.

Mindy gritó de alegría y puso una silla al lado de su mamá, que estaba limpiando los cajones del escritorio.

Las dos levantaron la vista cuando Esteban entró a la habitación.

—Estaba en la casa de al lado, hablando con el señor Carter —dijo—. Sin duda tiene muchos problemas, ¿verdad?

Su mamá asintió.

—Sí, los tiene. Le dije que el Señor lo ayudaría, pero dice que no cree que Dios se preocupe por sus problemas. Dice que Dios le dio sentido común para cuidarse a sí mismo. La incredulidad les roba las bendiciones a muchas personas.

Mindy arrancó un cheque de la chequera.

—Aquí tienes un cheque para ti, Esteban. Puedes comprarte una bicicleta nueva —anunció—. Es de mil dólares. ¿Será suficiente?

Esteban sonrió y miró el cheque cubierto de garabatos. Rápidamente lo soltó y sacudió sus dedos.

—¡Auch! ¡Eso quema! —bromeó.

Mindy lo miró confundida.

—No está caliente, Esteban.

Esteban se rio, y su mamá le explicó:

—Cuando alguien escribe un cheque sin fondos, Mindy, se le llama un "cheque caliente". Verás, antes de sacar dinero de un banco, debes tener dinero allí. —Miró a Esteban y añadió—: La fe es algo así. Cuando leemos la Palabra de Dios, nuestra fe en él aumenta. Vamos a la iglesia, donde escuchamos su Palabra predicada. Y escuchamos a otros hablar de lo que Dios ha hecho por ellos. Estas cosas suman a nuestra "cuenta de fe". Entonces cuando tenemos una necesidad, tenemos fe de que Dios se ocupará de la situación.

—El señor Carter nunca ha puesto su fe en Dios —dijo Esteban lentamente—. Y por eso no tiene fe para sacar ahora que la necesita.

Su mamá asintió.

—Le voy a dar una Biblia y oraré por él —dijo Esteban con decisión—. Y voy a compartir mi testimonio con él. Tal vez pueda empezar una "cuenta de fe" propia. *BJW*

¿Y TÚ?

¿Tienes fe en que Dios se ocupará de tus problemas? Debes empezar tu «cuenta de fe» primeramente creyendo en Jesucristo y confiando en él como tu Salvador. Entonces puedes edificar tu fe y estar preparado para enfrentar los problemas cuando se presenten.

PARA MEMORIZAR:

«Así que somos hechos justos a los ojos de Dios por medio de la fe y no por obedecer la ley». Romanos 3:28

EDIFICA TU FE

SOMBRAS

LEE MARCOS 4:35-41

La luz de la calle frente a la casa de la abuelita brillaba a través de las ramas desnudas de un árbol fuera de la ventana. Proyectaba misteriosas sombras sobre la cama de Clara. Las formas negras, puntiagudas y torcidas le hacían pensar en dientes. Mientras el viento agitaba las ramas, las sombras avanzaban sobre la colcha. *Como grandes dientes negros,* pensó Clara con miedo. Tragó saliva. *Esta no se parece en nada a la recámara de mi casa. Mi mamá enciende una lamparita, y todo parece seguro allí.*

Luego escuchó un aullido. Y debajo de su cama, algo hizo clic. Para Clara, allí en las sombras, se escuchó... bueno... se escuchó como una boca gigante que se había cerrado. Se tapó con las sábanas hasta la barbilla y cerró los ojos. *No. Debo tenerlos abiertos,* decidió. *¡Tengo que estar preparada para saltar de la cama!*

«¡Abuelita!», llamó Clara.

Pero su abuelita tenía el televisor encendido, y Clara sabía que no la escucharía. Las sombras temblaron. El clic de los dientes hacía eco en sus oídos.

«Oh, Señor —susurró Clara en oración—. ¡Tengo mucho miedo! Por favor, ayúdame».

En respuesta a sus oraciones, Clara recordó las historias de la escuela dominical, historias sobre ocasiones en las que los discípulos tuvieron miedo. Cierta vez, mientras los hombres navegaban sobre un pequeño bote, el viento rugió y las olas se estrellaron contra el bote. ¡Los discípulos remaron para salvar su vida! Sacaban agua, pero más se metía. Como ella, los discípulos estaban aterrados. Clara recordó lo que sucedió después. Jesús había estado durmiendo, pero los discípulos lo despertaron. Entonces Jesús dijo: «¡Silencio! Cálmense», y el viento y el mar se tranquilizaron. Clara recordó que Jesús era el Señor de todo, hasta de las sombras y los sonidos espantosos. *Y está aquí junto a mí,* pensó.

Después de eso, las cosas ya no parecían tan tenebrosas. En susurros comenzó a entonar una de sus canciones favoritas de la escuela dominical. Y pronto se quedó dormida. *LAB*

¿Y TÚ?

¿Tienes miedo algunas veces? Todos tenemos miedo. ¿Qué puedes hacer que te pueda ayudar en situaciones de miedo? Recuerda, nuestro poderoso Jesús está contigo adonde vayas. La próxima vez que tengas miedo, pídele a Jesús que te ayude a saber qué hacer.

DIOS ESTÁ EN CONTROL DE TODO

PARA MEMORIZAR:
«No tengas miedo de los terrores de la noche [...]. Si haces al SEÑOR tu refugio y al Altísimo tu resguardo, ningún mal te conquistará». Salmo 91:5, 9-10

EL LIBRO DE ACCIÓN

LEE HECHOS 5:12-16

Max cerró su libro de golpe.

—Este es el libro más aburrido que jamás haya leído —declaró—. Habla de gente que solo se sienta a conversar. La mitad de lo que dicen no tiene sentido.

—Deberías leer este libro.

Su mamá le mostró la Biblia que tenía en la mano. Max frunció la nariz.

—¿Leer la Biblia? —preguntó. Titubeó y añadió—: Creo que también es aburrida.

—¿Alguna vez has leído el libro de Hechos? —preguntó su mamá. La historia de la iglesia primitiva es emocionante. Comienza con un hombre que vence la ley de la gravedad y se lanza al espacio sin una nave ni un traje espacial.

—Ay, mamá, te estás burlando de mí —protestó Max.

—No es así —contestó su mamá—. Lee el primer capítulo de Hechos tú mismo.

Max tomó el libro que le alcanzó su mamá y comenzó a leer. Hubo un silencio total por unos minutos, y luego sonrió.

—Oh —dijo—. Te refieres a que Jesús asciende al cielo.

—Correcto —dijo su mamá con una risa—. Y luego hay un hombre en Hechos cuya sombra era tan poderosa que las personas venían de lejos para verla y hacer que cayera sobre ellas.

Max sacudió la cabeza.

—¿Dónde está esa historia?

—Oh —dijo su mamá—. Quizás en el cuarto o quinto capítulo.

Nuevamente, todo quedó en silencio, a excepción del murmullo de las páginas. Entonces Max levantó la vista.

—Dime otra.

Su mamá pensó por un momento.

—Cierta ocasión hubo una emocionante fuga de una cárcel.

—¿Dónde está esa? —preguntó Max.

—Me parece que la encontrarás en el capítulo doce —respondió su mamá con una sonrisa—. ¿Aún crees que la Biblia es aburrida?

—¡De ninguna manera! —dijo Max mientras pasaba las páginas de la Biblia.
BJW

¿Y TÚ?

¿Sabes que la Biblia es un libro emocionante? ¿Cuál es tu historia favorita? ¿Cuál es una cosa que has aprendido sobre Dios al leer historias de la Biblia? La Biblia está llena de buenas historias. Y lo mejor es que todas son verdad.

PARA MEMORIZAR:

«¡Oh, cuánto amo tus enseñanzas! Pienso en ellas todo el día». Salmo 119:97

LA BIBLIA ES EMOCIONANTE

ASEGÚRATE

LEE JUAN 3:1-16

Al finalizar el programa de niños en la Iglesia de la Gracia, Leandro se acercó al pastor Hernández con timidez y le dijo que quería ser cristiano.

—Me sorprende oírte decir eso. —El pastor Hernández puso su brazo sobre los hombros de Leandro—. Recuerdo que una noche, hace un año, pasaste al frente para convertirte en cristiano. ¿Respondió el Señor tu oración esa noche?

—No lo sé —suspiró Leandro—. Por un tiempo creí que era cristiano. Incluso me bauticé. Pero seguí teniendo dudas. Pastor, ¿cómo sé que realmente quería ser cristiano cuando le pedí a Jesús que entrara en mi corazón? Quizás deba hacerlo de nuevo, solo para asegurarme.

—Si tienes dudas, me alegro de que hayas venido a hablar conmigo —dijo el pastor Hernández—. Ser cristiano es algo importante, lo más importante en la vida de cualquier persona. Ciertamente no es algo sobre lo que quieras adivinar.

—¿Así que cree que debo orar otra vez y pedirle a Jesús que me salve? —preguntó Leandro.

—Una persona no se salva solo por orar, o por hacer buenas obras —dijo el pastor Hernández—. No importa si oras una vez o cien, aun así no puedes hacer nada para salvarte a ti mismo. Solo eres salvo por medio de la fe en Cristo.

Leandro asintió.

—Quiere decir que ser cristiano no es algo que *nosotros* hacemos, sino algo que Dios hace por nosotros, ¿cierto?

—Exacto —concordó el pastor Hernández—. Lo único que tienes que hacer es confiar en el Señor. ¿Crees que Jesús te ama y murió por tus pecados? ¿Confías en él, Leandro? ¿O estás confiando en tus oraciones, o quizás en tu bautismo para ir al cielo?

—Sé que esas cosas no me llevarán al cielo —respondió Leandro—. Si Jesús no me salvara, nunca sería salvo. —Luego añadió con una sonrisa—: Dejaré de dudar y ¡comenzaré a confiar!   *SLK*

¿Y TÚ?

¿Te has preguntado alguna vez si en verdad eres cristiano? ¿Le has pedido a Jesús que te perdone y lo has invitado a ser parte de tu vida? Si es así, entonces eres cristiano. Elige un versículo (como Juan 1:12, Juan 3:16, Juan 3:36, Romanos 10:9 o Romanos 10:13), y cuando tengas dudas, cita ese versículo. Confía en lo que Dios dice.

CREE LO QUE DIOS DICE

PARA MEMORIZAR:
«Pues Dios amó tanto al mundo que dio a su único Hijo, para que todo el que crea en él no se pierda, sino que tenga vida eterna». Juan 3:16

EL AMULETO DE LA BUENA SUERTE

LEE ÉXODO 32:1-8, 35

—¡Caro! —gritó Cindy—. ¿Te llevaste mi cruz?

—¿Te refieres a la de oro que siempre usas? —preguntó Caro—. Por supuesto que no me la llevé.

Cindy frunció el ceño.

—Bien, pues no la puedo encontrar, y estaba segura de que la dejé en mi joyero. ¡Es que tengo que usarla hoy! Tengo un examen de inglés, y temo que no aprobaré si no llevo mi cruz. Siempre me trae buena suerte.

La mamá de Cindy entró a la habitación.

—La cruz de nuestro Salvador jamás se destinó para ser un amuleto de la suerte —dijo.

—Oh, mamá —dijo Cindy—. Sé que la cruz es para recordarme a Jesús. Pero algo bueno parece suceder cada vez que la uso.

Su mamá suspiró.

—Sé que así parece. Pero tu cruz no tiene poder alguno para ayudarte en tu examen. Estudiar mucho y orar es la mejor manera de enfrentarlo.

Cindy frunció el ceño.

—Bueno, ya estudié —contestó—. Y también oré. Pero... a veces desearía ver y oír a Dios en verdad. Mi cruz me da algo que puedo ver.

Su mamá respondió:

—Muchas personas se sienten así respecto a Dios. Creen que tener una imagen de Jesús o una estatua de él en sus hogares derramará sobre ellos las bendiciones de Dios. Los israelitas hicieron algo parecido. Le rogaron a Aarón que les hiciera un dios de oro como los que habían visto en Egipto. Querían tener un ídolo, un dios al que podían ver y tocar, en lugar de poner su fe en el verdadero Dios. Dios quiere que pongamos nuestra fe y confianza solo en él.

Cindy asintió con la cabeza.

—Bueno, yo... yo nunca pensé en mi pequeña cruz como un ídolo. —Cerró su joyero—. Supongo que sí la estaba usando así, de todos modos —admitió—. Cuando la encuentre, no la usaré por un tiempo. ¡De hoy en adelante pondré mi confianza en Dios en lugar de en amuletos de la buena suerte! *SLK*

¿Y TÚ?

¿Te sientes tentado a confiar en amuletos de la buena suerte: una cruz, una imagen, una Biblia especial, en vez de simplemente confiar en Dios? Está mal confiar de esa manera en cosas materiales, incluso en objetos religiosos. Dios es el único que es digno de nuestra confianza y adoración.

PARA MEMORIZAR:
«Vivimos por lo que creemos y no por lo que vemos».
2 Corintios 5:7

CONFÍA EN DIOS, NO EN LOS «ÍDOLOS»

LA CREACIÓN DE DIOS

LEE SALMO 139:13-18; MATEO 10:29-31

—Ay, papá —dijo Juancho—, ¡Seba tuvo perritos!

—¡Eso es grandioso, Juan! ¿Cuántos son? —preguntó su papá.

—Siete —contestó—. Ven a verlos.

Lo llevó hasta la casa de su perrita Seba. Seba y su nueva familia estaban acurrucados sobre una colcha tibia y suave.

—Niña buena —susurró Juancho.

—¡Mira eso! —dijo su papá—. Veamos, dos negros, dos marrón oscuro, dos blanco con negro y uno blanco.

—¿Cuánto tiempo tendrán los ojos cerrados? —preguntó Juancho.

—Probablemente pasarán unos diez días antes de que comiencen a ver y oír. Los cachorros siempre nacen con los ojos y oídos cerrados —dijo su papá y sonrió—. Vamos —dijo—. Seguramente mamá tiene lista la cena.

Había mucha emoción durante la cena. Juancho hablaba hasta el cansancio.

—Mamá, ¿tenía yo los ojos cerrados cuando nací? —preguntó.

Su mamá y su papá rieron.

—No, Juancho. Tus ojos se abrieron enseguida —le dijo su mamá—. Pero los cerrabas para dormir. Y dormías mucho, igual que lo harán los cachorritos ahora.

—Dios es realmente creativo —comentó Juancho.

—Así es —dijo su papá—. Dios creó a Seba y a los cachorritos también. Es maravilloso pensar en lo que ha hecho.

—Y también sabe todo sobre nosotros —añadió Juancho.

—Sí —asintió su papá—. El Salmo 139 nos dice que Dios te vio antes de que nacieras. También dice que Dios sabía cómo sería cada día de tu vida.

—Vaya... ¡Nunca había pensado en eso! —Se sorprendió Juancho—. Dios me vio antes que mamá y tú me vieran.

Nuevamente su padre asintió.

—¿Y sabes que Dios incluso sabe cuántos cabellos hay en tu cabeza? —preguntó.

—Uy, debe costarle mucho trabajo mantener la cuenta de los tuyos, papá —bromeó Juancho, acariciando la cabeza calva de su papá.

Su mamá y su papá también se rieron. *DLW*

¿Y TÚ?

¿Sabías que eres importante para Dios? Él te creó y te ama mucho. A él le importas.

DIOS TE HIZO ESPECIAL

PARA MEMORIZAR:
«Qué preciosos son tus pensamientos acerca de mí, oh Dios». Salmo 139:17

TRAS BAMBALINAS

LEE 1 CORINTIOS 12:14-27

—Pon este bloque azul aquí —le sugirió Diego a Alison, su hermanita de cuatro años.

Diego la estaba ayudando a construir una torre con bloques. La estructura estaba casi terminada cuando Alison sacó un bloque verde de abajo. La torre cayó.

—La arruinaste —la regañó Diego—. ¿Por qué hiciste eso?

—Quería poner el bloque verde encima —respondió Alison.

Justo entonces sonó el teléfono.

—Diego, es para ti —dijo su mamá.

Cuando colgó, Diego lucía desanimado.

—Era mi maestra de la escuela dominical. Quiere que vaya a un ensayo de la obra que estamos haciendo para la reunión juvenil. Dice que ya no tiene ningún papel disponible en la obra, pero necesitan a alguien que mueva la utilería entre las escenas.

—¿Y cuál es el problema? —preguntó su mamá al notar su falta de entusiasmo.

—No quiero ayudar —se quejó Diego con una mueca—. No soy lo suficientemente bueno para actuar en la obra, ¡pero sí soy bueno para mover muebles! ¡Cualquier persona puede hacer eso!

—Bueno, puede que mover la utilería no parezca tan glamoroso como actuar en una obra, pero es un trabajo muy importante —le dijo su mamá—. Toda la producción puede arruinarse si las cosas no están en el lugar correcto. —Hizo una pausa y añadió—: Es como el bloque que Alison sacó de la torre que ustedes la estaban construyendo.

—¿Qué quieres decir? —preguntó Diego.

—Cuando Alison sacó un solo bloque, toda la torre se desplomó —contestó su mamá—. Era una parte importante de la estructura aunque no era tan vistoso como los bloques superiores. Y la Biblia nos enseña que en la iglesia cada uno de nosotros es necesario también.

—Haces que parezca como si mover muebles en una obra no fuera tan malo —murmuró Diego y suspiró—. Bueno, yo... yo creo que llamaré a la señora Clarkson y le diré que iré al ensayo. *TKM*

¿Y TÚ?

¿Solo te gusta hacer trabajos que otras personas pueden ver? ¿Sientes que no eres importante o necesario en la iglesia? Recuerda que eres importante a los ojos de Dios. Haz tu parte, ¡aunque no sea glamorosa!

PARA MEMORIZAR:

«De hecho, algunas partes del cuerpo que parecieran las más débiles y menos importantes, en realidad, son las más necesarias. [...] Todos ustedes en conjunto son el cuerpo de Cristo». 1 Corintios 12:22, 27

USA TUS TALENTOS PARA DIOS

UN MAL DÍA

LEE SALMO 86:1-7

Luis entró corriendo a la casa, tiró su chaqueta sobre la mesa de la cocina y subió a su cuarto. Ni siquiera le dijo hola a su mamá, que estaba ocupada en el fregadero de la cocina.

Había sido un día terrible para Luis. De hecho, ¡había sido totalmente miserable! Bill Anderson le había pegado chicle en el cabello en el autobús, y la señora Gutiérrez ¡había tenido que usar un cubo de hielo para quitárselo! Entonces llegó tarde a su clase y recibió una mirada severa de su maestro cuando hizo ruido al sentarse.

Antes del almuerzo, tuvo que terminar el trabajo que había perdido por llegar tarde. Puesto que llegó tarde para el almuerzo, no pudo comer con su mejor amigo, Cristian. En lugar de eso, tuvo que sentarse junto a Madeline.

¡Qué día tan terrible!, pensó Luis.

Luis estuvo muy callado esa tarde.

—¿Te molesta algo, hijo? —preguntó su papá y se sentó junto a él en el sofá.

—No fue un buen día en la escuela —dijo Luis.

—Bien, a veces yo también tengo un mal día en el trabajo —le dijo su papá—. ¿Sabes lo que hago cuando eso ocurre?

Luis miró a su papá.

—¿Contarle a mi mamá? —preguntó.

Su papá rio.

—Sí, esa es una de las cosas que hago, y eso ayuda —dijo—. Así que, ¿por qué no nos cuentas a tu mamá y a mí lo que pasó hoy?

—Está bien —concordó Luis.

Les contó sobre sus problemas. Se sintió un poco mejor.

—¿Qué más haces cuando tienes un mal día? —preguntó a su papá.

—Le cuento a Dios mis problemas —contestó.

—¿Le importa a Dios cuando tengo problemas? —preguntó Luis.

—Sí, le importan —respondió su papá—. Y le agrada cuando se los contamos.

—Bien —respondió Luis sonriendo—, sus oídos se van a cansar esta noche. Tengo mucho para contarle. *VRG*

¿Y TÚ?

Cuando algo no va bien para ti, ¿no se lo cuentas a nadie? Puedes compartir tus preocupaciones con uno de tus padres o un amigo, pero Dios también quiere que se los cuentes. Dile lo que te molesta. Él ha prometido escucharte y ayudarte con tus problemas.

CUÉNTALE A DIOS TUS PROBLEMAS

PARA MEMORIZAR:
«A ti clamaré cada vez que esté en apuros, y tú me responderás». Salmo 86:7

LA RELIGIÓN PURA Y VERDADERA

LEE 1 CORINTIOS 13:1-3

Era una hermosa tarde de sábado, y la abuelita Flores se sentía con esperanzas. *Quizás hoy alguien venga a visitarme,* pensó. Pero luego frunció el ceño. *Vamos, Vivian, no pongas tus esperanzas muy en alto,* se reprendió a sí misma. Trató de olvidarse de la idea de que alguien viniera de visita. Pero no pudo evitarlo por lo sola que se sentía.

Ya hacía algunos años que había llegado a Casa Firme Esperanza, un hogar para ancianos. Había sido un cambio difícil.

«Creo que iré por otro buen libro para leer», dijo la abuelita Flores en voz alta.

Había disfrutado el último libro que había leído. Mientras lo remplazaba, se rio para sí misma. *Recuerdo cómo mis nietos me pedían que les leyera este una y otra vez.* Al estirarse hacia el estante, creyó escuchar un golpe en la puerta. Su corazón empezó a latir con fuerza. Lo escuchó de nuevo. *Quizás hoy sí tenga un visitante,* pensó. Con emoción, se apuró hacia la puerta. Una sonrisa se dibujó en su rostro mientras la abría. Pero no había nadie. Miró por el pasillo y vio a alguien empujando un carrito, chocando contra la pared cada tres o cuatro pasos.

La abuelita Flores cerró la puerta en silencio y caminó lentamente hasta su silla favorita junto a la ventana. *Vivian, te dije que no fueras a llenarte de esperanzas,* volvió a reprenderse.

Cuando creyó oír un golpe en la puerta unos minutos después, no hizo caso. Los golpecitos continuaron.

«Abuelita, ¿estás ahí?», dijo una voz.

La abuelita Flores se enderezó. Se apuró a ir a la puerta. Al abrirla, vio a Melanie, su bisnieta, sonriéndole.

«Hola, abuelita —dijo Melanie y le dio un abrazo—. ¿Tienes tiempo para una visita?».

Con un corazón agradecido, la abuelita Flores sonrió, y juntas entraron y se sentaron a conversar. *SKV*

¿Y TÚ?

¿Conoces a alguien que viva o esté solo? ¿Has pensando en visitarlo, pero al parecer nunca tienes tiempo? La Biblia dice que la mayor expresión de tu fe es el amor. Dar de tu tiempo puede ser una gran manera de mostrar amor.

PARA MEMORIZAR:
«La religión pura y verdadera a los ojos de Dios Padre consiste en ocuparse de los huérfanos y de las viudas en sus aflicciones». Santiago 1:27

AMA A QUIENES ESTÁN SOLOS

ANTES DE QUE SEA DEMASIADO TARDE

LEE 1 CORINTIOS 13:4-7, 13

Sharon llegó a casa de la escuela y encontró a su mamá cambiando un foco.

—Es curioso cómo no valoramos algunas cosas hasta que ya no las tenemos —dijo su mamá mientras enroscaba el foco en su lugar.

Para su sorpresa, Sharon rompió en llanto.

—¿Qué pasa, cariño? —preguntó su mamá. Bajó del taburete y puso su brazo sobre los hombros a Sharon.

—La abuelita de Ana murió ayer. Ana no la había visto en muchos años porque su abuelita vivía en Chile. Y ahora es demasiado tarde —siguió llorando Sharon—. Me hizo pensar en que un día mi abuelita morirá también. Entonces me sentiré como Ana.

—Estoy agradecida porque cada uno de nosotros conoce al Señor —dijo su mamá—. Nos veremos de nuevo en el cielo. Pero echaremos de menos a quienes se van al cielo antes que nosotros. Ana debe sentirse muy triste.

—Lo está, especialmente porque no había visto a su abuelita en mucho tiempo —dijo Sharon—. No quiero sentirme triste por no haber pasado más tiempo con mi abuelita. He prometido ayudarla a limpiar el ático, pero he estado tan ocupada escuchando mi música, leyendo y jugando con mis amigos que lo he pospuesto.

—Es fácil estar ocupados y olvidar a quienes queremos —dijo su mamá.

Sharon asintió.

—Y de pronto, es demasiado tarde —dijo.

—Así sucede en ocasiones —concordó su mamá.

Sharon se limpió las lágrimas.

—Bueno, voy a pasar menos tiempo en mi cuarto y más tiempo con mi familia.

Su mamá sonrió.

—Es una buena decisión —dijo.

La hermanita de Sharon, Julia, entró a la habitación.

—Quiero practicar montar mi bicicleta. ¿Me ayudas, Sharon? —preguntó.

—No ahora. Quiero...

Sharon se tapó la boca con la mano y recordó la conversación que acababa de tener con su mamá. Asintió.

—Te ayudaré —dijo—. Pero primero quiero llamar a mi abuelita y decirle que voy a ir el sábado para ayudarla a limpiar el ático. *KEC*

¿Y TÚ?

¿Amas y aprecias a las personas que Dios ha puesto en tu vida? Piensa en una manera de demostrarlo hoy.

DEMUESTRA TU AMOR HOY

PARA MEMORIZAR:
«Ahora les doy un nuevo mandamiento: ámense unos a otros. Tal como yo los he amado, ustedes deben amarse unos a otros». Juan 13:34

EL COSTO DE LA EDUCACIÓN

LEE PROVERBIOS 3:11-18

—Hola, Gaspar —dijo Chen y se sentó a la mesa de la cocina junto a su hermano mayor.

—Parece que todavía me faltan como mil dólares para ir a la universidad el próximo año —dijo Gaspar.

—Si me preguntas a mí, ya es lo suficientemente malo tener que ir a la escuela ¡sin tener que pagarla! —dijo Chen.

Su mamá los miró desde el fregadero.

—Gaspar se da cuenta de que una buena educación vale el costo que él tendrá que pagar —dijo.

Sonó el teléfono.

—¡Chen! —llamó su mamá—. El señor Vargas dice que el Travieso se metió en sus botes de basura otra vez. ¿Lo amarraste después de darle de comer esta mañana?

—Supongo que lo olvidé —Chen se quejó—. Iré de inmediato y levantaré el tiradero.

Media hora después, Chen regresó con una expresión amarga en su rostro.

—Eso fue terrible —dijo—. Había huesos de pollo, cáscaras de plátano y todo lo demás regado en el patio. ¡Guácala!

Su mamá le sonrió con simpatía.

—Bueno, Chen, quizás necesitabas otra lección sobre la responsabilidad. Tienes el hábito de olvidar las cosas.

Chen suspiró.

—Lo sé, y estoy tratando de mejorar —dijo—. Pero, ¿no puedo aprender lo que tengo que saber sin tanto trabajo?

—Bueno —contestó su mamá—, estoy segura de que levantar toda esa basura te ha mostrado la necesidad de cumplir con tus obligaciones correctamente. ¡Pero anímate! Hace unos minutos hablábamos del alto costo de la educación, ¿recuerdas? ¿Y de cuánto vale la pena el costo?

—Pero no estoy en la universidad... —comenzó Chen. Luego se detuvo—. Supongo que no debería esperar que todas las lecciones de vida sean fáciles. Aun cuando tenga dificultades en ocasiones, ¡supongo que valen la pena si aprendo algo! *SLK*

¿Y TÚ?

¿Te impacientas cuando las cosas no te salen bien? ¿Te preguntas por qué Dios no hace más fácil para ti aprender las lecciones espirituales? No subestimes el valor de la paciencia y otras cualidades que Dios pueda estar desarrollando en ti a través de tus problemas.

PARA MEMORIZAR:
«La sabiduría es más preciosa que los rubíes; nada de lo que desees puede compararse con ella». Proverbios 3:15

AGRADECE A DIOS POR LAS LECCIONES APRENDIDAS

INTERCAMBIEMOS

LEE HEBREOS 11:24-27

—Oye, ¿qué tienes allí? —preguntó José Andrés y señaló la cubeta que traía su amigo Urías.

—Es un árbol de manzanas —dijo Urías.

—¿En serio? —dijo José Andrés escéptico—. A mí me parece un viejo palo sin vida. —Cambió de tema—. Oye, voy al parque a jugar con mi nueva patineta. —Levantando una patineta muy usada, añadió—: Bueno, es nueva para mí. ¿Quieres venir?

—No puedo —murmuró Urías—. Yo ciertamente prefiero jugar que plantar árboles, pero tengo que plantar este primero.

José Andrés miró con interés el palo en la cubeta.

—No estás bromeando, ¿verdad? ¿En serio es un árbol de manzanas? ¿Cuánto tiempo falta para que tenga manzanas?

—Años y años. Me lo dio mi tío Roberto, y me dijo cuánto tomaría, pero lo he olvidado.

Urías miró la patineta de José Andrés.

—¿Dónde conseguiste esa patineta?

—Mi mamá me la compró en una venta de artículos usados —respondió José Andrés—. Oye, ¿y si intercambiamos?

Urías respondió:

—¿Quieres decir que intercambiemos la patineta por el árbol de manzanas?

José Andrés le ofreció la patineta.

—Ponme a prueba y verás.

Urías la tomó rápidamente.

—Ahora iré a jugar mientras tú trabajas —dijo con una sonrisa.

Luego se marchó al parque, silbando y pensando que había obtenido la mejor parte del trato.

Cuando José Andrés llegó a casa, le mostró a su mamá el palo que llevaba en la cubeta.

—No te importa, ¿verdad? —preguntó ansioso.

Su mamá sonrió:

—No. Hiciste un trato sabio. Renunciaste a un poco de diversión hoy por mucha fruta en el futuro —dijo—. Solo espero que los padres de Urías no se molesten. Si lo hacen, tendrás que devolver el árbol. *BJW*

¿Y TÚ?

¿Estás interesado solo en divertirte ahora? ¿Renuncias a un poco de tiempo de juego para orar, o dejas un libro de historietas para leer la Biblia? ¿Alguna vez dejas un partido para ayudar en un proyecto de la iglesia? Piensa en hacer alguna de estas cosas esta semana.

INVIERTE EN EL FUTURO

PARA MEMORIZAR:
«Pues la sabiduría es mucho más valiosa que los rubíes». Proverbios 8:11

MAYO
12

BENEFICIOS ADICIONALES

LEE GÁLATAS 6:2, 9-10

—¡Jamás iré a esa iglesia! —dijo el señor Contreras mientras sacudía su dedo—. ¡Lo único que hacen es pedir dinero!

¡Qué gruñón!, pensó Berto. *Lo único que hicimos fue invitarlo a la iglesia.*

El siguiente domingo, Berto repitió las palabras del señor Contreras en la escuela dominical, imitando al hombre: «¡Lo único que hacen es pedir dinero!». Luego añadió:

—Pero eso no es verdad. Sé que recogemos una ofrenda cada semana, y otra ofrenda especial una vez al mes para ayudar a las personas que tienen necesidades especiales. Así es que nuestra iglesia hace mucho por las personas.

El señor Martín asintió con la cabeza.

—Sí —dijo—. ¿Alguna vez han recibido algo de nuestra iglesia? —Muchos levantaron la mano—. ¿Alguien quiere contarnos de qué forma?

—Mi papá perdió su trabajo y la iglesia recogió una ofrenda para nosotros. También nos compraron alimentos —dijo Máximo a la clase.

Siguió Brenda.

—Me traen a la escuela dominical —dijo—. Si el autobús de la iglesia no pasara por mí, no podría venir.

—Cuando nuestra casa se incendió, la iglesia alquiló un departamento para nosotros y nos dio ropa y muebles —ofreció Terry.

—Cuando mi abuelito murió, las damas de la iglesia sirvieron la cena a la familia, y el pastor Díaz predicó en el funeral —dijo Carlitos—. Mi tío dijo que cree que las personas de esta iglesia son verdaderos cristianos.

—Dile a tu tío que es lo mejor que puede decir de nosotros —dijo el señor Martín con una sonrisa.

—Cuando mi hermanita estuvo en el hospital, muchas personas de la iglesia oraron por ella. ¡Amo a nuestra iglesia! —Marcos se sonrojó y se sentó.

—Todos la amamos —dijo Berto con firmeza—. Todos menos el señor Contreras.

—Oremos por él esta semana —sugirió el señor Martín—. No sabe lo que se está perdiendo. *BJW*

¿Y TÚ?

¿Alguna vez has pensado sobre los muchos beneficios que recibes a través de tu iglesia? Aun en las iglesias primitivas, los que podían compartir lo hacían con los que tenían necesidad. ¡Qué bueno fue Dios al planear la iglesia para sus hijos! ¿Por qué no escribes una nota de agradecimiento a tu pastor o a tu maestro de la escuela dominical hoy?

PARA MEMORIZAR:

«Siempre que tengamos la oportunidad, hagamos el bien a todos, en especial a los de la familia de la fe». Gálatas 6:10

DA GRACIAS POR TU IGLESIA

LA CAJA FUERTE

LEE PROVERBIOS 2:1-8

Víctor observó mientras su mamá abría la caja fuerte de la casa del tío Frank y tomaba una pila de papeles amarillos de allí. Los revisó rápidamente.

«Este es el papel que necesita el hospital para el registro del tío Frank», dijo. Puso el resto de regreso en la caja fuerte y la cerró.

Mientras su mamá se encargaba del papeleo en la oficina del hospital, Víctor bajó por el pasillo a la habitación del tío Frank.

—Hola, tío Frank —dijo.

El señor mayor levantó la cabeza de la almohada y frunció el ceño.

—Ehhh... ¿quién eres tú?

Observó de cerca a Víctor—. ¡Ah! El pequeño Sergio.

—No, soy Víctor —dijo—. Sergio es mi papá. Él ya está grande.

—¿Eh? No murmures, Sergio —le ordenó el tío Frank.

Víctor se sorprendió.

—Soy Víctor —repitió en voz alta—. Te traje el boletín de la iglesia.

El tío Frank sostuvo el boletín cerca de su rostro.

—"Los que viven al amparo del Altísimo..." —Bajó el papel y cerró los ojos—. "... encontrarán descanso a la sombra del Todopoderoso".

Cuando la mamá de Víctor entró a la habitación varios minutos después, el tío Frank terminaba de recitar el Salmo 91.

—El tío Frank ni siquiera sabía quién era. Pensó que yo era papá —dijo Víctor de regreso a casa—. ¡Luego citó un capítulo entero de la Biblia! ¿Cómo es que pudo recordar eso y no recordarme a mí?

—La vejez le ha robado al tío Frank mucha información que guardaba en su mente —le explicó su mamá—. Pero creo que cuando memorizas la Palabra de Dios, no solo la archivas en tu mente, sino que la guardas en la "caja fuerte" de tu corazón. Los tesoros ocultos allí nunca pueden ser robados. *BJW*

¿Y TÚ?

Imagina cada versículo bíblico que has aprendido como un valioso tesoro oculto en tu corazón. Puedes guardar grandes riquezas al memorizar la Palabra de Dios. Aun cuando la inteligencia y la memoria desaparecen, las personas mayores a menudo pueden recordar, y recibir consuelo y ayuda de los versículos bíblicos que han guardado en su corazón.

MEMORIZA LA PALABRA DE DIOS

PARA MEMORIZAR:
«He guardado tu palabra en mi corazón, para no pecar contra ti».
Salmo 119:11

LA MANERA INCORRECTA

LEE EZEQUIEL 33:10-11

«¡Miau! ¡Miau!».

—Andy, ¿qué le haces a Mafalda? —preguntó su mamá entrando a la habitación.

—Nada, mamá —respondió Andy—. Solo estaba acariciándola, pero volteó hacia el otro lado. Cuando seguí acariciándola, su pelo se erizó muy raro, ¡y a ella no le gustó!

—¡Apuesto a que no! —respondió su mamá con una sonrisa—. ¿Cómo te sentirías si yo te peinara el cabello al revés de como estás acostumbrado? Estoy segura de que a la gatita le hace sentir raro que acaricies su pelo de la manera equivocada. De ahora en adelante, trata de ser más cuidadoso.

Al día siguiente, Andy regresó de la escuela luciendo triste.

—¡Uy, amigo! ¿Qué pasó? ¿Pasa algo malo? —preguntó su mamá.

—Algunos niños de mi clase hicieron trampa en el examen de geografía hoy —contestó Andy—. Juan me preguntó por qué yo no. Le dije que me hace sentir raro hacer ese tipo de cosas, como cuando robé el videojuego de la tienda. ¿Por qué me siento mal al hacer esas cosas cuando nadie más lo siente?

—Bueno, Andy, es más o menos como acariciar el pelo de Mafalda del modo incorrecto —respondió su mamá—. Cuando haces algo mal, el Espíritu Santo te recuerda lo que es correcto porque eres cristiano.

—Es como si hacer algo malo "peinara mi pelo del modo equivocado", así que me siento incómodo y culpable —sugirió Andy.

—Correcto —dijo su mamá—. También funciona a la inversa. Cuando haces lo que debes, te sientes seguro y feliz en lugar de culpable y con miedo, así como Mafalda se siente bien cuando la peinas en la dirección correcta.

—Hasta ronronea cuando la cepillo —dijo Andy sonriendo.

—Lo sé —dijo su mamá. *DSM*

¿Y TÚ?

¿Te sientes triste o culpable por algo que has hecho? Puede ser que el Espíritu Santo esté trabajando para condenar tu pecado. Es como si «te acariciaran el pelo de la manera equivocada». Cuando te sientas culpable de algo, confiésale tu pecado a Dios y dile que lo sientes. Te sentirás mejor cuando lo hayas hecho.

PARA MEMORIZAR:

«Los que encubren sus pecados no prosperarán, pero si los confiesan y los abandonan, recibirán misericordia».
Proverbios 28:13

DIOS CONDENA EL PECADO

LA MANERA DE PELEAR

LEE 2 TIMOTEO 2:20-25

—¡Ken! —gritó Lori mientras colgaba el teléfono—. ¡Deja de escuchar mis llamadas!
Ken entró a la habitación de su hermana.

—¿Por qué piensas que te estaba escuchando? Solo estaba pasando por el pasillo. No es mi culpa que siempre estés hablando por teléfono.

—No es verdad, y lo sabes —replicó Lori—. Eres un gran chismoso.

—¡Boca floja! —contestó Ken.

—Oh, estás exagerando —dijo Lori—. Siempre lo haces.

—No me importa lo que le digas a tus amigas. —Ken rio.

En ese momento entró su mamá del patio. Los miró con dureza.

—Pude oírlos a los dos peleando hasta allá afuera —los regañó. Fue a su cuarto y regresó con una hoja de papel arrugada y descolorida—. Esto es algo que su papá y yo escribimos antes de casarnos. Se llama "Reglas para pelear".

—Papá y tú no pelean —replicó Ken—. No como los Espinoza de la esquina. Ellos gritan y lanzan cosas.

—Pero a veces tenemos desacuerdos, como todas las personas —explicó su mamá—. Por eso hicimos esta lista. Quisiera que ambos la leyeran y que después cada uno añadiera su propia regla.

La lista de sus padres constaba de seis puntos:

1. No grites. «La respuesta apacible desvía el enojo».
2. Sé honesto, pero amable.
3. No menciones el pasado; perdona y olvida.
4. Mantén el desacuerdo entre los dos. Deja a otras personas fuera del asunto.
5. No trates de herir a la persona.
6. Escucha más de lo que hablas. Trata de ver las cosas desde el punto de vista de la otra persona.

—Creo que podemos añadir: "No insultes" —dijo Lori.

—Y: "No exageres usando las palabras *siempre* y *nunca*" —añadió Ken.

—¡De acuerdo! —dijeron al mismo tiempo. *SLK*

¿Y TÚ?

¿Suelen volverse una batalla campal los desacuerdos con tus hermanos? ¿Qué recuerdas del último desacuerdo que tuviste con un amigo? ¿Cuántas de estas reglas rompiste? ¡Pídele a Dios que te ayude a aprender «la manera correcta de pelear»!

¡PELEA SIGUIENDO LAS REGLAS!

PARA MEMORIZAR:
«No nos hagamos vanidosos ni nos provoquemos unos a otros ni tengamos envidia unos de otros».
Gálatas 5:26

LECCIONES SOBRE «SINTONÍA»

LEE COLOSENSES 3:1-4

Trevor observó a su padre afinar el piano, pero tuvo cuidado de no decir nada. Sabía que no debía hablar o molestarlo mientras trabajaba.

—Te gusta afinar pianos, ¿verdad, papá? —preguntó Trevor mientras los dos ponían el equipo de su papá en la camioneta y se subían para volver a casa.

Su papá asintió.

—Pero ¿por qué te gusta que esté todo tan callado mientras trabajas? —preguntó Trevor.

—Porque cuando las personas hablan o hay otras distracciones externas, mis oídos no están escuchando plenamente el sonido del piano —explicó su papá—. Entonces podría no hacer un buen trabajo. —Después de un momento, añadió—: ¿Sabes algo más?

Su papá hizo una pausa y esperó a que Trevor le diera toda su atención.

—¿Qué? —preguntó Trevor.

—Para vivir el tipo de vida que Dios quiere que vivamos para él, necesitamos estar en sintonía con él —dijo su papá—. A veces los cristianos permitimos que las cosas nos distraigan de la voz de Dios.

—¿Como las cosas pecaminosas? —preguntó Trevor.

Su papá asintió.

—A veces son cosas pecaminosas, y a veces, solo cosas.

Trevor miró a su papá.

—No entiendo —contestó.

—Cualquier cosa que nos impide darle a Dios el primer lugar en nuestra vida es una distracción —explicó su papá—. A veces la gente joven, y también las personas mayores, ponen cosas como el deporte, la ropa y la popularidad antes que Dios. —Hizo una pausa breve y luego dijo—: La Biblia nos recuerda que cualquier cosa que se vuelve más importante para nosotros que Dios es pecado.

—Así que supongo que necesito estar en sintonía con Dios leyendo la Biblia —dijo Trevor con seriedad.

—Así es —respondió su papá—. Y hablarle con regularidad y aprender todo lo que podamos de él. *RIJ*

¿Y TÚ?

¿Estás en sintonía con Dios? Si no es así, tal vez necesites dejar las cosas que te están distrayendo de él. Pasa tiempo haciendo cosas que contarán para siempre.

PARA MEMORIZAR:
«Piensen en las cosas del cielo, no en las de la tierra».
Colosenses 3:2

MANTENTE EN SINTONÍA CON DIOS

PRIMERO LO PRIMERO

LEE LUCAS 12:31-34

Amparo y Ryan estaban en el mismo equipo para el concurso del club bíblico de los martes por la noche.

—Vamos ganando —presumió Amparo mientras les contaba a sus padres sobre los resultados actuales—. El equipo que pierda debe organizar una fiesta para los ganadores.

—Y yo ganaré el premio individual por traer la mayor cantidad de niños —dijo Ryan rápidamente—. ¿Tienen más ideas sobre qué otras personas puedo invitar?

Amparo pensó en la hermanita de su amiga Tracy, pero miró a su hermano con desagrado.

—¡No te lo diría aunque lo supiera! —dijo—. Quiero ganar ese premio.

—Bueno, pues yo también conozco a alguien a quien podrías invitar, pero no te diré tampoco —replicó Ryan—. ¡Ahí tienes!

Su mamá y su papá fruncieron el ceño y escucharon con atención. Finalmente, su papá habló.

—¿Para qué están invitando a amigos al club bíblico de los martes por la noche? —preguntó.

Amparo se encogió de hombros.

—Te lo dijimos. Hay un concurso, y hay un premio.

—La mejor razón para invitar a tus amigos sería porque son personas que necesitan escuchar sobre Jesús —dijo su papá.

Hubo un incómodo silencio en la habitación. Amparo y Ryan se movieron un poco inquietos en sus sillas.

—Bien, claro, papá —dijo Ryan finalmente—. Esperamos que algunos de los niños se conviertan en cristianos cuando empiecen a asistir.

—¿Qué tan importante es eso para ustedes? —preguntó su mamá—. ¿Es más importante que la victoria de su equipo o ganar un premio personalmente?

Ni Amparo ni Ryan respondieron a la pregunta de su mamá. Ambos sabían que querían llevar miembros al club bíblico por la razón equivocada. Las prioridades se habían confundido. Se miraron el uno al otro.

—¿Por qué no invitas a...? —comenzaron ambos.

Riendo, intercambiaron nombres de niños que podrían estar interesados en asistir.

¿Y TÚ?

¿Por qué haces cosas «buenas»? Cuando haces algo en la escuela dominical o la iglesia, ¿lo haces para el Señor, o es realmente para ti mismo? Cuando ayudas en casa o en la escuela, ¿es para ganar puntos con tus padres o maestros, o es porque sabes que es lo que se debe hacer? Asegúrate de hacer cosas por la razón correcta.

TEN LOS MOTIVOS CORRECTOS

PARA MEMORIZAR:
«Busquen el reino de Dios por encima de todo lo demás y lleven una vida justa, y él les dará todo lo que necesiten». Mateo 6:33

CONCENTRACIÓN

LEE HEBREOS 12:1-3

¡Pum! ¡La pelota de béisbol voló más allá de la barda!

—*Jonrón... jonrón... jonrón* —coreaba el público mientras Jacob trotaba alrededor de las bases, sintiéndose como un verdadero ganador.

El tablero mostraba la carrera ganadora, y los compañeros de equipo de Jacob corrieron al campo.

De camino a casa, Jacob y su papá se detuvieron para celebrar con helado.

—¿Sabes, papá? —dijo Jacob, perdiendo un poco el entusiasmo del día—. Esperaba que mi amigo Leví viniera hoy. Pero desde que lo invité a la iglesia, me ha evitado. También ha estado hablando con otros de mis amigos a mis espaldas, burlándose de mí. Estoy un poco desanimado —dijo Jacob con un suspiro—. Sería mejor que me rindiera y dejara de hablarle de Dios.

Papá se rascó la barbilla mientras pensaba en el problema de Jacob.

—¿Recuerdas cómo te sentías cuando empezaste a jugar béisbol? —preguntó.

—Sí —rio Jacob—. Pensé que jamás le daría a la pelota.

—¿Y qué hiciste para mejorar tu bateo? —preguntó su papá.

—Bueno... —Jacob lo pensó por un momento—. Obtuve nuevos anteojos. Así que ahora puedo ver la pelota.

Su papá sonrió.

—Sí, eso te ayudó mucho —concordó—. ¿Algo más?

—Practiqué —dijo Jacob—, y practiqué, ¡y practiqué! Y, ¡ah sí! Tuve que aprender a concentrarme en mirar la pelota porque solía distraerme.

Su papá asintió.

—Muchas cosas requieren práctica —dijo—. Y también concentración. Dar testimonio es una de ellas. Así que sigue practicando, y como dice en Hebreos, mantén tus ojos en Jesús. Concéntrate en él cuando te sientes desanimado.

—¿Quieres decir que debo intentar hablar con Leví otra vez? —preguntó Jacob.

—Seguro. —Su papá asintió—. ¿Por qué no? No te rendiste cuando no le pegabas a la pelota. ¿Por qué habrías de rendirte cuando Leví te rechaza? *BLW*

¿Y TÚ?

¿Estás dispuesto a tratar una y otra vez de ganar amigos para Jesús? Cuando no responden de la manera que esperabas, ¿buscas a Jesús para animarte? Él comprende cómo te sientes. Mantén tus ojos en él para no perder el ánimo.

PARA MEMORIZAR:

«Fijemos nuestra mirada en Jesús, pues de él procede nuestra fe y él es quien la perfecciona». Hebreos 12:2, DHH

MANTÉN TUS OJOS EN JESÚS

UN HERMOSO RAMO

LEE APOCALIPSIS 7:9-10

Andrea y su mamá estaban cargando grandes canastas de flores al jardín y el invernadero detrás de la casa. La mamá de Andrea tenía un negocio de flores, y una de las tareas favoritas de Andrea era ayudar a su mamá. Por mucho tiempo trabajaron juntas, seleccionando y cortando flores en el cálido sol y disfrutando la vida y el color bajo sus dedos. Entonces Andrea observó mientras su mamá arreglaba las flores que habían elegido para crear un hermoso centro de mesa que usarían en una gran reunión familiar.

—Eres muy creativa, mamá —dijo Andrea.

Su mamá sonrió.

—Gracias —dijo su mamá—. Pero no soy tan creativa como Dios.

—¿Lo dices porque él creo todo? —preguntó Andrea.

—Sí, él creó todas las flores diferentes. Mira estos hermosos colores: margaritas blancas y amarillas, dalias rojas y rosadas.

—Sí —dijo Andrea—, y los pétalos también son diferentes. Los lirios parecen trompetas, las gladiolas volantes rizados, y las azucenas pequeñas estrellas.

—Dios también creó así a las personas —dijo su mamá con una sonrisa.

—¿Rizadas y como pequeñas estrellas? —bromeó Andrea, arrugando la nariz.

—¡No, tontita! —Su mamá le hizo cosquillas en el cuello con una margarita—. Él nos creó a todos con diferentes características. Hizo diferentes colores de piel, cabello y ojos. Aun las formas del cuerpo son diferentes. Las personas pueden ser altas o bajas, redondas o delgadas. Su cabello puede ser lacio, ondulado o rizado.

Andrea se jaló un rizo marrón.

—Como el mío —dijo.

—Exacto —respondió su mamá—. Así como juntamos una variedad de flores para nuestro ramo, la Biblia dice que Dios reúne a los creyentes de toda tribu, lengua y nación para que lo adoren en el cielo. ¿No será hermoso, Andrea, alabar a Dios entre nuestros hermanos creyentes de toda la tierra?

Los ojos de Andrea se abrieron muy grandes.

—Gente de todo el mundo estará allí. ¡Seremos como un ramo de personas! —exclamó. *ECK*

¿Y TÚ?

¿Has pensado en lo hermoso que será estar en el cielo, adorando a Dios con gente de toda tribu, lengua y nación? Pero no esperes hasta entonces para disfrutar a las personas que lucen y hablan diferente a ti. Aprende a apreciar la creación única de Dios en las personas. Aprende a conocerlas y amarlas ahora. Dios lo hace.

DIOS AMA A TODAS LAS PERSONAS

PARA MEMORIZAR:

«Después de esto vi una enorme multitud de todo pueblo y toda nación, tribu y lengua, que era tan numerosa que nadie podía contarla. Estaban de pie delante del trono y delante del Cordero».
Apocalipsis 7:9

EL ACERTIJO

LEE HEBREOS 10:23-25

Alberto se relajaba en el columpio del porche del patio trasero.

—¡Oye, mamá! ¿Te sabes esta? —preguntó.

Juntó las manos e intercaló sus dedos.

—Aquí está la iglesia. Aquí está la torre. Abre la puerta y mira como corren.

Movió las manos y los dedos para representar las palabras que citaba. Su mamá rio.

—Es una rima antigua, Alberto. Yo misma te la enseñé cuando tenías como tres años —dijo—. Ahora ven. Tengo un acertijo para ti.

Alberto se bajó del columpio y descendió los escalones hacia donde su mamá estaba cavando en el parterre. Ella escribió en la tierra con el dedo.

SAN_ _ ARIO.

—¿Sabes lo que es? —preguntó.

—Sí, dice *S A N, espacio, espacio, A R I O* —dijo Alberto.

—Piénsalo bien. Puedes resolverlo —lo animó su mamá.

Alberto se rascó la cabeza y estudió las letras en la tierra.

—Parece parte de la palabra *santuario.* La parte del edificio donde nos reunimos los domingos para alabar a Dios —dijo—. ¿Significa eso?

—De hecho, no significa nada —dijo su mamá.

—¡Ay, mamá! —protestó Alberto.

—Eso es —añadió su mamá—, no significa nada hasta que añades las letras T y U.

—Hasta que estás TÚ... —comenzó Alberto. Entonces rio—. Esto es bueno —dijo.

—Es mejor que un buen acertijo, Alberto —dijo su mamá—. TÚ eres importante en el santuario, es decir, en la iglesia.

—Sé que la iglesia es importante —dijo Alberto—, pero jamás pensé antes cuán importante soy yo para la iglesia.

Su mamá sonrió y asintió.

—La iglesia es el lugar donde podemos dejar de lado nuestra ocupada vida y encontrarnos con Dios. Podemos encontrar gozo en las oraciones, la música, los sermones y las lecciones. Y podemos animarnos unos a otros. Cada persona es importante. *JJL*

¿Y TÚ?

¿Asistes a la iglesia con regularidad? ¿Experimentas el gozo de reunirte con amigos cristianos y con Dios en su lugar de reunión? Si eres hijo de Dios, tú eres una parte importante en la comunidad de creyentes. ¡La iglesia es un lugar al que perteneces!

PARA MEMORIZAR:

«Pues donde se reúnen dos o tres en mi nombre, yo estoy allí entre ellos». Mateo 18:20

ERES IMPORTANTE EN LA IGLESIA

JEREMÍAS EL GENEROSO

LEE PROVERBIOS 11:24-28

—¿Quieres decir que en verdad le diste a Mateo De León tu último dólar? Hombre, ¡eso fue tonto! —dijo Alan, regañando a su hermano menor—. ¡La semana pasada le diste a Amy tus últimos cincuenta centavos! Siempre estás regalando dinero o dándolo como ofrenda.

—Pero Mateo no tenía dinero para su almuerzo —se defendió Jeremías—. Y Amy necesitaba ese poquito para comprar el regalo que quería para el cumpleaños de su mamá.

—¡Pues deja que alguien más los ayude! —se burló Alan—. A este paso, nunca obtendrás nada a cambio de tu dinero. ¡Yo pronto tendré suficiente para comprarme una nueva manopla de béisbol!

Cierto sábado, unas semanas después, Alan entró corriendo a la casa.

—¡Mira mi manopla nueva! —Se lo enseñó con orgullo—. Ven a jugar pelota conmigo, Jeremías. Puedes usar mi manopla vieja.

—Lo siento, pero no puedo —respondió Jeremías y se puso su chaqueta—. ¿Por qué no llamas a Jorge o a Rick?

—Lo hice —contestó Alan—, pero ellos no quieren jugar. ¿Por qué no puedes tú?

Jeremías sonrió.

—Mateo Pedraza me llamó. La compañía de su papá tiene un picnic en el parque de diversiones hoy. Mateo puede llevar a un invitado y me invitó a mí. Los juegos son gratis todo el día, ¡y también la comida!

Alan suspiró y arrojó su guante sobre el sofá.

—Recuerdo que dijiste que nunca obtendría nada a cambio de mi dinero —dijo Jeremías—, pero me parece que estabas equivocado. Tal vez no tenga mucho dinero, pero no me siento pobre en absoluto. —Vaciló, y luego su cara se iluminó mientras miraba a Alan—. ¿Qué te parece si jugamos mañana?

—Está bien —dijo Alan. Miró a Jeremías salir por la puerta y bajar los escalones—. Incluso te dejaré usar mi guante nuevo —gritó Alan.

Tal vez el modo de hacer las cosas de su hermano era el mejor, después de todo. *BJW*

¿Y TÚ?

Algunas veces el que menos tiene, es el que tiene más. ¿Guardas todo lo que obtienes para ti mismo o lo compartes? Dios quiere que sus hijos sean generosos.

GANA AL DAR

PARA MEMORIZAR:
«Den, y recibirán. Lo que den a otros les será devuelto por completo: apretado, sacudido para que haya lugar para más, desbordante y derramado». Lucas 6:38

RAÍCES PROFUNDAS

LEE COLOSENSES 2:6-10

Lorena y Sebastián estaban caminando con su papá y su mamá por los caminos del Parque Nacional de Secoyas de California. Miraron hacia arriba a las secoyas gigantes marrón rojizo que los rodeaban.

—Ni siquiera puedo ver la cima de esos árboles —dijo Lorena—. ¡Son enormes! La familia avanzó un poco más por el camino.

—¡Guau! ¡Miren! —La atención de Sebastián se desvió hacia una secoya derribada. Corrió hacia ella—. Me pregunto por qué se cayó. Tenía suficientes raíces como para sostenerla.

—De acuerdo con este folleto que recogí, las raíces de las secoyas son superficiales —contestó su papá—. La mayoría de los árboles tienen raíces que llegan a mayor profundidad bajo la tierra. La profundidad de las raíces los ayuda a ser más estables. Se necesita mucho para derribar un árbol con raíces profundas.

Más tarde esa noche, el papá de Lorena y Sebastián llamó a la familia para el devocional.

—Vengan, niños —dijo—. Si queremos que nuestras raíces sean profundas como las de los árboles estables, necesitamos pasar tiempo en la Palabra de Dios.

—¿Nuestras raíces? —preguntó Sebastián, confundido.

Su papá asintió.

—La Biblia dice que debemos estar "arraigados" y edificados en el Señor. Una manera de hacer esto es leyendo la Biblia cada día y haciendo lo que dice.

—No nos hará daño saltarnos unos días, ¿o sí? —preguntó Lorena y acercó una silla.

—Bueno —dijo su mamá, uniéndose a la conversación—. Si nos la saltamos muy seguido, no estaremos arraigados con tanta solidez como lo estaríamos si no hubiéramos dejado de leerla. Seríamos más como esa secoya con raíces superficiales, más propensos a caer a la más leve tentación.

—Yo quiero ser como los árboles con raíces profundas —decidió Sebastián—. Voy a guardar una foto de una secoya en mi cuarto para recordarme que debo leer la Biblia todos los días.

Lorena asintió en acuerdo.

—Yo también —dijo ella. *DAL*

¿Y TÚ?

¿Eres más como los árboles con raíces profundas o superficiales? ¿Te saltas con frecuencia tus devocionales porque sientes que no los necesitas? ¿O están tu mente y tu corazón arraigándose con profundidad en la Palabra de Dios para que puedas estar firme contra la tentación?

PARA MEMORIZAR:

«Arráiguense profundamente en él [Jesús] y edifiquen toda la vida sobre él. Entonces la fe de ustedes se fortalecerá en la verdad que se les enseñó». Colosenses 2:7

ARRÁIGATE EN JESÚS

LA LECCIÓN DE NEGRILLA

LEE MATEO 11:25-30

Simón se paró en el patio, deseando que hubiera alguien con quién jugar.

—¡Tommy! —llamó a gritos a su amigo de la casa de al lado—. ¡To-o-o-my!

La madre de Simón apareció en el porche trasero.

—Simón —dijo—, ¿por qué no vas y tocas a la puerta de Tommy?

—Pero, ¿y si su mamá abre la puerta? —protestó Simón—. ¿Y si se enoja porque la estoy molestando?

—¡Oh, Simón! —lo regañó su mamá—. La mamá de Tommy es muy agradable.

—Creo que solo jugaré aquí —decidió Simón.

Simón deambuló detrás de la casa hasta el alto árbol de arce en el que vivía una ardilla negra. Simón solía acercarse a observar a Negrilla arrancar los granos de la mazorca que el papá de Simón había clavado en el poste de la cerca. Al principio, Negrilla siempre huía. Ahora, la ardilla no corrió hasta que Simón estuvo a solo metro de distancia.

—Negrilla ha empezado a confiar en mí —le dijo Simón a su mamá durante el almuerzo.

Su mamá sonrió.

—Está aprendiendo que no estás allí para lastimarla sino para ayudarla —dijo—. Me recuerda a ti. Aún estás aprendiendo a confiar en la mamá de Tommy. Cuando la conozcas, verás que también es amable. Entre más conoces a alguien, es más fácil confiar en esa persona.

Ella empezó a recoger la mesa.

—¿Sabes, Simón? —continuó—. Dios también es así. Entre más lo conoces, más fácil es confiar en él. Aprendo acerca de él al aprender sobre Jesús. Sé que puedo confiar en que hará lo que es mejor para mí.

Simón pensó en la forma en que Negrilla estaba aprendiendo a confiar en él y en cómo su madre estaba aprendiendo a confiar en Dios. Decidió que tenía que conocer mejor a la mamá de Tommy también. Fue y tocó a la puerta de Tommy.

JKB

¿Y TÚ?

¿Temes que si te haces cristiano Dios te pedirá que hagas algo que no quieres hacer (como ofrecerte a lavar los platos)? Cuando conoces el amor de Dios y aprendes de su bondad, podrás confiar en él. ¡Pasa tiempo leyendo y aprendiendo sobre Jesús!

CONOCE A DIOS A TRAVÉS DE JESÚS

PARA MEMORIZAR:
«Pónganse mi yugo. Déjenme enseñarles, porque yo soy humilde y tierno de corazón, y encontrarán descanso para el alma». Mateo 11:29

ENCONTRAR EL CAMINO

LEE PROVERBIOS 3:1-8

—Un venado —dijo Yoshi en un grito ahogado cuando vio el rápido destello de una cola blanca entre los árboles.

Con cuidado, eligiendo su camino entre palos y ramas caídas, Yoshi caminó hacia el venado. Mirando por encima de su hombro aún podía ver el campamento, así que continuó. Al tratar de acercarse más al venado, este se escabulló entre los árboles. Yoshi corrió tras él. Finalmente se detuvo cuando llegó a un pequeño arroyo. Entonces volteó en dirección al campamento, pero... ¿dónde estaba el campamento? Yoshi estaba perdido.

El entusiasmo se convirtió en terror cuando Yoshi recordó la advertencia del guardabosque de que había osos en el área.

«Querido Dios —oró—, por favor ayúdame a encontrar el camino de regreso».

Al mirar el arroyo, recordó que había uno que corría cerca del campamento. Quizás era el mismo. Tal vez podía seguirlo hasta el campamento. Comenzó el trayecto.

Después de un rato escuchó una voz.

—¡Yoshi! —escuchó.

—¡Papá! —respondió.

Corrió con entusiasmo hacia la voz.

—¿Dónde estabas? —preguntó su papá—. Te dijimos...

Pero el regaño terminó cuando los miedos de Yoshi se convirtieron en lágrimas.

—Estás a salvo, Yoshi —dijo su papá, abrazándolo con fuerza.

El devocional familiar alrededor de la fogata esa noche trató sobre la necesidad de seguir las instrucciones de Dios. Yoshi habló con voz suave.

«Cuando no seguimos las instrucciones de Dios, sino que hacemos lo que queremos, es como cuando yo corrí a buscar ese venado. No quería desobedecer, pero aun así fui por mi propio camino, sin pensar cuánto me estaba alejando. Cuando no pensamos en lo que Dios dice, también nos metemos en problemas, ¿verdad?».

Su mamá y su papá asintieron en acuerdo. *DAB*

¿Y TÚ?

¿Escuchas la Palabra de Dios en la escuela dominical o la iglesia? ¿La lees por ti mismo? Eso es bueno, pero esta es la pregunta más importante: ¿Sigues las instrucciones de Dios que se encuentran en la Biblia? Saber dichas instrucciones no es suficiente. Necesitas seguirlas. Al seguir las instrucciones de Dios, lo sigues a él.

PARA MEMORIZAR:

«No solo escuchen la palabra de Dios; tienen que ponerla en práctica. De lo contrario, solamente se engañan a sí mismos». Santiago 1:22

HAZ LO QUE DIOS DICE

RASGOS FAMILIARES

LEE 1 PEDRO 1:13-16

La tía abuela Luisa le dio un abrazo a Betsy en la reunión familiar.

—Eres la viva imagen de tu madre —dijo.

Betsy trató de sonreír, pero se estaba cansando de escuchar lo mismo. Todos hacían el mismo comentario. De lo único que los familiares mayores hablaban era de cuánto habían crecido Betsy y sus primos, ¡y de a quién se parecían!

Las cosas mejoraron cuando el tío John organizó un juego de softball para los chicos. Quizás la reunión no sería totalmente aburrida después de todo.

—¡Yo seré la lanzadora! —gritó Betsy y corrió hacia el campo.

El juego fue realmente divertido. Betsy consiguió batear dos veces e hizo un jonrón. Y por su excelente lanzamiento, su equipo ganó el partido siete a uno.

Cuando todos se dirigían a las mesas de picnic, la tía abuela Luisa volvió a arrinconar a Betsy.

—Bien, señorita —dijo con tono de enojo—, quizás te parezcas físicamente a tu madre, pero ciertamente no actúas como ella. Ella siempre ha sido la dama perfecta, ¡pero tú acabas de demostrar lo poco femenina eres!

Por un momento Betsy se molestó, pero logró esbozar una sonrisa. Se alegró cuando su mamá vino al rescate esta vez.

—Sí, tía Luisa, Betsy podrá parecerse a mí —dijo su mamá—, pero estamos muy contentos de que haya heredado las habilidades atléticas de su papá.

Camino a casa esa noche, la mamá de Betsy la miró.

—Papá y yo estamos muy orgullosos de cómo actuaste hoy —dijo con una sonrisa—. Sé que te cansó escuchar una y otra vez cuánto te pareces a mí, pero fuiste amable y amigable. De hecho, diría que te pareciste a alguien más, ¡a tu Padre *celestial*! *REP*

¿Y TÚ?

La mayoría de los niños adquieren algunos rasgos físicos y de personalidad de sus padres. Eso está bien, pero si eres un hijo de Dios, también debes estar aprendiendo la manera de actuar como él. Pídele que te ayude a comportarte de modo que la gente diga que ¡tú les recuerdas a tu Padre celestial!

ACTÚA COMO UN HIJO DE DIOS

PARA MEMORIZAR:
«Imiten a Dios en todo lo que hagan porque ustedes son sus hijos queridos». Efesios 5:1

LA COLECCIÓN DE INSECTOS DE JACK (PARTE 1)

LEE GÁLATAS 5:13-15, 22-26

Era el turno de Jack de orar durante la cena una noche.

«Gracias por estos alimentos y por mamá y papá que trabajan tan duro —oró—. Y por favor, Dios, ayuda a Nick a que le vaya mejor en la escuela. Amén».

La mamá de Jack le pasó el espagueti.

—¿Cómo le está yendo a Nick? —preguntó.

—Igual —contestó Jack—. A nadie le agrada. Es tan raro. —Luego continuó criticando a Nick y enumerando sus defectos—. Se supone que debemos completar nuestras colecciones de insectos para el próximo lunes. Nick apenas comenzó. ¡Creo que es simplemente flojo!

—¿Cuántos insectos tienes? —preguntó Ana Lucía, la hermanita de Jack.

—Un montón —dijo Jack—. Incluso tengo una mantis religiosa. Aprendimos que ellas comen cualquier clase de insecto, incluso de su propia especie.

—¿Realmente oran las mantis religiosas? —quiso saber Ana Lucía.

—No, se llaman así por la manera en que juntan sus patas delanteras —dijo Jack—. ¿Crees que hizo una oración por uno de sus amigos antes de comérselo?

Su papá miró a Jack pensativo.

—Algunas personas hacen eso —dijo—. Oran por alguien y luego se comen a esa persona.

Jack lo miró confundido.

—Las personas no se comen unas a otras —protestó.

—Bueno, no se comen literalmente unas a otras —reconoció su papá—. Pero criticar y chismear de otros es como clavarles un puñal en la espalda. Y eso es casi tan malo como comérselas, ¿cierto?

—Nunca lo había pensado de ese modo antes —dijo Jack.

Se sintió mal por la forma en que había hablado de Nick.

—Si realmente queremos que Dios ayude a alguien, necesitamos encontrar maneras de ayudar —añadió su papá.

—¡Lo sé! Tal vez podría llevar a Nick a mostrarle algunos de los mejores lugares para encontrar insectos —dijo Jack. *VCM*

¿Y TÚ?

¿Hay alguien que necesita tu ayuda? ¿Oras por esa persona? ¿Intentas encontrar maneras de ayudarla?

PARA MEMORIZAR:
«Nadie odia su propio cuerpo, sino que lo alimenta y lo cuida tal como Cristo lo hace por la iglesia».
Efesios 5:29

EDIFÍQUENSE UNOS A OTROS

LA COLECCIÓN DE INSECTOS DE JACK (PARTE 2)

LEE MATEO 5:13-16

Mientras volvían a su casa después del programa extraescolar, Jack les contaba con entusiasmo a sus papás lo que había ocurrido en la escuela ese día.

—Le pregunté a Nick si quería trabajar conmigo durante el tiempo de estudio —reportó—. ¡Vaya que se sorprendió! Nadie quiere trabajar con él nunca. Pero dijo: "Claro". Terminamos toda la tarea. Creo que realmente le gustó que alguien lo ayudara. No es tan malo cuando lo conoces mejor.

—Eso fue muy lindo de tu parte, Jack. Estoy orgullosa de ti —dijo su mamá sonriendo.

—Le pregunté a Nick cómo iba su colección de insectos —continuó Jack—. Dijo que no ha atrapado muchos y que no sabe dónde encontrar más. Así que le ofrecí ayuda. Papá, le dije que ustedes me iban a ayudar hoy a atrapar unas luciérnagas y que trataría de atrapar una para él.

—Bien —dijo su papá.

—¿Y saben qué más? —dijo Jack, aun con gran emoción—. Lo invité a ir a la iglesia con nosotros el domingo. Él quiere ir. Es bastante agradable.

Después de cenar, Jack y su papá fueron al patio trasero para atrapar luciérnagas. Después de colocar varias en un frasco, se sentaron en el porche.

—Me da gusto que hoy, en lugar de actuar como una mantis religiosa, te hayas comportado como una luciérnaga —dijo su papá.

—¿Qué quieres decir? —preguntó Jack.

—Bueno —dijo su papá—, ¿qué hacen las luciérnagas? Permiten que sus luces brillen, ¿cierto? Y tú dejaste que tu luz brillara para Jesús por el modo en que trataste a Nick.

Jack sonrió.

—¿Sabes algo, papá? —dijo—. Se siente mucho mejor ser una luciérnaga que una mantis religiosa. *VCM*

¿Y TÚ?

¿Dejas que tu luz brille para Jesús? ¿Qué puedes hacer para mostrarle a un amigo lo que Jesús significa para ti? Tal vez puedas ayudarlo con su tarea. Tal vez puedas incluir a la persona en un juego (aun cuando no sea buena en él). O quizás puedas ser simplemente un amigo.

DEJA QUE TU LUZ BRILLE

PARA MEMORIZAR:

«De la misma manera, dejen que sus buenas acciones brillen a la vista de todos, para que todos alaben a su Padre celestial». Mateo 5:16

28
SOLO CUANDO DUELE

LEE SALMO 105:1-5

Darren hablaba mientras su mamá y él volvían a casa desde la iglesia, pero ella permanecía en silencio. Cuando llegaron a la casa, su mamá detuvo el auto y se volvió hacia él.

—Tu maestra de la escuela dominical me dijo que no has estado memorizando tus versículos bíblicos últimamente —le dijo con seriedad—. Estoy decepcionada. Pensé que repasabas tus versículos cuando hacías tu devocional personal cada día.

Darren se movió inquieto bajo la mirada de su mamá.

—A veces lo hago —dijo—, pero no he tenido nada por qué orar reciente-mente. Y a veces olvido leer mi Biblia.

—Ya veo. ¿Y qué sucede cuando las cosas no van muy bien? —preguntó su mamá al salir del auto.

—Entonces me acuerdo. Como el mes pasado cuando Pixie se escapó... Puse un anuncio en el periódico y oré cada noche —dijo Darren.

Siguió a su mamá dentro de la casa. Cuando la puerta mosquitera se cerró de golpe contra sus dedos, Darren lanzó un grito de dolor.

Su mamá miró la mano de Darren y fue por una bolsa de hielo.

—Sostén esto en tu mano para prevenir que se inflame mucho —dijo.

—Me duele mucho —dijo Darren—. Me alegraré cuando empiece a mejorar.

—Yo también. Pero entonces ya no me necesitarás —dijo su mamá con tristeza.

Darren la miró con sorpresa.

—¿Por qué ya no te necesitaré? —preguntó.

—Porque tu mano estará mejor —contestó su mamá.

—¡Pero aun así te necesitaré! —exclamó Darren—. Tú haces comida para mí y me llevas a lugares. Y además, te amo.

—Me alegra que así sea —dijo su mamá—. Pero, ¿no amas a Dios también? —preguntó.

Darren se veía confundido.

—Claro que lo amo.

—Pero dices que cuando todo va bien te olvidas de orar y memorizar tus ver-sículos —dijo su mamá—. ¿No crees que Dios aún sigue cuidando de ti cuando todo va bien?

Darren asintió.

—Ya veo a qué te refieres —dijo lentamente. *KEC*

¿Y TÚ?

¿Hablas con Dios y permites que él te hable a través de su Palabra tanto cuando las cosas te van bien como cuando estás sufriendo o tienes problemas? Recuerda que Dios tiene muchas cosas que enseñarte, y siempre está dispuesto a escuchar tus oraciones y alabanzas. Pasa tiempo con él en los días buenos, así como en los malos.

PARA MEMORIZAR:

«Busquen al SEÑOR y a su fuerza;
búsquenlo continuamente». Salmo 105:4

PASA TIEMPO
CON DIOS

MUDAR MALOS HÁBITOS

LEE COLOSENSES 3:8-14

—¡Abuelita! ¡Abuelito! —gritaron Félix y Rafael mientras salían corriendo a saludar a sus abuelos.

—¿Lo pasaron bien en su viaje? —preguntó su abuelita.

—Claro que sí. Y vengan a ver lo que trajimos —dijo Rafael. Llevó a sus abuelos a la sala—. Miren. —Señaló una pecera de cristal con plantas verdes vivas.

—Lindas plantas —dijo su abuelito—. Muy lindo.

—Mira otra vez, abuelito —sugirió Félix—. Mira justo allí. —Apuntó a una pequeña rama descansando en el fondo de la pecera.

Su abuelito miró donde Félix señaló. Sonrió.

—Ya lo veo —dijo—. Es un camaleón. Dios pintó a los camaleones para que pudieran integrarse a sus alrededores. ¡Les dio uniformes de camuflaje!

—Hasta parece una pequeña hoja —dijo la abuelita maravillada.

—Los camaleones son criaturas interesantes. Su piel no crece —dijo el abuelito—. Cuando crecen demasiado para su piel, la mudan.

—Sí, aprendimos eso en la escuela —dijo Rafael—. Se deshacen de la piel antigua, y pronto tienen una piel completamente nueva.

—Algo así como lo que debemos hacer nosotros, ¿verdad? —dijo su abuelita.

Félix y Rafael la miraron.

—¿Debemos mudar de piel? —preguntó Rafael.

—No —dijo su abuelita riendo—. Supongo que estaba pensando en voz alta —dijo—. Así como los camaleones mudan de piel, debemos mudarnos de las cosas pecaminosas. Y así como el camaleón se pone una piel nueva, nosotros debemos ponernos características nuevas y santas.

Félix asintió.

—Aprendimos un versículo sobre eso en la escuela dominical —dijo—. La Biblia dice que debemos "quitarnos" al hombre viejo y "revestirnos" del nuevo.

—¡Bien hecho! —el abuelito lo felicitó—. Pero... este hombre viejo tiene hambre. ¿Qué hay de comer?

Riendo, se dirigieron a la cocina. *LJR*

¿Y TÚ?

¿Estás quitándote hábitos pecaminosos que sabes que no agradan a Dios? ¿Te estás vistiendo con características que le agradan? Conocer a Jesús debería marcar una diferencia en la forma en que te comportas.

MUDA LOS VIEJOS Y MALOS HÁBITOS

PARA MEMORIZAR:
«Esto significa que todo el que pertenece a Cristo se ha convertido en una persona nueva. La vida antigua ha pasado; ¡una nueva vida ha comenzado!». 2 Corintios 5:17

RAÍCES

LEE EFESIOS 3:14-21

Kim y su hermano estaban ayudando a su papá a arrancar tocones de árboles en un área detrás de su casa. ¡Era un trabajo duro! Kim se recargó en la pala y miró el hoyo que estaba cavando alrededor del tocón.

—¿Ya está listo? —preguntó con un suspiro.

Su papá se acercó y revisó el tocón.

—Todavía no —dijo.

—¡Tengo una raíz para ti, papá! —dijo Stefano.

Su papá tomó el hacha y se dirigió al tronco de Stefan. Volaron astillas mientras cortaba la raíz.

—Este se ve listo para sacar —dijo su papá cuando terminó de cortar.

Amarró una pesada cadena al tocón. Luego enganchó la cadena a la camioneta. Stefano y Kim gritaron contentos cuando el tocón salió con facilidad.

Kim continuó cavando alrededor de su tocón mientras su papá cortaba las raíces que iba descubriendo. Finalmente, su papá decidió que el tocón también estaba listo para jalarlo. Lo enganchó a la camioneta. Esta vez, las llantas giraron, y Kim gimió. Pero finalmente el tocón salió.

Esa noche después de cenar, su papá alcanzó su Biblia. Buscó Efesios y leyó varios versículos enfatizando una frase: «Echarán raíces profundas en el amor de Dios, y ellas los mantendrán fuertes». Su papá los miró.

—¿Les recuerda algo este versículo? —preguntó.

Kim y Stefano gimieron y se frotaron la espalda.

—Nos recuerda a todas esas raíces que cavamos y tuvimos que cortar —dijo Kim.

Su papá sonrió.

—Fue un trabajo difícil porque las raíces eran fuertes e iban a lo profundo de la tierra —dijo—. Ahora... este versículo habla sobre tener raíces fuertes en Cristo. ¿Cómo logramos tener raíces fuertes en Cristo?

—Leyendo la Biblia —dijeron Stefano y Kim a la vez.

—Esa es una manera —concordó su papá—. ¿Cuál es otra?

—Ah... ¿orando? —sugirió Esteban.

—¿Y dando testimonio a nuestros amigos? —preguntó Kim.

—Todo eso está bien —dijo su mamá—. ¿Y qué tal ir a la iglesia?

—Bien —dijo su papá—. ¡Todos sabemos cómo tener raíces fuertes! *HLF*

¿Y TÚ?

¿Estás echando raíces fuertes en Cristo? ¿Tienes un tiempo devocional regularmente? ¿Oras con frecuencia y asistes a la iglesia con fidelidad? Esfuérzate por desarrollar tus «sistemas de raíces» para que puedas estar fuerte cuando Satanás te tiente.

PARA MEMORIZAR:

«En cambio, crezcan en la gracia y el conocimiento de nuestro Señor y Salvador Jesucristo. ¡A él sea toda la gloria ahora y para siempre! Amén». 2 Pedro 3:18

ECHA RAÍCES FUERTES EN CRISTO

ECHAR LAS REDES

LEE SALMO 55:1-2, 16-17, 22

Con los ojos bien abiertos, Nelson y su hermana Rocío miraron a los pescadores en el largo muelle echar su red sobre el golfo de México.

—Qué gran habilidad tienen ustedes —les dijo su papá a los pescadores.

El hombre rio mientras volvía a echar la red al agua.

—¿Querrían sus hijos intentarlo? —preguntó.

Dispuestos, Nelson y Rocío asintieron. El hombre les enseñó cómo colocar la red en el muelle y luego cómo echarla. Sin embargo, en lugar de caer suavemente sobre el agua, se arrugó cerca del muelle. El hombre sonrió.

—Se aferraron a la red un poco más de lo debido, pero no estuvo mal para un primer intento —dijo.

Después de observar un poco más, Nelson, Rocío y su papá continuaron caminando por el brillante golfo. Estaban disfrutando sus vacaciones de fin de semana, pero una nube de tristeza se cernía sobre Nelson y Rocío. Su mamá estaba enferma.

—Quisiera que mi mamá pudiera caminar por aquí con nosotros —dijo Nelson—. Papá, ¿cuándo se recuperará mamá?

Su papá respondió:

—No lo sé. Tampoco lo saben los doctores —dijo—. Pero sé lo que debemos hacer en este tiempo.

—¿Qué? —preguntó Rocío ansiosamente—. Queremos ayudar.

—¿Recuerdan la forma en que los pescadores echaban la red muy hacia afuera sobre el agua? —preguntó su papá—. Me recordó a otro tipo de "echar". El Salmo 55:22 dice: "Echa tu carga sobre el Señor, y él te sostendrá" (rva-2015). Eso es lo que tenemos que hacer.

—Pero, papá, ya oramos cada día por mamá —dijo Nelson.

Su papá asintió.

—Seguiremos haciéndolo, por supuesto —dijo—. Pero cuando terminemos de orar, también necesitamos dejar nuestras preocupaciones con Dios. Muchas veces echamos nuestras preocupaciones como ustedes dos lanzaron la red; nos aferramos a ellas aun después de haber orado por ellas. Pero, ¿recuerdan cómo la red voló de las manos del pescador hacia lo lejos sobre el agua? Así debemos echar nuestras preocupaciones, lejos de nosotros mismos y hacia Dios. *CEY*

¿Y TÚ?
¿Dejas de preocuparte después de orar por algo? Si la preocupación regresa, llévala otra vez al Señor.

ECHA TUS PREOCUPACIONES SOBRE DIOS

PARA MEMORIZAR:
«Echa tu carga sobre el Señor, y él te sostendrá. Jamás dejará caído al justo». Salmo 55:22, rva-2015

JUNIO
1

UN PREMIO ESPECIAL

LEE 3 JUAN 1:1-8, 11

Todos los estudiantes de la escuela primaria Thomas Jefferson estaban sentados en el auditorio para la asamblea de premiación de fin de año. Primero se dieron los reconocimientos de lectura, luego los de música, y después los de ortografía. José Velásquez pensó que la lista ¡nunca terminaría! Esperaba con ansias la premiación de asistencia. Finalmente, el director comenzó a leer los nombres de los que no habían faltado un solo día durante todo el año.

«Y ahora, vamos a entregar un premio muy especial —sonrió el director Hidalgo—. José Velásquez no ha faltado un solo día a la escuela desde que se enfermó de varicela en el kindergarten. Ahora está en sexto grado».

Todos aplaudieron mientras José pasaba al frente para recibir su certificado de asistencia perfecta.

Tan pronto como José llegó a casa de la escuela esa tarde, le mostró a su mamá el reconocimiento.

—Qué lindo, José —sonrió su mamá—. Probablemente te has mantenido tan saludable por todas esas espinacas que te hago comer.

José rio. A todos en la familia les encantaban las espinacas, ¡excepto a él!

—¿Sabes? —continuó su mamá—. Es bueno estar sano físicamente, pero es aún más importante estar sano espiritualmente. Ha pasado mucho tiempo desde que te enfermaste físicamente. Pero me pregunto, ¿cómo se siente tu espíritu?

—No tan bien como mi cuerpo —admitió José.

—Me temo que todos debemos decir eso de nosotros mismos —dijo su mamá—. Para mantenernos espiritualmente sanos debemos leer la Biblia, escuchar a nuestros maestros de la escuela dominical y a nuestro pastor. Así, si alguien trata de enseñar algo que va en contra de la Palabra de Dios, reconoceremos que está mal. Estar espiritualmente sanos nos ayuda a vivir del modo que el Señor quiere que lo hagamos.

—¿Sabes, mamá? —dijo José—. Desde hoy, trataré de mantenerme sano, ¡espiritual y físicamente! *LMW*

¿Y TÚ?

¿Cómo está tu salud espiritual? No descuides la parte más importante de tu vida. Sé un cristiano saludable y permite que la enseñanza de la Palabra de Dios esté en control de tu vida.

PARA MEMORIZAR:

«Querido amigo, espero que te encuentres bien, y que estés tan saludable en cuerpo así como eres fuerte en espíritu». 3 Juan 1:2

SÉ SANO ESPIRITUALMENTE

LA INDIA O LA CALLE SUR

LEE 2 TIMOTEO 4:1-5

La familia Ortiz estaba en el aeropuerto, despidiendo a Rebeca, la hermana de Esteban. Junto con otros jóvenes de la iglesia, Rebeca iba a pasar dos meses del verano en la India, ayudando a los misioneros que viajarían a pueblos pequeños para enseñar la escuela bíblica durante las vacaciones. Esteban deseaba ir también. Apenas estaba en quinto grado, pero estaba seguro de que el Señor quería que sirviera como misionero un día. Se paró pensativo, mirando al grupo que desaparecía al otro lado del control de seguridad.

—¿Qué sucede, Esteban? —preguntó su papá—. ¿Extrañarás a Rebeca?

—Claro, pero no estoy triste por eso —contestó Esteban—. Me siento triste porque yo también quiero ser un misionero.

—Pero, Esteban, ¡ya eres un misionero! —exclamó su papá—. Traes a tu amigo Dan a la iglesia, y él incluso irá contigo al campamento bíblico.

—Es cierto, pero...

—Y a menudo vas a la casa de la señora Rojas para ayudarla —añadió su papá.

—Sí, pero...

—¿Y qué hay de esos dos niños que se mudaron a la casa de al lado el mes pasado? —continuó su papá—. Escuché que les hablabas del Señor Jesús justo ayer.

—Pero quiero ser un verdadero misionero —suspiró Esteban.

—Esteban —dijo su papá gentilmente—, algún día probablemente tendrás la oportunidad de ir a otro país, como ha hecho Rebeca este verano. Pero ser un misionero no tiene nada que ver con ir lejos. Ser un misionero es compartir el evangelio de Cristo con los que te rodean. Ya eres un verdadero misionero.

Esteban sonrió.

—Gracias, papá. Supongo que lo soy. Rebeca será una misionera en la India, ¡y yo seré un misionero en la Calle Sur!

¿Y TÚ?

¿Quieres ser un misionero? Ser un misionero es sencillamente compartir el evangelio con los que te rodean. Puedes ser un misionero en tu propia calle. Y si quieres ser un misionero en otro país algún día, ¡piensa en toda la buena capacitación que ya habrás obtenido!

SÉ UN MISIONERO HOY

PARA MEMORIZAR:
«Predica la palabra de Dios. Mantente preparado, sea o no el tiempo oportuno. Corrige, reprende y anima a tu gente con paciencia y buena enseñanza». 2 Timoteo 4:2

JUNIO
3

COMODIDAD DISPONIBLE

LEE SALMO 46

Mientras José Miguel miraba a su papá en el banco de trabajo del garaje, sabía que su papá se sentía mal por no haber obtenido el ascenso que esperaba. Su papá siempre silbaba mientras trabajaba contento en un proyecto, pero hoy se veía desanimado. José Miguel deseaba encontrar la manera de animar a su papá. De hecho, le había pedido a Dios una idea sobre cómo ayudar, pero no se le había ocurrido nada.

Justo cuando su papá apagó su sierra mecánica, un pájaro entró volando al garaje.

—¡Vete! —dijo el papá de José Miguel—. Este no es lugar para ti.

Trató de sacarlo con una escoba. El pájaro se escondió debajo del banco de trabajo.

—Creo que está tratando de encontrar un lugar para esconderse —dijo José Miguel.

—Abre más la puerta —dijo su papá—. Quizás el espacio abierto lo atraerá.

En cuanto José Miguel abrió la puerta, el pájaro voló hacia el ático del garaje.

—¡Oh, no! —dijo su papá—. Debí haber cerrado la puerta del ático. Me temo que no lo sacaré de allí jamás. —Subió al ático, pero ni siquiera pudo encontrar al ave—. Probablemente se está ocultando bajo las vigas —dijo y comenzó a trabajar de nuevo—. ¡Si tan solo supiera cuánto quiero ayudarlo a salir libre!

Una idea comenzó a formarse en la mente de José Miguel, pero no estaba seguro de cómo expresarla. Finalmente, decidió hacer su mejor esfuerzo. Aclarando la garganta, José Miguel comenzó.

—Papá, no sé cómo decir esto, pero pensaba en lo que dijiste. Deseabas que el pájaro supiera cuánto querías ayudarlo. Quizás Dios desea que sepas cuánto quiere ayudarte a sentirte mejor sobre el trabajo.

Su papá terminó de dibujar una línea en un pedazo de madera y luego le dio su total atención a José Miguel.

—Lo has dicho muy bien —dijo—. Gracias.

Unos minutos después, José Miguel vio al ave volar fuera del garaje. Luego sonrió al escuchar a su papá silbando mientras trabajaba. *EMB*

¿Y TÚ?

¿Conoces a alguien que está sufriendo? ¿Por qué no le recuerdas cuánto le importa a Dios? No finjas que confiar en Dios hará que desaparezca todo el dolor milagrosamente. Solo deja que la persona sepa que Dios quiere compartir ese dolor. A él le importa.

PARA MEMORIZAR:

«Pongan todas sus preocupaciones y ansiedades en las manos de Dios, porque él cuida de ustedes». 1 Pedro 5:7

DIOS QUIERE AYUDARTE

COMPROBADO

LEE HEBREOS 11:1-6

—Mmm... huele rico —dijo Mónica mientras ella y Kayla entraban a la cocina.

Mónica había regresado a casa de la iglesia con Kayla.

—Sí, ¿qué cocinas, mamá? —preguntó Kayla.

—Estofado de carne —respondió su mamá.

Mónica hizo una mueca y miró con preocupación hacia Kayla.

—¡Ay, no! —dijo Kayla—. Mónica justo me dijo el otro día que no le gusta el estofado de carne. —Luego añadió—: No te preocupes, Mónica. Este te gustará. Mi mamá es una gran cocinera.

Cuando comenzaron a comer en familia, Mónica vio que Kayla comía con gusto, así que probó un bocado. Para su sorpresa, ¡le supo bien!

—La lección de hoy de la escuela dominical se trató de la fe —dijo Kayla cuando las niñas ayudaban a su mamá con los platos después del almuerzo—. ¿Pero cómo sabemos que nuestra fe está puesta en lo que es correcto o en la persona correcta?

—Buena pregunta —dijo su mamá—. Como cristianos, nuestra fe se basa en lo que enseña la Biblia.

—Pero no todos creen en ella —señaló Mónica.

—No —dijo la mamá de Kayla—, pero eso no cambia que sea verdad. —Sonrió—. No querías creer que había estofado en mi olla, pero era estofado de todos modos. —Sus ojos brillaron con humor—. Cuando les dije al principio lo que habría de comer, Kayla se emocionó. Tiene fe en mi manera de cocinar porque ya la ha probado —dijo la mamá de Kayla—. Mónica, tú estuviste dispuesta a probar el estofado a causa de lo que Kayla dijo de él, pero no fue hasta que lo probaste por ti misma que realmente creíste que era bueno, ¿cierto?

Mónica asintió.

—En cierto modo, lo mismo pasa con nuestra fe —continuó la mamá de Kayla—. Nos interesamos en Dios por lo que otros nos dicen. Pero cada uno de nosotros necesita dar un paso de fe y probar la bondad de Dios por nosotros mismos para realmente creer.

Mónica sonrió.

—Creo que quiero aprender más de Dios. ¿Puedo ir a la escuela dominical otra vez la próxima semana?

—Por supuesto —dijo Kayla con una sonrisa. *GDB*

¿Y TÚ?

¿Te has preguntado si tienes las creencias correctas? Hay muchas cosas que señalan al hecho de que la Biblia es en verdad la Palabra de Dios. Otros han puesto la fe en ella, pero tú debes decidir por ti mismo si creerás en ella o no. Por fe, acepta todo lo que Dios permite que experimentes.

CAMINA POR FE

PARA MEMORIZAR:
«Sin fe es imposible agradar a Dios».
Hebreos 11:6

ATRAPADO EN UN REMOLINO

LEE PROVERBIOS 1:10-15

—¡Empuja más fuerte! —gritó Sancho—. Entre más rápido nos movamos en esta dirección, más fuerte será el remolino.

Sancho y sus amigos corrieron en el agua, creando un círculo en la piscina de plástico de la familia mientras corrían.

—¡Bien! ¡Ahora regrésense! —gritó Sancho.

Rápidamente los niños enfrentaron la dirección opuesta, pero algunos no podían moverse contra la corriente.

—No puedo contra ella —dijo Toby riendo, mientras él y Sancho dejaban que el agua los arrastrara.

Cuando el agua se tranquilizó, Sancho le preguntó a su papá, que observaba, si podían hacer otro remolino. Su papá sacudió la cabeza.

—Hoy no —dijo—. Me enteré de una piscina que se rompió después de varios remolinos en un solo día. Prefiero no arriesgarme. No estoy seguro de cuánta fuerza tiene nuestra piscina.

Después que salieron los otros niños, Sancho le sonrió a su papá.

—Este fue un día divertido aunque no me dejaste ir al centro comercial con los otros chicos de la escuela —dijo—. Probablemente se gastaron bolsillos llenos de monedas en el área de juegos.

—Estar con esos niños te habría costado más que dinero —dijo su papá.

Sancho detestaba cuando su papá hablaba así.

—Yo no habría hecho nada malo —dijo a la defensiva.

—Estoy seguro de que no habrías tenido la intención —dijo su papá—, pero si andas con esos chicos que usan malas palabras, hacen comentarios groseros sobre las niñas y roban cigarrillos, podrías descubrir que empiezas a adoptar algunos de sus malos hábitos.

—Ay, papá —se quejó Sancho.

—Después crear un remolino en la piscina en una dirección, ¿qué pasó cuando intentaron ir en la dirección opuesta? —preguntó su papá.

—Casi no pudimos —dijo Sancho.

—Así es —concordó su papá—. Fue más fácil ir con la corriente que en contra, ¿cierto? También funciona así con las amistades. Si andas con niños que hacen cosas malas, es más fácil que te dejes llevar por su modo de ser que ir en contra y hacer lo correcto. *NEK*

¿Y TÚ?

¿Desearías poder andar con algunos de los niños que pueden hacer lo que quieren? Recuerda que Dios quiere que camines por un solo camino, y ese es su camino.

PARA MEMORIZAR:

«Traza un sendero recto para tus pies; permanece en el camino seguro». Proverbios 4:26

VE POR EL CAMINO DE DIOS

LO QUE NO PUEDES VER

LEE 1 PEDRO 1:3-5

Lucas estornudó. Dejó el libro que estaba leyendo y tomó un pañuelo desechable. Un mal resfriado lo había dejado en casa en lugar de ir a la escuela dominical, y le dolía la nariz.

—¿Cómo te sientes? —preguntó su mamá al entrar con un vaso de jugo.

Lucas estornudó otra vez y tomó otro pañuelo.

—No dejo de estornudar —dijo—. Pero Rick me contagió este resfriado, y él ahora ya está bien. Así que me imagino que en uno o dos días me sentiré mejor. —Frunció el ceño—. Sin embargo, hay algo más que me molesta.

Su mamá se sentó junto a él.

—¿Es algo con lo que te pueda ayudar? —preguntó.

—Bueno, el otro día le pregunté a Rick si quería venir conmigo alguna vez a la escuela dominical —dijo Lucas—. Rick dijo que no cree en lo que no puede ver. Me preguntó cómo sé que hay un Dios o un lugar como el cielo, ya que no puedo verlos. Le dije que yo solo sé... y así es, pero... ¿cómo lo sé, mamá?

Su mamá pensó un momento.

—Dices que Rick tuvo un resfriado la semana pasada, ¿cierto? —preguntó.

Lucas asintió.

—Apuesto a que Rick ha leído sobre los gérmenes que causan resfriados y enfermedades —dijo su mamá—. Le puedes preguntar si alguna vez ha visto esos gérmenes.

Lucas sonrió.

—¡Oh, sí! Buena idea —dijo—. Seguro que cree que esos gérmenes son los que lo hicieron enfermarse.

Su mamá asintió.

—Hay gérmenes que viven a nuestro alrededor todo el tiempo, en un pequeño mundo propio. Solo porque no podemos verlos, no significa que no están allí. Lo mismo pasa con Dios y con el cielo. Dios describe el cielo en la Biblia. Es un mundo que no podemos ver, pero eso no significa que no exista.

—Se lo diré a Rick, y lo invitaré otra vez a la escuela dominical la próxima semana —dijo Lucas—. Tal vez quiera aprender más sobre otras cosas que no podemos ver. Y un día, quizás incluso vea el cielo —sonrió Lucas—. Sé que yo sí lo veré —añadió. *KEC*

¿Y TÚ?

¿Crees solo en cosas que puedes ver? De hecho, crees en muchas cosas que no puedes ver, como las ondas de sonido del radio y la televisión, el viento, la electricidad y los gérmenes. La evidencia de que Dios existe y de que su Palabra es verdad está a tu alrededor en el mundo que él creó.

DIOS Y EL CIELO SON REALES

PARA MEMORIZAR:
«Ningún ojo ha visto, ningún oído ha escuchado, ninguna mente ha imaginado lo que Dios tiene preparado para quienes lo aman». 1 Corintios 2:9

7

DOS IMPOSTORES

Gabo hojeó el himnario. *¿Acaso el pastor Castillos nunca va a terminar su mensaje?*, pensó. *Ha estado predicando por horas.* Cuando finalmente la congregación inclinó la cabeza para la oración final, Gabo siguió soñando despierto y meciendo sus piernas hacia adelante y hacia atrás.

Pudo escuchar la voz del pastor Castillos entre la audiencia.

—Si sabes sin ninguna duda que eres salvo, por favor levanta la mano —dijo.

Con el rabillo del ojo, Gabo vio muchas manos alzarse. Rápidamente alzó la mano también. Entonces el pastor Castillos hizo una invitación a los que no eran salvos, pero Gabo apenas lo escuchó. Su mente estaba ocupada en otras cosas.

Al día siguiente, Gabo fue al jardín y recogió un poco de espinacas para una ensalada. Mientras ayudaba a su mamá a lavar las hojas un poco más tarde, su mamá frunció el ceño.

—Gabo, algunas de estas hojas no son de espinaca —dijo.

—Las recogí de la fila de las espinacas —insistió Gabo.

—Se parecen mucho a las espinacas —concordó su mamá—, pero son malas hierbas.

—¡Malas hierbas! —exclamó Gabo—. ¿Recogí malas hierbas?

Su mamá asintió.

—Impostoras en la fila de las espinacas —dijo, mientras separaban las hojas de espinaca de la maleza—. ¿Sabes qué? Estas impostoras en la fila de las espinacas me recuerdan a los impostores en las bancas de la iglesia.

—¿Qué quieres decir? —preguntó Gabo.

—Estar en la fila de las espinacas no hizo que fueran espinacas —contestó su mamá—. Y estar en una banca de la iglesia no hace que alguien sea un cristiano.

Gabo recordó que había alzado la mano para decir que era salvo. De pronto se dio cuenta de que ir siempre a la iglesia con su mamá no lo hacía un cristiano... de hecho, sabía que no lo era. Había dos impostores allí: las malas hierbas y él. Sabía que necesitaba hacer algo al respecto.

—Mamá —comenzó—, yo también me siento como si fuera un impostor... *DAL*

¿Y TÚ?

¿Eres un impostor? ¿Actúas como un cristiano, pero nunca has aceptado a Jesús como tu Salvador? Es una decisión individual. Si estás interesado, habla con un adulto de confianza para aprender más sobre lo que significa ser un cristiano.

PARA MEMORIZAR:

«Si declaras abiertamente que Jesús es el Señor y crees en tu corazón que Dios lo levantó de los muertos, serás salvo». Romanos 10:9

NO SEAS UN IMPOSTOR

LOS LIBROS DE HISTORIA DE DIOS

8

LEE JOSUÉ 6:1-5, 20

—Mejor estudia ahora, Julio. —Su mamá miró por encima del hombro al asiento trasero del auto—. Una vez que lleguemos a la reunión, no habrá tiempo.

Julio tomó su libro.

—La historia es pesada y aburrida —dijo.

—Pero es muy importante —dijo su papá—. Se ha dicho que somos la suma total de los que vivieron antes que nosotros.

—Suena más a matemáticas que a historia —se quejó Julio—. Y tampoco me gustan las matemáticas.

Se quedaron en silencio por varios kilómetros.

—¡Suficiente! —dijo Julio y cerró el libro con fuerza—. Me muero de ganas de llegar a la casa del abuelito. Seguro que tiene algunas buenas historias que contar. Me encanta oír cómo llegó a Estados Unidos con solo unos cuántos dólares. Y solo podía hablar algunas palabras en inglés. Eso requirió valentía. —Julio miró afuera de la ventana—. ¿Vendrá el hermano del abuelo de Guatemala? —preguntó—. Seguro que él también tiene buenas historias que contar.

Su papá sonrió.

—Julio, ¿te das cuenta de que las historias que abuelito cuenta son historia?

—¡Oh no, papá! —exclamó Julio—. Abuelito cuenta historias emocionantes.

—Sí, y son historia —insistió su papá—. Lo que tu abuelito te cuenta es la historia de nuestra familia. Lo que lees en tu libro es la historia de nuestro país.

Julio se veía sorprendido.

—Supongo que entonces algo de historia puede ser interesante —dijo.

—Sí, puede —dijo su mamá—. *Dios* nos ha dado también un interesante libro de historia.

—La Biblia —dijo Julio.

—Así es —concordó su mamá—. Los libros del Antiguo Testamento desde Josué hasta Ester cuentan la historia del pueblo especial de Dios, los judíos. Algunas de las historias más emocionantes de la Biblia se encuentran allí. Como la historia de Josué y la batalla de Jericó.

Nuevamente Julio se sorprendió.

—Me encanta esa historia —dijo—. Tal vez deba retractarme de haber dicho que la historia es pesada. *BJW*

¿Y TÚ?

¿Sabías sobre esos doce libros de historia en el Antiguo Testamento? Memoriza sus nombres. Léelos. Tal vez te sorprenderá lo que encuentres allí.

LEE EL ANTIGUO TESTAMENTO

PARA MEMORIZAR:
«Estudia constantemente este libro de instrucción. Medita en él de día y de noche para asegurarte de obedecer todo lo que allí está escrito». Josué 1:8

UNA NUEVA INCORPORACIÓN

LEE MATEO 19:13-15

Tasha y su hermana menor, Margo, miraron con curiosidad a su papá cuando se aclaró la garganta.

—Tenemos una sorpresa para ustedes —les dijo su papá con misterio.

Tasha esperaba que se tratara de un televisor nuevo de pantalla grande, mientras que Margo se imaginó un viaje a Disneylandia.

La mamá de las niñas sujetó la mano del papá.

—Voy a tener un bebé —dijo sonriendo.

—¿De verdad? —Margo saltó con entusiasmo—. ¡Yupi!

—Debes estar bromeando —dijo Tasha, escéptica.

—Pensamos que te alegrarías —dijo su mamá—. Disfrutas a los bebés de otras personas.

—¡Es diferente! —insistió Tasha—. No están todo el tiempo contigo agarrando tus cosas. Y probablemente tendré que cambiar pañales y cuidarlo todo el tiempo. Todo será diferente con un bebé en casa.

—Es verdad —dijo su mamá—. Pero estoy segura de que todos tendremos mucho amor para darle.

Princesa, la gatita de la familia, saltó al regazo de Tasha. Rodney, el gato más viejo, se quedó tomando una siesta, hecho una bola. Mirando a su hija y a la gatita, al papá de Tasha se le ocurrió algo.

—¿Recuerdas cuando Princesa se convirtió en nuestra mascota? —preguntó—. ¿Y recuerdas cómo respondió Rodney cuando la trajimos a casa?

—Bueno... claro —dijo Tasha lentamente—. A Rodney no le gustó mucho al principio porque ella invadió su territorio. Pero al poco tiempo se hicieron buenos amigos. —Comenzó a comprender lo que su papá quería decir—. Así que, ¿crees que me gustará tener un nuevo hermanito o hermanita cuando nazca?

Su mamá y su papá asintieron, y su papá añadió:

—Le pediremos a Dios que nos ayude a esperar con gozo este evento.

—Bien —concordó Tasha—. ¿Cómo lo llamaremos? Espero que sea un niño. —Notó la sonrisa de sus papás—. Creo que estoy más emocionada con el bebé de lo que creía. *EJH*

¿Y TÚ?

¿Hay otras personas a quienes puedas amar, como a un hermanito pequeño? ¿O tal vez a un compañero nuevo en la escuela? Jesús amó a todos. Incluso dedicó tiempo para abrazar a los niños pequeños y hablar con ellos. Él sabía que los bebés son regalos de Dios.

PARA MEMORIZAR:

«Pero Jesús les dijo: "Dejen que los niños vengan a mí. ¡No los detengan! Pues el reino del cielo pertenece a los que son como estos niños"».
Mateo 19:14

DA LA BIENVENIDA A LOS NUEVOS MIEMBROS DE LA FAMILIA

EL MIEDO DE SAMIRA

LEE MATEO 6:26-29, 34

Era el cumpleaños de Samira. Mientras miraba su primera bicicleta, su mamá y su hermano Hank le sonreían.

—Puedes aprender a montarla después del desayuno —dijo su mamá—. ¿Quieres?

Samira asintió, pero secretamente deseaba que no le hubieran regalado una bici.

Cuando su mamá entró a la casa, Hank se sentó en los escalones junto a Samira. Ella lucía triste.

Hank sonrió.

—Yo te ayudaré a montar —le ofreció—. Aprenderás rápido.

Samira miró hacia otro lado. Tenía miedo de andar en bici. Cuando visitó a sus primos el año pasado, lo había intentado, pero se cayó y se rompió el brazo. Estaba segura de que Hank sabía que tenía miedo. Él puso su brazo sobre los hombros de ella.

—Tengo miedo de caerme otra vez, Hank —dijo Samira, con lágrimas en los ojos.

—Probablemente sucederá —concordó Hank—. Yo me caí muchas veces cuando estaba aprendiendo a montar.

Samira trató de no llorar.

—Está bien tener miedo, Samira —dijo Hank.

—Tú no tuviste miedo de aprender —contestó Samira.

—No tuve —admitió Hank—. Pero, ¿recuerdas cuando mamá nos llevó a las clases de equitación el año pasado?

—¡Sí! —sonrió Samira—. ¡Eso fue divertido!

—Bueno, yo tuve mucho miedo ese día —dijo Hank—. Pero le pedí a Dios que me ayudara.

Samira pensó por un momento.

—Nunca pensé pedir por algo como esto —dijo—. Parece algo tan pequeño.

—¿Recuerdas los versículos que mamá leyó la otra noche sobre cómo Dios cuida de las aves y los lirios del campo? —preguntó Hank—. ¿Y qué hay de tu cabello? Dios incluso sabe cuántos cabellos hay en tu cabeza. Esas cosas son pequeñas también, ¡muy pequeñas! Pero no tan pequeñas como para que a él no le interesen.

Samira sonrió.

—Bueno, Hank. Le pediré a Jesús que me ayude a no tener miedo —dijo.

Aunque aún tenía miedo, sabía que Jesús la ayudaría. *MKH*

¿Y TÚ?

¿Recuerdas que nada es demasiado pequeño para hablar de eso con Dios? A él le interesa cada detalle de tu vida. Háblale de tus esperanzas y miedos. Confía en que te ayudará aun con tus preocupaciones más pequeñas.

A JESÚS LE IMPORTAN LAS COSAS PEQUEÑAS

PARA MEMORIZAR:
«Y, en cuanto a ustedes, cada cabello de su cabeza está contado. Así que no tengan miedo». Lucas 12:7

11

FRUTO INESPERADO

LEE MARCOS 4:14-20

—¡Mamá!, ¡Papá! —los llamó Enrique corriendo hacia el interior de la casa—. ¡Vengan rápido! ¡Creo que está creciendo una sandía en el patio trasero!

—¿En serio? —preguntó su papá—. La tierra de atrás es pobre y pedregosa. Habría pensado que una sandía no podría crecer allí.

—Pero hay una —insistió Enrique—. Vengan a ver.

—La veremos después —dijo su papá—. Ahora tenemos que irnos a la Misión Rescate o llegaremos tarde para el servicio.

La familia de Enrique había estado de acuerdo en liderar el servicio de la tarde de la Misión Rescate una vez al mes. Gruñendo, Enrique fue a su cuarto y sacó su trompeta y su hoja de música.

De camino a casa, unas horas después, hablaron sobre el servicio.

—Nadie en la misión parecía estar prestando atención hoy, y nadie aceptó a Jesús —dijo Enrique—. Creo que ir fue una pérdida de tiempo.

—Aun así debemos compartir el evangelio —dijo su mamá—. Nunca sabes cuándo el corazón de alguien estará listo para aceptar al Señor.

Tan pronto llegaron a la casa, Enrique convenció a sus padres de que lo acompañaran a ver la planta de sandía. Ciertamente había una planta, con una sandía muy pequeña.

—Esta planta debe haber nacido de algunas semillas que tiramos aquí el año pasado —dijo Enrique.

Su papá asintió.

—Pensé que toda la tierra de aquí atrás no servía para nada, pero parece que algunas de esas semillas cayeron en tierra que estaba lista para que la sandía creciera.

—Hoy en la misión también esparcimos semilla —añadió la mamá de Enrique—. Esa semilla fue la Palabra de Dios. Algunos de los hombres parecían no estar prestando atención, pero no sabemos la condición de sus corazones. Quizás esa semilla también dará fruto. *NEK*

¿Y TÚ?

¿Sientes que es inútil compartir sobre el Señor con personas que no parecen estar interesadas? Es tu responsabilidad seguir compartiendo. Podrías estar hablando con alguien cuyo corazón está listo para aceptar a Jesús.

PARA MEMORIZAR:
«Las semillas que cayeron en la buena tierra representan a los que de verdad oyen y entienden la palabra de Dios, ¡y producen una cosecha [...] más numerosa de lo que se había sembrado!». Mateo 13:23

PROPAGA LA PALABRA DE DIOS

EL PANORAMA COMPLETO

LEE GÉNESIS 50:15-20

Ana miraba la pantalla del televisor con ansias. Iban a mostrar la oficina de su mamá.

—No me parece que esa sea tu oficina —dijo Ana a su mamá—. Tu oficina es más grande. Lo único que puedes ver en la pantalla del televisor es el escritorio de tu jefe y ese cuadro detrás.

—Bueno, solo pueden mostrar una pequeña parte de lo que realmente hay allí, ¿sabes? —dijo su mamá—. Es como lo que Dios hace con nosotros en la vida algunas veces.

—¿Qué quieres decir? —preguntó Ana.

Su mamá apagó el televisor. Continuó:

—Bueno, a veces suceden cosas que nos entristecen, y no entendemos por qué pasan. Pero, así como en la pantalla del televisor no se veía la oficina completa, tampoco vemos el panorama completo de nuestra vida —explicó su mamá—. Y cuando las cosas tristes suceden, podemos confiar en que Dios aún nos ama y tiene un buen plan para nuestra vida.

Ana se quedó pensativa.

—Últimamente he estado triste porque mi abuelito ya no está aquí —le dijo a su mamá. Sintió que sus ojos se llenaban de lágrimas al pensar en su abuelito—. ¿Por qué tuvo que morir en un accidente de auto?

Su mamá contestó:

—No lo sé, Ana. Solo Dios lo sabe. Pero sé que estás triste porque lo extrañas. Y eso está bien por ahora. Pero la vida no siempre será triste. Ahora, leamos el versículo de hoy —dijo su mamá levantando el libro devocional.

Ana leyó:

—"Pues yo sé los planes que tengo para ustedes —dice el SEÑOR—. Son planes para lo bueno y no para lo malo, para darles un futuro y una esperanza". Mmm. ¿Crees que Dios tiene buenos planes para mí?

—Sí, creo que los tiene —respondió su mamá con una sonrisa—. Y así como la televisión solo mostró un poquito de mi oficina, Dios solo te está mostrando una pequeña parte de tu vida. ¡Quién sabe lo que habrá a la vuelta de la esquina!

—Me alegra que Dios pueda ver el panorama completo —dijo Ana con una sonrisa. *KRA*

¿Y TÚ?

¿Estás triste por una situación en tu vida? ¿Es posible que tengas una falsa impresión de la situación? Dios ve el panorama completo y hará lo que es mejor para ti. Confía en él.

CONFÍA EN DIOS SIEMPRE

PARA MEMORIZAR:

«Pues yo sé los planes que tengo para ustedes —dice el SEÑOR—. Son planes para lo bueno y no para lo malo, para darles un futuro y una esperanza». Jeremías 29:11

JUNIO
13

LA NIÑA DE TUS OJOS

LEE PROVERBIOS 7:1-4

Sarita cerró fuerte los ojos y se agachó rápidamente para esquivar el lápiz que volaba por el aire en su dirección. Cuando lo oyó rebotar de su escritorio al piso del salón, se enderezó y fulminó con la mirada a Kent, que sonreía.

—Casi me das en el ojo —dijo Sarita enfadada.

—Kent... Sarita... ¿qué está pasando aquí? —preguntó la señora Newton y caminó hacia ellos.

—Kent me lanzó un lápiz y ¡casi me da en el ojo! —dijo Sarita.

—No fue mi intención —dijo Kent rápidamente.

—Sí que lo fue —lo acusó Sarita.

—No es cierto —insistió Kent—. Solo estaba jugando.

Él frunció el ceño.

—Kent —dijo la señora Newton severamente—, pudiste haber lastimado a Sarita, aunque pensaras que solo te estabas divirtiendo. Y Sarita, ¿puedes ver que Kent no pretendía lastimarte? —preguntó la señora Newton.

Sarita miró a Kent y asintió.

—Pienso que este puede ser un buen momento para una lección sobre los ojos —dijo la señora Newton caminando de regreso a su escritorio—. Clase, saquemos nuestros libros de salud.

En casa esa tarde, Sarita les contó a sus padres sobre la lección.

—Aprendimos que todos tenemos un instinto nato que nos dice que cerremos los párpados y nos movamos cuando algo se acerca a nuestros rostros —reportó—. Eso es porque nuestros ojos son sensibles y fáciles de dañar. Si no lo hiciéramos, algunas personas estarían ciegas hoy.

Su mamá asintió.

—Todos tratamos de cuidar bien nuestros ojos porque son importantes para nosotros —dijo.

El papá de Sarita preguntó:

—¿Sabías que Dios se refiere a su pueblo como a la "niña de sus ojos"? Esto nos indica cuán importante somos para él. Y la Biblia también dice que debemos guardar sus enseñanzas como a la "niña de nuestros ojos".

Sarita sonrió.

—Supongo que deberíamos cuidar nuestros ojos para ver bien. Y debemos tratar la Palabra de Dios como a nuestros ojos, como a una preciada posesión —dijo. *JJB*

¿Y TÚ?

¿Cómo tratas la Palabra de Dios? ¿Es importante para ti? Trata de leerla cada día esta semana.

PARA MEMORIZAR:

«Guarda mis mandamientos y vivirás; guarda mi enseñanza como a la niña de tus ojos». Proverbios 7:2, RVA-2015

GUARDA LA PALABRA DE DIOS

LIMPIO POR DENTRO Y POR FUERA

LEE SALMO 119:9-16

Era sábado por la noche y la hora del baño en la casa Vascos. Como siempre, Leo y Cristi se quejaban por tener que bañarse.

—¡Detesto tener que bañarme! —dijo Leo.

—Yo también —añadió Cristi—. Siempre interrumpe lo que estoy haciendo.

Pero ambos niños se bañaron y se alegraron de tener un poco más de tiempo para jugar.

Entonces su mamá los llamó a la sala.

—Es hora del devocional familiar —dijo.

—Oh, mamá —se quejó Cristi—. ¿Tenemos que hacerlo? Quiero hacer mi crucigrama.

—Por cierto, ¿por qué la gente tiene que hacer devocionales cada día? —se quejó Leo—. ¡Toma mucho tiempo!

—Es interesante que lo pregunten —contestó su mamá—, porque los versículos que planeaba leer hablan de eso. —Abrió la Biblia en el Salmo 119 y leyó el versículo 9—: "¿Cómo puede un joven mantenerse puro? Obedeciendo tu palabra".

—Es un buen consejo. Necesitamos mantener nuestra vida limpia, así como nuestro cuerpo —dijo el papá de los chicos—. La Biblia nos dice cómo quiere Dios que vivamos, y nos ayuda a ver las manchas sucias de pecado en nuestra vida. Podemos decir que la Palabra de Dios es como un espejo que nos ayuda a ver dónde necesitamos limpieza.

—Y confesar nuestros pecados a través de la oración es como un jabón que quita la suciedad —sugirió Cristi.

—Y el perdón de Dios es como el agua que enjuaga la suciedad del pecado —terminó Leo.

—Correcto —concordó su papá—. ¿Contesta esto su pregunta? ¿Ven por qué es importante leer la Biblia y orar todos los días?

Leo y Cristi asintieron. Su mamá volvió a la Biblia para leer algunos versículos más. *CEY*

¿Y TÚ?

¿Te lavas con cuidado el exterior, sin preocuparte por el interior? Tu cuerpo necesita limpieza con agua y jabón todos los días. Y tu vida necesita limpieza todos los días por medio de la lectura de la Palabra de Dios y de obedecerla.

LEE LA BIBLIA

PARA MEMORIZAR:
«¿Cómo puede un joven mantenerse puro? Obedeciendo tu palabra». Salmo 119:9

SORPRESA SENCILLA

LEE MATEO 10:29-31

Finalmente, la familia Hellerman llegó a casa del abuelito. Noé brincó y corrió a la puerta. ¡Estaba emocionado! Justo la noche anterior, su abuelito había llamado y le había dicho que le tenía una sorpresa especial.

Tan pronto como su abuelito llegó a la puerta, Noé preguntó:

—¿Dónde está la sorpresa, abuelito? ¿Puedo verla ahora?

Su abuelito rio.

—Ven —dijo—. Te la mostraré.

Se dirigió a un lugar del patio donde Noé no podía jugar porque era donde su abuelito tenía sus comederos para pájaros. No quería que Noé ahuyentara a los pájaros. El abuelito extendió la palma de la mano de Noé para que estuviera paralela al suelo y puso en ella una semilla de girasol.

—Ahora quédate quieto y no te muevas ni un centímetro —le indicó.

Noé hizo lo que le pidió. Esperó unos minutos, y su brazo se cansó. Pero entonces un pequeño pájaro gris con blanco se paró sobre su dedo, tomó la semilla de girasol y salió volando.

—¡Guau! —exclamó Noé—. ¡Fue algo genial!

—Acabas de alimentar a un pájaro carbonero —le explicó su abuelito.

—Era tan chiquitito. Casi como si ni siquiera hubiera estado aquí —dijo Noé.

Su abuelito asintió.

—Sí —concordó—. De hecho, los carboneros son mis aves favoritas. Son de las más fáciles de domesticar, y son ¡*muy* pequeñas! ¿Sabes?, cuando estoy acá afuera alimentando a las aves, recuerdo esos versículos en la Biblia que hablan del cuidado de Dios por las aves y por nosotros. Imagina, si Dios cuida de los pequeñitos carboneros, ¡cuánto más debe cuidar de nosotros!

—Dios ciertamente se interesa mucho por nosotros, ¿verdad, abuelito? —dijo Noé mientras ponía otra semilla de girasol en su palma. *LMW*

¿Y TÚ?

¿A veces te sientes perdido y solo en el mundo, confundido por las cosas que suceden? ¿Sientes como si a nadie le importaras en verdad? No pienses así. El Señor conoce y cuida a las aves, y tú eres mucho más importante para él que los pájaros. Dios cuida de ti ¡todo el tiempo!

PARA MEMORIZAR:

«Así que no tengan miedo; para Dios ustedes son más valiosos que toda una bandada de gorriones». Mateo 10:31

DIOS CUIDA DE TI

FUERA DEL ALCANCE

LEE 2 TIMOTEO 2:20-25

—No más dulces antes de la cena, Aurelio —dijo su mamá mientras sacaba el recipiente caliente del horno.

Aurelio asintió con mente ausente y masticó un caramelo mientras ponía la mesa. Pensaba en la invitación que había recibido para ir a una fiesta el fin de semana siguiente. Todos los chicos populares estarían allí.

—Vamos, la pasaremos muy bien —le pidió su amigo Jeff—. ¿Y por qué no te quedas en mi casa durante la noche? Entonces podremos jugar con mi nuevo videojuego.

Sonaba tentador, pero Aurelio había visto fumar y beber a algunos de los chicos invitados a la fiesta. Estaba seguro de que también lo harían en la fiesta. Sabía que sus padres dirían que no si lo supieran.

—Pues no les digas —le dijo Jeff—. Solo di que vienes a mi casa.

Vamos, le susurró una voz interna a Aurelio. *No tienes que hacer nada que no quieras en la fiesta.*

—Supongo que puedo ir mientras que realmente pase mucho tiempo en tu casa —asintió Aurelio al final. Pero ahora que estaba en casa, su conciencia no lo dejaba tranquilo. Alcanzando otro caramelo, despejó las dudas de su mente.

—Aurelio, te dije que no más dulces —lo regañó su mamá. Tomó el caramelo desenvuelto de su mano—. Supongo que debo ponerlos fuera de tu alcance para que no tengas la tentación —añadió.

Tentación, pensó Aurelio. *¡Así es! Sé que cosas como fumar y beber están mal, pero ¿qué tal si los chicos me convencen de probar «solo una vez»? Me sentiría terrible después y desearía haberme quedado en casa. Llamaré a Jeff ahora mismo y le diré que no iré a la fiesta. De ese modo, estaré lejos de la tentación.* SLB

¿Y TÚ?

¿En ocasiones te encuentras en situaciones tentadoras que podrías evitar fácilmente? Decir no cuando te piden hacer algo malo es importante, pero Dios también quiere que evites situaciones tentadoras cuando puedas. Sigue su consejo y, cuando sea posible, huye... corre para alejarte de situaciones donde serías tentado a pecar.

HUYE DE LA TENTACIÓN

PARA MEMORIZAR:
«Huye de todo lo que estimule las pasiones juveniles. En cambio, sigue la vida recta, la fidelidad, el amor y la paz». 2 Timoteo 2:22

IGUALITO A PAPÁ

LEE EFESIOS 4:30-32; 5:1-8

Cierto día, cuando Natán y su papá estaban de compras, un hombre mayor se les acercó.

—¡Disculpen! —dijo el hombre—. Soy Bill Cook. Los he estado observando y no pude evitar darme cuenta de cuánto se parecen a un compañero de escuela que tuve hace años. Se llamaba Natán Nobel. ¿Son sus parientes?

—¡Así me llamo yo! ¡Y mi papá también! —dijo Natán precipitadamente—. Él es Natán Nobel segundo, y yo soy tercero —añadió con orgullo—. Pero usted luce bastante mayor para haber ido a la escuela con mi papá.

Los dos hombres rieron.

—Estoy seguro de que el caballero se refiere a tu abuelo, Natán —explicó su papá.

—Solo sabía que debían ser parientes —dijo el señor Cook después de hablar unos minutos—. Su hijo, con su pelo rojo y sus pecas, se parece mucho al viejo Natán de la escuela primaria. Ustedes dos caminan y hablan como él también.

Cuando el señor Cook se marchó, el papá de Natán le sonrió.

—Fue un gran cumplido, Natán, ser reconocido como el hijo de mi papá —dijo—. Siempre lo he admirado mucho, y creo que he imitado sus modos más de lo que me doy cuenta. Estoy realmente orgulloso de ser como mi papá.

—Sí. Fue interesante, ¿verdad? —preguntó Natán—. El señor Cook no ha visto al abuelo en años, y aun así reconoció lo mucho que nos parecemos a él.

Su papá se veía pensativo.

—Hay alguien más a quien nos deberíamos parecer, Natán —dijo—. La Biblia dice que otros deben poder ver que Dios es nuestro Padre solo con ver nuestras acciones y oír nuestras palabras.

—Pero él es perfecto, y puede hacer todo tipo de milagros —dijo Natán—. No podemos ser exactamente como él.

—Es verdad —concordó su papá—, pero con la ayuda de Dios, podemos mostrar su clase de amor, bondad y perdón a los demás. También debemos hacer nuestro mejor esfuerzo para vivir como Dios quiere que vivamos. Entonces, seguramente algunas personas dirán: "Ahí va un hijo de Dios". *MRP*

¿Y TÚ?

¿Te han dicho que te pareces, suenas o actúas como uno de tus padres? ¿Pueden las personas al verte también decir que perteneces a la familia de Dios? De todas las maneras posibles, los cristianos deben ser como su Padre celestial. A fin de cuentas, es la única manera en que otros pueden ver cómo es Dios.

PARA MEMORIZAR:

«Imiten a Dios en todo lo que hagan porque ustedes son sus hijos queridos». Efesios 5:1

SÉ COMO TU PADRE CELESTIAL

LUZ EN LA OSCURIDAD

LEE JUAN 1:1-5, 9-12

La familia Mora apenas se había acomodado en la sala para su devocional nocturno cuando de repente las luces parpadearon, y luego todo quedó a oscuras.

—¡Oh! ¡Guau! —gimió Lautaro—. La tormenta averió el servicio de electricidad. ¿Qué hacemos ahora?

—Quédense quietos —instruyó su papá—. Traeré algo de luz.

—Voy contigo —se ofreció Lautaro.

Se levantó de un salto, dio un paso y tropezó con un banquito.

—¡Ay! —exclamó, volviendo a su asiento.

Pronto regresó su papá con una vela en cada mano. Un círculo cálido de luz llenó la habitación.

—Ahí está... ¿Qué tal? —preguntó su papá mientras ponía las velas con cuidado sobre la mesita del centro—. Ahora podemos ver otra vez.

—¡Así está mucho mejor! —exclamó Gisele. Se recostó en su silla. —. Es espeluznante cuando está tan oscuro que no puedes ver nada.

—Bueno, todavía se ve un poco oscuro, pero creo que podemos volver a nuestro devocional ahora —dijo su papá—. Leeré algunos versículos que hablan de Jesús como la Luz del Mundo. —Abrió la Biblia y leyó unos versículos—. No conocer a Jesús como Señor y Salvador es como vivir en un cuarto oscuro todo el tiempo —observó después de leer—. Elegir vivir nuestra vida sin Jesús nos impide ver con claridad. Incluso podemos pensar que todo está bien, pero no lo está.

—Sí —concordó Lautaro—, como hoy. Pensé que podía ver lo suficientemente bien como para caminar, pero ¡me tropecé con el banquito!

Su mamá asintió.

—Muchas personas piensan que pueden arreglárselas sin Jesús —dijo—, pero tarde o temprano sus pecados los hacen "tropezar".

—Pero cuando le confesamos nuestros pecados a Dios y le damos nuestra vida a Jesús, es como cuando la luz regresa —añadió el papá de los chicos, cerrando la Biblia—. Y lo mejor es que esta luz ¡nunca se apaga! *LML*

¿Y TÚ?

¿Tienes la luz de Jesús en tu vida? Puedes tomar la decisión de permitir que Jesús ilumine la oscuridad interna pidiéndole que perdone tus pecados y confiando en él como tu Salvador.

JESÚS ES LA LUZ DEL MUNDO

PARA MEMORIZAR:

«La Palabra le dio vida a todo lo creado, y su vida trajo luz a todos. La luz brilla en la oscuridad, y la oscuridad jamás podrá apagarla». Juan 1:4-5

FLORES GENEROSAS

LEE 2 CORINTIOS 9:6-8

—¿Qué vas a hacer con eso? —preguntó Tiffany cuando vio a su hermana poner algo de dinero dentro de su Biblia.

—Es para nuestro proyecto especial de misiones —le dijo Tania—. ¿Cuánto vas a dar tú?

Tiffany se paró para salir del cuarto.

—No es asunto tuyo —murmuró.

Ciertamente no quería admitir que solo daría algunas monedas. Si daba más, no tendría suficiente para comprar la ropa nueva que quería.

Al regresar a casa de la iglesia esa mañana, su mamá señaló las flores en el camino de la entrada.

—Miren mis flores —dijo—. ¿No son hermosas?

—¿Cómo puede haber ya tantas flores? —preguntó Tiffany—. Apenas el otro día recogiste todas las que había.

—Uno debe recoger las flores con frecuencia —dijo su mamá—. Entre más dan, más tienen para dar. Me hace pensar en nuestras ofrendas al Señor. Cuando damos con generosidad y alegría, él nos da de regreso. Pareciera que entre más damos, más tenemos para dar.

Tiffany se agachó para recoger una flor y pensó en eso.

—Quieres decir que si damos mucho dinero, ¿Dios nos dará más dinero a nosotros? —preguntó.

Su mamá sonrió.

—Bueno, no puedo prometer eso —dijo—. Pero a veces puede darnos más bendiciones en otra forma. Tal vez nos dé un sentido especial de gozo, paz y bienestar.

Tiffany pensó en su hermana, que siempre era generosa y estaba feliz. Luego pensó en lo malhumorada que se sentía a menudo. *Tal vez deba empezar a dar como Tania y también como las flores generosas*, pensó. *MRP*

¿Y TÚ?

¿Das al Señor con alegría, o murmuras y te quejas por dar dinero? El Señor ama al dador alegre. Ha prometido darte más de lo que das. Quizás no sea dinero, pero será por medio de las bendiciones que más necesites.

PARA MEMORIZAR:

«No den de mala gana ni bajo presión, "porque Dios ama a la persona que da con alegría"». 2 Corintios 9:7

SÉ UN DADOR ALEGRE

EL SEGUNDO KILÓMETRO

LEE MATEO 5:38-42

Valeria y Jésica eran muy buenas amigas. Ambas eran cristianas, pero ninguna de sus familias iba a la iglesia.

—Jésica —dijo Valeria un día—, empecemos el club del segundo kilómetro como lo sugirió la señora Jenner ayer en la escuela dominical.

—¿El club del segundo kilómetro? —preguntó Jésica—. ¿Cómo?

—Alcanzar el segundo kilómetro es poner en acción Mateo 5:40-41 —explicó Valeria—. Si alguien nos pide hacer algo, hagamos más de lo que se nos pide.

Jésica frunció el ceño.

—Si mi hermano me pide que lleve sus libros a la casa, ¿debo hacerlo?

Valeria asintió.

—Sí, e incluso ofrécele llevar su chaqueta y colgarla cuando llegues a casa. Si mi mamá me pide lavar los platos, lo haré, y luego barreré el piso. ¿Ves lo que quiero decir? Recorremos el "primer kilómetro" porque nos lo piden, y luego vamos el "segundo kilómetro" porque queremos hacerlo.

Jésica titubeó.

—No estoy segura de querer hacerlo.

—Pero será divertido. ¡Imagínate lo sorprendidos que se quedarán todos! —sonrió Valeria—. Además, Jes, hablamos de demostrar el amor de Dios a nuestras familias, pero ¿qué hemos hecho al respecto? Intentémoslo una semana.

Las niñas no vieron el fruto de sus esfuerzos los primeros días, pero antes de que acabara la semana, el papá de Jésica comentó sobre cuánto había mejorado su actitud. Escuchó a su mamá decir: «Tal vez vaya a la iglesia con Jésica uno de estos días». Su hermano Tim estaba a punto de explotar de curiosidad. Estaba seguro de que Jésica «se trae algo entre manos», pero no sabía qué. Y Valeria escuchó a su papá decir: «Quizás la religión de Valeria sea real, después de todo. Ya veremos».

—Ha pasado una semana —le recordó Valeria a Jésica el siguiente lunes—. ¿Quieres que lo dejemos?

Jésica pareció sorprendida.

—¿Dejarlo? Jesús no dijo que hiciéramos esto por una semana. Quiere que vivamos de esta manera toda la vida.

Valeria asintió.

—Aun cuando a veces fallemos, intentémoslo ¡de por vida! *BJW*

¿Y TÚ?

¿Te gustaría pertenecer al club del segundo kilómetro? Lo único que tienes que hacer es «un poquito más». Aun cuando no veas resultados inmediatos, no te rindas. ¿Por qué no lo intentas por una semana? Quizás también querrás ser un miembro de por vida.

HAZ MÁS DE LO REQUERIDO

PARA MEMORIZAR:
«Si alguien te obliga a llevarle la carga un kilómetro, llévasela dos». Mateo 5:41, NVI

LA ROPA APROPIADA

LEE EFESIOS 6:10-17

—¡Damián! —llamó su papá—. ¿Quieres ir a dar una vuelta en bici?

—Claro, un momento —respondió Damián—. Apenas estoy saliendo de la ducha.

Su papá entró al cuarto de Damián.

—Vamos —lo llamó de nuevo.

Damián abrió la puerta del baño.

—¿Así? —preguntó con una sonrisa mientras se cerraba la bata de baño con fuerza—. No te preocupes, papá. Me vestiré rápido.

Pronto, Damián se apuró hacia el garaje donde lo esperaba su papá.

—Oh, no —dijo Damián—. Olvidé mi casco.

Entró a la casa y tomó su casco. Una vez afuera dijo:

—Bien, papá. Vamos.

Su papá se apoyó en su bicicleta.

—¿Estás seguro de que por fin estás listo? —preguntó.

—Eso creo —contestó Damián—. Tengo mis pantalones cortos para ciclismo, y mis zapatos. Y tengo mi casco para que mi cabeza esté protegida en caso de accidente. Estoy listo.

—¡Muy bien! —dijo su papá y le sonrió—. Esto me recuerda a la Escritura que leímos anoche.

—¿La Escritura? —preguntó Damián y pensó—. Ah... sí. Hablaba de ponerse la armadura de Dios, ¿cierto? Incluso mencionaba un casco. Dijiste que necesitamos ponernos la armadura de Dios cada día.

—Así es —concordó su papá—. Es algo que hacemos para estar correctamente preparados para todas las experiencias que tendremos durante el día. Es tan importante como estar correctamente vestidos para andar en bici. A veces lo olvidamos. —Pedaleó hacia afuera del garaje—. Vámonos —dijo—. Ambos tenemos puesta nuestra ropa para ciclismo. Mientras montamos bici, quizás deberíamos repasar las piezas de la armadura que Dios nos da y asegurarnos que también las traigamos puestas hoy. *NJF*

¿Y TÚ?

¿Te pones la armadura de Dios cada día? Te protege mientras enfrentas las experiencias de la vida. No tengas tanta prisa como para que no dediques tiempo para orar y leer la Biblia.

PARA MEMORIZAR:

«Pónganse toda la armadura de Dios para poder mantenerse firmes contra todas las estrategias del diablo». Efesios 6:11

PONTE LA ARMADURA DE DIOS

VELAS ENCENDIDAS

LEE MARCOS 4:21-25

Constanza estaba tan emocionada que casi no podía estar sentada mientras esperaba, con ojos cerrados, a que su mamá trajera su pastel de cumpleaños.

—¡Muy bien, cariño! ¡Abre los ojos! —dijo su papá por fin.

Constanza parpadeó mientras sus ojos se ajustaban a la luz de las velas encendidas en la oscuridad. ¡Era el pastel de cumpleaños más hermoso que jamás hubiera visto! Once coloridos ángeles de betún sostenían cada una de las velas encendidas.

—Pide un deseo y ¡apaga las velas! —dijo su papá con una sonrisa.

Constanza cerró los ojos y pidió un deseo secreto para que todos los días de su vida fueran ¡tan felices como este! Abrió los ojos y sopló las velas. Pero al estirar la mano para tomar el cuchillo del pastel, vio que, de algún modo, ¡cada vela había vuelto a encenderse!

—¡Miren! ¡Las velas! —exclamó Constanza—. Pensé que las había apagado, pero ¡todas se volvieron a prender!

El padre de Constanza trató de no reír.

—¡Mejor vuélvelas a apagar, Constanza! —sugirió su mamá.

—¡Supongo que sí!

Constanza tomó aire y sopló más fuerte esta vez. Una vez más, todas las velas se apagaron. Constanza miró el pastel. Una por una, cada vela volvió a brillar y de nuevo se encendió. ¡Constanza se quedó muda! Con cuidado levantó una de las velas del pastel y la examinó de cerca.

Su papá rompió en risas.

—¡Caíste en la broma, Constanza! Puse velas especiales en tu pastel.

—Debí suponerlo —dijo Constanza—. Es la broma que mis amigos Tito y Natalia le hicieron a su papá en su cumpleaños del primero de abril.

Constanza y su papá trataron de soplarlas de nuevo. Rieron juntos mientras las velas volvían a brillar.

Jesús quiere que seamos como las velas del pastel de Constanza, que siempre brillemos para él. *MJL*

¿Y TÚ?

¿Eres un cristiano? Si es así, ¿sabes que has sido elegido por Dios como su «vela especial» para compartir su mensaje con los demás? ¿Lo has estado haciendo? No te sientas apenado o incómodo al hablar de él. ¡No dejes que tu luz cristiana titile! Pídele a Jesús que te ayude ¡a brillar con fuerza para él!

BRILLA PARA JESÚS

PARA MEMORIZAR:
«Entonces Jesús les preguntó: "¿Acaso alguien encendería una lámpara y luego la pondría debajo de una canasta o de una cama? ¡Claro que no! Una lámpara se coloca en un lugar alto, donde su luz alumbre"». Marcos 4:21

JUNIO
23

UNA LARGA VIDA

LEE SALMO 71:5-9, 14-18

Nerviosamente, Eduardo cargó con su atril hasta la plataforma y arregló sus partituras. Iba a tocar una canción especial en la iglesia por primera vez. Miró al público y vio a su papá, a su mamá y a su tío abuelo Rogelio. El tío Rogelio tenía noventa y un años y era muy respetado en la comunidad y en la iglesia. Ya no podía ir a la iglesia con frecuencia, pero en este día había hecho el esfuerzo para ver la actuación de Eduardo como solista.

Después del servicio, el tío Rogelio lo felicitó.

—Buen trabajo, Eduardo. Buen trabajo —dijo el anciano con una sonrisa—. ¿Sabes?, cuando tenía tu edad, mi hermana María y yo a veces cantábamos en la iglesia. Jamás me he arrepentido de haber aprovechado esas oportunidades cuando era joven.

Tenía la mirada perdida mientras recordaba esos tiempos lejanos.

—¿Cuánto hace que eres cristiano, tío Rogelio? —preguntó Eduardo.

—Veamos —murmuró su tío—, mucho tiempo, más de ochenta años. Hay algo especial en hacerse cristiano de niño y tener una vida entera para vivir al servicio del Señor. —Le dio una palmada en la espalda a Eduardo—. Sí, puedes desperdiciar tu vida en cosas poco importantes, o puedes vivir para el Señor. Toma la decisión correcta, chico. ¡Toma la decisión correcta! Quizás el Señor te dé tantos años para servirlo como me los ha dado a mí.

Eduardo pensó en lo que le dijo el tío Rogelio. No sabía cuántos años tenía por delante, pero decidió en ese preciso momento que él también los usaría para servir al Señor. *LMW*

¿Y TÚ?

Si eres cristiano, empieza hoy a servir al Señor. Aprovecha las oportunidades para cantar y tocar como solista, para participar en el coro infantil, para ayudar a los adultos mayores y para invitar a tus amigos a asistir contigo a la escuela dominical o al club bíblico. No esperes a ser mayor. ¡Qué maravilloso es tener una vida entera para servir a Jesús!

PARA MEMORIZAR:

«Oh Dios, tú me has enseñado desde mi tierna infancia, y yo siempre les cuento a los demás acerca de tus hechos maravillosos». Salmo 71:17

VIVE PARA JESÚS HOY

SUBLIME GRACIA

LEE ROMANOS 8:1-4

Un domingo, al terminar la familia Vargas su devocional, Zacarías se volvió hacia su papá con la mirada confundida.

—A veces leemos sobre cómo Dios solía castigar el pecado en los tiempos antiguos —dijo—. Como cuando hizo morir a personas porque pecaron, o cuando otras personas debían apedrearlos a muerte. Siempre suena tan terrible. ¿Por qué hacía eso?

—Es una pregunta muy buena —contestó su papá—. Y no tiene una respuesta fácil. —Golpeó suavemente la mesa con los dedos mientras pensaba—. Era importante para los israelitas saber que Dios hablaba en serio y que las leyes que les había dado no podían ser quebrantadas sin severas consecuencias. Les tenía que mostrar lo malo que es el pecado. Hubo veces en que envió una enfermedad, incluso la muerte, como advertencia de las terribles consecuencias de la desobediencia a Dios. Castigó la gente para que otros, incluyendo futuras generaciones, pudieran aprender de eso.

Zacarías se veía confundido.

—¿Por qué ya no nos castiga así Dios? —preguntó.

—Otra buena pregunta —admitió su papá—, y también una difícil de responder. Tal vez haya diversas razones. Por una parte, ahora tenemos la Biblia, y aprendemos en ella lo mucho que Dios odia el pecado. La Biblia también nos dice que Dios es bueno y misericordioso para quienes aceptan a su Hijo como su Salvador. Debemos recordar, también, que Dios aún castiga el pecado, pero quizás no de la misma manera. Como cristianos, somos sus hijos, y nos disciplina cuando lo necesitamos. No, no podemos salirnos con la nuestra cuando pecamos. Sin embargo, su relación con nosotros hoy es una de gracia y libertad, no una de ley y esclavitud. ¿No es esa una buena noticia?

—¡Claro que lo es! —exclamó Zacarías—. Eso me hace querer obedecer a Dios mucho más, no porque tenga miedo de él, ¡sino porque lo amo! *SLK*

¿Y TÚ?

¿Te das cuenta lo mucho que Dios odia el pecado? Su actitud hacia el pecado nunca ha cambiado. Todo pecado debe ser castigado severamente. Pero Jesús vino y tomó el castigo por nuestros pecados. Lo que ha hecho debe llevarnos a obedecer y a servir a Dios por amor, no por miedo.

DA GRACIAS A DIOS POR SU GRACIA

PARA MEMORIZAR:

«Pero ahora fuimos liberados de la ley, porque morimos a ella y ya no estamos presos de su poder. Ahora podemos servir a Dios, no según el antiguo modo —que consistía en obedecer la letra de la ley— sino mediante uno nuevo, el de vivir en el Espíritu». Romanos 7:6

LA ROPA NUEVA DE KATIE

LEE 1 PEDRO 3:8-12

Cuando los abuelitos de Katie se alejaron del estacionamiento de la casa, su mamá la miró.

—Ahora que estamos solas tú y yo, quiero que hablemos de tus modales —dijo.

—¿Qué tienen de malo mis modales? —preguntó Katie a la defensiva.

—Casi no hablaste con tus abuelitos. Actuaste como si no te alegraras de verlos —le explicó su mamá.

—Bueno, es más fácil conversar con mis amigos —dijo Katie haciendo un puchero—. ¿Qué se supone que debo decir?

—Qué tal: "Me alegra verlos" o "¿Cómo están?" —sugirió su mamá.

—Oh, mamá, parecería un robot —clamó Katie—. ¡Me sentiría tonta hablando así!

Salió furiosa de la habitación.

Unos días después, la mamá de Katie sugirió que se pusiera ropa nueva para la reunión juvenil. Pero Katie salió con su falda y suéter viejos que usaba casi cada semana.

—Odio vestir ropa nueva —dijo—. Este es más mi estilo. No quiero que todos se me queden mirando.

Su mamá frunció el ceño.

—Esta ropa no solo está desgastada, sino sucia —dijo ella—. Ve a ponerte la nueva.

Así que Katie lo hizo, pero no le gustó.

Después de la reunión, Katie sonreía.

—A todos les encantó mi ropa.

—Qué bueno —dijo su mamá con una sonrisa. Luego añadió—: Junto con la ropa nueva, hay algo más que me gustaría que te probaras.

—¿Qué es? —preguntó Katie.

—Un nuevo juego de modales —dijo su mamá—. Como la ropa nueva, al principio se sienten raros, pero después de que te acostumbres, creo que los disfrutarás.

—Está bien —rio Katie—. Empezaré escribiéndoles una linda nota a mis abuelitos. *SLK*

¿Y TÚ?

¿Tienes viejos hábitos que debes cambiar? ¿Ignoras a ciertas personas o actúas aburrido cuando estás con ellas? No esperes hasta sentir que quieres hacer lo correcto. Haz un esfuerzo por ser cortés y amigable con los demás. En poco tiempo verás que en verdad te agrada ese «nuevo yo». ¡A los demás también les agradará!

PARA MEMORIZAR:

«Por último, todos deben ser de un mismo parecer. Tengan compasión unos de otros. [...] Sean de buen corazón y mantengan una actitud humilde». 1 Pedro 3:8

APRENDE BUENOS MODALES

BATERÍA CARGADA

LEE SALMO 19:7-11

Después de andar de compras en el centro comercial por unas horas, Karen y su mamá comieron juntas y luego se encaminaron al estacionamiento.

—¿Qué pasa con el auto? —gritó Karen con alarma mientras su mamá trataba de encenderlo.

El auto hizo un rugido, pero nada más.

Su mamá sacudió la cabeza.

—No lo sé —dijo, revisando todo lo que había en el panel frente a ella.

De pronto lo descubrió: ¡las luces estaban encendidas!

—¡Oh, cielos! —exclamó—. Usamos las luces porque había neblina en la carretera cuando veníamos al centro comercial. Olvidé apagarlas. Ahora la batería se ha descargado.

No se demoraron en llamar a un taller mecánico, pero esperar a que llegara la ayuda les pareció una eternidad. Finalmente, llegó el mecánico. Pronto el auto echó a andar, y estuvieron listas para irse.

—Si no va muy lejos, tal vez debería llevar su auto a la estación de servicio y cargarlo rápidamente —sugirió el hombre de servicio antes de irse.

—¿Qué es una carga rápida? —preguntó Karen camino a casa.

—Cuando se ha descargado la batería, a veces la conectan a un cargador —le explicó su mamá—. No te puedo decir cómo funciona, solo sé que el cargador inyecta nueva energía en la batería para que vuelva a funcionar.

Esa tarde Karen le contó la historia a su papá con mucha emoción, todo sobre el problema con el auto y la carga rápida que habían necesitado.

—El hombre del taller mecánico dice que la batería ya debe estar bien —reportó.

—Qué bueno —dijo su papá y alcanzó la Biblia de la familia—. Y ahora es tiempo de nuestra "carga rápida" también —dijo.

Karen lo miró con curiosidad.

—A veces necesitamos una "carga rápida" en nuestro espíritu a través de la lectura de la Biblia —añadió su papá con una sonrisa—. Leerla, estudiarla y meditar en ella nos ayuda a cargar de energía nuestra vida y hacernos cristianos fuertes. *RIJ*

¿Y TÚ?

¿Dedicas tiempo a leer la Palabra de Dios cada día? ¿Piensas en las cosas que has leído? ¿Buscas más versículos sobre el mismo tema? ¿Buscas versículos sobre los problemas que estás enfrentando? Hacer estas cosas te ayudará a mantenerte «con la batería cargada» para Dios.

ESTUDIA PARA APRENDER

PARA MEMORIZAR:

«Esfuérzate para poder presentarte delante de Dios y recibir su aprobación. Sé un buen obrero, alguien que no tiene de qué avergonzarse y que explica correctamente la palabra de verdad». 2 Timoteo 2:15

ANIMA A LOS DEMÁS

LEE ROMANOS 12:10-17

Vlad observó mientras los otros niños se alineaban para la carrera. *Si no fuera por Marlene, también yo podría correr,* pensó. Ella había dejado sus patines en el porche, y él se había tropezado con ellos y caído por las escaleras. Ahora, con un brazo roto, no podía participar en la carrera del picnic comunitario. No perdió de vista a su hermana. *Ella tiene la culpa de que me haya roto el brazo, pero ella sí va a correr. ¡No es justo!*

Marlene lo miró.

«¡Échame porras!», le dijo.

Espero que no gane —pensó Vlad.

El silbato sonó, y los corredores comenzaron la carrera. La hermana de Vlad no pareció comenzar bien. Eso hizo sentir bien a Vlad. Pero al progresar la carrera, Marlene aumentó la velocidad y en pocos minutos estaba al frente. Entonces sucedió algo: ¡Marlene se tropezó y cayó! Los otros niños la sobrepasaron, y otra niña ganó.

Marlene se levantó lentamente y corrió a la línea donde estaba parado Vlad.

—Qué lástima —dijo Vlad de pasada. La fulminó con la mirada—. Ahora sabes lo que se siente.

Marlene lo miró con tristeza.

—Lo siento —dijo ella—. Quería ganar el premio para ti.

Por alguna razón, Vlad no disfrutó el resto del picnic. *Es porque no puedo hacer nada con este brazo roto,* se dijo a sí mismo. Pero cuando veía a Marlene, se sentía particularmente mal.

No es mi culpa que haya perdido —murmuraba en silencio—. *Además, estoy contento.*

Pero no estaba contento, sino triste. Y en el fondo sabía que su propia actitud lo hacía sentirse infeliz.

Justo entonces vio a los niños y niñas alineándose para la carrera de caminata de cangrejo, otra actividad en la que no podía participar. Pero Marlene sí lo haría. Vlad se acercó para verla.

—¡Vamos, Marlene! ¡Vamos! —gritó cuando sonó el silbato.

¡Y esta vez lo decía en serio! *RIJ*

¿Y TÚ?

¿Te alegras cuando alguien más hace las cosas mejor que tú? La Biblia enseña que debes estar contento por ellos aunque sea difícil. Pídele ayuda a Dios.

PARA MEMORIZAR:

«Alégrense con los que están alegres y lloren con los que lloran». Romanos 12:15

ANIMA A OTROS

LA TORMENTA

LEE 1 TESALONICENSES 5:16-24

Las grandes y oscuras nubes taparon el sol y proyectaron una sombra sobre el picnic familiar de los DeAngelis. Un relámpago destelló en el cielo.

—¡Oh! Va a caer una tormenta —lloró Marcy, obviamente aterrorizada.

—¡No seas una bebé! —la reprendió Davy—. Soy más chico que tú, y no tengo miedo de las tormentas. ¡Ni siquiera me dan miedo los relámpagos o los truenos!

Un fuerte estruendo llenó el aire.

—Bueno... no tanto —añadió y corrió al auto.

Apenas habían comenzado su camino a casa cuando la lluvia comenzó a caer tan fuerte que su papá apenas podía ver. El viento era fuerte, y le costaba trabajo mantener el auto sobre la carretera.

—¡Oh, tengo miedo! Pídele a Jesús que pare la lluvia —rogó Marcy con temor.

—Pero, Marcy, realmente necesitamos la lluvia —dijo su mamá—. Muchas personas han orado para que llueva.

El estruendo particularmente fuerte de un trueno hizo que Davy saltara.

—No me gusta... —comenzó.

Fue interrumpido por el destello de un relámpago particularmente radiante y el poderoso estruendo de otro trueno.

Su papá bajó la velocidad del auto.

—Ese estuvo cerca —dijo.

—Hay un gran árbol caído a lo ancho de la autopista detrás de nosotros —dijo la mamá de Marcy mirando hacia atrás.

—Gracias, Señor —suspiró su papá.

Marcy todavía temblaba.

—Papi, ¿por qué le estás dando gracias a Dios? —preguntó.

—Le doy gracias porque el árbol cayó detrás de nosotros, y no encima o delante de nosotros —contestó su papá.

Unos kilómetros más adelante, salieron de la tormenta. Cuando Marcy miró hacia atrás del auto, todo estaba oscuro y llovía. Cuando miró hacia el frente, el cielo estaba despejado. A la derecha, pudo ver algo de color.

—¡Mira! —Marcy apuntó al cielo—. Un hermoso arcoíris. Ahora, papá, puedes orar otra vez. ¡Ahora en verdad puedes dar gracias a Dios! *BJW*

¿Y TÚ?

¿Te dan miedo las tormentas? ¿Qué tal las tormentas, es decir los problemas, de la vida? ¿Te espantan también? Tal vez tengas que ir a una nueva escuela o estés cambiando de iglesia. Quizás haya alguna enfermedad en tu familia o tu papá ha perdido su trabajo. Recuerda, Dios cuidará de ti, y pronto el sol brillará de nuevo.

SIEMPRE SÉ AGRADECIDO

PARA MEMORIZAR:
«Sean agradecidos en toda circunstancia, pues esta es la voluntad de Dios para ustedes, los que pertenecen a Cristo Jesús». 1 Tesalonicenses 5:18

JUNIO
29

LA ARMADURA DE DIOS

LEE PROVERBIOS 4:5-9

Rigoberto se agachó detrás del bateador y miró la pelota volar hacia su manopla. Levantó el guante para atraparla. De pronto, el bateador intentó frenéticamente darle a la pelota y soltó el bate. No le pegó a la pelota, y el bate golpeó la parte baja de la mascarilla de Rigoberto. Rigoberto cayó hacia atrás. Se sintió mareado.

Todos corrieron para ver si Rigoberto estaba bien. Alguien levantó la mascarilla, y escuchó a su mamá decir:

—Rigoberto, ¿estás bien?

—Eso creo —dijo Rigoberto, frotándose la barbilla.

Se puso de pie y se volvió a poner la mascarilla. El partido continuó y el equipo de Rigoberto ganó.

Después de la cena el siguiente día, Rigoberto se acercó a su mamá con timidez.

—¿Puedo... eh... faltar al estudio bíblico juvenil mañana por la noche? —preguntó—. Hay muchas otras cosas que podría estar haciendo. Ya soy cristiano, y eso es lo que cuenta, ¿no es cierto?

La mamá de Rigoberto lo miró.

—Es muy importante que hayas aceptado a Jesús —concordó—, pero el estudio bíblico también es importante. Te ayudará a crecer en tu fe. ¿Recuerdas cuando el bateador te golpeó accidentalmente con el bate?

—Por supuesto. —Rigoberto se frotó la barbilla.

—No querrás dejar de usar tu mascarilla de receptor ahora, ¿verdad?

—Claro que no. ¿Pero eso qué tiene que ver con el estudio bíblico?

—La mascarilla de receptor te ofrece protección cuando juegas béisbol, y estudiar la Biblia te ofrece protección en tu vida diaria —dijo su mamá.

—No entiendo —dijo con el ceño fruncido.

—Al ir creciendo, la gente podrá cuestionar tu fe, y si no tienes una creencia sólida en la Biblia, quizás empieces a dudar —explicó su mamá—. Comprender la Palabra de Dios es protección para tu fe.

Lentamente, Rigoberto asintió.

—Entonces debo seguir usando mi mascarilla de receptor para proteger mi cabeza, y debo seguir yendo al estudio bíblico para proteger mi fe, ¿cierto? —Sonrió—. Está bien. Voy a ir. *KEC*

¿Y TÚ?

¿Aprendes todo lo que puedes sobre Dios y su Palabra? Lo que aprendes de la Biblia puede protegerte cuando aparecen los problemas y las tentaciones.

PARA MEMORIZAR:
«Sean fuertes en el Señor y en su gran poder». Efesios 6:10

USA LA PALABRA DE DIOS COMO ARMADURA

EL PROCESO DE PULIDO

LEE PROVERBIOS 27:17; EFESIOS 4:1-6

Jeremías suspiró mientras se balanceaba en la orilla de la silla de su papá.

—¿Ocurre algo malo, Jeremías? —Su papá levantó la mirada del periódico.

—Ya me cansé de ser agradable con Norman —contestó Jeremías—. Siempre me está molestando. Hoy en la escuela dominical no dejó de darme codazos.

—¿Es Norman el niño que aceptó al Señor en el campamento bíblico?

Jeremías asintió.

—¿Por qué no madura? —se quejó.

Justo entonces su hermano menor, Borja, entró al cuarto corriendo.

—¡Oye, papá! ¿Podemos ir y ver mis rocas ahora? —preguntó Borja.

—Borja, toma de cinco a seis semanas pulir piedras —le recordó Jeremías—. Si las sacas ahora, no se pulirán.

—Es cierto —concordó su papá—. Las rocas deben estar en movimiento día y noche por varias semanas antes de que estén suaves y brillantes.

La sonrisa de Borja desapareció.

—Eso es mucho tiempo —se quejó.

—Sé paciente —animó Jeremías a su hermano menor—. Te darás cuenta de que valió la espera cuando veas cómo quedan al final.

—Está bien —Borja murmuró mientras salía del cuarto.

El papá de Jeremías pensó por un momento.

—Supongo que Norman no está pulido aún —dijo.

—¿Qué quieres decir? —preguntó Jeremías.

—Es un nuevo cristiano, y se necesita mucho pulido para ser seres humanos como Jesús —explicó su papá—. No seremos perfeccionados hasta que estemos en el cielo. Mientras tanto, todos estamos en diferentes etapas de nuestro crecimiento espiritual. Los que hemos sido cristianos por más tiempo necesitamos tener más paciencia con los nuevos cristianos.

—¿Entonces quieres decir que debo ser más paciente con Norman?

—Tal vez Dios lo está usando a él para ayudarte a crecer en el amor y la comprensión —dijo su papá—. Así como el agente de pulido actúa para suavizar las rocas, Dios a veces usa a las personas para pulirnos unos a otros. *LRS*

¿Y TÚ?

¿Sueles perder la paciencia con cristianos que no actúan como tú quieres? Recuerda, ninguno de nosotros es perfecto aún. Pídele a Dios que te ayude a perdonar y ser amable con los demás.

SÉ PACIENTE Y PERDONA

PARA MEMORIZAR:
«Por el contrario, sean amables unos con otros, sean de buen corazón, y perdónense unos a otros, tal como Dios los ha perdonado a ustedes por medio de Cristo». Efesios 4:32

JULIO

1

TESORO ESCONDIDO

LEE PROVERBIOS 2:1-5

—Oye, Rubén, ¡mira esto! ¡Una vieja tarjeta de béisbol! —dijo Aarón—. Ve y pregúntale a abuelito si nos podemos quedar con ella —le pidió.

Su hermanito desapareció por la puerta del ático de la casa del abuelito. Aarón siguió hurgando en la pila de cajas viejas, cartas y otras cosas. ¡Quizás podría encontrar más tarjetas!

—Abuelito dice que nos podemos quedar con ella —reportó Rubén cuando regresó—, y ¡dijo que podemos quedarnos con cualquier otra tarjeta que encontremos! —Empezó a ayudar a Aarón a buscar entre las polvorientas cosas—. ¡Aquí hay otra! —gritó un poco después—. Es como buscar un tesoro escondido, ¿verdad, Aarón?

—*Es* un tesoro escondido —le dijo Aarón—. Podrían valer mucho dinero.

Los niños siguieron buscando. Pronto su abuelito preguntó:

—¿Encontraron más tarjetas?

—¡Montones y montones! —dijo Aarón—. ¿Estás seguro de que quieres que nos quedemos con ellas?

—Quédense con todas las que encuentren —dijo su abuelito—. Solo cuídenlas.

—Lo haremos —prometió Aarón—. Si no, ¡ya no serían tesoros!

Al mediodía, su abuelito llamó a los chicos para almorzar. Mientras comían, su abuelito tomó la vieja Biblia de la familia.

—¿Saben, chicos? Es bueno leer la Biblia del modo en que ustedes buscaban las tarjetas de béisbol hoy.

—¿Qué quieres decir, abuelito? —preguntó Aarón.

—Bueno, así como buscaron meticulosamente para encontrar las "tarjetas de tesoro", necesitan buscar con cuidado en la Palabra de Dios —dijo su abuelito—. También es un "tesoro", pero de un tipo diferente.

—¿Un tesoro que vale dinero? —preguntó Rubén.

Su abuelito sacudió la cabeza.

—Rubén, los tesoros de la Palabra de Dios valen mucho más que dinero —dijo—. Dios ofrece tesoros como sus promesas, su sabiduría, su consuelo y su ánimo. —El abuelito abrió la Biblia—. Veamos si podemos encontrar algún tesoro ahora mismo. *MTK*

¿Y TÚ?

¿Piensas que la Biblia es un libro aburrido? Tal vez es porque te cuesta trabajo entenderla. Si no tienes una Biblia para niños o para estudiantes, pídeles a tus padres que te consigan una. Luego intenta leerla otra vez. La Palabra de Dios está llena de tesoros escondidos. ¡Ve y encuentra uno hoy!

PARA MEMORIZAR:

«Me alegré en tus leyes tanto como en las riquezas».
Salmo 119:14

LA PALABRA DE DIOS ES UN TESORO

ADIÓS, CASTILLO

LEE SALMO 49:16-20

Mientras el resto de la familia nadaba y se asoleaba en la playa, Dalmacio construía con su papá un castillo de arena. Empacó y moldeó la arena durante horas. Lo estaba haciendo con torres altísimas y un profundo foso como el castillo medieval que había visto en su libro de historia.

El castillo estaba bastante alto cuando Dalmacio se dio cuenta de que las olas del mar estaban acercándose. Cada ola avanzaba un poco más cerca que la anterior.

—¡Ayúdame, papá! —gritó Dalmacio—. Ayúdame a proteger mi castillo. El agua lo va a destruir.

Su papá sacudió la cabeza.

—No tiene caso —dijo—. La marea está subiendo y las olas subirán más antes de que vuelvan a bajar.

Pero Dalmacio no quería creerlo. Cavó una zanja grande alrededor del castillo. Luego erigió una barrera de arena para protegerlo. Pero pronto el agua llenó la zanja mientras las olas azotaban la barrera. Salpicaron el borde del castillo, destruyéndolo con dedos acuáticos.

—Trabajé toda la mañana en mi castillo —se lamentó Dalmacio—. Ahora se ha ido en un instante.

Su papá asintió.

—Así sucede con todas las posesiones terrenales —dijo—. Muchas personas trabajan toda su vida para obtener más y más cosas. Construyen sus "castillos" cada vez más grandes. Pero nadie puede tenerlos para siempre. Pronto se irán.

—Creo que nada dura para siempre —dijo Dalmacio.

—Una cosa sí, tu relación con Jesús —le dijo su papá—. Cuando nuestra vida aquí en la tierra termine, entonces iremos a vivir en el cielo con él para siempre. Es malo que tantas personas se preocupen más por su vida ahora que por lo que les pasará una vez que termine esta vida. *PIK*

¿Y TÚ?

¿Te preocupas por tener la clase de ropa correcta, el peinado correcto o una linda casa? Estas cosas no deben robarte demasiado tiempo y atención. ¿Deseas tener mucho dinero alguna vez? Lo realmente importante es tener una buena relación con Jesús.

NO TE AFERRES A LAS COSAS TERRENALES

PARA MEMORIZAR:
«¿Y qué beneficio obtienes si ganas el mundo entero pero pierdes tu propia alma?».
Mateo 16:26

SACUDIDOS POR LA TORMENTA

LEE ROMANOS 5:1-5

¡Bum! Un trueno sacudió la casa, y la lluvia empezó a caer afuera con fuerza.

—¡Eso se escuchó demasiado cerca! —exclamó Esperanza con miedo—. Odio las tormentas.

Su abuelita asintió.

—Comprendo —dijo—. Cuando yo tenía tu edad, iba y escondía mi cabeza debajo de las mantas. Me sentía más segura si no tenía que ver los relámpagos o escuchar los truenos.

—¿Por qué tiene que haber tormentas? —preguntó Esperanza—. ¿Por qué no puede llover sin todos los truenos y relámpagos?

—Yo misma me lo pregunté, y lo investigué. ¿Sabías que cuando los rayos tocan el suelo depositan nutrientes en la tierra? —preguntó su abuelita.

—¿En serio? —preguntó Esperanza—. No lo sabía.

—Es lo que leí —dijo su abuelita—, así que eso significa que los relámpagos ayudan a las plantas a crecer. —Sonrió—. De hecho, las tormentas me recuerdan a la vida.

Esperanza miró a su abuelita.

—¿A la vida? —preguntó.

Los ojos de su abuelita brillaron.

—Piensa en esto —dijo—: En mi opinión, una de dos cosas puede suceder cuando nos tocan las "tormentas" de la vida. Podemos quedar enterrados bajo los problemas, o podemos pedirle a Dios que nos ayude a crecer por medio de los nutrientes que las tormentas de la vida nos ofrecen. Si le pedimos ayuda, aprendemos a confiar en él. Entonces cuando pase la tormenta, quedamos con un mejor entendimiento de Dios y un caminar más cerca de él. El tiempo tormentoso resulta ser el tiempo en el que más crecemos espiritualmente.

—Puede que así sea, pero saber eso no es muy útil cuando estás en medio de la tormenta, ¿o sí? —preguntó Esperanza.

—Oh, pero sí ayuda —dijo su abuelita de inmediato—. Las cosas son más fáciles cuando sabemos que Dios está ahí con nosotros y que no solo nos acompañará hasta el final sino que también nos enseñará algo a través de la experiencia. *CPH*

¿Y TÚ?

¿Estás pasando por un momento difícil ahora mismo? ¿Estás en medio de una «tormenta»? Si conoces a Jesús, no estás solo. Él está ahí contigo. Habla con él sobre tus problemas. Pídele que te ayude a crecer a través de la prueba.

PARA MEMORIZAR:
«Siempre que se pone a prueba la fe, la constancia tiene una oportunidad para desarrollarse». Santiago 1:3

CRECE A TRAVÉS DE LAS PRUEBAS

LUCES EN EL CIELO

LEE GÉNESIS 1:14-19

¡Bum! ¡Bum! Graham sonreía mientras al fuerte ruido de los fuegos artificiales le seguía la cascada descendiente de coloridas chispas.

Carol se cubrió los oídos.

—No me gusta el ruido —dijo—. ¡Pero los fuegos artificiales son lindos!

La exhibición de fuegos artificiales en el parque de atracciones del condado era un evento que Graham y Carol esperaban con ansias cada verano. Todos hacían ruidos de admiración mientras los cohetes silbaban por el aire y luego estallaban en paraguas de chispas brillantes que parecían joyas. Era como si cientos de bombas explotaran al mismo tiempo en un final espectacular. El cielo se llenaba con millones de luces brillantes y coloridas.

Demasiado pronto las chispas parpadeaban y morían antes de tocar el suelo. Los vapores del humo se desvanecían en la nada. La exhibición de fuegos artificiales había terminado. Todo estaba oscuro menos las luces de las linternas mientras las personas regresaban a sus autos. Arriba, las estrellas brillaban con intensidad, más altas de lo que cualquier fuego artificial podía alcanzar.

Graham apuntó hacia arriba.

—¿Ven ese avión? —preguntó.

Carol asintió.

—Me pregunto qué vio el piloto desde allá arriba.

Su mamá sonrió.

—Me pregunto qué pensó Dios sobre los fuegos artificiales desde su perspectiva —dijo—. Tal vez dijo: "Muy impresionante, amigos, pero, ¿han considerado las luces que yo he puesto en el cielo? Pueden ser vistas desde toda la tierra. Y no se apagan: el sol, la luna y las estrellas son tan brillantes hoy como cuando las coloqué allí".

—Tampoco aparecen solo en ocasiones especiales como las fiestas patrias —añadió Carol.

Su papá asintió.

—Las personas crean fuegos artificiales con químicos explosivos, pero Dios creó sus luces con sencillamente pronunciar una palabra —dijo—. La gente no se pone de acuerdo en cómo el mundo se convirtió en lo que hoy conocemos. Pero lo único que tienen que hacer es leer el primer capítulo de Génesis. *BLK*

¿Y TÚ?

¿Estás confundido por lo que lees o escuchas sobre el origen del sol, la luna, las estrellas y el mundo? Recuerda que las personas pueden hacer muchas cosas, pero solo pueden hacerlas con base en materiales que Dios ya ha creado. Él es el Creador de todo.

DIOS CREÓ TODO

PARA MEMORIZAR:
«Los cielos proclaman la gloria de Dios y el firmamento despliega la destreza de sus manos». Salmo 19:1

LA ARDILLA PERSISTENTE

LEE 2 TIMOTEO 2:3-10

—Iván, ¡mira todas las aves en el comedero! —dijo Kyra con emoción—. ¿No son lindas las rojas?

—Sí, son cardenales —dijo Iván—. ¡Oh, mira! Hay una ardilla gris, grande y vivaracha. ¿Qué trama?

Los niños miraron a la ardilla trepar el poste del comedero de aves. Luego comenzó a chillar y chillar, ahuyentando a las aves. Pronto ya estaba comiendo del comedero y lanzando las cáscaras al piso.

Cuando su papá llegó a casa del trabajo, Kyra e Iván le contaron sobre la ardilla.

—¿Puedes evitar que se robe las semillas de las aves? —preguntaron.

—Lo intentaré —prometió su papá.

Cuando la ardilla regresó al día siguiente, se sorprendió. El poste estaba resbaloso y no pudo subir al comedero. Lo intentó una y otra vez, pero caía del palo. El papá de los chicos no solo había puesto un protector de metal alrededor del palo, sino que también le había echado aceite.

Sin embargo, la ardilla no se rindió. Los chicos vieron que la ardilla se subía a un árbol y luego saltaba de él, cayendo en el comedero.

Esa tarde, el papá de los chicos movió el comedero lejos del árbol, lo suficientemente lejos como para que la ardilla no pudiera saltar sobre él desde las ramas. Pero la ardilla trepó el árbol e intentó saltar varias veces. En cada ocasión se estrelló contra el piso. Finalmente se rindió y se sentó en el árbol chillando y quejándose contra quien la escuchara.

—¡Interesante! —dijo el papá de Kyra e Iván cuando le contaron—. ¿Aprendieron algo de ella?

—¿Como qué? —preguntó Iván. Sonrió—. ¿Cómo ser un ladrón?

—No —dijo su papá, despeinando el cabello de Iván—. ¿Se fijaron que no se rindió solo porque las cosas se le complicaron? Fue persistente.

—Así es —concordó Kyra.

—La perseverancia, mantenerse firme sin renunciar, es una característica que Dios aprueba —dijo su papá—. Dice que debemos "soportar el sufrimiento" y no dejar que nos venza. Quiere que terminemos las cosas que empezamos, aun cuando sea difícil. *HCE*

¿Y TÚ?

¿Te mantienes en un trabajo hasta que completas la tarea, o renuncias cuando las cosas se complican? La próxima vez que quieras renunciar, pídele a Dios que te ayude a soportar lo que te parece difícil. Te alegrará ver que puedes hacerlo.

PARA MEMORIZAR:

«Soporta el sufrimiento junto conmigo como un buen soldado de Cristo Jesús».
2 Timoteo 2:3

NO RENUNCIES

VISITA A PAPAPA

LEE 1 CORINTIOS 12:22-27

Fabio escribió su nombre justo debajo de la línea donde su mamá había puesto el suyo para entrar al hogar de ancianos Monte Esperanza. Cada domingo, él y sus papás visitaban a su abuelo, quien vivía allí desde que le dio un infarto.

—¿Alguna vez se pondrá mejor Papapa? —preguntó Fabio, usando el diminutivo cariñoso para su abuelito.

Su mamá y su papá se miraron.

—Puede ser que Papapa solo se recupere por completo en el cielo —dijo la mamá de Fabio.

Fabio notó que su papá cargaba un libro grande de piel. Lo reconoció como el álbum de fotografías familiar.

—¿Por qué lo trajiste? —preguntó.

—Pensamos mostrarle a tu abuelo algunas fotos —dijo su papá.

Cuando entraron al cuarto del abuelo, este estaba sentado en su silla de ruedas. Los miró, pero no dijo nada.

El padre de Fabio puso el álbum sobre la mesa frente al abuelo y lo abrió. Los padres de Fabio hablaron con alegría y señalaron diversas fotos. El abuelo contempló las fotografías.

—¡Ese soy yo! —exclamó Fabio, señalando una de las fotografías—. Era pequeño entonces. —Miró más de cerca—. ¿Qué está haciendo Papapa allí?

El papá de Fabio sonrió.

—Estaba tratando de enseñarte cómo jugar damas.

—Tú solo querías comerte las piezas —añadió su mamá.

Fabio rio.

—Se ve divertido —dijo—. Yo no recuerdo ese día.

—Si el abuelo pudiera hablar, posiblemente lo recuerde —sugirió su papá.

Cuando Fabio fue a visitar a su abuelo el domingo siguiente, llevó el viejo tablero de damas. Lo puso sobre la mesa frente a la silla de ruedas.

—No te preocupes, Papapa —dijo—. Yo moveré las piezas por ambos.

Fabio miró el rostro de su abuelo. No estaba seguro, pero creyó ver una leve sonrisa. *LLZ*

¿Y TÚ?

¿Conoces a personas enfermas o ancianas? Ellas son importantes para Jesús aun cuando ya no pueden hacer todas las cosas que haces tú. Dios se complace cuando les muestras una bondad especial.

AMA A LOS QUE SUFREN

PARA MEMORIZAR:
«Siempre les mostré que deben trabajar así y ayudar a los débiles. Les recordé esto que dijo el Señor Jesús: "Uno es más afortunado cuando da que cuando recibe"». Hechos 20:35, PDT

LISTOS PARA LA LLUVIA

LEE SALMO 86:1-7

—Debo llamar a alguien para que revise la gotera del techo de la cocina —anunció el papá de Tori en el desayuno.

Tori se sorprendió. Era un día soleado, y no había llovido durante varios días. Miró el techo. Estaba tan seco como debía estar, aunque había una mancha donde había entrado el agua.

—¿Por qué debe venir el contratista? —preguntó—. Ahora no está goteando. Tal vez esté bien.

Su papá sacudió la cabeza.

—Difícilmente puede estar bien cuando no hemos hecho nada para arreglarlo —le dijo—. A lo mejor no se ve ahora, pero tan pronto como llueva o caiga nieve, la humedad aparecerá otra vez.

Más tarde ese día, Tori se enojó con su hermana, perdió el control y le dijo cosas de las que luego se arrepintió.

—Ay —se quejó—. Las cosas iban tan bien. No me había enfadado en mucho tiempo. Olvidé que debo controlar mi temperamento.

Su papá asintió.

—Es como el techo —le dijo—. Olvidamos todo sobre la gotera cuando no está lloviendo, pero eso no cambia el problema. La gotera aún sigue allí. Y tu temperamento sigue allí también, aun cuando no hay problemas.

Tori suspiró.

—Supongo que sí —dijo en acuerdo.

—Debo reparar esa gotera ahora, aun si hoy no nos da problemas. De otro modo, tendremos problemas cuando venga el mal tiempo —dijo su papá—. Y tú debes entregarle al Señor tu temperamento cada día, aun cuando no te sientas molesta por nada. Pídele que tome control de él y lo cambie. Entonces, cuando te enojes, él puede ayudarte a expresar tu enojo del modo correcto. Y tú y yo también podemos hablar de maneras para hacerlo.

Lentamente, Tori asintió.

—Estar preparados para cuando llegue la "lluvia", ¿cierto? —preguntó.

Sonriente, su papá asintió.

—Captaste la idea —dijo. *RIJ*

¿Y TÚ?

¿Hay algo en tu vida que necesite reparación? Tal vez también tengas mal temperamento. O tal vez tengas otros problemas: una naturaleza perezosa o una actitud descarada. Cualquiera que sea tu problema, Jesús está dispuesto a ayudarte a aprender cómo cambiar, pero está esperando que tú le pidas que él haga el trabajo de «reparación».

PARA MEMORIZAR:

«Ten misericordia de mí, oh Señor, porque a ti clamo constantemente». Salmo 86:3

PÍDELE AYUDA A DIOS TODOS LOS DÍAS

UN ASPECTO DIFERENTE

LEE LUCAS 19:1-6

Al escuchar el timbre de la puerta, Santiago miró por la ventana. Urías estaba parado en el porche, haciendo rebotar su balón de básquetbol. *¡Muy bien!*, pensó Santiago con emoción. *¡Urías ha vuelto! El verano ha sido muy aburrido sin él.* Urías había estado visitando a su papá en otro estado. *¡Tengo tantas ganas de verlo!* Santiago corrió hacia la puerta. Pero de pronto se detuvo y se quedó parado.

Su mamá salió de la cocina justo a tiempo para ver a Santiago quitarse los anteojos, ponerlos en la mesa del pasillo y dirigirse a la puerta.

—¡Oye! —dijo su mamá—. Ponte los anteojos. Sabes que el médico te dijo que debes usarlos todo el tiempo.

Santiago había adquirido anteojos unas semanas antes, y aún no le gustaba usarlos.

—Pero es Urías, mamá —protestó Santiago—. ¿Qué tal si piensa que me veo raro?

—No te ves raro —dijo su mamá—. ¿Recuerdas la historia bíblica de Zaqueo? —preguntó—. Apuesto a que sus amigos se burlaron de él. Quizás lo apodaron Enano. Pero cuando Jesús lo encontró sentado en un árbol, quiso ser su amigo. Lo que le importaba a Jesús era lo que había en el corazón de Zaqueo, no su apariencia. Estoy segura de que así será con Urías también.

Mientras Santiago seguía titubeando, su mamá preguntó.

—¿Tú seguirías queriendo jugar con Urías si *él* usara anteojos?

—Sí, por supuesto —contestó Santiago—, pero él no los usa.

Suspiró mientras el timbre sonaba de nuevo, luego recogió sus anteojos y se los puso. Santiago abrió la puerta principal. Allí estaba Urías, con una sonrisa plateada en su rostro.

—¡Frenos dentales! —dijo Santiago con sorpresa.

—¡Anteojos! —exclamó Urías.

—¿Cuándo...?

—Hace un mes —dijeron al mismo tiempo.

Entonces ambos empezaron a reír. *DJS*

¿Y TÚ?

¿Desearías que tu cabello fuera de otro color? ¿Te gustaría ser más alto, más popular, un deportista estrella o un mejor estudiante? ¿Necesitas anteojos o frenos? Tales cosas no hacen que Dios no te ame. Tampoco debes permitir que esas cosas se interpongan entre un amigo y tú.

LA VERDADERA BELLEZA ES INTERIOR

PARA MEMORIZAR:
«¡Gracias por hacerme tan maravillosamente complejo! Tu fino trabajo es maravilloso, lo sé muy bien». Salmo 139:14

EL BUMERÁN

LEE LUCAS 6:27-31

—¡Mmm! ¡Galletas! —exclamó Megan, al llegar de la escuela de verano—.
¡Chispas de chocolate! ¿Puedo comer una?

La señora Reyes, la niñera de Megan, asintió.

—¿Cómo te fue hoy en la clase? —preguntó mientras servía un vaso con leche
para Megan.

—Me fue bien —dijo Megan—. ¡Pero Ronny me enfada tanto! Justo antes del
último receso, puso una lombriz en mi cuaderno. Casi la aplasto cuando metí
la mano en el escritorio. Luego se rio de mí. Tengo que pensar en algo para ven-
garme de él. Pero primero debo escribir un reporte sobre cómo funciona algo.
¿Sobre qué puedo escribir?

—Tengo una idea —dijo la señora Reyes—. Vi algo interesante sobre bumeráns
en un libro que tu abuela envió la semana pasada. Quizás puedas escribir sobre
eso.

—Lo revisaré —dijo Megan camino a su habitación.

Poco después, Megan regresó a la cocina.

—No me tardé mucho —dijo—. ¿Quiere escuchar mi reporte?

—Seguro —dijo la señora Reyes.

Megan leyó:

—Un bumerán es un arma que aún usan algunas tribus en Australia. Los
bumerán son objetos planos y curvos, hechos de madera dura. Pueden ser lan-
zados de tal modo que hacen un curva y regresan a quien los lanzó. A veces, sin
embargo, las personas son golpeadas por el bumerán que ellas mismas lanzaron.

—Nuestras acciones pueden ser como el "bumerán" también. Es algo que
debemos recordar cuando pensamos que necesitamos vengarnos de las personas
con las que nos enfadamos —dijo la señora Reyes, cambiando el tema con tran-
quilidad.

Megan miró el suelo. Sintió que su rostro se sonrojaba.

—Bien —dijo—. Sé que está hablando de Ronny y de mí. Pero ¿cómo puedo
evitar que se burle de mí? —Miró las galletas que la señora Reyes ponía en un
frasco para galletas—. ¡Ya sé! ¡Le llevaré a Ronny dos o tres galletas mañana! *MMP*

¿Y TÚ?

¿Han hecho tus acciones lo mismo que un «bumerán» cuando has tratado de
vengarte de alguien? A Dios le agrada cuando nos deshacemos de un enemigo al
convertirlo en un amigo. Recuerda: las buenas acciones también hacen lo mismo
que un bumerán.

PARA MEMORIZAR:

«No dejen que el mal los venza, más
bien venzan el mal haciendo el bien».
Romanos 12:21

NO BUSQUES VENGANZA

PARECIDOS PERO DIFERENTES

LEE 1 CORINTIOS 12:4-7, 14-19

—Mamá, soy una tonta —lloró Kelly, entrando al garaje cuando llegó a casa de la escuela de verano—. ¿Por qué tengo que ser tan tonta?

—¿Qué sucede, querida? —preguntó su mamá, bajando la brocha que estaba usando para pintar un nuevo vestidor para el cuarto de Kelly.

Con lágrimas en los ojos, Kelly le dio a su mamá un papel. Era una prueba de matemáticas, y la había reprobado.

—Saqué la peor calificación de la clase —lloró.

—¡Oh, Kelly, lo siento! —dijo su mamá—. Sé que estudiaste mucho para esta prueba. —Su mamá la abrazó—. Pero eso no significa que seas tonta.

—Sí lo soy —insistió Kelly—. A nadie más le cuestan tanto trabajo las matemáticas. ¿Por qué no puedo ser como los demás?

Su mamá miró la fila de flores que delineaban la entrada del carro.

—Mira el parterre, Kelly —dijo—. ¿Recuerdas cuando fuimos al vivero y elegimos todos esos paquetes de semillas y cajas de bulbos y plantas anuales?

Kelly asintió.

—La pasamos bien escogiendo entre las diferentes formas y colores que había disponibles —continuó su mamá—. Y aún con todas las flores que elegimos, parecía haber millones de colores y estilos que no compramos.

—Quizás podamos poner otras diferentes el próximo año. ¿Sí, mamá? —preguntó Kelly.

—Tal vez —dijo su mamá—. Pero piensa en esto. ¿Qué tal si tú y yo hubiéramos elegido petunias rosadas, solo petunias rosadas y nada más que petunias rosadas?

Kelly rio.

—Bueno, me gusta el rosado, pero ¡sería un poco aburrido!

Su mamá sonrió.

—Y no tan fabuloso de mirar como nuestro hermoso jardín hoy. Qué bueno que Dios hizo flores en una variedad de formas, colores, tamaños y estilos. En la creación de Dios, cada persona también es hermosa y especial, perfectamente única. Por ejemplo, tú. Te encanta tocar el piano, y puedes tocar música que niños que te doblan la edad no pueden. Si fuéramos todos iguales y todos fuéramos buenos en matemáticas, entonces, ¿quién tocaría la música? *CPH*

¿Y TÚ?

¿Te das cuenta de que Dios te ha hecho como eres con un propósito? Da lo mejor de ti en todas tus materias, y aprovecha todas las oportunidades que se te ofrecen. Pero no esperes ser excelente en todo. Usa tus talentos para la gloria de Dios, y agradécele hoy por hacerte quién eres.

DEJA QUE DIOS TE USE

PARA MEMORIZAR:
«Dios trabaja de maneras diferentes, pero es el mismo Dios quien hace la obra en todos nosotros». 1 Corintios 12:6

JULIO
11

CUANDO LA
RADIO «MURIÓ»

LEE SALMO 119:129-138

—Todo está cargado —dijo Marcos mientras tiraba su mochila dentro de la camioneta de su abuelito.

—Revisemos otra vez —dijo su abuelito—. Bolsas de dormir, tienda de campaña, comida, cañas de pescar. Sí, todo está aquí. Solo falta una cosa antes de salir: orar.

Marcos se quejó.

—Oh, abuelito, ¿no podemos olvidarnos de eso solo una vez? —rogó.

—No queremos descuidar a nuestro mejor amigo, ¿o sí? —preguntó su abuelito.

Marcos sacudió su cabeza y trató de escuchar mientras su abuelito oraba.

Pronto estaban en camino, y al principio fue divertido. Luego Marcos empezó a hacer la misma pregunta una y otra vez.

—¿Cuánto falta?

Finalmente, su abuelito se estiró y encendió la radio.

—Por lo general hay una buena historia bíblica a esta hora del día —dijo—. Escuchemos.

—Está bien —suspiró Marcos—. Solo espero que no sea una que ya haya escuchado dieciséis veces.

Aunque Marcos en verdad no quería escuchar, comenzó a disfrutar la historia. Luego la estación empezó a desvanecerse. Se perdía durante un momento y luego regresaba, pero solo por poco tiempo.

—¿Puedes arreglar la radio? —preguntó Marcos—. Quiero escuchar el resto de la historia.

—Me parece que nos estamos alejando demasiado —dijo su abuelito.

El sonido empeoró, y el abuelito de Marcos apagó la radio.

—Tendríamos que dar la vuelta y acercarnos a la estación para escuchar más de ese programa —dijo—. Y, ¿sabes, Marcos? Es más o menos lo que pasa cuando empezamos a alejarnos del Señor. Aún escuchamos su voz por un momento. Luego parece desvanecerse, y la oímos solo algunas veces. De pronto ya no escuchamos cuando Dios intenta hablarnos. La única manera de recuperar lo que hemos perdido es acercándonos a él otra vez. ¿Cómo lo hacemos?

—Leyendo la Biblia, escuchando historias bíblicas y orando. ¿Cierto?

—¡Cierto! —respondió su abuelito con una sonrisa. *MMP*

¿Y TÚ?

¿Hablas con Jesús y dejas que su Palabra te ayude cada día? Orar y leer la Biblia son dos cosas que necesitas hacer para permanecer cerca de Jesús. Si te has apartado de él, regresa. Dile que lo sientes y comienza a pasar más tiempo con él.

PARA MEMORIZAR:
«Presto mucha atención a lo que dice Dios el Señor». Salmo 85:8

PERMANECE
CERCA DE JESÚS

SACIAR LA SED

LEE JUAN 4:7-14

—¡Hace mucho calor hoy y tengo mucha sed! ¿Puedo tomar un vaso de leche? —preguntó Bianca a su madre.

—Seguro —contestó su mamá. Sacó un vaso, fue al refrigerador y le sirvió un poco de leche a Bianca.

Poco después Bianca hizo otra pregunta.

—¿Puedo tomar un poco de refresco? —preguntó—. Todavía tengo sed.

Su mamá frunció el ceño.

—¿Qué te parece si mejor te sirvo jugo? —sugirió.

—Está bien —concordó Bianca, y su mamá le sirvió un vaso pequeño de jugo.

Bianca tomó el jugo a sorbitos. Una vez que lo terminó, enjuagó el vaso y lo llenó con agua fría. Luego añadió dos cubos de hielo. Bianca tomó un largo trago.

—¿Sabes qué, mamá? —preguntó—. La leche estuvo bien, y el jugo también. Pero el agua es lo mejor para saciar mi sed.

Su mamá sonrió.

—Estoy de acuerdo —dijo—. Siempre he pensado que nada sacia la sed como el agua. Creo que yo también tomaré un poco.

Mientras se servía un vaso, añadió:

—¿Sabías que Dios nos dio el agua fría para saciar nuestra sed física? Y nos dio el Agua Viva para saciar nuestra sed espiritual.

—¿Agua viva? —repitió Bianca.

—Así es —dijo su mamá—. A Jesús se le conoce como el Agua Viva. Así como tu cuerpo tiene sed, también tu espíritu tiene sed. Aprender sobre Jesús a través de la lectura de la Biblia e ir a la iglesia son maneras de satisfacer tu sed espiritual. A veces las personas tratan de saciar su sed espiritual adquiriendo muchas cosas o tratando de ser las más populares o intentando ser jefes. Pero solo Jesús satisface nuestro espíritu.

—Mmm —dijo Bianca—. Tal vez debamos tomar un sorbo de la Biblia también. A mi espíritu le caería bien una historia sobre Jesús.

—¡Buena idea! —dijo su mamá. *WEB*

¿Y TÚ?

¿Crees que tener mucho dinero o ser popular te hará feliz? Aunque estas cosas no son malas, solo Jesús puede traer la verdadera felicidad y satisfacer tu espíritu. Si quieres pedirle que sea tu Salvador, habla con un adulto en quien confíes o un amigo.

JESÚS PUEDE SATISFACER TU SED ESPIRITUAL

PARA MEMORIZAR:
«Pero todos los que beban del agua que yo doy no tendrán sed jamás». Juan 4:14

JULIO
13

FLORES MARCHITAS

LEE ISAÍAS 40:6-8; SANTIAGO 4:13-17

—¡Sí! —gritaron Lourdes y Denise mientras corrían a través de un campo vacío cerca de su casa.

La cálida brisa veraniega movía el pasto, y mariposas doradas bailaban entre las flores silvestres.

—Me alegra que mamá nos deje tener un picnic aquí, ¿a ti no? —preguntó Lourdes y se desplomó bajo un árbol con sombra.

—Claro que sí —contestó Denise. Se sentó junto a su hermana y colocó la canasta de picnic sobre el suelo—. ¡Oh, mira! —Apuntó a una mata de flores rosadas—. ¿No son lindas? El rosado es el color favorito de mamá. Recojamos algunas para ella.

Las niñas rápidamente juntaron las flores y las pusieron en la sombra bajo el gran árbol. Jugaron felices toda la mañana y luego comieron su almuerzo. Eran papas fritas y emparedados sencillos, ¡pero sabían muy bien! Al fondo de la canasta había dos regalos que su mamá había metido para ellas: dos chocolates.

Las niñas estaban calurosas y cansadas cuando fue hora de volver a casa.

—No olvidemos las flores de mamá —dijo Denise.

Corrió hasta el árbol para recogerlas.

—¡Oh, no! —lloró al verlas—. ¡Mira! Están todas marchitas y feas.

—Debimos habérselas llevado a mamá en ese momento —se quejó su hermana. Miró su reloj—. Ya es tarde para recoger más; debemos estar en casa en cinco minutos.

Cuando las decepcionadas niñas le contaron a su mamá sobre las flores, ella asintió.

—A mí también me da pena que se hayan marchitado. Pero estas flores representan una verdad importante —añadió su mamá.

—¿Cuál es? —preguntó Denise.

—Que hay un tiempo para esperar y otro para no esperar. Nunca debemos esperar para hacer lo que es bueno y correcto. Y pensar en traerme flores ¡fue algo muy bueno! *SLK*

¿Y TÚ?

Cuando ves algo bueno que puedes hacer por alguien más, ¿solo lo piensas? Y cuando sabes que hacer algo es bueno, ¿titubeas porque tienes miedo de lo que otros pensarán? Pídele ayuda a Dios para aprovechar las oportunidades de hacer lo bueno y correcto ¡hoy!

PARA MEMORIZAR:

«Enséñanos a entender la brevedad de la vida, para que crezcamos en sabiduría». Salmo 90:12

NO ESPERES PARA HACER LO QUE ES CORRECTO

UN BUEN FINAL

LEE JUAN 14:1-6

Kekoa y su hermana, Malía, rogaron para poder quedarse despiertos tarde y ver un programa de televisión sobre un naufragio.

—Lo veré con ustedes —decidió su papá—. No estoy seguro de cómo será. Lo apagaremos si se pone muy tenebroso para ustedes —dijo.

—No me dará miedo —presumió Kekoa—. Pero Malía seguramente gritará durante la mayor parte. ¡Es tan gallina!

—¡No lo soy! —reclamó Malía.

Efectivamente, cuando la tormenta se puso muy violenta y era aparente que el barco se hundiría, Malía solo bostezó. Y cuando los pasajeros llegaron a salvo a una isla, solo para descubrir que estaba habitada por animales salvajes, Malía sonrió. ¡Kekoa no podía creerlo!

—¿Qué te pasa? —le preguntó—. Por lo general gritas y te cubres los ojos ¡por nada! ¿Por qué no tienes miedo?

—Probablemente lo tendría —admitió Malía—, excepto que mi amiga Nina vio este programa antes, y me contó sobre él. Sé que tiene un buen final.

Después del programa, el papá de los chicos decidió ver las noticias, y dejó que Malía y Kekoa también se quedaran despiertos. Al escuchar los reportes de guerras, accidentes, secuestros y asesinatos, Malía se estremeció.

—Ahora, esas son verdaderas historias de terror —dijo.

—Sí —concordó Kekoa—. Eso es lo que las hace tan aterradoras.

—Oh, yo no tengo miedo —dijo su papá.

Kekoa lo miró con curiosidad.

—¿Por qué no, papá? —preguntó—. Solo porque somos cristianos no significa que esas cosas no nos pueden suceder, ¿o sí?

—No —contestó su papá—, pero no tengo miedo porque sé cómo terminará la historia. La Biblia dice que los que son cristianos finalmente estarán en el cielo con Cristo.

—¡Guau, papá! ¡Qué bueno! —exclamó Malía—. Me alegra que nuestra familia conozca a Jesús. ¡Las cosas de miedo no son tan tenebrosas cuando sabes que hay un buen final! *SLK*

¿Y TÚ?

¿Te preocupa que algo malo pueda pasarte? ¡Relájate! Si conoces al Señor como tu Salvador, sabes que el «final» de tu vida será la felicidad eterna en el cielo. Es verdad que en esta vida a veces tendrás problemas, pero pensar en tu futuro de felicidad te ayudará al superarlos.

CONFÍA EN EL «BUEN FINAL» DE DIOS

PARA MEMORIZAR:
«No dejen que el corazón se les llene de angustia; confíen en Dios y confíen también en mí». Juan 14:1

JULIO
15

AYÚDALOS A QUE VEAN

LEE JUAN 1:37-47

Cada noche, la familia de Ashley se reunía para orar, leer la Biblia y escuchar una historia. Una noche, la historia que el papá de Ashley leyó captó su atención más que cualquier otra que hubiera escuchado en mucho tiempo.

La historia trataba sobre un hombre ciego que vivía en un país lejano. Cuando escuchó sobre un doctor misionero que podía operarle los ojos, caminó muchos kilómetros hasta llegar a la estación misionera. Después de muchas pruebas, el doctor finalmente operó al hombre. Pasó mucho tiempo antes de que pudiera quitarse las vendas, pero cuando lo hizo, ¡podía ver!

—¿Y qué hizo el hombre ciego? —leyó su papá—. ¿Solo disfrutar de su vista? No, fue a todas las aldeas y encontró a otras personas ciegas. Las guio por ese largo camino a la villa donde vivía el doctor misionero. "Le he traído a mucha gente" dijo al presentárselos al doctor. "También ellos necesitan ver".

Su papá cerró el libro.

—Así como el hombre ciego llevó a otros al doctor en busca de ayuda, los cristianos necesitan llevar a los demás a Jesús —dijo—. Las personas que no conocen a Jesús son espiritualmente ciegas, y están peor que las que son físicamente ciegas.

Ashley todavía pensaba en la historia cuando se fue a la cama esa noche. Pensó en algunos niños de su vecindario. Estaba su amiga Julie, que nunca iba a la escuela dominical. Y Danai, que solo iba cuando sus padres la obligaban. Ninguna de ellas conocía a Jesús como Salvador.

«Ayúdame a hacer lo que hizo ese hombre ciego —oró Ashley antes de dormir—. Ayúdame a llevar a mis amigos hasta Jesús». *RIJ*

¿Y TÚ?

Al leer la Escritura de hoy, ¿notaste que cuando Jesús llamó a los hombres a seguirlo, ellos llevaron a otros? Ese es el trabajo de todo cristiano. Andrés llevó a Pedro. Felipe llevó a Natanael. ¿A quién has llevado tú?

PARA MEMORIZAR:

«Luego Andrés llevó a Simón, para que conociera a Jesús. Jesús miró fijamente a Simón y le dijo: "Tu nombre es Simón hijo de Juan, pero te llamarás Cefas" (que significa "Pedro")». Juan 1:42

LLEVA A OTROS A JESÚS

ENCONTRAR EL CAMINO

LEE JUAN 1:1-9

—Adiós —dijo Raúl caminando hacia la puerta trasera de la casa de Carlos—. Hasta mañana.

—Bien. Adiós —contestó Carlos mientras Raúl abría la puerta—. Oye... ¿no tienes una linterna?

—No. —Raúl salió y miró a su alrededor. La noche era oscura, sin luna ni estrellas—. Mi casa no está tan lejos y he caminado la ruta cientos de veces. No necesito una —dijo confiado.

—¿Estás seguro? —preguntó Carlos—. Puedes tomar prestada la mía.

—No, estaré bien —contestó Raúl—. Nos vemos mañana. Tal vez podamos construir un fuerte.

Empezó a bajar las escaleras en dirección a su casa.

Raúl vivía al otro lado del bosque de la casa de Carlos. El camino estaba descuidado y era un poco difícil de ver en la oscuridad, pero pronto encontró la vereda y caminó rápido. Entonces... *¡pum!*

«¡Auch!».

Raúl había chocado contra una rama. Mientras se sobaba la frente... *¡Sssst! ¡Sssst!*

¿Qué fue eso?, se preguntó. Por lo general no tenía miedo de la oscuridad, pero estos sonidos le parecían diferentes... amenazantes. Se obligó a seguir caminando. Le dolía la cabeza, y sus ojos se esforzaban por ver más adelante. *¿Dónde están las luces de mi casa? Debería estar lo suficientemente cerca como para verlas ahora*, pensó. *Debí tomar prestada la linterna de Carlos.* Suspiró con alivio cuando finalmente vio las luces de su hogar, cálido y acogedor.

Más tarde, antes de subirse a la cama, Raúl abrió su libro devocional y su Biblia. Al leer el devocional del día, una sonrisa se dibujó lentamente en su rostro. Los versículos que leyó proclamaban a Jesús como la Luz del Mundo. *Y ciertamente necesitamos su luz*, pensó Raúl, *aun cuando pensemos que no. KRL*

¿Y TÚ?

¿Estás siguiendo a Jesús, la Luz del Mundo? Dios dice que el mundo está en tinieblas por el pecado. La única manera de vencer la oscuridad es encendiendo una luz. Jesús es la luz que Dios ha provisto. Acéptalo como Salvador, y luego síguelo cada día. Al recibirlo, serás capaz de llegar a tu hogar en el cielo.

JESÚS ES LA LUZ

PARA MEMORIZAR:
«Jesús habló una vez más al pueblo y dijo: "Yo soy la luz del mundo. Si ustedes me siguen, no tendrán que andar en la oscuridad porque tendrán la luz que lleva a la vida"». Juan 8:12

JULIO
17
LA TORMENTA DE ARENA

LEE HEBREOS 6:9-12

El viento y la arena se arremolinaban alrededor del auto mientras la familia Serrato iba rumbo a su casa. Era muy difícil ver algo.

—¡Ese auto va en el sentido contrario de la calle! —gimió la mamá de Marti cuando el auto que se dirigía hacia ellos los esquivó por poco—. Quizás debamos esperar a que termine la tormenta de arena.

Luego señaló:

—¡Oh, miren! Hay un auto ahí un poco más adelante. Sigámoslo.

Los conductores de otros dos autos tuvieron la misma idea. Pero el papá de Marti no quería ir tan rápido, así que continuó avanzando lentamente.

—¡Miren eso! —exclamó él de pronto—. ¡Ese primer auto se salió del camino! ¡Y los otros dos lo siguieron!

Efectivamente, los tres autos se habían deslizado por una ladera inclinada.

—Paremos, papá —dijo Marti, con la voz un poco temblorosa.

—Esa puede ser una buena idea —concordó su papá—, pero necesito encontrar un lugar para estacionarme a un costado o alguien podría golpearnos por detrás.

Se acercó un poco más al centro de la carretera hasta que pudo ver la mediana.

—Hasta entonces, iré lentamente y mantendré mis ojos en la mediana. De ese modo, me aseguraré de permanecer en el camino. Las tormentas de arena por lo general duran solo unos minutos. Pronto podremos llegar a la casa.

Su papá tuvo razón. Unos minutos después, la tormenta de arena había pasado. Cuando llegaron a la siguiente estación de gasolina, reportaron que algunos autos se habían salido de la carretera.

La mamá de Marti respiró con alivio.

—Me alegra que no hayas seguido a esos autos como te lo sugerí —dijo

—Me recuerda a lo que Jesús les dijo una vez a sus discípulos —contestó el papá de Marti—. Si un ciego guía a otro ciego, ambos caerán en la zanja. Es un buen recordatorio de que necesitamos ser cuidadosos con aquellos a quienes seguimos, no solo en el camino, sino en la vida. *KRL*

¿Y TÚ?

¿A quién estás siguiendo? ¿Adónde te guían las personas a quienes sigues? ¿Sus palabras y acciones te hacen sentirte más cerca de Jesús? Si no es así, ¡podrías estar dirigiéndote a una «zanja»! Más bien, rodéate de personas que aman a Jesús.

PARA MEMORIZAR:

«Entonces, no se volverán torpes ni indiferentes espiritualmente. En cambio, seguirán el ejemplo de quienes, gracias a su fe y perseverancia, heredarán las promesas de Dios». Hebreos 6:12

SIGUE A QUIENES SIGUEN A CRISTO

EL CONDUCTOR

LEE SALMO 25:1-10

—¡Cuidado! ¡Oh! —jadeó el tío Wes—. ¡Ve más despacio, Dámaris!

En el asiento trasero, Julieta miró a Mateo y sonrió. Esto era divertido. El tío Wes había ofrecido dejar que la hermana de los chicos condujera su nuevo auto. Dámaris era muy buena conductora, a pesar de que había obtenido su licencia hacía solo una semana. Pero mientras conducía, el tío Wes la instruía sin cesar todo el tiempo.

—Hay un alto más adelante. Es un poco difícil de ver, así que te estoy avisando con tiempo —dijo el tío Wes y se detuvo por un momento—. Por lo general, voy bajando la velocidad cuando paso la primera bomba contra incendios... Ah, y dos semáforos más adelante giraremos a la derecha. Asegúrate de doblar bien en esta curva al ir por este lado... y ya has aprendido que la mejor forma de estacionar es...

¡El tío Wes apenas dejaba de hablar lo suficiente para respirar!

Cuando llegaron a la tienda, Dámaris le dio las llaves al tío Wes. Sonrió y le guiñó el ojo a Julieta.

—Pienso que tú debes conducir a casa, tío Wes —dijo—. Conoces mejor el auto.

—Bueno, querida, ¿estás segura? —preguntó el tío Wes y tomó las llaves.

—Sí, segura —contestó Dámaris.

Más tarde se dirigió a Julieta y a Mateo.

—Por lo general es muy divertido conducir, pero por alguna razón, con el tío Wes...

Puso los ojos en blanco y todos se rieron.

Esa noche la mamá de los chicos sonrió mientras le contaban sobre el incidente.

—¿Saben?, todos somos un poco como el tío Wes a veces —dijo—. Invitamos a Dios a que tome el control de nuestra vida, y luego nos sentamos con él y le decimos exactamente cómo dirigirla.

Julieta se puso pensativa.

—¿Quieres decir... como querer hacer cosas a nuestra manera? ¿Y enfadarnos cuando las cosas no pasan como queremos?

Su mamá asintió.

—Si tan solo pudiéramos recordar que Dios sabe cómo conducir nuestra vida, ¡mejor que nosotros! *KRL*

¿Y TÚ?

¿Quieres que las cosas funcionen a tu manera? Todos lo queremos en algún momento. Si renuncias a hacer las cosas a tu manera y dejas que Dios «conduzca», tu vida lo honrará. Él sabe cómo llevarte adonde quiere que vayas. No sabes dónde están las curvas o qué hay al dar vuelta en la próxima esquina, pero Dios sí. Confía en él.

CONFÍALE TU VIDA A DIOS

PARA MEMORIZAR:
«Muéstrame la senda correcta, oh Señor; señálame el camino que debo seguir».
Salmo 25:4

CLAVA MÁS PROFUNDO

LEE COLOSENSES 2:6-10

Cuando Rob y su papá llegaron al campamento, Rob rápidamente agarró la caja de anzuelos, su caña y su carrete de pesca.

—Vamos, papá —dijo y corrió hacia el lago.

—¡Oye! —lo llamó su papá—. Debemos poner la tienda de campaña primero.

—Oh, ¿podemos pescar un poco primero? —preguntó Rob.

Su papá sacudió la cabeza.

—La diversión viene después del trabajo —dijo con una sonrisa.

Rob, a regañadientes, dejó su equipo de pesca, y juntos él y su papá extendieron la tienda y comenzaron a clavar las estacas en el suelo. Rob terminó antes que su papá, pero pronto los dos estuvieron listos para irse.

Durante las siguientes horas pescaron varios peces de buen tamaño. De pronto, hubo algo de viento, y cuando una lluvia ligera empezó a caer, Rob y su papá se apresuraron a volver a la tienda. Para su sorpresa, un lado había colapsado: el lado que había clavado Rob.

—¿Qué sucedió? —preguntó.

Su papá se agachó y levantó una estaca tendida en el suelo.

—¿Ves esto? —dijo y apuntó a la tierra—. No la clavaste lo suficientemente profundo.

Rob se avergonzó. Sabía que lo había hecho demasiado aprisa.

Poner la tienda fue mucho más incómodo esta vez, porque tuvieron que trabajar bajo la lluvia. Rob sabía que era su culpa.

—Perdóname, papá —se disculpó.

Mientras cocinaban el pescado más tarde, Rob le sonrió a su papá.

—Estudiamos unos versículos en la escuela dominical —dijo Rob—. Algo sobre estar arraigados en Cristo y establecidos en nuestra fe. La maestra dijo que si nuestras estacas espirituales están clavadas profundamente y estamos bien arraigados en Cristo y en la Palabra de Dios, no seremos sacudidos por los "vientos" de las enseñanzas falsas o las circunstancias difíciles.

El papá de Rob sonrió ampliamente.

—Bueno —dijo—, quizás no seas muy bueno para clavar la estaca de una tienda, pero si continúas escuchando y aprendiendo tan bien como lo hiciste el domingo pasado, no creo que tenga que preocuparme por tus estacas espirituales. *RIJ*

¿Y TÚ?

¿Te dejas influenciar fácilmente cuando alguien intenta decirte que algo en la Biblia no es verdad? ¿Te desanimas pronto cuando llegan los problemas? Puedes clavar tus estacas espirituales con mayor profundidad leyendo la Palabra de Dios, escuchando bien en la iglesia y la escuela dominical, y orando.

PARA MEMORIZAR:

«Arráiguense profundamente en él [Jesús] y edifiquen toda la vida sobre él. Entonces la fe de ustedes se fortalecerá en la verdad que se les enseñó, y rebosarán de gratitud». Colosenses 2:7

ARRÁIGATE EN TU FE

AMIGO EN LA CALLE

LEE PROVERBIOS 1:1-7, 20-23

—¡Uy! ¡Qué calor! —dijo Pablo, secándose la frente con la mano—. Detesto profundamente recoger arvejas, ¿tú no? —le preguntó a su hermano, Migue, que estaba arrodillado en la siguiente hilera.

—Sí —se quejó Migue—. Casi tienes que ponerte de cabeza para encontrarlas. —Sacudió los brazos como loco alrededor de su cabeza—. Y cuando tienes una mosca insoportable zumbando a tu alrededor, es peor.

—A ese tipo de moscas les encantan las personas sudorosas —dijo Pablo.

Su abuelito, que recogía tomates, había estado escuchando a los niños.

—¡Oigan, chicos! —les llamó—. ¡Escuchen!

—¡Es el camión de los helados! —gritaron con alegría. Corrieron y saltaron sobre las hileras de zanahorias y cebollas para alcanzar a su abuelito—. ¿Podemos comprar algo?

Su abuelito les dio dinero.

—Compren un helado de chocolate para cada uno.

Cuando los niños regresaron al jardín, los tres se sentaron debajo de un árbol cercano para disfrutar su helado.

—¿Saben? —dijo el abuelito mientras quitaba la envoltura de su helado—, cada vez que escucho al camión de los helados venir por la calle, me acuerdo de un versículo en Proverbios. Dice que la sabiduría hace oír su voz en la calle.

—¿Sabiduría? —preguntó Migue—. ¿Es sabio el camión de helados?

—Bueno, a mí me pareció sabio conseguir este helado —dijo Pablo.

Su abuelito rio.

—Estoy de acuerdo. El camión de los helados "hace oír su voz en la calle" porque tiene algo refrescante para ti cuando tienes calor y estás cansado. El libro de Proverbios dice que la sabiduría "hace oír su voz en la calle" con algo mucho mejor para ti —explicó—. Espero que estén tan ansiosos por obtener sabiduría como por obtener helado.

Migue frunció el ceño.

—¿Cómo hacemos eso? ¿Yendo a la escuela?

Su abuelito asintió.

—La escuela de Dios, la Palabra de Dios, la Biblia —dijo. *SLN*

¿Y TÚ?

¿Sabes lo que es sabiduría? Es conocer la verdad de Dios y hacer lo que dice. Para conocer la verdad de Dios, debes estudiar su Palabra y seguirla. La Biblia dice: «Alegre es el que encuentra sabiduría, el que adquiere entendimiento» (Proverbios 3:13).

LA PALABRA DE DIOS DA SABIDURÍA

PARA MEMORIZAR:
«¡Adquirir sabiduría es lo más sabio que puedes hacer! Y en todo lo demás que hagas, desarrolla buen juicio». Proverbios 4:7

MANTENLO PODADO

LEE SANTIAGO 1:12-15

Cierto verano, la familia de Tomás pasó un mes en una cabaña cerca de un lago. Tomás se hizo amigo de Manuel, un niño de otra cabaña. Un día, Manuel dijo:

—Tengo ganas de un dulce, y sé dónde podemos obtener el dinero. ¡Ven!

—Manuel guio a Tomás al cuarto de su hermano mayor. Sacó una caja de zapatos llena de monedas de debajo de la cama—. Saúl no se dará cuenta si tomamos solo algunas —dijo Manuel.

Tomás sabía que eso estaba mal, pero quería tanto el dulce que tomó dos monedas. Al día siguiente, los niños tomaron más dinero. Tomás todavía se sentía culpable, pero fue más sencillo esta vez. Varias veces tomaron del dinero de Saúl, y pronto a Tomás ya casi no le molestaba.

Un día los niños abrieron la caja en silencio como de costumbre, pero una voz gritó:

«¡Así que ustedes son los ladrones!».

Saúl se había escondido en el armario para atrapar a la persona que le había estado robando.

Los padres de Tomás estaban sorprendidos y decepcionados, y los padres de Manuel también estaban enojados. Ambos chicos fueron castigados. Cuánto deseaba Tomás no haber tomado jamás esa primera moneda. ¡Se sentía tan avergonzado!

Cuando la familia de Tomás regresó a su casa en la ciudad, Tomás miró con incredulidad el lote vacío al lado de su casa. Siempre lo había mantenido podado para que él y sus amigos pudieran jugar béisbol allí. Pero mientras había estado en la cabaña, la maleza había crecido y era alta y abundante. Sería imposible jugar béisbol.

—¿Qué sucedió? —le preguntó a su papá.

—Si le das libertad a la maleza, se apodera de todo —le explicó su papá—. Nunca antes había crecido tanto porque la podabas.

Tomás se sentó debajo de un árbol y contempló la maleza alta y dispersa que ahogaba el campo de béisbol.

—En cierto modo, esto es lo que te pasó en el lago —continuó su papá—. Si hubieras dicho no a la primera sugerencia de Manuel para robar dinero, probablemente no habrías tomado nada en absoluto. Pero ya que no podaste esa tentación, tuvo un buen comienzo.

—De ahora en adelante, voy a podar la tentación de inmediato —dijo Tomás.

CEY

¿Y TÚ?

¿Le das al pecado la oportunidad de crecer? Aprende a decir no a la tentación tan pronto como se presente. Así es como Dios quiere que pelees contra el pecado. Poda la «maleza del pecado» antes de que crezca tanto que se apodere de tu vida.

PARA MEMORIZAR:

«Así que humíllense delante de Dios. Resistan al diablo, y él huirá de ustedes». Santiago 4:7

PODA EL PECADO

FARO EN LA TORMENTA

LEE MATEO 5:13-16

Dakota y Andy sintieron que el agua fría rociaba sus rostros mientras la proa del barco avanzaba. Los padres de Andy a menudo invitaban a Dakota a sus paseos, y él siempre estaba dispuesto a ir. Las horas pasaron volando mientras el elegante bote cruzaba el agua, dejando atrás las ondulantes olas.

El papá de Andy miró al cielo.

—Temo que se aproxima una tormenta en esas nubes negras y podría llegar rápido —dijo—. Será mejor que nos dirijamos a la orilla.

Pronto el viento comenzó a agitar el agua, y la proa del bote golpeó fuerte contra las olas. El agua azotó el rostro de los niños, y ellos se agacharon para esquivarla. Se puso más y más oscuro, y pronto empezó a llover fuerte.

—Ayúdenme a dar con el faro, niños —pidió el papá de Andy.

Andy y Dakota forzaron sus ojos, buscando la luz cálida del faro para guiarlos. Pero les costaba trabajo ver.

Dakota tenía miedo. Oró en voz alta:

«Querido Señor, por favor ayúdanos a encontrar el faro y a llegar a salvo a la costa».

Unos minutos más tarde, Andy gritó:

—¡Allí está!

Pronto el bote se hallaba a salvo en el puerto, donde el padre de Dakota estaba esperando para llevarlo a casa.

—Adiós, Dakota —dijo Andy—. Y gracias por orar en el bote.

—¿Oíste eso, papá? —preguntó Dakota emocionado mientras se iban a su casa—. Tenía tanto miedo que oré en voz alta para que Dios nos ayudara. Antes, nunca había mencionado a Dios al hablar con Andy. Pensé que yo no le agradaría más si lo hacía. Pero quizás ahora quiera escuchar más sobre Dios.

—Tal vez —dijo su papá—, tú puedas ser un faro para Andy.

—¿Un faro? —preguntó Dakota—. Ah, ya entiendo. Puedo enseñarle el camino a Jesús.

—Así es —dijo su papá con una sonrisa. *CEY*

¿Y TÚ?

¿Hablas del Señor frente a tus amigos? Puedes ser un faro para otros, guiándolos hasta Jesús. No tengas miedo de hablar de él, aunque temas perder a un amigo. Quizás sea la única oportunidad que tenga esa persona de escuchar sobre el amor de Dios.

SÉ EL FARO DE DIOS

PARA MEMORIZAR:
«Así que somos embajadores de Cristo; Dios hace su llamado por medio de nosotros. Hablamos en nombre de Cristo cuando les rogamos: "¡Vuelvan a Dios!"». 2 Corintios 5:20

UN GRITO DE AYUDA

—Aquí viene el camión de los helados, chicos —llamó la mamá desde el cuarto de lavado.

Era algo especial que durante los meses de verano María Paz y Jasón podían comprar un helado cada semana con el dinero de su mesada.

—¡Vamos, María Paz! —gritó Jasón y corrió fuera de la casa, golpeando la puerta del frente.

No vio que su hermana no venía detrás hasta que estaba en la esquina, haciendo señas con los brazos para llamar la atención del conductor del camión. Cuando regresó, lamiendo su helado, preguntó:

—¿Por qué no viniste?

—No tenía dinero —contestó María Paz—. Hoy pagué el almuerzo de Diana en el campamento.

Jasón resopló.

—Esos niños Brown nunca tienen un céntimo. Vic tampoco tenía dinero, pero no por eso pagué su almuerzo. Que se ponga a vender periódicos como yo.

—Sabes que no puede hacerlo con ese aparato ortopédico que tiene en su pierna —dijo María Paz.

—Bueno, su papá no tiene un aparato en la pierna —replicó Jasón—. Lo veo todo el tiempo deambulando por la casa, tratando de reparar ese viejo auto. Esos Brown son simplemente perezosos.

—¡Jasón! —exclamó su mamá—. No debes hablar así de personas a quienes Jesús ama tanto como a ti. Dios ha bendecido a tu papá con buena salud y un buen trabajo. Deberíamos estar agradecidos por lo que tenemos, pero no ser orgullosos. Y debemos estar dispuestos a ayudar a quienes están luchando. Los Brown están pasando por un momento difícil ahora. Estoy muy orgullosa de lo que hizo María Paz en el campamento hoy. La Biblia dice: "Benditos los que ayudan a los pobres". Y no sé cómo o cuándo, pero Dios la va a bendecir. *BJW*

¿Y TÚ?

¿Ves con superioridad a quienes tienen menos que tú o a quienes no son tan inteligentes como tú? ¿Te niegas a ayudarlos? La manera de Dios es ayudar a los que tienen necesidad, y él bendice a quienes lo hacen. Ten en cuenta que tú también puedes tener necesidades especiales algún día.

PARA MEMORIZAR:
«Benditos los que ayudan a los pobres».
Proverbios 14:21

AYUDA A LOS NECESITADOS

POR EL DESAGÜE

LEE 1 PEDRO 1:17-23

Eric, el primo de Max, estaba pasando una semana con él. Después de cenar la primera noche, los niños estaban ansiosos por ir a nadar, pero la mamá de Max dijo:

—Niños, quisiera que primero lavaran los platos.

—¡Ay! ¿Debemos hacerlo? —se quejaron.

—Lavar platos es el único trabajo que tendrán que hacer esta semana —contestó la mamá de Max con una sonrisa—. Sobrevivirán.

Pero Max echó una mirada al fregadero de la cocina y se quejó:

—¡Guácala! ¡Sobreviviré si puedo soportar toda esa comida en el fregadero! —le dijo Max a Eric—. Mira esos pedazos mojados de lechuga, cáscaras de papa y apio —observó.

—Sí —añadió Eric—, y fideos ¡y pedazos de hamburguesa!

—Eso me provoca naúseas —gruñó Max—. Mamá, si enjuagas esto en el triturador de basura, con gusto lavaré los platos.

Su mamá rio.

—Está bien, lo haré. Pero recuerden, ¡no más quejas sobre los platos esta semana! Y ustedes, niños, deben limpiar la encimera cuando terminen.

—Está bien —dijeron los niños a coro.

Eric añadió:

—¡No hay nada peor que toda esa basura en el fregadero!

—De hecho, sí lo hay —dijo su mamá—. El pecado es mucho peor. Es tan malo que Dios no soporta verlo. Y ha dicho que nadie que peca será capaz de vivir con él en el cielo.

—Pero ¿no se alegra Dios con nosotros si hacemos cosas buenas y tratamos de no ser malos? —preguntó Eric.

—Mucha gente piensa eso —dijo la mamá de Max—. Pero necesitamos pedirle a Jesús que sea nuestro Salvador. Él es quien tomó el castigo por nuestro pecado. Todas las cosas buenas que hacemos no nos llevarán al cielo. Pero cada persona debe decidir aceptar o no a Jesús. *SLN*

¿Y TÚ?

¿Piensas que eres bastante bueno? La Biblia dice que nadie es lo suficientemente bueno. Todos hacemos cosas malas. Dios odia el pecado, pero él te ama a ti. Confiesa tu necesidad a él. Pide que te limpie de pecado, y lo hará.

DIOS ODIA EL PECADO

PARA MEMORIZAR:

«Pues Dios ofreció a Jesús como el sacrificio por el pecado. Las personas son declaradas justas a los ojos de Dios cuando creen que Jesús sacrificó su vida al derramar su sangre». Romanos 3:25

JULIO
25

EL COSTO DE LA FE

LEE HEBREOS 11:32-40

—¡Hola, mamá! —dijo Vanesa y azotó la puerta metálica detrás de ella—. La tía Sue y yo nos detuvimos en una venta de garaje. ¿Quieres ver qué compré? —Vanesa levanto una figurilla—. Solo me costó cincuenta centavos. Pensé que sería un buen juguete para Ámber.

Más tarde, la tía Sue llamó por teléfono y habló con Vanesa.

—¿Adivina qué? —dijo Vanesa después de colgar—. La tía Sue me dijo que su amiga tenía una figurilla exactamente igual a la mía. ¡Pagó por ella veinte dólares en una tienda de antigüedades! Voy a poner la mía en el estante para que no se rompa.

—Parece que la figurilla es más valiosa de lo que pensabas —observó su mamá—. Eso me recuerda este libro que estoy leyendo.

Vanesa miró el libro de tapa blanda en la mano de su mamá. El título era *El libro de los mártires,* por John Foxe.

—¿Ese libro es muy valioso, mamá?

—No, el libro no lo es, pero habla de personas que pagaron un precio muy alto por algo que a menudo damos por sentado —contestó su mamá.

—¿Qué es? —preguntó Vanesa.

—Nuestra fe cristiana —dijo su mamá con voz suave—. Este libro describe cómo los creyentes fueron perseguidos durante los primeros años de la iglesia. Les quitaron sus tierras y sus casas; los pusieron en prisión, los torturaron e incluso los mataron, todo porque se negaron a renunciar a la fe en Cristo. Su fe les costó mucho.

Vanesa asintió pensativa.

—¡Vaya! Creo que acabo de darme cuenta de lo especial que es conocer a Jesús. ¡Y pensar que a veces me quejo cuando es hora de hacer mi devocional! —Luego sonrió—. Voy a cuidar mejor de mi Biblia. ¡Es mucho más valiosa que esa figurilla! *SLK*

¿Y TÚ?

Aun hoy, muchos cristianos enfrentan prisión y muerte por reunirse para adorar o compartir su fe. Aprovecha la libertad que tienes, ¡y agradece a Dios por tu preciosa fe cristiana!

PARA MEMORIZAR:

«Pero él dijo: "¿Por qué todo este llanto? ¡Me parten el corazón! Yo estoy dispuesto no solo a ser encarcelado en Jerusalén, sino incluso a morir por el Señor Jesús"». Hechos 21:13

TU FE ES VALIOSA

UN POCO DE TIERRA

LEE 1 CORINTIOS 5:6-8

Trevor se sirvió un vaso de jugo de manzana. Disfrutaba una merienda cada día cuando terminaba de repartir periódicos. Mientras bebía su jugo, miró a su mamá al otro lado de la mesa de la cocina que estaba cambiando de maceta una violeta africana.

—Hola, Trev —dijo su papá al entrar por la puerta trasera—. Me alegra que estés aquí. —Tomó tres revistas de la barra de la cocina y añadió—: He estado mirando estas historietas que conseguiste en tu intercambio con tu amigo Fernando. Algunas están bien, pero estos tres contienen lenguaje grosero.

—Ay, papá —protestó Trevor—, sabes que yo no uso ese tipo de lenguaje. Muchos chicos lo hacen, por eso los personajes en estas caricaturas hablan así.

—¿De verdad crees que está bien leer estas historietas? —preguntó su mamá—. Las groserías no honran a Dios.

La cara de Trevor se sonrojó.

—Bueno, no hay tantas palabras malas, y los chistes son divertidos —discutió—. Solo ignoro las malas palabras.

—Quizás no es tan fácil como piensas —dijo su papá.

Tomó una pizca de tierra y la sostuvo sobre el vaso de jugo de Trevor.

—Si echo esto en tu jugo, aunque es un poquito, ¿querrías todavía tu jugo?

—¡Claro que no! —exclamó Trevor.

Su papá asintió.

—La Biblia dice que un poco de levadura, "impregna toda la masa". En ese caso, un poco de tierra arruina todo el vaso de jugo. —Puso las tres revistas sobre la mesa—. Solo un poquito de tierra puede causar mucho daño, ¿no es así? —preguntó.

Trevor se quedó pensativo.

—Veo tu punto, y tiraré estas a la basura. Trataré de ser más cuidadoso en el futuro.

—¡Buena idea! —dijeron su mamá y su papá al mismo tiempo. *RM*

¿Y TÚ?

¿Lees revistas o libros que tienen lenguaje grosero? Quizás no pretendes usar profanidades o malas palabras, pero si las lees o las escuchas, las palabras pueden escapar de tu boca. Pídele a Dios que te ayude a «limpiarte la boca». Alábalo con tus labios.

USA UN LENGUAJE LIMPIO

PARA MEMORIZAR:

«Que las palabras de mi boca y la meditación de mi corazón sean de tu agrado, oh SEÑOR, mi roca y mi redentor». Salmo 19:14

LA LLAMA

LEE SANTIAGO 4:13-17

¡Oh, no otro ensayo! ¿Por qué me inscribí en esta clase extra de escritura? Sabrina gimió para sí misma mientras la maestra escribía el tema en la pizarra: «Qué quiero ser cuando crezca». *Detesto escribir ensayos. De cualquier modo, no sé qué quiero ser.*

Durante la cena esa noche, la familia habló sobre las noticias del día. A unas cuadras de ahí, una casa se había incendiado en su totalidad. El fuego había comenzado por culpa de dos niños pequeños que jugaban con cerillos.

Entonces Sabrina se quejó por tener que escribir su ensayo para la escuela de verano.

—No sé qué quiero ser cuando crezca, y en realidad no me importa —dijo.

—Debería importar —dijo su papá—. La vida es un muy preciado don de Dios. Debe ser vivida con cuidado, pues puede ser usada para bien o para mal. —Encontró un cerillo y lo encendió—. Mira esta llama, Sabrina. ¿Puedes pensar en algo bueno que puede hacer?

—Puede encender un fuego para cocinar alimentos o calentar a las personas —contestó Sabrina.

Su papá asintió.

—Algunas vidas han sido salvadas porque tenían un cerillo para iniciar un fuego. Pero la casa que se incendió hoy muestra el gran daño que una pequeña llama puede hacer. —Hizo una pausa y miró a su hija—. Tu vida es como esta llama. ¿Sabes a qué me refiero?

Sabrina asintió.

—Creo que sí —dijo lentamente—. Puedo usar mi vida ya sea para bien o para mal. Supongo que puedo preguntarle a Dios lo que puedo hacer con ella. Mientras tanto, ayúdenme con una tormenta de ideas para mi ensayo. ¡Es para mañana! *MRP*

¿Y TÚ?

¿Has pensado qué quieres ser cuando crezcas? No necesitas decidir ahora, pero no es demasiado pronto para empezar a preguntarle a Dios qué quiere que seas. Disponte a servirlo de cualquier modo que él elija para ti, tanto ahora como en el futuro.

PARA MEMORIZAR:
«Si buscas el bien, hallarás favor; pero si buscas el mal, ¡el mal te encontrará!».
Proverbios 11:27

ELIGE LA VOLUNTAD DE DIOS

EL PABILO HUMEANTE

LEE COLOSENSES 3:8-11

La abuelita de Javier levantó la vista cuando Javier irrumpió en la casa.

—Luces tan molesto como esas nubes oscuras que vienen del oeste —dijo.

—¿Qué nubes oscuras? —preguntó Javier.

Su abuelita se puso de pie.

—Supongo que estabas tan ocupado con tu propia tormenta que no las notaste. Ayúdame a cerrar las ventanas.

Al cerrar la última ventana, la tormenta empezó. Mientras la abuelita comenzaba la cena, preguntó:

—¿Por qué estás molesto, Javier?

El rostro de Javier se sonrojó.

—Gerardo no quiere prestarme su calculadora.

¡Pum! Un fuerte trueno sacudió la casa, y el relámpago destelló. Javier y su abuelita saltaron.

—¡Se ha ido la luz! —gritó Javier.

—Quédate quieto —dijo su abuelita y revisó en la gaveta—. Tengo una vieja lámpara en algún lugar. ¡Ah! Aquí está. Ahora un cerillo... aquí están.

Mientras encendía la lámpara y la ponía sobre la mesa, continuó—: ¿No es Gerardo el niño que va a venir contigo a la escuela dominical el próximo domingo?

Javier asintió.

—Sí, digo, no. Dudo que venga ahora. Le grité. —Javier tosió—. ¿Qué pasa con la lámpara, abuelita? Produce mucho humo y da poca luz.

Su abuelita abanicó el humo, lo alejó de la lámpara con su mano y retiró la bombilla de vidrio con un paño grueso. Giró una pequeña perilla y ajustó la mecha de la lámpara. Luego limpió la esfera. Mientras la arreglaba, explicaba lo que hacía.

—Tenía la mecha demasiado alta —dijo—. Cuando la mecha es muy larga, humea por la bombilla, así que la luz no puede iluminar bien.

Cuando la lámpara empezó a brillar otra vez, miró a Javier.

—La luz del amor de Dios no puede brillar cuando estás enfadado, Javier —le dijo—. Tu temperamento ha humeado tu testimonio.

Javier agachó la cabeza.

—Lo sé —admitió—. Mejor le digo a Gerardo que lo siento. *BJW*

¿Y TÚ?

Si tus amigos parecen no escuchar cuando les das tu testimonio, examina tu vida. ¿Estás haciendo algo que «humea» tu testimonio? Si es así, ahora es el tiempo de limpiar tu vida y dejar que la luz del amor de Dios brille.

HAZ QUE TU TESTIMONIO BRILLE

PARA MEMORIZAR:
«De la misma manera, dejen que sus buenas acciones brillen a la vista de todos, para que todos alaben a su Padre celestial». Mateo 5:16

ESLÓGANES Y ACCIONES

LEE GÁLATAS 5:16-25

En su viaje de vacaciones, Gonzalo y Sofi pasaron el tiempo buscando letreros y eslóganes que comenzaban con las letras del alfabeto.

—Yo tengo uno con "T" —gritó Sofi—. Mira, la calcomanía en ese parachoques dice: "Toca la bocina si amas a Jesús".

Cuando Gonzalo miró el auto, el enojado conductor le tocó la bocina a otro conductor.

—Ese hombre mejor debería cambiar su eslogan —observó Gonzalo.

Un poco después, su papá se detuvo para echar gasolina.

«Servicio con una sonrisa», leyó Gonzalo en otro letrero.

—Una "S" para mí.

Pero tuvieron que esperar mucho para que los atendieran. Y el dependiente que los ayudó se quejó del calor y del negocio.

—Olvidó la sonrisa —declaró Gonzalo al salir de ahí.

La familia pasó la noche en un motel, y a la mañana siguiente fueron a la iglesia. El letrero al frente decía: «Iglesia Amigable del Evangelio». Nadie los saludó, pero disfrutaron el servicio, incluyendo la música especial que enfatizaba las palabras: «Sabrán que somos cristianos por nuestro amor». El pastor los saludó al marcharse, pero pocos otros lo hicieron.

Mientras almorzaban hablaron de lo divertido del viaje y de lo que habían visto.

—Ahora pensemos en algo que hemos aprendido en este viaje —dijo su papá.

—Una cosa es que debemos vivir lo que decimos. Hemos visto muchos letreros y eslóganes a los que nadie presta atención. Incluso la iglesia a la que fuimos. El letrero decía que eran amigables, pero no lo eran en realidad —dijo Gonzalo.

—Es verdad —concordó su mamá—. ¿Qué cosas decimos nosotros que debemos vivir también?

—Bueno, que somos cristianos —sugirió Gonzalo.

Su papá añadió.

—Me pregunto si la gente nos ve y dice: "¿Qué diferencia hay entre tú y yo?". Necesitan ver el fruto del Espíritu en nuestra vida. *JLH*

¿Y TÚ?

Si eres cristiano, ¿pueden las personas verlo por tu vida, así como por tus labios? ¿Eres amigable? ¿Fiel al Señor? ¿Firme en tus creencias? ¿Presto para servir a Jesús y a los demás? ¿Es evidente el fruto del Espíritu en tu vida? ¿Puede la gente ver que «has estado con Jesús»?

PARA MEMORIZAR:

«Los miembros del Concilio quedaron asombrados cuando vieron el valor de Pedro y de Juan, porque veían que eran hombres comunes [...]. También los identificaron como hombres que habían estado con Jesús». Hechos 4:13

MUESTRA EL FRUTO DEL ESPÍRITU

EL CLAVO Y EL PALILLO

LEE SALMO 27:1-5, 14

Los chicos de la calle Bahía decían malas palabras y contaban chistes e historias vulgares. Francisco estaba allí, detestando todo, pero sin decir palabra.

—¿No entendiste el chiste? —preguntó uno de los chicos cuando Francisco no se rio de su broma.

Francisco tragó saliva.

—Lo entendí —dijo—. Es tarde. Debo irme.

Susurró un adiós y se apresuró. *¿Por qué no les pedí que no hablaran de cosas vulgares?*, pensó. *Es muy difícil ser el único chico cristiano del vecindario.*

Corriendo rápido con la cabeza agachada y la mente en sus problemas, Francisco no vio al pastor Flint hasta que chocó contra él.

—¡Oh! Lo siento, pastor —dijo.

—¿Adónde vas con tanta prisa? —preguntó el pastor.

—A ningún lado, solo quiero alejarme de esos chicos. Están hablando groserías —dijo Francisco—. Es muy complicado estar firme para el Señor cuando eres el único.

—Sí que lo es —concordó el pastor Flint. Sacó un palillo de dientes de su bolsillo—. Tú eres como este palillo. Ten, ve si puedes romperlo.

Francisco lo rompió con facilidad.

—Sí, así soy yo —concordó—. Soy el único cristiano, y no soy tan fuerte como para decir algo.

—Pero no estás solo —dijo el pastor, sosteniendo un clavo y otro palillo—. Ahora, ¿puedes romper el palillo con el clavo a su lado?

—¡Oh, no! —respondió Francisco—. ¿Pero quién es como el clavo?

—Jesús —dijo el pastor Flint—. Siempre está allí para ayudarte.

Francisco se quedó pensativo.

—Ese es mi problema. No he estado dependiendo de Jesús —admitió, mirando el clavo—. Dígame, pastor, ¿por qué traía usted este clavo en el bolsillo?

—Lo traje para enseñarle esta lección objetiva a Gary Folmer —dijo el pastor Flint—. También está teniendo problemas con los chicos de la calle Bahía. Verás, ¡él piensa que *él* es el único niño cristiano en todo el vecindario! *MRP*

¿Y TÚ?

¿Te cuesta trabajo estar firme sobre lo que es correcto? Puedes tener la fuerza que necesitas si confías en Jesús. Con su ayuda, puedes encontrar el valor para hablar contra el pecado.

SÉ FUERTE EN EL SEÑOR

PARA MEMORIZAR:
«También pedimos que se fortalezcan con todo el glorioso poder de Dios para que tengan toda la constancia y la paciencia que necesitan. Mi deseo es que estén llenos de alegría». Colosenses 1:11

EL DON DE DIOS

LEE LUCAS 10:25-37

Casandra se sentó en la playa con su gaviota y acarició sus blancas plumas. Con lágrimas corriendo por sus mejillas, miró a su mamá.

—No estoy segura de poder dejar ir a Edgar. ¡Es el único amigo que tengo!

—Ahora, ¿qué te hace decir eso? —preguntó su mamá.

Casandra miró hacia abajo.

—Los niños del vecindario me llamaron tonta porque voy a clases especiales de la escuela de verano. Mamá, ¿por qué no puedo ser inteligente como los otros niños?

Su mamá la abrazó.

—Querida, puede ser verdad que te cueste más trabajo aprender que a otros niños. Pero Dios te hizo con tus propios dones y talentos —dijo.

Casandra se limpió los ojos.

—No tengo dones ni talentos.

Su mamá sonrió.

—Te gusta cuidar de otras personas. ¡Creo que es tu don especial!

—¿Lo es? —preguntó Casandra.

—Tu padre y yo hemos notado que siempre ayudas a los demás. Cuando abuelita se rompió la cadera, fuiste casi todos los días para ayudarla. En la mesa, siempre te acuerdas de orar por los niños enfermos. Y mira a Edgar aquí...

Casandra bajó la vista hacia la gaviota que tenía en sus manos.

—Edgar estaba casi muerto por ese hilo de pescar que se atoró en su cuello y tenía un ala rota —continuó su mamá—. Tú lo cuidaste hasta que se puso bien.

Casandra se encogió de hombros.

—Esas son cosas que cualquiera haría.

—Desearía que fuera verdad —dijo su mamá—, pero pocas personas son tan sensibles a las necesidades de otros. Esos niños que se burlaron de ti ciertamente no tienen tu don, o no habrían dicho esas cosas.

Casandra comenzó a sentirse mejor. Miró a Edgar otra vez.

—Bueno, Edgar, ¿qué te parecería ser libre? —preguntó.

Se puso de pie y lanzó a Edgar al aire. Se tambaleó un poco, pero luego pudo volar. Graznó con lo que pareció ser un «gracias» y navegó sobre el lago. *AJS*

¿Y TÚ?

¿Tratas a otros como un regalo especial de Dios? ¿O te burlas de ellos por algo que no pueden evitar? Recuerda, eres especial para Dios, y él quiere que recuerdes que todas las demás personas también son especiales.

PARA MEMORIZAR:

«Hay distintas clases de dones espirituales, pero el mismo Espíritu es la fuente de todos ellos. Hay distintas formas de servir, pero todos servimos al mismo Señor». 1 Corintios 12:4-5

CADA PERSONA ES ESPECIAL

¡HUYE!

LEE 2 TIMOTEO 2:19-22

—Mamá, ¿puedo comer un *croissant*? —preguntó Liliana.

—No, querida —contestó su mamá—. Ya casi es hora del almuerzo.

—¡Pero ahora tengo hambre! —se quejó Liliana.

—Sí, pero quiero que esperes para que comas un buen almuerzo —dijo su mamá.

Liliana se subió a un banquillo y descansó los codos sobre la encimera con su barbilla en las manos. Miraba el platón frente a ella lleno de *croissants* calientes. *Me sentaré aquí y simplemente los miraré,* pensó para sí misma. *No sé por qué no puedo comer solo uno.* Mientras Liliana estaba sentada allí, en lo único que podía pensar era en los *croissants* y en lo delicioso que sería uno de ellos. Mientras los miraba fijamente, su mano se estiró y tocó uno. Lo tomó en mano y lo observó. Lo olió. Y de repente, se lo estaba comiendo.

—Mmm —murmuró. Estaba bueno.

—¡Liliana! ¿Qué estás haciendo? —preguntó su mamá entrando a la cocina.

Liliana dejó de masticar. No podía mirar a su mamá a la cara.

—¡Oh, mamá! Solo quería ver los *croissants*. Entonces, de repente, ¡me estaba comiendo uno! —lloró—. ¡No pude evitarlo!

—¿Por qué crees que sucedió? —preguntó su mamá.

—Porque olvidé huir de la tentación.

—Así es, Liliana. Si hubieras estado jugando en algún otro lugar, podrías haber olvidado los *croissants*. Recuerda lo que dice la Biblia: "Huye de todo lo que estimule las pasiones juveniles". Eso implica alejarse de algo que te provoque hacer lo que está mal. Y Dios te ayudará a hacerlo si se lo pides.

—Lo siento, mamá —dijo Liliana.

—Yo también lo siento —dijo su mamá—. Espero que recuerdes lo importante que es huir de la tentación. Enfrentarás tentaciones más difíciles mientras creces, Liliana, pero cada vez que huyas de una, te harás un poquito más fuerte. Así será más fácil decir no la próxima vez. *EMM*

¿Y TÚ?

¿Estás aprendiendo a decir no a las cosas que sabes que están mal? ¿Huyes de ellas? Cuando lo hagas, Dios te ayudará a vencer la tentación. Si recuerdas eso, te ayudará a confiar en él cuando se te presente la próxima tentación.

HUYE DE LA TENTACIÓN

PARA MEMORIZAR:
«Huye de todo lo que estimule las pasiones juveniles». 2 Timoteo 2:22

AGOSTO
2

ESPERANDO ESCUCHAR

LEE MATEO 28:16-20

Ángela se dirigió al buzón de correo frente a su casa. Era su tercer viaje al lugar. Había revisado el correo a las once y luego a las doce.

—No creo que haya pasado el cartero aún —dijo su mamá—. Veo que los Nelson todavía tienen correo para que recoja.

—Debió haber venido hace un buen rato —insistió Ángela, y continuó su camino. Al descubrir el buzón aún vacío, regresó a su casa—. Creo que es terrible que el correo llegue tarde. Los carteros deberían ser más puntuales. Debería recibir una carta de Gloria hoy, ¡y no puedo esperar a tener noticias suyas!

Su mamá sonrió mientras Ángela se sentaba en los escalones del frente.

—Esto me recuerda a la historia que el pastor Blaine contó el domingo durante la conferencia misionera —dijo—. ¿Recuerdas que explicó que los cristianos somos, en cierto modo, como los carteros? Tenemos el mensaje más importante de todos, y debemos llevarlo a todas las personas del mundo.

Mientras hablaba, un vehículo dobló la esquina.

—¡Allí está! —gritó Ángela, corriendo hacia la calle.

El cartero la saludó.

—Siento llegar tarde —se disculpó—. Tuve problemas con el auto. Veo que me han estado esperando, y no esperaron en balde.

Sonrió y le entregó a Ángela la carta que esperaba.

Cuando se fue, Ángela se quedó callada y pensativa. Por fin habló:

—Me pregunto si las personas de otras tierras están esperando que vayamos y compartamos con ellas el mensaje de Dios.

Su mamá asintió.

—Hay tantos esperando y tan pocos que van —dijo con un suspiro—. Me alegra que hayas dedicado tu vida al Señor. Nunca sabes, quizás te envíe a hacer trabajo misionero. *RIJ*

¿Y TÚ?

¿Eres un buen portador del mensaje de Dios? Puede que seas demasiado joven ahora para ir a países extranjeros con el mensaje, pero ¿qué tal compartir con tus amigos? Hazlo de manera fiel. Tal vez un día podrás viajar a lugares lejanos también. Pon atención y prepárate para ir a donde sea que Dios quiera enviarte.

PARA MEMORIZAR:

«Vayan por todo el mundo y prediquen la Buena Noticia a todos».
Marcos 16:15

COMPARTE EL MENSAJE DE DIOS

NO COMO UN ROBOT

LEE EZEQUIEL 11:16-21

—Mira, papá —dijo Toby mientras ponía su nuevo auto de juguete en el patio—. Puedo hacer que vaya adonde yo quiera.

Presionó la palanca del control remoto, y el brillante y rojo Mustang avanzó hacia atrás y hacia adelante. Al rotar la palanca en el centro de control, el auto aceleró en un círculo alrededor de los pies de Toby.

—¡Oye! ¡Qué auto tan inteligente! —exclamó Marisa mientras observaba—. Funciona por sí mismo.

—No realmente —dijo su papá mientras llevaba un platón con hamburguesas a la parrilla—. Hace lo que se le dice. Básicamente, el auto recibe los mensajes que Toby le envía a través de la unidad de control remoto. Ciertas señales indican izquierda y derecha, por ejemplo. Cuando el auto recibe la señal, obedece la orden.

—Es como un robot, ¿cierto? —preguntó Toby mientras el auto circulaba por el patio—. Yo le digo qué hacer, y lo hace.

—Así es —concordó su papá—. El auto no tiene vida propia. No puede pensar por sí mismo, así que solo hace lo que se le pide.

Se detuvo.

—Así como las personas en ocasiones —añadió.

—¿Qué quieres decir, papá? —preguntó Marisa.

—Como cristianos, a veces no les damos vida a nuestras acciones —contestó su papá—. Es casi como si fuéramos robots programados para actuar como cristianos. Ir a la iglesia y repetir oraciones memorizadas sin pensar en ellas son solo algunos ejemplos.

Toby pensó por un momento.

—¿Quieres decir... como repetir una oración memorizada antes de dormir o antes de comer?

Su papá asintió.

—Así es —concordó—. A menos que realmente creas las palabras que estás diciendo. En otras ocasiones actuamos como robots al hacer lo que creemos que deben hacer los cristianos en vez de conscientemente intentar agradar a Dios con nuestra conducta. Pensemos en otras maneras de ser menos como robots. *SLB*

¿Y TÚ?

Decir oraciones memorizadas es a menudo una buena manera de aprender a orar, pero piensa en lo que estás diciendo y también empieza a añadir algunos pensamientos propios. Ir a la iglesia también es importante. Recibe sus beneficios al pensar en el significado de los cantos que cantas y el sermón que escuchas.

ESCUCHA LA PALABRA

PARA MEMORIZAR:
«Les daré integridad de corazón y pondré un espíritu nuevo dentro de ellos. Les quitaré su terco corazón de piedra y les daré un corazón tierno y receptivo». Ezequiel 11:19

AGOSTO
4

FAMILIA SIEMPRE PRESENTE

LEE 2 TIMOTEO 4:16-18

La familia Muñoz tenía una reunión. Había gente por todos lados. A Alexa le encantaba. Todas estas personas eran familia: tías y tíos y muchos primos. Tener a toda esta gente alrededor significaba que siempre había alguien para estar con ella.

La tía Marcy aceptó jugar un juego con Alexa, pero cuando empezaron, René, el hermanito de Alexa, no dejaba de treparse al tablero.

—¡René, *basta!* —gritó Alexa.

De pronto, el tío Pablo levantó a René y lo quitó de en medio. Alexa y la tía Marcy comenzaron el juego otra vez. Pero entonces su prima Wendy dobló la esquina corriendo y se cayó. *¡Oh, grandioso! Ahora la tía Marcy tendrá que cuidarla,* pensó Alexa. Pero el abuelito levantó a Wendy. La tía Marcy y Alexa jugaron hasta el almuerzo.

Después del almuerzo, el primo pendenciero de Alexa, Julián, no la dejaba en paz. Dijo algo que lastimó sus sentimientos. Alexa buscó a su mamá. La encontró poniendo betún a un pastel mientras conversaba con la tía Nayra y el tío Joe.

—Julián hirió mis sentimientos —le susurró Alexa a su mamá.

—Lo siento —dijo su mamá—, pero no puedo ayudarte ahora.

La tía Nayra tomó la mano de Alexa. Salieron por la puerta trasera y caminaron por una calle tranquila. Hablaron sobre lo que siente una persona cuando alguien hiere sus sentimientos y lo lindo que es tener a alguien que la consuele.

—En casa, mami está ocupada casi todo el tiempo —dijo Alexa—. Aquí siempre hay alguien con quién platicar. Eso me gusta.

—Bueno —dijo la tía Nayra—, ¿qué me dices de Dios?

—¿Dios? —preguntó Alexa.

La tía Nayra asintió.

—Dios es como una gran familia en sí mismo: siempre está allí para consolarte —le explicó.

Alexa pensó en esa idea. Sonrió. ¡Había olvidado lo buen amigo y consolador que es Dios! *MLD*

¿Y TÚ?

¿Te sientes solo en ocasiones? ¿Tal vez tus padres están ocupados o tu mejor amigo no quiere jugar? ¿Parece como que a nadie le importa si alguien te ha lastimado o tienes una mala calificación? A Jesús le importa. Puedes decir: «Por favor, Dios, necesito que me abraces». Él quiere consolarte.

PARA MEMORIZAR:
«Yo, sí, yo soy quien te consuela». Isaías 51:12

DIOS SIEMPRE ESTÁ PRESENTE

UNA PEQUEÑA LLAMA

LEE JUAN 8:12-19

Tan pronto como Paolo salió de la casa de Nacho, corrió todo el camino hasta su casa. No había estado tan emocionado desde la mudanza.

—¡Mamá! ¡Mamá! —gritó al entrar a la casa.

—Sí, Paolo, aquí estoy —dijo su mamá desde el cuarto de lavado.

Paolo la ayudó a doblar la sábana que tenía en las manos.

—Mamá, la familia de Nacho me invitó a ir con ellos al parque nacional el próximo sábado. ¿Puedo?

—Suena divertido —dijo su mamá—. Estoy segura de que no habrá problema.

—Llamaré a Nacho y le diré.

Paolo se dirigió al teléfono.

—Mientras hablas con Nacho, ¿por qué no lo invitas a venir a la escuela dominical y a la iglesia con nosotros? —sugirió su mamá.

Paolo lo pensó. No quería que le hicieran burla por ir a la iglesia como en su escuela anterior. No quería decírselo a su mamá porque le hablaría de dejar su luz brillar para Cristo. *Sí amo al Señor*, pensó Paolo. *Pero no creo que la pequeña luz que pueda irradiar haga mucha diferencia.*

El viaje al parque fue más divertido de lo que Paolo esperaba. Explorar la cueva fue una verdadera aventura. Cuando el grupo llegó a un cuarto profundo de la cueva, la guía turística apagó el único foco que había en el área.

—Quiero que experimenten la oscuridad total —dijo.

—¿Estás allí, Paolo? —susurró Nacho.

—Sí —susurró Paolo en respuesta.

La guía turística encendió un cerillo, y todos los ojos se enfocaron en la pequeña llama. Mientras estaban allí, Paolo se sorprendió por cuánta luz emitía esa pequeña llama.

De regreso a casa, Paolo pensó en esa pequeña llama. *Supongo que las cosas pequeñas pueden hacer una diferencia*, admitió para sí mismo.

—Nacho —dijo finalmente—, ¿te gustaría ir conmigo a la escuela dominical y a la iglesia algún día?

Nacho se quedó callado un momento y luego dijo:

—Supongo que sí.

—¡Grandioso! —dijo Paolo. *Tal vez mi luz haga una diferencia después de todo*, pensó. *EMB*

¿Y TÚ?

¿Te das cuenta de que tu luz, tu testimonio, puede hacer una gran diferencia en la vida de alguien? Si eres cristiano, pídele a Dios que te muestre cómo dejar que tu luz brille para él. Tal vez sea hablándole a alguien del Señor, invitando a alguien a la iglesia o solo siendo amable y útil.

BRILLA PARA JESÚS

PARA MEMORIZAR:
«Ustedes son la luz del mundo».
Mateo 5:14

UN POCO A LA VEZ

LEE 2 TIMOTEO 3:14-17

Danilo se sentó en el escalón del frente con una navaja en una mano y un bloque de madera en la otra. Moviendo la madera en su mano, la estudió atentamente. Después de mirarla por todos los ángulos empezó a tallarla. Trabajó por un buen rato. Poco a poco, la silueta de un pato comenzó a manifestarse.

—¿En qué trabajas?

Sorprendido, Danilo miró hacia arriba. Se había estado concentrando tanto que no había escuchado que su abuelo se acercaba.

Danilo le mostró su escultura.

Su abuelo la giró una y otra vez en sus manos.

—Estás haciendo un buen trabajo —dijo, y le devolvió el pato a medio terminar—. Antes de que te des cuenta, el pato que está en tu mente será el que estás sosteniendo en tus manos.

—Supongo que sí —dijo Danilo—. Si no cometo un error y lo arruino o renuncio. De verdad me gusta mucho tallar, pero desearía que no me tomara tanto tiempo. Un pedacito aquí, un pedacito allá... Parece que toma para siempre.

—Oh, espero que no renuncies —dijo su abuelo rápidamente—. Sé que es un proceso lento, pero la única manera de hacerlo es tallar un pedacito a la vez.

Después de un momento, añadió:

—¿No te alegras de que Dios no renuncia cuando trabaja en nuestra vida?

—¿Qué quieres decir, abuelito? —preguntó Danilo.

Su abuelo incluía a Dios con frecuencia en sus conversaciones.

—Dios ve en nosotros lo que podemos ser, en lo que podemos convertirnos, tal como tú ves un objeto especial en ese bloque de madera. Poco a poco, Dios nos muestra cosas que deben quitarse para hacernos más como él —explicó su abuelo—. Supongo que puedes decir que está tallando nuestra vida, un poco a la vez, así como tú tallas ese pedazo de madera.

Danilo miró el pato a medio terminar que sostenía.

—Y nosotros también estamos a medio terminar, ¿cierto? —preguntó con una sonrisa.

Su abuelo asintió.

—Así es —dijo—. Pero puedes estar seguro de que ¡Dios terminará el trabajo!

CPH

¿Y TÚ?

¿Hay malos hábitos que necesitas quitar de tu vida? Deja que Dios trabaje en ti para que seas más como él. Obedécelo cuando te muestre lo que está bien hacer, y evita las cosas que te muestre que están mal.

PARA MEMORIZAR:

«Pero tú debes permanecer fiel a las cosas que se te han enseñado».
2 Timoteo 3:14

DIOS AÚN ESTÁ TRABAJANDO EN TI

UNA FOTO PARA RECORDAR

LEE 1 CORINTIOS 11:23-26

Keli estaba pensativa mientras su familia regresaba a casa de la iglesia. Había habido un servicio de la Santa Cena esa mañana, y ella tenía algunas preguntas.

—Sé que el Señor quiere que tomemos la Santa Cena para recordarnos su muerte y su resurrección, y dice que lo hagamos hasta que él nos lleve al cielo —dijo—. Pero, ¿no tomaremos la Santa Cena también cuando estemos en el cielo?

Su papá sacudió la cabeza.

—No, Keli, no lo haremos.

—¿Por qué no? —preguntó Keli—. No entiendo.

Su papá pensó por un momento, luego apuntó a una fotografía sobre el piano.

—Antes de que el tío Dámaso y la tía Laura fueran a África como misioneros, les prometimos que oraríamos por ellos cada vez que viéramos su fotografía, ¿recuerdas?

Keli asintió.

—Sí, ¡y la miro mucho! —dijo.

—Eso es bueno —dijo su papá—. ¿Recuerdas el verano pasado, cuando pasaron unas cuentas semanas con nosotros? Fue en la época en que nuestros rosales estaban floreciendo. Su mamá recogió tantas rosas para la casa, ¡que teníamos rosas por todos lados!

Keli sonrió.

—¡Lo recuerdo! Incluso pusimos la foto del tío Dámaso y la tía Laura en otro lugar por un tiempo porque necesitábamos el espacio encima del piano. Pero no importó entonces, porque no necesitábamos la foto ya que estaban aquí en persona. ¡Eso siempre es mejor que una foto!

—Exacto, Keli, y la Santa Cena es como una foto que nos ayuda a recordar la muerte y resurrección del Señor —explicó su papá—. Cuando estemos en el cielo, estaremos con el Señor Jesucristo. ¡Ya no necesitaremos "la foto" para recordarnos de él!

—¡Ah, ya entendí! —exclamó Keli—. Tiene sentido. *LMW*

¿Y TÚ?

Si tienes preguntas sobre el servicio de la Santa Cena, pregunta a tus padres, a tu maestro de escuela dominical o a tu pastor. Cuando participes, hazlo con agradecimiento, esperando con gozo el tiempo en que la foto ya no será necesaria porque verás a Jesús en persona.

LA SANTA CENA DA UNA IMAGEN DE JESÚS

PARA MEMORIZAR:
«Cada vez que coman este pan y beban de esta copa, anuncian la muerte del Señor hasta que él vuelva».
1 Corintios 11:26

USA LA ENTRADA

LEE JUAN 10:7-10

Rafael estaba visitando a sus abuelos. Estaba afuera jugando cuando notó que el enrejado de las rosas llegaba casi hasta la ventana de su recámara en el segundo piso de la gran casa de ladrillo.

De pronto Rafael tuvo una idea. Podía escalar el enrejado, estirarse hasta el borde de la ventana, impulsarse hacia arriba y luego ¡escabullirse a través de la ventana abierta a su habitación!

Rafael se puso de pie y corrió hacia el enrejado. Colocó el pie en una tablilla inferior del enrejado, apartó algunas rosas del camino y comenzó a escalar. Subió cada vez más alto. Estiró los brazos, se aferró al borde de la ventana y se balanceó hacia arriba. Entonces, de repente, perdió el control y cayó. Aterrizó sobre la cama espinosa de flores con un fuerte golpe. Sus abuelitos salieron corriendo.

—Rafael, ¿puedes abrir los ojos? —preguntó una voz en la distancia.

Rafael parpadeó y gruñó por el fuerte dolor de cabeza.

—¿Qué pasó? —susurró.

—Tuviste una fea caída —dijo su abuelito—. Creo que deberíamos llevarte al doctor.

—Rafael, ¿por qué escalaste el enrejado de rosas? —preguntó su abuelita.

—Quería escalar hasta la ventana y meterme a mi cuarto —contestó.

—Pero, ¿por qué? —preguntó su abuelita—. ¿Por qué no simplemente usaste la puerta?

Rafael había estado temiendo esas preguntas y no tenía una buena respuesta. Tenía vergüenza. Se había lastimado, y también había preocupado a sus abuelos.

Para el devocional esa noche, su abuelito recurrió a Juan 10.

—Estos versículos nos dicen que Jesús es la puerta del cielo. Pero hay muchas personas que intentan llegar a él haciendo buenas obras. Más o menos como tú, Rafael, tratando de entrar a tu habitación por el enrejado de rosas en lugar de usar la puerta. Y como tú, esas personas tendrán una dolorosa sorpresa. Las buenas acciones no nos llevan al cielo. Solo creer en Jesús lo hará. Me alegra que sea nuestro Salvador. *LAT*

¿Y TÚ?

¿Sabes que Jesús es el único camino al cielo, o intentas llegar allí de otra manera? Jesús te ama y murió por ti. Si estás interesado en pedirle que sea tu Salvador, habla con un adulto en quien confíes para aprender más.

PARA MEMORIZAR:
«Yo soy la puerta; los que entren a través de mí serán salvos».
Juan 10:9

CONFÍA EN JESÚS COMO SALVADOR

PADRES Y MAESTROS

LEE PROVERBIOS 4:1-11

Danny y su amigo Stefano cruzaron frente al patio del colegio de la comunidad mientras paseaban en bicicleta. Danny empezó a hablar del próximo año escolar.

—Estaré en la clase del señor Soto —dijo—. ¿Y tú, Stefano?

Stefano se encogió de hombros.

—No voy a ir a la escuela en el otoño —contestó.

—Ay, vamos —dijo Danny—. Todos vamos a la escuela.

Stefano explicó que sus padres le iban a enseñar en casa.

—Será diferente, pero creo que me gustará. Puedes aprender mucho de tus padres.

En casa, Danny pensó en lo que Stefano le había dicho. *¿Qué he aprendido de mis padres?*, pensó. *Me enseñaron a caminar, a hablar y a andar en bici. Mmm. Esas son cosas bastante buenas. Me pregunto si hay otras cosas que me pueden enseñar ahora.* Con eso en mente, fue a la cocina donde su mamá estaba cocinando.

—Oye, mamá —dijo después de observarla unos momentos—, ¿por qué combinas la harina con el agua en esa taza antes de echarla en la sartén?

—Lo hago para que no haya grumos en la salsa —le explicó—. Después, cuando añado la mezcla de harina al líquido caliente, debo mezclarlo con rapidez, así. —Le mostró cómo—. Necesita un poco más de harina. ¿Quieres probarlo? —preguntó.

Danny rio y tomó la cuchara que le ofrecía. Al final de su improvisada clase de cocina, ambos reían y se sentían más unidos de lo que se habían sentido en mucho tiempo.

—Voy abajo a ver a papá en su taller —decidió Danny—. Nunca se sabe, quizás aprenda algo.

—Sí, puede ser —concordó su mamá—. Pero ahora es hora de cenar. Puedes llamar a tu papá a la mesa. Aun así, me alegra que estés tan dispuesto a aprender. Te diré algo, justo después de la cena ¡puedes aprender a lavar los platos!

Rio ante el gemido de Danny, que salió a llamar a su papá. *SLK*

¿Y TÚ?

Tienes muchos maestros: de la escuela, de la escuela dominical, y tal vez de piano o de un deporte. Tus padres probablemente son los maestros más importantes de todos los que Dios te ha dado. Te enseñarán muchas lecciones diarias que te ayudarán el resto de tu vida. Sé un buen alumno.

APRENDE DE TUS PADRES

PARA MEMORIZAR:
«Hijos míos, escuchen cuando su padre los corrige. Presten atención y aprendan buen juicio». Proverbios 4:1

GAFAS OSCURAS

LEE 1 CORINTIOS 13:9-13

Jocelyn había pasado la tarde en la playa con su amiga.

—¡Nos divertimos tanto! —declaró cuando llegó a casa. Se desplomó sobre una silla y describió su buen día. Miró alrededor del cuarto—. ¿Por qué está tan oscuro aquí adentro? —quiso saber.

Su hermano soltó un grito y se rio.

—Porque todavía traes puestas las gafas de sol, tontita —le dijo riendo.

Jocelyn se miró en el espejo que estaba en la pared opuesta y también se rio mientras se quitaba las gafas. Su padre sonrió.

—Acabo de pensar en algo, Jocelyn —dijo. Alcanzó la Biblia y la abrió—. Ponte las gafas otra vez y ven acá un momento. Quiero que me leas unos versículos.

Apuntó al texto con su dedo. Jocelyn miró la Biblia.

—¿Quieres decir con las gafas puestas? —preguntó.

Su padre asintió.

Jocelyn se acercó la Biblia un poco más. La página no se veía muy clara, pero logró leer: «Ahora vemos todo como el reflejo tenue de un espejo oscuro, pero cuando llegue lo perfecto, nos veremos con Dios cara a cara. Ahora mi conocimiento es parcial, pero luego mi conocimiento será completo. Conoceré a Dios tal como él me conoce a mí» (PDT).

Dejó de leer, miró al espejo otra vez y le sonrió a su papá.

—Muy bien, ya sé que "el reflejo tenue de un espejo oscuro" me describe a mí.

—Nos describe a todos —dijo su papá—. Cuando tu primo Carter murió el mes pasado, todos estábamos tristes e incluso enojados, ¿cierto? Y todos teníamos preguntas; queríamos saber por qué, ¿verdad?

Jocelyn asintió, y su padre continuó con voz tenue:

—En esta vida vemos los sucesos que pasan a nuestro alrededor como si tuviéramos puestas gafas oscuras. Las cosas no se ven con claridad, y nos preguntamos *por qué*. Pero cuando nos encontremos con el Señor en el cielo, ya no tendremos preguntas como esta. Entenderemos verdaderamente que Dios hace todas las cosas bien. *RM*

¿Y TÚ?

Es más fácil confiar en Dios cuando ves las cosas claras, ¿cierto? Pero Dios aprecia la fe que confía en él cuando las cosas no se ven con tanta claridad. Pídele ayuda a Dios para confiar en él, a pesar de cómo parezcan las cosas. Dios te ama mucho, y es digno de confianza.

PARA MEMORIZAR:

«Ahora vemos todo como el reflejo tenue de un espejo oscuro, pero cuando llegue lo perfecto, nos veremos con Dios cara a cara. Ahora mi conocimiento es parcial, pero luego mi conocimiento será completo. Conoceré a Dios tal como él me conoce a mí». 1 Corintios 13:12 (PDT)

CONFÍA EN DIOS AUN EN LOS MOMENTOS DIFÍCILES

ENFRENTAR A TU GOLIAT

LEE SALMO 3:3-8

Stacey estaba pasando la noche en la casa de su abuelita. Su cuarto estaba oscuro y silencioso. Se acostó sola en la oscuridad, viendo sombras extrañas en la pared. En la esquina del cuarto vio una forma grande y oscura que parecía un oso.

Con los ojos fijos en el oso, Stacey se bajó de la cama y salió corriendo del cuarto y por el pasillo. Oyó a su abuela cantando en la cocina. Stacey corrió hasta la cocina.

—¡Hay una sombra grande y oscura en mi cuarto! Parece un oso —dijo sin aliento.

La abuela de Stacey le sonrió.

—¿Recuerdas la historia de la Biblia sobre David y Goliat? —preguntó.

Stacey asintió.

—¿De dónde crees que David sacó el valor para pelar con el gigante? —preguntó su abuela.

—Sabía que Dios estaba con él —contestó Stacey.

—Correcto —concordó su abuelita—, y Dios también está contigo. ¿Ves la Biblia en la repisa?

Stacey asintió.

—Tráela contigo e iremos de vuelta al cuarto —dijo su abuela—. Quiero que la lleves como la armadura de Dios.

Mientras caminaban hacia el cuarto, Stacey sostuvo la Biblia con fuerza en su mano. Su abuelita encendió la luz y Stacey buscó al oso. Pero solo había un gran sillón en esa esquina del cuarto.

La abuela de Stacey la acostó en la cama de nuevo. Luego apagó la luz y salió. El «oso» regresó. Stacey rápidamente encendió la luz, y el «oso» desapareció. Ahora sabía que, en la oscuridad, el sillón parecía un oso. Vio la Biblia. Le recordó todas las veces que Dios había ayudado a su pueblo.

«Quiero ser valiente y confiar en ti. Ayúdame, por favor», oró.

Luego apagó la luz otra vez, le dio la espalda al sillón y se durmió. *KEC*

¿Y TÚ?

¿Recuerdas que Dios es el mismo hoy que cuando cuidó a David? Pídele que camine a tu lado para conquistar tu miedo. Lo hará.

CONFÍA EN DIOS CUANDO TENGAS MIEDO

PARA MEMORIZAR:
«Oré al SEÑOR, y él me respondió; me libró de todos mis temores».
Salmo 34:4

LA PIEZA CLAVE

LEE HECHOS 17:24-28; EFESIOS 4:14-18

Un día, mientras Cristian y Mariela jugaban en el ático de la casa de su abuela, Cristian encontró un pequeño estuche lleno de una variedad de formas de madera tallada.

—¡Mira esto! —le dijo a su hermana—. Parece un tipo de rompecabezas.

—El abuelo tallaba cuando era niño. Probablemente lo hizo él —dijo Mariela—. Veamos si lo podemos armar.

Mientras lo armaban, Cristian apartó una pieza que estaba pintada de rojo y se veía diferente a las demás.

—Esta debe pertenecer a otro rompecabezas —dijo.

Un rato después, Mariela miró y suspiró.

—Estas simplemente no encajan —dijo—. Devolvámoslas a su lugar.

No fue hasta que pusieron la última pieza en la caja que Mariela recordó algo.

—¡Oye! —dijo—. ¿Qué hay de la pieza roja que quitaste? —Miró a su alrededor—. ¡Aquí está! Quizás sí sea parte del rompecabezas, después de todo.

Nuevamente los niños se pusieron a trabajar. Para su sorpresa, las otras piezas encajaron con facilidad alrededor de la pieza roja, y pronto terminaron todo el rompecabezas.

Cuando bajaron, le mostraron el rompecabezas a su abuelita y le contaron sobre la curiosa pieza roja.

—Eso parece algo propio de su abuelito, pintar una pieza clave roja para que fuera más fácil de encontrar —dijo con una sonrisa—. Pero ustedes dos la descartaron porque era "diferente". Me recuerda a la manera en que algunas personas tratan al Señor.

—No entiendo —dijo Mariela.

—Mucha gente va por la vida buscando respuestas —explicó su abuelita—. Quieren saber cómo llegamos aquí, a dónde vamos y si nuestra vida tiene un propósito. El problema es que ellos rechazan a Dios y a Cristo, y tratan de encontrar respuestas por sí mismos. No comprenden que las piezas de su vida nunca "encajarán" hasta que pongan a Cristo en el centro, donde corresponde. *SLK*

¿Y TÚ?

¿Te has preguntado qué propósito tiene la vida? ¿Has tratado de estar contento sin aceptar a Cristo como tu Salvador? Tu vida no tendrá sentido ni será lo que Dios quiere que sea hasta que aceptes a Cristo y lo pongas en el centro de todo. Tu vida no «encajará» hasta que la pieza clave, Jesús, esté en su lugar.

PARA MEMORIZAR:

«Pues en él vivimos, nos movemos y existimos. Como dijeron algunos de sus propios poetas: "Nosotros somos su descendencia"». Hechos 17:28

HAZ DE JESÚS EL CENTRO

DEJAR UNA MARCA

LEE SALMO 17:1-6

Mientras Rodrigo y sus amigos caminaban hacia la cancha, cortaban camino por el césped de una gran casa de ladrillo. Un día, el dueño de la casa estaba trabajando afuera cuando pasaron.

—Sé que es una gran tentación tomar atajos —dijo el señor Villalba—, pero apreciaría que usaran la acera para que no se marque un camino sobre el césped. ¿Está bien?

—Claro —dijeron los niños.

Pero al día siguiente cruzaron sobre el césped del señor Villalba otra vez.

—¡Oigan! —dijo Rodrigo de repente, recordando su promesa—. Dijimos que usaríamos la acera.

—¿Y eso qué? El anciano no nos podrá atrapar —replicó uno de los niños—. De todos modos, ¿cuánto daño podemos provocar solo por caminar sobre el césped de vez en cuando?

Día tras día los niños usaron el atajo. Al final del verano, un camino marcado y visible aparecía en el área donde habían caminado.

Un día, cuando Rodrigo pasaba por el lugar rumbo a su hogar, el señor Villalba estaba trabajando en su césped.

—Ustedes, niños, no cumplieron su promesa —dijo el señor Villalba.

Rodrigo se encogió de hombros.

—Supongo que no pensamos que caminar sobre el césped una vez al día causaría mucho daño.

El señor Villalba respondió:

—Hacerlo una y otra vez tiene el efecto de dejar una marca. Supongo que es como un mal hábito. —Miró a Rodrigo con sus cejas espesas—. Algunos hábitos dejan peores marcas que un camino en el césped —dijo.

Rodrigo pensó en las tentaciones que a veces enfrentaba: tentación de fumar, probar drogas o alcohol, o participar en «diversión» cuestionable. Se sorprendió al escuchar las siguientes palabras del señor Villalba.

—Ustedes saben que los malos hábitos no siempre son cosas importantes —dijo el señor Villalba—. Pero Dios quiere ayudarnos a vencer cualquier hábito que nos impide seguirlo. *RIJ*

¿Y TÚ?

¿Se te hace fácil mantenerte sin fumar o decir malas palabras? ¿Qué tal el aventar ropa sobre una silla en lugar de colgarla en el armario? ¿O responder de mala gana a tus padres? ¿O posponer cosas hasta «mañana»? Los malos hábitos son difíciles de romper, pero Dios puede ayudarte a hacerlo.

PONLES FIN A LOS HÁBITOS DAÑINOS

PARA MEMORIZAR:
«Mis pasos permanecieron en tu camino; no he vacilado en seguirte». Salmo 17:5

UNA MENTIRA ES UNA MENTIRA ES UNA MENTIRA...

LEE LUCAS 12:1-3

—¿Recogiste la ropa en tu cuarto, David? —preguntó su abuelita.

—Sí, señora —dijo David y se sentó sobre un banco en la cocina—. ¿Qué estás haciendo?

—Rollos de canela —contestó su abuela.

—¡Oh! ¡Qué rico! —exclamó David. Observó a su abuelita abrir un pequeño paquete y vaciar su contenido en una taza de agua—. ¿Qué acabas de poner ahí?

Su abuela se rio.

—Levadura. Hace que la masa se hinche, para que el pan esté ligero —explicó al vaciar el líquido en un recipiente más grande. Luego cernió varias tazas de harina encima. Cuando lo puso a un lado y empezó a limpiar la cocina, David preguntó:

—¿Por qué dejaste de prepararlo?

—Debemos dejar que la masa se hinche por una hora más o menos —contestó su abuelita—. Luego haremos los rollos.

Más tarde, la abuelita de David fue a la habitación para ver si él había recogido el cuarto como había dicho. Sonrió, pues no había ni una sola cosa fuera de su lugar. Pero cuando abrió la puerta del armario, frunció el ceño. La mayoría de los ganchos estaban vacíos. Levantó una esquina de la colcha y suspiró. Allí, debajo de la cama, había ropa arrugada.

Cuando su abuelita llamó a David para ayudarla a terminar los rollos, él corrió a la cocina. Sus ojos se abrieron mucho al mirar el tazón en las manos de su abuelita.

—¡La masa ha crecido tanto que está a punto de desbordarse!

—Es el efecto que tuvo la levadura en la masa.

Su abuela golpeó la masa con su puño y continuó:

—David, ¿por qué me dijiste que habías recogido tu ropa?

David respondió:

—Quise decir que la puse fuera de vista.

—Lo que hiciste fue mentir sobre lo que hiciste —dijo su abuelita seriamente—, y una mentira es como la levadura en esta masa, David. Crece y crece. Una mentira lleva a otra. Ahora, debes hacer una verdadera limpieza antes de que puedas ayudarme con estos rollos de canela. *BJW*

¿Y TÚ?

¿Te engañas a ti mismo diciendo: «Fue una pequeña mentira; no lastimará a nadie»? Ninguna mentira es pequeña ante los ojos de Dios. Si has dicho una mentira, corrígelo diciendo la verdad ahora. No esperes a que crezca y se convierta en más mentiras.

PARA MEMORIZAR:

«¡Ojo! "Sólo un poco de levadura fermenta toda la masa"». Gálatas 5:9, PDT

NO DIGAS MENTIRAS

FOTOS REALES

LEE ECLESIASTÉS 11:9-10; 12:1, 13-14

—¡Oh, qué bien! —gritó Paz cuando su papá le mostró las fotos de su viaje de campamento. Las miró una por una.

—¡Oh, no! ¡Qué horrible! —dijo.

Antonio, el hermano de Paz, miró por encima del hombro de Paz. Empezó a reír.

—¡Pero, Paz! ¡Si te ves linda! —se burló.

—¡No es cierto! —lloró Paz—. ¡Me veo horrible!

Siguió viendo más fotos, luego se rio y apuntó a una foto de Antonio.

—¿Recuerdas cuando te tropezaste y te caíste en nuestra caminata?

—Sí —dijo Antonio—. ¡Pero no sabía que papá me estaba tomando una foto entonces! ¡Estaba cubierto de lodo!

—Quería tomar fotos reales —dijo su papá con una sonrisa—. No solo posando. Ahí está Antonio con su vestuario favorito, pantalones de tartán, camisa rayada y un chistoso sombrero naranja. Y aquí están Paz y mamá sobre la mesa de picnic, tratando de escapar de una terrible serpiente de quince centímetros.

Paz gruñó.

—La próxima vez tendré cuidado de no dejar que me tomes fotografías luciendo tan mal —dijo.

—Una fotografía puede registrar las cosas como son realmente —comentó su papá. Luego añadió—: El pastor Díaz habló de un tipo de "sesión de fotos" al que iremos un día, ¿lo recuerdan?

—¿De qué fotos estás hablando? —preguntó Paz.

—Yo lo recuerdo —dijo Antonio—. Se refería a un tiempo en el que Dios juzgará las cosas que hemos hecho. Dijo que sería como ver fotografías de nuestra vida.

—Correcto —concordó su papá—. No podremos ocultar o cambiar nada, sin importar cuánto queramos hacerlo. No es de extrañar que debamos pedirle a Dios ¡que nos ayude a vivir sabiamente! *SLK*

¿Y TÚ?

¿Te das cuenta de que Dios lleva un registro de las cosas que haces, dices y piensas? Puedes ocultar tus pecados de otras personas, pero no engañas a Dios. Vive de tal manera que te alegrará rendirle cuentas de tu vida.

DIOS JUZGARÁ TODO

PARA MEMORIZAR:
«Dios nos juzgará por cada cosa que hagamos, incluso lo que hayamos hecho en secreto, sea bueno o sea malo». Eclesiastés 12:14

AGOSTO
16

SUCIO Y RASPADO

Javier entró por la puerta trasera y gruñó un saludo a su mamá. Se dirigió a su recámara y azotó la puerta mientras lanzaba sus libros sobre la cama. Captó un destello de sí mismo en el espejo de la pared. Tenía el cabello parado en todas direcciones, y su camisa estaba desgarrada. Tenía las manos sucias de cavar en la tierra en su camino a casa. Traía sus raspados zapatos deportivos desatados, y había una rotura en sus pantalones. Probablemente los había roto al deslizarse en segunda base durante el juego de béisbol en el recreo.

Justo entonces alguien tocó a la puerta de su recámara.

—Javier —llamó su mamá—, ¿puedo pasar?

—Claro, mamá —respondió Javier tratando de enmendar un poco la «fealdad» que veía en el espejo.

—¿Qué sucede, cariño? —preguntó su mamá.

—Estoy molesto con Liliana. Pasé junto a ella camino a casa desde el parque, y me dijo que tenía un aspecto desagradable —dijo Javier—. Ella debería recordar que no importa cómo luces por fuera. Lo que cuenta es lo de adentro.

—Mmm. Supongo que tendré que hablar con Liliana —dijo su mamá—. No fue un buen modo de decirte las cosas. Pero ¿sabes qué? Si hubieras tomado un momento para detenerte en el baño de niños antes de venir a la casa, podrías haberte aseado un poco.

—Pero eso no es tan importante —insistió Javier—. Como decía mi versículo bíblico el domingo pasado: "La gente juzga por las apariencias, pero el SEÑOR mira el corazón".

—Estoy de acuerdo en que el interior es más importante —dijo su mamá—. Sin embargo, como dice tu versículo, la gente mira la apariencia externa. Es lo único que pueden ver. Y si quieres influir en las personas para Cristo, es importante cuidar el "exterior" también. *CVM*

¿Y TÚ?

¿Tienes cuidado de estar limpio y aseado? ¿O a veces descuidas tu apariencia? Cuidarte por dentro y por fuera es un buen hábito.

PARA MEMORIZAR:

«Pero el SEÑOR le dijo a Samuel: "No juzgues por su apariencia o por su estatura [...]. La gente juzga por las apariencias, pero el SEÑOR mira el corazón"». 1 Samuel 16:7

SÉ LIMPIO POR DENTRO Y POR FUERA

¿QUIÉN ES LA QUE HABLA?

LEE PROVERBIOS 26:21-28

¡Isabel estaba emocionada! Su familia había comprado una nueva cámara de video.

—Oye, Drew —llamó a su hermano—. Imaginemos que estamos haciendo un programa de televisión. Tú di tus chistes favoritos, y yo cantaré un solo.

Drew estuvo de acuerdo, así que comenzaron a grabar el programa. Drew apenas había terminado un chiste cuando su mamá los llamó a cenar.

—Ni siquiera me tocó un turno —se quejó Isabel.

—Seguro tendrás tiempo después de la cena —le dijo su mamá.

Pero Isabel no quería esperar. Durante toda la cena hizo un berrinche. Después tuvo una gran pelea con Drew sobre a quién le tocaba lavar los platos.

—¡Yo los lavé anoche! —gritó ella.

—¡Lo hice yo! —Drew gritó en respuesta.

—Eso no es verdad —insistió Isabel con enojo—. Recuerdo que yo los lavé porque comimos espagueti, y yo tuve que limpiar la salsa de tomate que estaba por todos lados.

Su mamá entró a la cocina.

—No quiero escuchar ni una palabra más de ninguno de los dos —los regañó—. Estoy cansada de sus peleas. Isabel, tú lavas los platos. Drew, tú secas.

Finalmente terminaron la tarea, y los niños regresaron a jugar con la cámara de video. Isabel regresó el video para escuchar a Drew contar su chiste antes de grabar algo nuevo. Pero se llevó una gran sorpresa. Descubrió que había dejado la cámara grabando durante toda la cena. No solo escuchó el chiste de Drew, sino también las quejas y las palabras de enojo que había dicho durante la cena y mientras lavaba los platos. No podía creer lo gruñona que había estado. ¡Ciertamente no sonaba nada como la niña que deseaba ser!

—Me alegra que compraran la cámara de video, mamá —dijo Isabel mientras borraba su voz quejumbrosa de la cinta—. ¡Ya me ha enseñado una buena lección! *LMW*

¿Y TÚ?

¿Cómo crees que te escuchas ante otras personas? ¿Cómo crees que te escuchas ante Dios? ¿Son tus palabras gentiles y amables, o de enfado y quejumbrosas? Escúchate a ti mismo. Fíjate cómo tratas a otros miembros de tu familia, especialmente a tus hermanos y hermanas. La Biblia dice que un cristiano debe ser amable. Practica la gentileza.

SÉ AMABLE

PARA MEMORIZAR:
«Un siervo del Señor no debe andar peleando, sino que debe ser bondadoso con todos, capaz de enseñar y paciente con las personas difíciles». 2 Timoteo 2:24

DULCE MANZANA

LEE SALMO 145:13-19

Rosita recibió una bicicleta nueva para su cumpleaños. Camino a casa de la tienda, su papá le preguntó:

—¿Estás segura de que no quieres que le baje el asiento? Se ve muy alto.

—¡Oh, no, papá! —declaró Rosita—. No necesito ayuda. —Rosita se vio a sí misma volando por la cuadra, ¡imaginando que andaba en un hermoso caballo!—. Ya que no puedo tener un caballo, papá, pretenderé que mi bicicleta es uno. Se llama Dulce, la abreviación de Dulce Manzana, porque es roja.

Tan pronto como llegaron a la casa, Rosita llevó su bicicleta nueva por la acera del frente. Tuvo que pararse en el escalón del porche para poder subirse. Luego puso un pie en el pedal y se lanzó. Alzando el otro pie, Rosita se sorprendió de que no podía mantener el equilibrio y de que apenas podía alcanzar los pedales. Comenzó a tambalearse constantemente y tenía que poner sus pies sobre la tierra con rapidez. Una y otra vez Rosita trató de montar su bicicleta, pero continuaba cayéndose de lado. Se aguantó las lágrimas.

Rosita se sintió muy desanimada cuando escuchó pasos acercándose.

—Parece que necesitas ayuda con este caballo salvaje —dijo su padre—. ¡Tranquila, Dulce Manzana!

Rosita se rio mientras su papá levantaba su caja de herramientas. En unos minutos había bajado el asiento y el manubrio unos cuantos centímetros.

Más tarde, Rosita y su papá descansaban en los escalones del frente.

—Muchas gracias, papá —dijo Rosita—. Pensé que podía manejar esa bicicleta por mí misma, pero necesitaba tu ayuda.

Su papá sonrió.

—Muchas personas piensan que pueden manejar sus problemas por sí mismas —le dijo—, pero Dios quiere ayudarlas tal como yo traté de ayudarte.

—Dulce Manzana será un buen recordatorio de que mi Padre celestial quiere ayudarme —concordó Rosita. Tiró de la mano de su papá—. ¿Por qué no sacas tu bicicleta y vamos a dar un paseo juntos? *DAF*

¿Y TÚ?

¿Algo te molesta? ¿Malas calificaciones? ¿Que se burlen de ti? ¿Tienes problemas para llevarte bien con los miembros de tu familia? Pídele ayuda a tu Padre celestial y luego confía en él. Quizás elimine tus problemas, o quizás te dé fuerzas para manejarlos. Él quiere ayudarte.

PARA MEMORIZAR:

«El Señor ayuda a los caídos y levanta a los que están agobiados por sus cargas». Salmo 145:14

DEPENDE DE DIOS

EL CARRUSEL

LEE ECLESIASTÉS 2:4-11

Juan y sus padres estaban saboreando palomitas con caramelo recién hechas mientras paseaban por la Feria de la Cosecha el primer día.

—Bien, Juan —dijo su papá—, hoy puedes montar tres juegos diferentes. ¿Qué quieres intentar primero?

—El carrusel —dijo Juan.

Pronto estaba en la línea, esperando subir. Cuando el trabajador abrió la reja, Juan rápidamente encontró el caballo que quería montar. Mientras el carrusel empezaba a girar y acelerar, se movía hacia arriba y abajo sobre la silla del caballo. El juego terminó demasiado pronto.

—¡Es mi atracción favorita! —exclamó al reunirse con sus padres—. Quiero usar el resto de mis boletos para el carrusel.

Y así lo hizo.

Un poco después, Juan caminó hasta la banca donde su mamá y su papá esperaban con vasos de sidra de manzana.

—Creo que debí haber intentado algo más —dijo con un suspiro—. Después de la segunda vez se me hizo un poco aburrido. Creo que fue porque no era un caballo de verdad y realmente no iba a ningún lado, solo daba vueltas y vueltas.

—Esto me recuerda lo que es nuestra vida cuando tratamos de vivir sin Jesús —dijo su mamá—. Tratamos de encontrar alegría con juguetes nuevos, pero tarde o temprano nos cansamos de ellos. Damos vueltas y vueltas buscando algo mejor.

—Así es —concordó el papá de Juan—. Solo vamos en círculos, así como hacías tú en el carrusel. Incluso todas las riquezas de Salomón no le trajeron felicidad, según escribió en Eclesiastés. Solo Jesús puede satisfacer por completo. *DAF*

¿Y TÚ?

¿Has sentido alguna vez que podrías sentirte satisfecho si solo tuvieras cierto juguete, pero luego te cansaste de él? Si estás buscando satisfacción en las posesiones, no la encontrarás. Solo cuando Jesús está en control puedes dejar de buscar y estar satisfecho. Entrégale tu vida a él.

SOLO JESÚS SATISFACE

PARA MEMORIZAR:
«[Jesús dijo:] "Mi propósito es darles una vida plena y abundante"». Juan 10:10

PIEZAS DE ROMPECABEZAS

LEE ROMANOS 8:28-32

—Hola, mamá —dijo Beatriz. Luego frunció el ceño. Le parecía raro ver a su mamá en una cama de hospital—. ¿Te sientes bien?

—Claro —asintió su mamá—. Solo me hicieron unos exámenes hoy. La operación no es hasta mañana. —Notó una caja bajo el brazo de Beatriz—. ¿Qué trajiste?

—Dijiste que trajera algo que pudiéramos hacer juntas —le recordó Beatriz. Puso las piezas del pequeño rompecabezas en la mesita junto a la cama de su mamá, y comenzó a buscar las piezas que iban en el marco de la imagen.

Beatriz frunció el ceño mientras armaba el rompecabezas. Había muchas preguntas en su mente. ¿Le dolería la operación a su mamá? ¿La ayudaría a mejorar? Y la pregunta que más preocupaba a Beatriz: ¿podía morir su mamá durante la operación? Pero no quería preocuparla con sus preguntas en un momento como este.

—No puedo encontrar dónde va esta pieza —dijo Beatriz, aún frunciendo el ceño.

Su mamá le sonrió.

—Me alegra que hayas traído un rompecabezas —dijo—. Es un poco como mi vida ahora. Estar enferma y necesitar una operación es como esa pieza del rompecabezas. No sé dónde encaja con la imagen de mi vida.

Las palabras de su mamá también describían lo que Beatriz sentía. Su mamá continuó:

—Pero he visto cómo Dios ha puesto en su lugar muchas otras piezas de mi vida. Eso me ayuda a confiar en que también sabrá dónde colocar esta pieza.

—¿Qué quieres decir? —preguntó Beatriz.

—¿Recuerdas lo preocupados que estábamos porque tu papá perdió su trabajo? Beatriz asintió.

—Dios le concedió a tu papá un trabajo en esta ciudad donde ejerce la medicina el doctor Campbell —continuó su mamá—. Es el mejor doctor en el país para realizar mi operación. ¿Crees que eso pasó por accidente?

—No. Dios estaba cuidando de ti —respondió Beatriz lentamente—. Y cuidará de ti mañana también. *KRA*

¿Y TÚ?

¿Hay sucesos en tu vida que no entiendes? Tranquilízate. Dios ve el panorama completo de tu vida, y está colocando las piezas en el lugar correcto. Él resolverá todo para bien, aunque es posible que ahora no lo veas.

PARA MEMORIZAR:

«Y sabemos que Dios hace que todas las cosas cooperen para el bien de quienes lo aman y son llamados según el propósito que él tiene para ellos». Romanos 8:28

CONFÍA EN QUE DIOS OBRARÁ

CICATRICES PARA RECORDAR

LEE HEBREOS 12:5-11

Adán titubeó cuando su amigo Benito le mostró un video que él y otros chicos iban a mirar.

—Vamos, Adán —le insistió Benito.

A Adán le causaba curiosidad esa conocida película de terror. Sin embargo, no tenía ningún deseo de romper la regla de sus papás de no ver películas de terror.

—¡Miedoso! ¡Debilucho! —cantaron los niños. Adán cedió.

Cuando llegó a su casa, se sintió culpable.

«¿Cómo sucedió, Señor? —oró—. No quise desobedecer. Debí decir no. Por favor, perdóname».

Adán se fue a la cama con la conciencia tranquila y enseguida se quedó dormido. Pero luego llegó ese sueño, un terrible sueño en el que el monstruo de la película iba tras él, era tan real que Adán estaba aterrorizado.

«Adán, despierta».

Adán escuchó la voz de su papá por encima de sus propios gritos. Las palabras de su papá eran consoladoras, pero Adán aún sentía el terror y no podía dejar de llorar. A través de sus lágrimas, le dijo a su papá sobre la película y cómo esta había provocado el mal sueño.

—Le pedí a Dios que me perdonara. ¿Por qué no lo hizo? ¿Por qué dejó que tuviera un mal sueño? —preguntó Adán.

—¿Recuerdas la lámpara que se rompió porque estabas jugando a la pelota dentro de la casa? —preguntó su papá.

Adán asintió.

—Te perdonamos por haberla roto, pero la lámpara aún tiene la cicatriz, la grieta en su base —dijo su papá—. Hoy le pediste a Dios que te perdonara por mirar esa película cuando sabías que no debías. Él te ha perdonado, pero eso no significa que no habrá cicatrices.

—El sueño fue una cicatriz, ¿verdad? —preguntó Adán.

—Creo que sí —dijo su papá—. A menudo, Dios permite que experimentemos las consecuencias de nuestro pecado. Creo que es parte de su disciplina para alejarnos de los pecados que tienen aún peores consecuencias. Lo hace porque nos ama. *KRA*

¿Y TÚ?

¿Has hecho cosas malas porque tenías curiosidad o porque otros te presionaron? Acepta el perdón de Dios cuando te arrepientas, pero también reconoce su disciplina cuando permite que experimentes las consecuencias de ese pecado. Su disciplina nos ayuda a recordar que el pecado es peligroso.

ACEPTA LA DISCIPLINA DE DIOS

PARA MEMORIZAR:
«Yo corrijo y disciplino a todos los que amo. Por lo tanto, sé diligente y arrepiéntete de tu indiferencia». Apocalipsis 3:19

NO TODOS

LEE 1 REYES 19:9-18

La mamá de Rita miró por la ventana de la cocina con asombro. Rita y su amiga Jimena usaban pequeñas ramas para fingir que estaban fumando. La mamá de Rita alzó la ventana.

—Niñas, ¿qué están haciendo?

Ambas niñas se irguieron.

—Solo estamos jugando, mamá —contestó Rita.

—Quiero que dejen de jugar así —dijo su mamá.

—Ay, mamá... —empezó Rita, pero su mamá ya había cerrado la ventana.

Más tarde, Rita entró a la casa.

—Mamá, Jimena me estaba contando sobre su prima mayor, Celia. Celia es genial. Me avergonzaste cuando nos dijiste que no jugáramos más —la acusó.

—Bueno, ciertamente no me gustó cómo se veía lo que estaban haciendo —dijo su mamá con firmeza—. No quiero que lo vuelvas a hacer.

—Pero, mamá —protestó Rita—, muchas personas lo hacen. ¿Qué tiene de malo?

Su mamá levantó las cejas.

—¿En serio? Y si otros lo hacen, ¿eso lo hace correcto?

—Bueno, si otros lo hacen, seguramente no puede ser tan malo —dijo Rita.

Su mamá le pasó papel y lápiz.

—Hagamos una encuesta. Escribe los nombres de tus amigos.

Rita parecía estar confundida, pero obedeció. Cuando terminó, le pasó la lista a su mamá.

—Ahora, mándale un mensaje a cada uno —le indicó su mamá—. Pregunta solo esto: "¿Fumas?". Escribe aquí las respuestas.

Poco después, Rita entró a la cocina con una mirada extraña en su rostro.

—Nueve dijeron que no. Y uno no me contestó —reportó.

Su mamá asintió.

—Una de las mentiras más grandes de Satanás es que "todo mundo lo hace". Quizás un grupo llamativo lo esté haciendo, pero si revisamos, a menudo descubrimos que no son "todos". Y aun si lo fuera, eso no haría bueno lo malo. Pero hay algo de consuelo en saber que muchas personas defienden lo correcto.

—Bien. Supongo que fue un poco tonto fingir hacer algo como fumar —dijo Rita—. Encontraremos otras maneras de divertirnos. *BJW*

¿Y TÚ?

Elías creyó que él era el único que estaba haciendo lo correcto, pero había siete mil personas más que no habían adorado a Baal. No tengas miedo de defender lo correcto. Puedes estar seguro de que muchos otros están contigo.

PARA MEMORIZAR:

«Esto dice el SEÑOR: "Deténganse en el cruce y miren a su alrededor; pregunten por el camino antiguo, el camino justo, y anden en él. Vayan por esa senda y encontrarán descanso para el alma"». Jeremías 6:16

NO «TODOS» LO HACEN

EL CAMINO CORRECTO

LEE SALMO 119:9-16

—Leí un versículo útil en mi Biblia esta mañana —dijo la mamá de Ashton mientras el auto familiar avanzaba en el segundo día de sus vacaciones.

Después de que ella compartió el versículo, el papá de Ashton habló de lo que él había leído en su lectura bíblica diaria.

—¿Sobre qué leíste tú? —la mamá de Ashton le preguntó.

—Yo... me olvidé de empacar mi Biblia —dijo Ashton temeroso.

—Puedes tomar prestada la mía —sugirió su mamá.

—Odio leer en el auto —dijo Ashton, rechazando la Biblia que le ofrecía—. Además, leo mi Biblia todo el tiempo. No olvidaré lo que dice durante el poco tiempo que estaremos de vacaciones.

Sus padres intercambiaron miradas, pero no dijeron nada.

Después de un rato, su mamá vio una señal de salida.

—¿No es aquí donde debemos desviarnos? —preguntó.

—No, no lo creo —dijo su papá—. Revisa de nuevo el mapa.

Intentaron mirar el mapa en el celular, pero no había señal. Ashton y su mamá intentaron todo lo que se les ocurrió, pero no pudieron acceder al mapa. La mamá de Ashton sugirió que se detuvieran para comprar uno.

—No perdamos el tiempo —dijo el papá de Ashton—. Estudié el mapa con cuidado antes de salir. Estoy seguro de que esta no es la salida correcta.

Después de viajar un poco más, el papá de Ashton finalmente accedió a detenerse. Descubrieron que se había equivocado: debieron haber salido mucho antes. Ashton se sintió enojado cuando oyó lo mucho que se habían desviado.

—Estudiar el mapa con regularidad es mejor que confiar en nuestra memoria —dijo la mamá de Ashton.

—Seguro que sí —concordó Ashton.

—Viajar por la carretera en nuestras vacaciones me recuerda que también estamos en la "carretera" de la vida —dijo su mamá—. La Biblia nos muestra el camino que debemos seguir, si la consultamos con regularidad.

Su papá volvió y pronto estuvieron en camino. Mientras se alejaban, Ashton dijo:

—Estoy listo para usar tu Biblia, mamá —dijo—. Será mejor que revise el "mapa" para ver lo que necesito saber. *KRA*

¿Y TÚ?

¿Sientes que has estudiado tanto la Biblia que recuerdas todo lo que necesitas saber? ¿Encuentras excusas para descuidar tu lectura bíblica diaria? Dios nos proporcionó una maravillosa guía cuando nos dio la Biblia. Él espera que refresquemos nuestra memoria leyéndola con regularidad.

LEE LA BIBLIA CADA DÍA

PARA MEMORIZAR:
«Me deleitaré en tus decretos y no olvidaré tu palabra».
Salmo 119:16

AGOSTO
24

EL MEJOR TRABAJO
LEE EFESIOS 6:5-10

Sandra se sentó al piano para practicar.

—¿Puedo quedarme en casa en vez de ir a la escuela durante las dos próximas semanas? —le preguntó a su mamá mientras abría su libro de música.

—Pero la escuela apenas comenzó esta semana... —empezó su mamá. Luego sonrió—. ¿Acaso esta pregunta tiene algo que ver con la responsabilidad de dos semanas que te asignó la señora Rivera? —preguntó.

Sandra suspiró.

—Sería lindo tener el mismo trabajo cada día durante tanto tiempo, si fuera un buen trabajo —dijo—. ¿Pero quién quiere recoger todas las cosas que caen debajo de nuestros escritorios? —Sandra se puso las manos sobre las caderas—. Lorelei puede borrar el pizarrón. Nick riega las plantas. A Samuel le toca ser el último en salir del salón para cerrar la puerta. Pero yo tengo un trabajo tonto.

—Cuando era joven, tu abuelo tenía un camión que usaba para recoger muebles viejos —dijo su mamá, pensativa—. Arreglaba y vendía algunas piezas, y otras las cortaba para que sirvieran como leña. Nuestro patio trasero estaba repleto de viejos escritorios y cajoneras y pianos antiguos de las casas de otras personas. Yo me sentía avergonzada. Un día, le dije a tu abuela que me iba a escapar hasta que esas cosas desaparecieran.

—¿En serio? —preguntó Sandra.

Su mamá asintió con la cabeza.

—Tu abuelita me recordó que esos muebles viejos nos daban para vivir. Y muchas veces tu abuelito servía a Dios al darles leña a las personas que no tenían. A veces también regalaba los muebles arreglados a quienes los necesitaran.

—Creo que abuelito tenía un buen trabajo —dijo Sandra.

—Lo hizo bueno al elegir estar contento y servir a Dios con la labor que otros veían como humilde —dijo su mamá—. Sabía que servir a Dios era el mejor trabajo del mundo.

Sandra empezó a practicar sus escalas.

—Supongo que mi trabajo puede ayudar a que el trabajo del conserje sea más fácil —dijo.

—¿Eso significa que irás a la escuela mañana? —preguntó su mamá, y ambas rieron. *NEK*

¿Y TÚ?

¿A veces piensas que tus tareas son «tontas»? ¿Te avergüenza hacer trabajos porque sientes que no son de niños grandes o porque no los consideras importantes? Decídete ahora a estar dispuesto a servir a Dios de cualquier manera. Pídele que te ayude.

PARA MEMORIZAR:
«No trabajen sólo cuando los estén vigilando, sino como esclavos de Cristo, cumpliendo la voluntad de Dios de todo corazón». Efesios 6:6, PDT

SIRVE A DIOS EN TODO LO QUE HAGAS

¡ABRE LA BOCA!

LEE LUCAS 12:22-31

—Un momento, Lily. Tu botella está casi lista —dijo Julia desde la cocina. Estaba cuidando a su hermanita para que su mamá pudiera trabajar en el jardín. Julia revisó la botella para asegurarse de que la temperatura fuera la correcta. Luego sacó a Lily de la cuna y la llevó al sofá. Rio cuando vio a Lily chupándose las manos—. ¡Sácate las manos de la boca, tontita! —dijo—. ¿Cómo puedo darte la botella cuando tu boca está llena con tus propios dedos?

Finalmente, sostuvo las manos de la bebé mientras le colocaba el chupón en la boca. Por fin, Lily se tranquilizó y comenzó a beber su botella.

—¿Qué pasó? —preguntó su mamá cuando entró—. Oí a Lily llorando.

Julia le contó cómo Lily se chupaba los dedos en lugar de tomar la botella. Su mamá sonrió.

—Hasta la gente mayor a veces actúa de la misma manera —dijo.

—¿La gente mayor se niega a comer y se chupa las manos? —preguntó Lily con risa.

—En cierto modo sí —contestó su mamá—. Los cristianos a menudo tratan de satisfacer sus propias necesidades en lugar de dejar que Dios les dé lo que necesitan.

—¿Cómo? —preguntó Julia—. ¡Oh! —añadió—, ¡ya sé! Como cuando tú y papá me dijeron que ya no podía juntarme con Ramona porque era una mala influencia. Por un tiempo, me molesté. Les dije que debía ser su amiga, o no tendría ninguna buena amiga.

Su mamá asintió.

—Tratabas de satisfacer tus propias necesidades —dijo—. No pasó mucho para que Dios te ayudara a encontrar una amiga nueva y mejor. —Miró a Lily, quien dormía en el regazo de Julia, y añadió—: A veces olvidamos que Dios siempre quiere lo mejor para nosotros. *SLK*

¿Y TÚ?

¿Crees que necesitas ropa, dinero, un amigo nuevo o tal vez la sensación de ser importante? Dios puede darte todo lo que necesitas. En lugar de tratar de hacerte feliz a ti mismo, recurre a él en obediencia. Quita esas cosas de tu vida que pueden estar interfiriendo con su plan. Confía en él. Él proveerá.

DIOS SATISFACE TODA NECESIDAD

PARA MEMORIZAR:

«Y este mismo Dios quien me cuida suplirá todo lo que necesiten, de las gloriosas riquezas que nos ha dado por medio de Cristo Jesús». Filipenses 4:19

¿POR QUÉ MOSQUITOS?

LEE GÉNESIS 1:21-31

—¡Odio los mosquitos! —dijo Camila, dándose una palmada en el brazo.

Esos fastidiosos insectos los habían molestado a ella y su hermano Josías toda la tarde, pero los niños no querían entrar a la cabaña. Solo pasaban una semana en el lago cada verano, ¡y no querían pasarla adentro! Camila y Josías decidieron rociarse más repelente, así que corrieron colina arriba hacia la cabaña.

Sus padres estaban sentados en el porche.

—¿Ya se cansaron de jugar ustedes dos? —preguntó su papá.

—No, ¡pero nos están comiendo vivos! Debemos ponernos más repelente en los brazos y las piernas —explicó Camila.

—¿Por qué hizo Dios a los mosquitos? —se preguntó Josías.

—Bueno —dijo su papá—, los mosquitos pueden ser una molestia para ustedes, pero son muy importantes para las libélulas.

—Y para las golondrinas purpúreas —dijo su mamá con una sonrisa.

—¿Qué es una golondrina purpúrea? —preguntó Josías.

—Es una pequeña ave con tonos morados —contestó su mamá—. Y las golondrinas purpúreas comen mosquitos.

—Y hay ciertos tipos de pescado que comen la larva de los mosquitos —añadió el papá de los chicos.

—¡Vaya! —dijo Camila—. No lo sabía.

—¿Recuerdan lo que Dios dijo después de crear el mundo? —preguntó su papá.

—Claro —dijo Josías—. Lo aprendimos en la escuela dominical. "Entonces Dios miró todo lo que había hecho, ¡y vio que era muy bueno!".

—Correcto —concordó su papá—. Todo lo que Dios hizo tiene un propósito, pero el cumplimiento de ese propósito se ha visto afectado por el pecado. Por eso algunas cosas en la creación hoy son dañinas y nos irritan. Algún día en el futuro, Dios restaurará la armonía en la creación. Entonces un moquito ya no será una molestia.

—Mmm, nunca lo había pensado así, papá —dijo Camila con una sonrisa—. ¡Casi no puedo esperar a que llegue ese día! *LMW*

¿Y TÚ?

¿Alguna vez te preguntas por qué hizo Dios a las moscas, los mosquitos, las serpientes y las arañas? Hizo todas las cosas para ser parte de su plan, pero el pecado ha afectado ese plan. Sin embargo, aún hay un equilibrio, y la creación depende de este equilibrio para su nutrición. Un día Dios restaurará nuevamente la armonía a la creación.

PARA MEMORIZAR:
«Entonces Dios miró todo lo que había hecho, ¡y vio que era muy bueno!».
Génesis 1:31

TODO TIENE UN PROPÓSITO

SANGRE ESPECIAL

LEE ROMANOS 5:6-11

¡Marcelo estaba emocionado! Estaba pasando un fin de semana con sus abuelos. Los amaba tiernamente, pero algo estaba mal. Su abuelito no conocía a Jesús como su Salvador. Su abuelito dijo que había hecho las cosas a su modo toda su vida y desde luego no veía porqué necesitaba cambiar ahora. Marcelo oraba para que Dios lo ayudara a ser un buen testigo.

Un sábado por la mañana, Marcelo y su abuelito fueron a dar un paseo por el bosque. Lo estaban pasando bien cuando de pronto el abuelito de Marcelo se tropezó con la raíz de un árbol. Cayó sobre un pedazo de vidrio y se cortó la pierna. ¡Le brotó sangre!

—¡Abuelito! —exclamó Marcelo—. Necesitas un doctor.

—No necesito un doctor —gruñó su abuelito—. Nunca necesité uno antes, ¡y no necesito uno ahora!

Trató de detener el sangrado, pero parecía ser un corte muy profundo.

—Abuelito, necesitas ayuda —insistió Marcelo.

—No hay quien nos ayude, de cualquier modo —dijo su abuelito débilmente.

Se puso de pie y trató de caminar, pero pronto tuvo que sentarse de nuevo.

—Voy a buscar ayuda —afirmó Marcelo, y corrió. Murmuró una oración de gratitud cuando se encontró con unos campistas que justo estaban entrando al bosque. Rápidamente ofrecieron su ayuda, y pronto el abuelito de Marcelo estaba camino al hospital. Más tarde, Marcelo le dijo lo que pasó:

—Perdiste mucha sangre y necesitaste una transfusión. Ya que tienes un tipo raro de sangre, primero tuvieron que contactar a otro hospital para conseguirla. Sin esa sangre, ¡habrías muerto!

Marcelo vio cómo su abuelito miraba a los tubos que llevaban sangre a sus venas.

—¿Sabes, abuelito? —dijo Marcelo—. Esto me recuerda a la sangre de Jesús. Necesitabas esta sangre para mantener tu vida terrenal, y necesitas la sangre de Jesús para ser salvo y tener vida eterna.

Su abuelito parpadeó.

—Siempre pensé que podía vivir por mí mismo —murmuró—, pero tal vez no pueda. Cuéntame más de Jesús. *JLH*

¿Y TÚ?

¿Piensas que puedes dirigir tu vida por ti mismo? No puedes ir al cielo sin Jesús. Su sangre fue derramada para comprar tu salvación. ¿Has aceptado su oferta de vida eterna?

LA SANGRE DE JESÚS SALVA

PARA MEMORIZAR:
«De hecho, según la ley de Moisés, casi todo se purificaba con sangre porque sin derramamiento de sangre no hay perdón». Hebreos 9:22

AGOSTO
28

UN SONIDO POCO ALEGRE

LEE SALMO 100

Mientras Glen y Darrin trabajaban juntos pintando una balsa que habían construido, Darrin comenzó a cantar.

—¿Dónde aprendiste eso? —preguntó Glen.

—¡Oh! Es del álbum más reciente de las Brujas No Cheras —respondió Darrin—. Lo compré ayer en el centro comercial.

Glen levantó la vista.

—¡Pero tú eres cristiano!

—¿Y qué? La Biblia no dice que no puedes escuchar las canciones de las Brujas No Cheras —dijo Darrin—. Además, no presto atención a las palabras.

Glen lo miró con sorpresa.

—Debes prestar algo de atención. Apenas ayer compraste el álbum, y ya te sabes las palabras. Escucha lo que estás cantando: "Voy a robarte, matarte, congelarte...". Esas palabras suenan terriblemente brutales.

—No significan nada, Glen —protestó Darrin.

—Deben significar algo —replicó Glen.

La conversación con Darrin seguía molestando a Glen esa noche. Al sentarse a cenar, les contó a sus padres lo que Darrin había dicho.

—Eso es interesante —dijo su papá—. Acabo de leer un artículo en el periódico de anoche sobre las Brujas No Cheras. El cantante principal fue citado diciendo que disfrutaba el poder que el grupo tiene sobre las mentes de los jóvenes. También dijo que la violencia es uno de sus temas principales.

Glen se quedó pensativo por unos minutos, y luego dijo:

—Darrin me dijo que la Biblia no dice nada sobre escuchar la música de las Brujas No Cheras, ¡pero sí dice algo! El Señor nos dice que cantemos alegres, y el álbum de las Brujas No Cheras ¡ciertamente no es alegre!

—También dice que debemos hacer música para el Señor en el corazón —le recordó su mamá. Glen sonrió y asintió. ¡Tenía que mostrarle unos versículos importantes a Darrin! *LMW*

¿Y TÚ?

¿Qué clase de música escuchas en la radio? ¿Qué tipo de música compras? ¿Crees que todo tipo de música está bien porque no prestas atención a las palabras? ¡Ten cuidado! A menudo, las letras de las canciones que no son cristianas son poco agradables al Señor. Hay muchas buenas canciones que son divertidas para cantar.

PARA MEMORIZAR:

«No actúen sin pensar, más bien procuren entender lo que el Señor quiere que hagan [...]. Sean llenos del Espíritu Santo, cantando salmos e himnos y canciones espirituales entre ustedes, y haciendo música al Señor en el corazón». Efesios 5:17-19

ELIGE LA MÚSICA CON SABIDURÍA

MONEDAS QUE REBOTAN

LEE SALMO 22:1-11

Después que el hermano mayor de Tatiana, Arturo, la guio a Jesús, se convirtieron en muy buenos amigos. Juntos oraban por sus padres, que no eran salvos.

Cuando Arturo se estaba alistando para mudarse de la casa a la universidad, Tatiana se puso muy triste.

—¡Oh, Arturo! ¿Cómo voy a sobrevivir sin ti? —lloró—. ¡No soy una cristiana lo suficientemente fuerte como para hablarles a mamá y papá sobre mi fe! ¡Necesito que me ayudes!

—Ah, vamos, pequeña. Eres más fuerte de lo que crees —la animó Arturo—. Además, el Señor está en ti y te ayudará. Recuerda el versículo que aprendimos que dice: "El Espíritu que vive en ustedes es más poderoso que el espíritu que vive en el mundo". Y si pasas tiempo con tus amigos de la iglesia, ellos también te ayudarán.

Los primeros días después de que Arturo se marchó fueron solitarios para Tatiana. Cuando sus padres hacían comentarios hirientes sobre su fe en Jesús, trataba de hacer lo que sabía que Jesús o Arturo esperarían que hiciera.

Un día, Tatiana recibió un correo de su hermano.

«Hola, hermanita —decía—. ¿Me extrañas? Bueno, espero que sí ¡porque yo te extraño a ti! Tengo un buen compañero de cuarto, y él dice que me va a enseñar a tender bien mi cama antes de que termine el año. ¿Qué piensas de eso? Su mamá le enseñó que las sábanas deben quedar tan estiradas y sujetas del colchón que, si tiras una moneda sobre la cama, debe rebotar. Dice que ella solía inspeccionar su cama, y si una moneda no rebotaba, tenía que volverla a hacer. ¿Sabes qué, Tatiana? Las monedas que rebotan me hicieron pensar en ti. Es como si papá y mamá estuvieran constantemente inspeccionando tu cristianismo. Si "tiran" comentarios hirientes sobre ti y rebotan (en otras palabras, si no respondes mal), pasaste la inspección. Solo recuerda: Jesús dijo que nos regocijáramos en la persecución y oráramos por aquellos que nos persiguen. Estoy orando por ti. Te quiere, Arturo». *REP*

¿Y TÚ?

¿Pasas la inspección cuando alguien te hace comentarios crueles? Jesús dio el mejor ejemplo cuando sufrió pacientemente por nosotros. Sin duda deberíamos estar dispuestos a hacer lo mismo por él. La próxima vez que alguien se burle porque no respondes o no te unes a sus actividades mundanas, deja que sus comentarios reboten.

DEJA QUE LAS PALABRAS DESAGRADABLES REBOTEN

PARA MEMORIZAR:
«Dios los bendice a ustedes cuando la gente les hace burla y los persigue y miente acerca de ustedes y dice toda clase de cosas malas en su contra porque son mis seguidores».
Mateo 5:11

LA CAJA DE PINTURAS

LEE 1 CORINTIOS 12:27-31

¿Por qué Dios no me dio talento musical también?, pensó Melissa mientras escuchaba a su familia ofrecer un programa musical. *No podría llevar una tonada ni aunque fuera en una cubeta.*

Después de la iglesia, se quejó en voz alta.

—No es justo. Todos ustedes pueden tocar y cantar, y yo no puedo —se quejó—. Me siento tonta sentada allí, la única de la familia que no está en el programa. Desearía tener una parte también.

—Nos gustaría que te unieras a nosotros, Melissa, pero... no sabemos cómo usar un sapo —se burló su hermano.

—Ese es un golpe bajo, Will —dijo su mamá, notando la mirada herida en el rostro de Melissa—. Puede que Melissa no tenga talento musical, pero tiene otros talentos. —Miró a su hija—. Te gusta dibujar y pintar —le recordó a Melissa—. Tal vez sea un talento especial que Dios te ha dado.

—No es nada —protestó Melissa—. Quiero ser buena para la música, como todos ustedes.

La tarde siguiente, cuando su papá llegó a la casa, le dio a Melissa una caja.

—Aquí tengo unas pinturas para ti —le dijo.

—¡Gracias, papá! —gritó Melissa. Rápidamente abrió la caja—. Debe haber un error —clamó—. Aquí solo hay azul. No puedo hacer dibujos con un solo color.

—Se necesitan diferentes colores para pintar cuadros bonitos, ¿verdad? —concordó su papá. Le dio otra caja.

Melissa miró con entusiasmo una variedad de colores en la segunda caja.

—Pero, ¿por qué me diste primero solo azul? —preguntó.

—Quería que vieras lo poco interesante que sería si todas las personas fueran iguales —respondió su papá—. Dios le da a cada persona diferentes habilidades para que hagan su trabajo.

Lentamente, Melissa asintió.

—Como tener un solo color para pintar —dijo—. Supongo que Dios prefiere que pinte a que cante. Entonces trataré de hacer lo mejor que pueda. *MRP*

¿Y TÚ?

¿Has descubierto tus propios talentos especiales? Tal vez no puedas cantar o pintar, pero quizás seas bueno para las matemáticas o para ayudar con el quehacer. Cualesquiera que sean tus habilidades, desarróllalas lo mejor que puedas. Dios podría tener un uso especial para ellas algún día.

PARA MEMORIZAR:

«Todo lo que hagas, hazlo bien, pues cuando vayas a la tumba no habrá trabajo ni proyectos ni conocimiento ni sabiduría». Eclesiastés 9:10

USA TUS TALENTOS

VASO DE AGUA TIBIA

LEE APOCALIPSIS 3:14-19

Aún estaba oscuro cuando Dennis se despertó. *Me encantaría beber un vaso de agua fría*, pensó. Saliendo de la cama, trastabilló hasta el baño. *La luz lastimará mis ojos,* pensó soñoliento. *Puedo encontrar un vaso en la oscuridad.* Así lo hizo. Luego abrió el grifo y dejó que corriera un poco para que estuviera agradable y bien fría. Tomó un sorbo, pero de inmediato lo escupió.

—¡Guácala! —dijo.

En lugar de estar agradable y bien fría, ¡el agua estaba tibia! Dennis se dio cuenta de que había abierto el agua caliente por error y la había dejado correr lo suficiente para entibiarla. De inmediato abrió el agua fría. Esta vez la revisó con el dedo antes de llenar el vaso. *Ahh, mucho mejor,* pensó.

A la mañana siguiente, Dennis le contó a su familia sobre su vaso de agua tibia. Todos rieron, y su papá alcanzó su Biblia. La abrió en Apocalipsis 3:14-19 y leyó el pasaje para las devociones familiares.

—Dennis, pienso que me has ayudado a comprender estos versículos —dijo—. Verás, Dios le estaba hablando a un grupo de cristianos que no estaban entusiasmados con él. Para él, eran como agua tibia.

—Aparentemente sus posesiones materiales los hacían sentirse autosuficientes —añadió la mamá de Dennis—, y su amor por Dios se entibió. Me pregunto si no seremos así muchos de nosotros.

—Me temo que sí —dijo su papá—. Sabemos que debemos servir a Dios, así que lo hacemos.

—Pero cuando no lo hacemos con mucho entusiasmo somos como agua tibia, ¿verdad? —preguntó Dennis.

—Correcto —dijo su papá—. Estemos seguros de que la verdadera razón por la que lo servimos es porque lo amamos y no porque sentimos que es nuestra obligación. *CLG*

¿Y TÚ?

¿Eres un cristiano tibio? ¿Vas a la iglesia solo porque tus padres te obligan? ¿Te apresuras en tu devocional? ¿Le das tu dinero a Dios solo porque se supone que debes hacerlo? Pídele a Dios que aumente tu amor genuino por él.

AMA A DIOS SINCERAMENTE

PARA MEMORIZAR:
«Yo sé todo lo que haces, que no eres ni frío ni caliente. ¡Cómo quisiera que fueras lo uno o lo otro!».
Apocalipsis 3:15

TESORO POR BARATIJAS

LEE HEBREOS 11:23-29

—Puedes llevarlo a la escuela para tu presentación, Jillian, pero cuídalo bien —dijo la mamá de Jillian al darle a su hija un libro—. La abuelita Andrews usó este libro cuando estaba en tercer grado.

Jillian tomó el libro con entusiasmo mientras ella y su hermano Josué salían por la puerta.

Cuando los niños regresaron a casa de la escuela esa tarde, Jillian sonreía.

—Miren lo que Nikki trajo para mostrar en la escuela —gritó, sacando una caja de música de su mochila. Le dio cuerda y un pequeño pajarito en la parte superior dio vueltas mientras la música sonaba.

—¿No es lindo?

—Sí —dijo su mamá—. Pero, ¿por qué tienes tú la caja musical de Nikki?

—Hice un intercambio con ella —dijo Jillian feliz—. Le di el libro de la abuelita Andrews.

—¡Oh, Jillian! ¡No es posible! —dijo su mamá—. Puedes remplazar fácilmente una caja musical como esa, ¡pero en ningún lugar puedes comprar un libro tan valioso como el que la abuelita Andrews usó!

—Lo siento —dijo Jillian mientras sus ojos se llenaban de lágrimas.

Su mamá suspiró.

—Bueno, deberías haber pensado mejor el asunto antes de hacer el intercambio —dijo y salió del cuarto para responder el teléfono. Cuando regresó, sonreía.

—Era la mamá de Nikki. Reconoció el valor del libro de la abuelita Andrews. Lleva la caja musical de Nikki a la escuela mañana, Jillian, y ella te dará el libro.

—Está bien —dijo Jillian, pero miró con tristeza la caja de música.

—Lo que hiciste me recuerda a lo que hemos estudiado en Historia —dijo Josué—. Cuando los comerciantes franceses vinieron a América en un principio, engañaron a los pueblos originarios intercambiando oro y plata por baratijas sin valor.

Su mamá suspiró.

—Me temo que todos hacemos cosas parecidas —dijo—. A menudo tenemos más tiempo para la televisión, los videojuegos y el fútbol que para las lecciones de la escuela dominical y el devocional. ¿Qué creen ustedes que tiene más valor? *BJW*

¿Y TÚ?

¿Cómo ocupas tu tiempo? ¿Tienes tiempo para pasar con Jesús cada día? Tu relación con él es tu tesoro más valioso.

PARA MEMORIZAR:

«¿Y qué beneficio obtienes si ganas el mundo entero pero pierdes tu propia alma? ¿Hay algo que valga más que tu alma?». Mateo 16:26

AFÉRRATE A LO QUE ES REALMENTE VALIOSO

OJOS EN LA CARRETERA

LEE SALMO 5:1-8; HEBREOS 12:1-3

Eduardo, que recientemente había obtenido su licencia de conducir, estaba llevando a Rico, su hermano menor, a un juego de béisbol. Durante todo el camino, Rico habló y habló del juego en cuestión. Estaba emocionado porque era el lanzador principal de su equipo.

—Sé que puedo dejar fuera a todos los bateadores —presumió.

Manteniendo los ojos en el camino, Eduardo contestó:

—No estés tan seguro. Este equipo les ganó por mucho el año pasado.

—Sí, pero hemos practicado mucho este año —dijo Rico—. Ganaremos esta vez.

Mientras Rico seguía hablando, Eduardo asentía en acuerdo de vez en cuando.

—¡Quisiera mejorar tanto como para estar en las grandes ligas! —exclamó Rico—. ¿No te sentirías orgulloso de mí? —Luego Rico frunció el ceño al mirar a su hermano mayor—. Oye, Eduardo, creo que no me estás prestando mucha atención —se quejó—. No me estás mirando.

Eduardo rio.

—Oh, sí estoy escuchando —dijo—. Pero papá me dio instrucciones muy estrictas antes de prestarme el auto. Una de las cosas que dijo es que me asegurara de fijar los ojos en la carretera en todo momento. De hecho, ¡prácticamente me dio un sermón sobre el tema!

—¿Sí? —preguntó Rico.

—Sí —dijo Eduardo—. Papá dijo que conducir era más o menos como vivir para Jesús. Dice que muchas personas han destrozado sus autos al permitir que sus ojos se desvíen de la carretera, así como las personas han arruinado sus vidas por dejar que sus ojos se desvíen de Jesús.

—Oh —murmuró Rico. De pronto se sentó erguido—. Ahora, cuando se trata de béisbol, tienes que mantener los ojos en la pelota. *BJT*

¿Y TÚ?

¿Estudias la Palabra de Dios, escuchas a tu maestro de la escuela dominical y a tu pastor, lees libros cristianos, escuchas programas cristianos y aprendes la forma de vivir para Dios? No puedes vivir como el mundo y permitirle a Jesús que tenga el lugar que le corresponde en tu vida.

MANTÉN TUS OJOS EN JESÚS

PARA MEMORIZAR:
«Esto lo hacemos al fijar la mirada en Jesús, el campeón que inicia y perfecciona nuestra fe».
Hebreos 12:2

3

LOS BROWNIES Y EL ENOJO

LEE 1 CORINTIOS 13:1-7

Elizabeth se sentó a cenar con su familia y jugó con su comida. Aun los brownies, su postre favorito, no le interesaron.

Era el turno de Elizabeth de lavar los platos. En silencio colocó los platos en el lavavajillas y lavó y secó sartenes.

—¿Qué ocurre, cariño? —preguntó su mamá mientras separaba un brownie para Elizabeth y le daba la bandeja vacía.

—¡Es María Luisa! —exclamó Elizabeth con enojo—. Ella sabía cuánto quería yo el papel principal en la obra de teatro, así que ni siquiera iba a hacer la audición. Hoy cambió de idea, y la señora Parker le dio el papel principal. Yo recibí el papel de la hermana, y solo tengo unas cuantas líneas.

—Bueno, cariño, tal vez María Luisa realmente quería ese papel tanto como tú —dijo su mamá—. Quizás esperó a intentarlo porque no podía decidir qué hacer, ya que sabía que tú lo querías.

—Bien, pues yo pienso que estuvo muy mal que lo aceptara —insistió Elizabeth—. La voy a llamar esta noche y le diré lo que pienso de ella.

La mamá de Elizabeth la observó refregar la bandeja donde había horneado los brownies. Había lugares donde se habían pegado y quemado un poco al hornearlos y no se podían sacar de la bandeja.

—¿Por qué no dejas que la bandeja se remoje hasta mañana? —sugirió su mamá—. Para entonces será más fácil remover los residuos.

Después de un momento, añadió:

—Creo que también debes dejar "remojar" tu enojo. Antes de llamar a María Luisa, ¿por qué no oras al respecto esta noche y ves cómo te sientes en la mañana? Pídele al Señor que te muestre cómo quiere que afrontes las cosas.

Elizabeth la miró dudosa, pero estuvo de acuerdo.

Cuando Elizabeth lavó la bandeja de los brownies la mañana siguiente, miró a su mamá.

—Tienes razón, ahora se lava con facilidad —dijo Elizabeth con una sonrisa.

—Bien —dijo su mamá—. ¿Y qué hay de María Luisa?

—También en eso tenías razón —admitió Elizabeth—. Me doy cuenta de que no participó en la audición con la intención de lastimarme. Me alegra no haberla llamado. La próxima vez que esté molesta, voy a recordar la bandeja de los brownies ¡y dejaré que mi enojo se "remoje" antes de decir algo! *KEC*

¿Y TÚ?

¿Recuerdas que el amor es paciente y bondadoso? Cuando estás molesto con alguien, ¿dejas que tu enojo se «remoje» mientras oras por una solución?

PARA MEMORIZAR:

«Los necios dan rienda suelta a su enojo, pero los sabios calladamente lo controlan».
Proverbios 29:11

DEJA QUE EL ENOJO SE «REMOJE»

¿QUIÉN ACONSEJA A DIOS?

LEE ROMANOS 11:33-36

Jordan puso su bicicleta en el garaje. Podía oír a su mamá en el teléfono hablando con una amiga sobre orar para que lloviera sobre los campos y jardines secos. Cuando entró, ella le hizo una señal para que empezara a desgranar las mazorcas de maíz que había sobre la mesa.

—Mamá, no me importa si oras para que llueva —dijo Jordan un poco más tarde—. Pero, por favor, no ores para que llueva el sábado. Es el día de nuestro partido importante de fútbol, y no quiero mojarme. Además... —añadió Jordan riendo—, si tú oras pidiendo lluvia, y yo oro pidiendo sol, ¡Dios se va a confundir!

Su mamá dejó de darle vueltas al pudín y miró a Jordan.

—No voy a orar para que llueva el sábado. Pero aun si lo hiciera, no creo que Dios se confunda. —Señaló las mazorcas—. ¿Cuántas mazorcas tienes allí, a todo esto?

Jordan los contó.

—Nueve —dijo.

—Bueno —dijo su mamá—, ¿qué tal si papá y tú quisieran cada uno tres y Sara y yo quisiéramos dos cada quién? ¿Habría suficientes?

—No. Nos faltaría uno. Además, papá siempre come tres porque necesita más comida que nosotros. A mí probablemente me dirías que no —respondió Jordan.

—Así es —contestó su mamá—. Pero si tú me pidieras uno más, quizás la próxima vez compraría una extra. Pero esta noche tendría que decir "no" porque papá necesita más comida que tú. Dios es más o menos así también. Si le pides sol y yo le pido lluvia, Dios tendría que decirle "no" a uno de los dos, pero no lo confundiría. Él es la persona más sabia del universo. Ahora, pongamos estas mazorcas en la estufa para poderlos comer —dijo. *PEJ*

¿Y TÚ?

¿Te has preguntado si Dios se confunde al contestar oraciones cuando las personas piden cosas opuestas? Puesto que él lo sabe todo y lo conoce todo, no es un problema para él. Lee Romanos 11:33 y 34 otra vez. Recuerda, Dios lo sabe todo, ¡y nada lo confunde!

DIOS LO SABE TODO

PARA MEMORIZAR:
«¡Qué grande es la riqueza, la sabiduría y el conocimiento de Dios! ¡Es realmente imposible para nosotros entender sus decisiones y sus caminos!». Romanos 11:33

¡CUIDADO!

LEE TITO 2:1-8

La camioneta del señor Bernárdez estaba llena de niños: sus propios hijos más algunos de los amigos de ellos. Iban camino al club de niños y el nivel de ruido en el auto estaba en su volumen alto habitual. El señor Bernárdez escuchaba las charlas de buen humor hasta que entró a la ruta 40.

—Muy bien, niños —dijo—. Les voy a pedir que guarden silencio unos cuantos kilómetros. La carretera está en construcción, y necesito prestar mucha atención, especialmente donde se angosta a un solo carril.

—Tu papá dice lo mismo cada semana —le susurró Macarena a Cory.

Durante un rato, los niños estuvieron callados. Luego, uno de los niños golpeó a otro de broma. El otro niño le devolvió el golpe. Poco después, un libro voló por el auto y golpeó al señor Bernárdez en la parte posterior de la cabeza. Él tiró del volante, y la camioneta hizo un giro repentino hacia el carril contrario.

—¡Cuidado! —gritó alguien.

El señor Bernárdez sujetó el volante con fuerza y condujo la camioneta a un costado del camino. Luego habló con los niños de lo importante que era que se quedaran quietos y guardaran silencio.

Cuando llegaron al club de niños, los chicos aún estaban asustados por lo que había pasado. Su maestra, la señora Gaspar, se enteró del incidente. Sacudió la cabeza.

—¿Saben? —dijo—. No es fácil conducir un auto lleno de niños. De hecho, es una gran responsabilidad. Y el señor Bernárdez necesita que todos actúen como jóvenes maduros. Cuando el apóstol Pablo le escribió a Tito, le dijo que una de las cualidades de joven maduro era pensar con sabiduría. En su situación, ¿qué habría sido lo más sabio hacer?

—Hablar muy bajito y no andar jugando cuando el señor Bernárdez estaba conduciendo —respondió Macarena.

—Correcto —respondió la señora Gaspar—. Y afortunadamente, tendrán una nueva oportunidad de practicarlo de camino a casa esta noche. ¡Y espero que pasen la prueba de madurez! *LMW*

¿Y TÚ?

¿Viajas en un autobús escolar? ¿O tus padres o los padres de tus amigos te llevan a diferentes lugares? ¿Juegas o peleas o gritas en el auto? La próxima vez que estés en un autobús o en un auto con otros niños, sé cortés y guarda silencio. Agradece al conductor por recogerte. Agradece también al Señor por el conductor.

PARA MEMORIZAR:
«Del mismo modo, anima a los hombres jóvenes a vivir sabiamente». Tito 2:6

SÉ UN PASAJERO CORTÉS

COSAS QUE LASTIMAN

LEE MATEO 7:9-11

Germán entró a la cocina enfadado.

—No logré entrar en el equipo de fútbol —dijo.

—Oh, Germán, lo siento —dijo su mamá, tratando de consolarlo.

Germán golpeó su balón de fútbol.

—Practiqué todos los días durante un mes —dijo—. Roger y Jaime sí entraron. Ahora estarán allí todo el tiempo, y yo no tendré con quién juntarme.

—Aún podrías entrar al equipo de la ciudad —le recordó su mamá.

Germán se desplomó sobre una silla.

—¿Sabes qué me lastima más? —preguntó—. Oré todos los días sobre esto. Dios sabe cuánto quería estar en el equipo, y no me dejó. ¿Por qué, mamá?

Justo entonces se azotó la puerta, y el nuevo cachorro de Germán, Enzito entró a la cocina, seguido por el papá de Germán. Su papá puso su portafolio en el suelo.

—Germán, ¿te acordaste de que tenemos una cita con el veterinario hoy? —preguntó—. Enzito necesita su vacuna contra la rabia.

Germán miró los ojos confiados y oscuros del cachorro.

—Esa vacuna lastimará a Enzito, papá —protestó—. No quiero llevarlo. Quizás ya no me quiera después.

El papá de Germán se sentó a su lado.

—¿Preferirías arriesgarte y que Enzito contraiga rabia y muera?

Germán sacudió la cabeza con solemnidad.

—Hijo —continuó su papá—, aunque la vacuna le dolerá por un momento, Enzito confía en ti.

Germán recogió a Enzito y se dirigió a la puerta.

—Está bien, papá. Vamos —dijo.

Su mamá intervino.

—Sé que odias cualquier cosa que haga que tu perro sufra, aunque sabes que es lo mejor para él —dijo—. Pero ¿has pensado en lo difícil que debe ser para Dios permitir que pase algo que te lastime, aunque sabe que es lo mejor para ti?

Germán se detuvo.

—Así que... supongo que debo confiar en él en esto del fútbol. Será difícil, pero lo intentaré.

—Es lo único que él pide —respondió su mamá con una sonrisa. *LRS*

¿Y TÚ?

Cuando tienes una desilusión, ¿te preguntas si aún le importas a Dios? Recuerda que Dios siempre sabe lo que es mejor para ti. Pídele que te ayude a confiar en él aunque te sientas desilusionado.

A DIOS LE IMPORTAS Y SABE QUÉ ES LO MEJOR

PARA MEMORIZAR:
«Confía en el SEÑOR con todo tu corazón; no dependas de tu propio entendimiento».
Proverbios 3:5

7

¿VES LO QUE YO VEO?

LEE HEBREOS 10:25-37

Kelsey llegó brincando contenta a casa con su nuevo libro de la biblioteca. Su coleta rebotaba contra la parte trasera de su cuello mientras entraba por la puerta de la casa.

—¡Mamá! ¡Mamá! ¡Lo conseguí! Finalmente es mi turno de leer el libro del Ojo Mágico —dijo.

—¿Qué es un libro del Ojo Mágico? —preguntó su mamá.

—Oh, son libros que solo tienen ilustraciones. Si lo ves durante un buen rato, surge otro dibujo —explicó Kelsey.

—Ah, ya veo lo que quieres decir —dijo su mamá—. Pero yo nunca logro ver el dibujo.

—Mira... pon el libro así frente a tus ojos —dijo Kelsey sosteniendo el libro frente al rostro de su mamá—. Ahora aléjalo muy lentamente. Mantén tus ojos en un solo punto. Probablemente sentirás que te estás poniendo bizca. —Hizo una pausa—. Es un gato. ¿Ya lo puedes ver? A veces se tarda un poco.

—No veo nada más que rayas ondulantes de color —dijo su mamá.

El papá de Kelsey entró a la cocina y Kelsey le pasó el libro. Luego le explicó cómo buscar al gato. Él lo encontró en el cuarto intento. La mamá de Kelsey lo intentó otra vez, pero se rindió.

Cuando se sentaron a comer, el papá de Kelsey dio gracias a Dios por la comida.

—¿Sabes, Kelsey? —dijo—. Tus ilustraciones del Ojo Mágico me recuerdan lo difícil que es hablar de Jesús con otras personas. Sabemos que está allí, pero a veces es difícil explicárselo a las personas para que lo vean.

Kelsey asintió pensativa.

—Traté y traté de ayudar a Sara a entender sobre Jesús —dijo—, pero ella simplemente no lo comprendió.

—Bueno, yo tuve que intentarlo cuatro veces antes de ver al gato, pero finalmente lo encontré —dijo su papá—. Así que sigue intentando explicarle a Sara sobre Jesús. Oraremos por eso también, porque es Dios quien realmente ayuda a las personas a entender quién es él. *NMS*

¿Y TÚ?

¿Te cansas de hablarles a tus amigos sobre Jesús? ¿Sientes como que no logras hacerlos entender? Debes seguir intentándolo. A veces pasa un tiempo antes de que comprendan.

PARA MEMORIZAR:

«Perseverar con paciencia es lo que necesitan ahora para seguir haciendo la voluntad de Dios. Entonces recibirán todo lo que él ha prometido». Hebreos 10:36

SIGUE HABLÁNDOLES A OTROS DE JESÚS

EL NIÑO QUE PAGABA EL PATO

LEE ISAÍAS 53:3-12

El niño que pagaba el pato. Keenan leyó el título del libro que su mamá había traído de la biblioteca.

—Mamá, ¿qué es un niño que paga el pato?

Su mamá sonrió.

—Yo tampoco lo sabía —le dijo—. Pero, mira, en la contraportada dice que las familias reales usaban niños para pagar el pato. Es decir, era un niño que era educado junto con un príncipe y era castigado en su lugar.

Keenan frunció la frente.

—¿Quieres decir que era castigado por las cosas malas que hacía el príncipe? ¡Seguro que eso lo enfadaba! Me pregunto si el niño de esta historia huyó —dijo Keenan.

—No lo creo —dijo su mamá—. De acuerdo con la descripción de la contraportada del libro, la historia trata sobre un niño que se *ofreció* a tomar el lugar de uno que merecía ser castigado.

—¿Quién haría eso? —exclamó Keenan—. Es tan injusto.

—Sí —concordó su mamá—. Pero yo sé de alguien que tuvo tanto amor por otros que, en cierto modo, se ofreció de voluntario para ser el niño que pagó el pato.

Keenan miró a su mamá para ver si hablaba en serio.

—Creí que eso era algo que la gente hacía hace mucho tiempo —dijo—. ¿A quién conoces que hizo eso?

—Pensaba en Jesús —contestó su mamá con calma—. La Biblia no usa las palabras "niño que pagó el pato", pero pienso en lo que Jesús hizo por nosotros. Fue a la cruz por su propia voluntad y murió por nosotros.

—¡Así es! —exclamó Keenan—. Jesús no solo fue castigado por nuestros pecados, *murió* en la cruz porque nos amaba, ¿cierto?

Su mamá asintió.

—Y eso significa que podemos ser perdonados e ir a vivir al cielo con él —dijo—. ¡Cuánto debemos agradecer lo mucho que le importamos! ¡Y cuánto debemos mostrar nuestro aprecio viviendo para agradarle! *MMP*

¿Y TÚ?

¿Has agradecido a Jesús por tomar tu lugar y morir por ti? ¿Le has pedido que perdone tus pecados? Si no lo has hecho y estás interesado en saber más, habla con un adulto en quien confíes.

JESÚS PAGÓ POR NUESTRO CASTIGO

PARA MEMORIZAR:

«Cristo sufrió por nuestros pecados una sola vez y para siempre. Él nunca pecó, en cambio, murió por los pecadores para llevarlos a salvo con Dios». 1 Pedro 3:18

LECHE DERRAMADA

LEE MATEO 7:1-5

—No vas a creer lo que hizo Patrick en la escuela hoy —anunció Jonatán.

—¿Qué hizo esta vez? —preguntó su papá. La familia de Jonatán se estaba acostumbrando a escuchar sobre Patrick cada noche durante la cena.

—Primero, fue enviado a la oficina del director por hacer trampa en el examen de ortografía —dijo Jonatán—. Luego, cuando volvió, escribió un poema ofensivo sobre la señora Sanderson y se lo pasó al niño sentado frente a él. Lo descubrieron, ¡y tuvo que ir otra vez a la oficina del director! —dijo Jonatán—. Yo nunca haría las cosas que hace él.

Justo entonces, José Luis, el hermanito de Jonatán, golpeó su vaso. La leche se derramó sobre el regazo de Jonatán.

—¡Oye, torpe! —le gritó Jonatán—. ¡Estos son mis jeans nuevos!

—No es necesario que grites, Jonatán —dijo su papá, mientras Jonatán saltaba y José Luís empezaba a llorar—. Fue un accidente. Y por favor, no insultes a tu hermano.

—Debe ser más cuidadoso —replicó Jonatán.

Después de que el desastre se limpió y Jonatán se cambió de pantalones, su mamá le dijo:

—¿Sabes, Jonatán? Has estado hablando de las cosas malas que Patrick hace y cómo nunca las harías tú. Pero me parece que tienes el mismo problema que Patrick.

Jonatán se sorprendió.

—¿Qué quieres decir? —preguntó—. No me parezco a Patrick en nada.

Su papá asintió con la cabeza.

—Sí te pareces —dijo—. La Biblia dice que todos somos pecadores. Nos advierte que no debemos juzgar a los demás cuando en nuestra propia vida hay pecado. Después de todo, ¿quién puede decir qué es peor: copiar en un examen o lastimar a otra persona con nuestro enojo?

La cara de Jonatán se sonrojó.

—Yo... lo siento, José Luis —murmuró.

Su papá sonrió.

—La diferencia entre Patrick y tú puede ser que tú conoces a Jesús como tu Salvador, y tal vez Patrick no. En vez de juzgarlo, debemos orar para que se acerque a conocer a Jesús también. *LJO*

¿Y TÚ?

¿Notas con facilidad el pecado de otros, pero te cuesta reconocer tus propios pecados? Reconoce tu pecado ante Dios y pídele perdón y ayuda para vencerlo. Luego ten cuidado de no juzgar a los demás.

PARA MEMORIZAR:

«No juzguen a los demás, y no serán juzgados». Mateo 7:1

ADMITE TU PROPIO PECADO

EL VALOR DE SOLTARSE

LEE SALMO 20:1-7

Judit metió su remo en el agua con movimientos potentes y fluidos.

—¡Papá! ¡Mira allá! —exclamó mientras la canoa llegaba a un estrecho de agua difícil. Más adelante, una canoa volcada flotaba río abajo. Una mujer se sujetaba con desesperación a un árbol que había caído parcialmente encima del río.

—¡Ayuda! —gritaba la mujer mientras Judit y su papá se acercaban.

—Judit, si nos acercamos demasiado, podría entrar en pánico y sujetar nuestra canoa —le advirtió su papá—. No podremos ayudarla si nosotros también nos volcamos. Necesitamos maniobrar a su alrededor y colocarnos justo río abajo de donde está.

Con los rápidos movimientos de Judit impulsándolos hacia adelante, su papá giró hábilmente la canoa alrededor del árbol y justo fuera del alcance de la mujer varada.

—¡Suelte la rama del árbol y deje que la arrastre la corriente! —gritó el papá de Judit—. Nosotros la sujetaremos.

—No puedo —contestó la mujer con miedo—. La corriente hará que me hunda.

—El chaleco salvavidas la ayudará a mantener la cabeza fuera del agua —le aseguró el papá de Judit.

Finalmente la convenció de soltar el árbol, y ella flotó hacia ellos a salvo.

Más tarde, Judit no podía dejar de hablar de lo que había pasado.

—La mujer estaba muy asustada, mamá —dijo—. Se sujetaba a ese árbol como si su vida dependiera de ello. Pero ese árbol no podía llevarla a un lugar seguro. Tuvo que soltarse y confiar en su chaleco salvavidas. Cuando lo hizo, este la llevó a un lugar seguro.

—Estaba confiando en la cosa equivocada, ¿cierto? —preguntó su mamá—. Algunas veces somos como ella. Cuando las cosas van mal, confiamos en lo que no debemos confiar. Nos desesperamos. Solo cuando todo ha fallado pedimos la ayuda de Dios. Dios debe ser nuestro primer recurso, no el último.

—Él es como nuestro chaleco salvavidas —añadió Judit.

—Así es —dijo su papá—. Cuando dependemos de él, nos llevará a un lugar seguro en las corrientes de esta vida. *LMM*

¿Y TÚ?

Cuando tienes un problema, ¿acudes a Dios de inmediato, o primero tratas todo lo demás que se te ocurre? ¿Piensas que tus padres, maestros o amigos se encargarán de tu problema? Ellos pueden ayudarte, pero también necesitas depender de Dios. Siempre está contigo y listo para ayudar.

ACUDE A DIOS PRIMERO

PARA MEMORIZAR:
«Mantenme a salvo, oh Dios, porque a ti he acudido en busca de refugio». Salmo 16:1

SEPTIEMBRE
11

SIN CONSUELO

LEE ROMANOS 3:19, 23-28

Un día, Cameron notó que dos de sus amigos, Randy y Agustín, se pasaban noti-tas en la escuela durante la clase. *Deberían tener cuidado,* pensó. *A la señora Prieto no le gusta eso. Dijo que cualquiera que se pasara una notita tendría que quedarse en el salón durante el recreo.* Cameron decidió advertirles a los otros niños, así que les escribió una notita recordándoles que tuvieran cuidado.

Mientras Cameron le pasaba su nota a Randy, la señora Prieto los descubrió.

—Cameron, Randy y Agustín, se quedarán hoy durante el recreo —dijo con firmeza.

Y eso hicieron. La señora Prieto los mantuvo ocupados limpiando el salón.

Esa noche, Cameron se quejó del castigo.

—¡No fue justo! ¡Solo escribí una pequeña nota! —dijo—. Los otros niños escribieron mucho más.

—Pero escribiste algo, así que merecías el castigo, ¿cierto? —preguntó su mamá.

Cameron tuvo que admitir que era verdad.

—Al quedarte ahí, ¿sentiste algún consuelo en el hecho de que no eras, como dijiste, tan malo como los otros niños? —quiso saber su papá.

Cameron negó con la cabeza.

—Eso pensé —dijo su papá—. Verás, lo que pasó contigo me recuerda al ser-món del pastor Robles del domingo pasado. Señaló que algunas personas piensan que no son tan malas, y quizás tal vez no sean tan malas como otras. Pero Dios dice que nadie es lo suficientemente bueno para ir al cielo. Todos merecen el castigo y no pueden entrar al cielo sin aceptar a Jesús. Cuando una persona está frente a Dios, pensar que otra persona fue peor que ella tampoco le servirá de consuelo. Dios juzga a cada persona individualmente. *HWM*

¿Y TÚ?

¿Piensas que otras personas son peores que tú? Eso no te hará sentir mejor cuando seas castigado. Pero creer que Jesús murió para tomar tu castigo, y aceptarlo como Salvador, hará toda la diferencia posible. Habla con un adulto de confianza sobre ello.

PARA MEMORIZAR:
«Pues todos hemos pecado; nadie puede alcanzar la meta gloriosa establecida por Dios». Romanos 3:23

TODOS SOMOS PECADORES

¿QUÉ HAY ADENTRO?

LEE SANTIAGO 2:1, 5, 8-9

Con cuidado, Tammy colocó una pequeña caja de cartón sobre su escritorio en la escuela. La había traído para mostrarla a la clase. Contenía un proyecto de arte que había hecho en casa. Con un poco de ayuda de su abuelita, había quedado muy lindo.

Cuando finalmente la señora Reyes llamó a Tammy para que le mostrara a la clase su proyecto, ella tomó la caja del escritorio, la llevó al frente de la clase y la puso sobre la mesa. Abrió la tapa y cuidadosamente sacó el proyecto de arte de la caja.

—Es una pupa —dijo—. La hice de papel maché.

—¡Qué fea! —dijo uno de los niños.

—Bueno, las pupas son feas —contestó Tammy—, pero aún no han visto todo.

Abrió la parte trasera de la pupa y sacó una pequeña mariposa de cerámica, de color blanco y amarillo.

—¡Oye! ¡Qué bonita! —exclamó una de las niñas.

—Buen trabajo, Tammy —dijo la maestra—. La hermosa mariposa que se desarrolla dentro de una pupa es un buen recordatorio de que la apariencia externa no es tan importante como lo que hay adentro.

Esa tarde, Tammy caminó a casa de la escuela con su amiga Senje.

—¿Qué opinas de la niña nueva en nuestra clase? —preguntó Senje.

Tammy se encogió de hombros.

—Solo hablé con ella unos minutos en el recreo, pero me pareció agradable —contestó.

—Su forma de vestir es rara —observó Senje—. Y los anteojos que usa la hacen parecer un poco tonta.

Tammy frunció el ceño.

—Bueno, como dijo la señora Reyes cuando mostré mi proyecto de arte, la apariencia no es tan importante. También hablamos de eso en la escuela dominical, ¿recuerdas? Aprendimos que Dios mira nuestro corazón y no la apariencia externa. Necesitamos intentar hacer eso con la niña nueva también. *WEB*

¿Y TÚ?

¿Juzgas a las personas por cómo son en el interior, no por cómo se ven? Recuerda que Dios mira el corazón, y nosotros debemos hacer lo mismo. No puedes ver dentro de las personas como Dios lo hace, pero puedes hablar con ellas y conocerlas. No hagas juicios apresurados.

NO JUZGUES POR LA APARIENCIA EXTERNA

PARA MEMORIZAR:
«Miren más allá de la superficie, para poder juzgar correctamente». Juan 7:24

13

MÚSCULOS ESPIRITUALES

LEE ISAÍAS 40:28-31

Franklin trató de entrar a la casa sin ser visto después de la escuela, pero su mamá escuchó la puerta cerrarse y dijo:

—Franklin, ¿eres tú?

—Sí —respondió Franklin con renuencia.

—Ven a contarme sobre tu día —dijo su mamá.

—Terminé el libro que estaba leyendo para mi reporte. Me fue bien en la práctica de atletismo. Y mi entrenador dice que posiblemente pueda ganar la carrera de obstáculos de cincuenta metros la próxima semana —dijo Franklin, feliz por todas las buenas noticias que tenía para compartir.

—Qué bien. ¿Le dijiste a tu maestro sobre el error en tu calificación? —preguntó su mamá.

Franklin miró sus zapatos.

—No. Como que se me olvidó —murmuró.

—¿Se te olvidó? —preguntó su mamá.

Sintiendo vergüenza, dijo:

—No se me olvidó... Es solo que Matemáticas es mi calificación más baja. Si le digo al señor Castro sobre el error, tendré una calificación aún más baja. —Suspiró—. Sé que es lo correcto, pero no tuve el valor de hacerlo.

Su mamá metió al horno una cacerola con pollo y brócoli y miró a Franklin.

—¿Recuerdas lo adoloridas que estaban tus piernas cuando empezaste a practicar atletismo? —preguntó.

—¡Claro que sí! —exclamó Franklin—. Ya no es tan difícil ahora.

—Desarrollar los músculos de tu espíritu es como desarrollar los músculos de tu cuerpo —le dijo su mamá—. Al principio es difícil. Pero si lo haces constantemente, te fortaleces. Hacer lo correcto también es complicado, pero te haces más fuerte en tu espíritu cuando practicas.

—¿Aun si duele al principio? —preguntó Franklin.

—Aun si duele —dijo su mamá.

Franklin asintió.

—Le diré al señor Castro mañana —prometió—. Aunque duela. *KEC*

¿Y TÚ?

¿Desarrollas tus músculos espirituales al elegir hacer lo que es honesto y correcto? Entre más practiques, será más sencillo. No olvides ejercitar tu espíritu tanto como tu cuerpo.

PARA MEMORIZAR:

«Al Señor le agrada más cuando hacemos lo que es correcto y justo que cuando le ofrecemos sacrificios». Proverbios 21:3

HAZ LO CORRECTO

YENDO DE PESCA

LEE JUAN 6:32-35

Donaldo suspiró. Deseaba que un pez mordiera el anzuelo. Cuando finalmente el hilo se sacudió, tiró de él con rapidez, pero no había pez, y parte del gusano había desaparecido.

—Ese se escapó —dijo su abuelito riendo—. Intenta de nuevo.

El abuelito de Donaldo lo ayudó a poner la carnada en el anzuelo.

Después de un rato, Donaldo sacó un pez.

—Esta vez pesqué uno —gritó.

Después de que Donaldo y su abuelito atraparon unos cuantos peces más, su abuelito metió los remos al agua y regresaron a la orilla.

—¿Sabías que una vez Jesús habló con sus discípulos sobre la pesca? —preguntó el abuelito mientras remaba—. Algunos de los discípulos eran pescadores de oficio, así que entendían las charlas sobre la pesca. Jesús les dijo que podían ser pescadores de hombres.

Donaldo arrugó la nariz.

—Lo sé —dijo—. Cantamos esa canción en la escuela dominical, pero no lo entiendo. ¿Cómo pescamos gente?

—Les ofrecemos comida, comida espiritual, así como tú les ofreciste gusanos a los peces —contestó su abuelito—. Jesús se llamó a sí mismo el "Pan de Vida", así que hablarles a otros de él es como ofrecerles comida.

—Pero algunas veces no muerden la carnada, ¿verdad? —preguntó Donaldo.

Su abuelito sacudió la cabeza.

—No —dijo—. Algunos no quieren oír de Jesús en absoluto. Y otros son como los peces que solo pican un poco. Están medio interesados, pero no mucho, y se van después de escuchar un poquito sobre Jesús. Pero otros son como los peces que atrapamos.

Los ojos del abuelito brillaron como el agua alrededor del bote.

—Quieren aprender todo lo que pueden, y eventualmente reciben a Jesús como Salvador.

Donaldo sonrió mientras admiraba a los pescados en la cubeta.

—Así que tenemos que seguir pescando, ¿cierto? —dijo—. Aunque parezca que no están picando. Debemos seguir hablándoles sobre Jesús a las personas. *CEY*

¿Y TÚ?

¿Te gustaría ser un pescador de hombres? Entonces busca oportunidades para hablar del Señor. Cuando tengas una oportunidad, menciona pequeñas cosas sobre Dios. Puedes decir que estás agradecido por el hermoso día que Dios ha creado. O puedes decirle a alguien algo especial que Dios ha hecho por ti.

PESCA PERSONAS

PARA MEMORIZAR:

«Jesús los llamó: "Vengan, síganme, ¡y yo les enseñaré cómo pescar personas!"». Marcos 1:17

SEPTIEMBRE
15

NO MÁS COMO JONÁS

LEE JONÁS 3:1-4, 10; 4:1-4, 11

Gina ya estaba cerca de su casa cuando de pronto sintió que agua la salpicaba mientras el nuevo niño de al lado pasaba a gran velocidad y frenaba su bicicleta en la entrada de autos de su casa. Él había cruzado a toda velocidad por el gran charco que había cerca de la acera. Se rio al mirar hacia atrás y ver la reacción de Gina. *No, no diré nada,* pensó Gina. *Ni siquiera lo miraré.* Sacudiéndose el agua lo más posible, corrió por la entrada hasta la puerta de la cocina.

La mamá de Gina la miró con sorpresa cuando entró.

—Mira lo que hizo Tommy el patán —lloró Gina—. Y quieren que *yo* lo invite a la reunión juvenil el próximo sábado. Bueno, ¡pues no lo haré!

Su mamá se acercó para ayudarla a secarse.

—Lo que hizo fue una falta de respeto —dijo—, pero me parece que necesita ser invitado a la reunión.

—Entonces que lo haga alguien más —dijo Gina—. Es demasiado grosero.

—Tal vez eso lo hace un buen candidato para la reunión —sugirió su mamá—. Necesita ver que sus pecados deben ser perdonados.

—Bueno, ¡yo no quiero que sea perdonado! —gritó Gina—. Quiero que sea castigado.

Su mamá se sentó.

—Te escuchas como Jonás —dijo.

—¿Jonás? —preguntó Gina—. ¿En qué me parezco a él?

—Jonás debía advertirles a las personas de la ciudad de Nínive sobre la destrucción de Dios, pero primero se negó. Después de su episodio con el pez, les habló, y se arrepintieron y se salvaron. Pero a Jonás no le gustó eso. Pensó que debían ser castigados. Parecía pensar que sabía más que Dios sobre cómo tratarlos.

Gina miró a su mamá.

—Oh.... bueno —dijo lentamente—. Supongo que no quiero ser como Jonás. Suspiró.

—Me cambiaré de ropa e iré a ver a Tommy el patán, quiero decir, a Tommy, y lo invitaré a la reunión. *HAD*

¿Y TÚ?

¿Estás dispuesto a contarles a todos sobre la Buena Noticia de Jesús? ¿O hay niños que desearías ver castigados hoy? ¿Y si alguien hubiera decidido no hablarte a *ti* de Jesús?

PARA MEMORIZAR:

«Entonces [Jesús] les dijo: "Vayan por todo el mundo y prediquen la Buena Noticia a todos"». Marcos 16:15

CUÉNTALES A TODOS LA BUENA NOTICIA

LOS BORDES ÁSPEROS

LEE 2 PEDRO 1:5-11

—Buenos días. ¿Qué tienes ahí? —dijo el señor Walker.

—Buenos días, señor Walker. Es un columpio para porche —dijo Alfredo mientras el señor Walker subía al porche.

—Se ve un poco gastado —observó el señor Walker—. ¿Piensas pintarlo?

—Sí, señor —contestó Alfredo—. Mi mamá lo compró en una venta de garaje.

—Lo estás pintando de blanco, ¿eh? Si fuera yo, lo pintaría de verde.

Alfredo respiró profundo.

—Mi mamá lo quiere blanco.

—¿Lo vas a pintar con esa camisa fina puesta?

Alfredo ignoró el comentario y hundió su brocha en la pintura. Entonces el señor Walker sujetó su brazo.

—Espera un minuto... No puedes pintar todavía. ¿Dónde está tu lija?

—No necesito lija —dijo Alfredo con los dientes entrecerrados.

—Claro que sí. Debes lijarlo antes de poner una nueva capa de pintura.

Alfredo estaba a punto de decirle al anciano que se ocupara de sus propios asuntos cuando su mamá lo llamó al teléfono. Después de la llamada, Alfredo explotó.

—¡El señor Walker me vuelve loco! Critica todo lo que hago.

Imitó al hombre anciano: «¡No debes usar esa camisa fina cuando pintas! No debes pintar sin primero lijar».

—Mmm, me parece un buen consejo —ella dijo—. Esa *es* una camisa fina, así que cámbiatela. Y sí, debes lijar primero las asperezas y la pintura descascarada. Si pintas sobre la pintura vieja, la nueva pintura durará poco.

—Mamá, tú también me estás criticando —se quejó Alfredo.

—La crítica no siempre es mala, Alfredo —dijo su mamá—. Es más o menos como la lija que vas a usar. Dios puede usar la crítica para limar las asperezas de nuestro carácter. Aceptar la crítica constructiva nos ayuda a crecer.

Alfredo suspiró.

—Bueno, contigo y con el señor Walker, tendré un carácter muy liso —bromeó mientras iba a cambiarse la camisa y a buscar la lija. *BJW*

¿Y TÚ?

¿Te molesta la crítica? Es una señal de madurez espiritual cuando puedes aceptarla con una buena actitud. El Señor a menudo usará a otros para mostrarte dónde debes cambiar. Acepta la crítica constructiva para lijar las asperezas de tu carácter.

ACEPTA LA CRÍTICA

PARA MEMORIZAR:
«Los necios creen que su propio camino es el correcto, pero los sabios prestan atención a otros». Proverbios 12:15

SEPTIEMBRE
17

HAZLO BIEN

Hilary estaba orgullosa del pastel que había horneado. Lo sacó del horno y lo puso sobre la rejilla para pasteles.

—¿Puedo voltearlo sobre un platón ahora? —le preguntó a su mamá.

Su mamá sacudió la cabeza.

—La receta dice que primero lo dejes enfriar un poco —dijo.

Después de que su mamá salió de la cocina, Hilary miró el hermoso pastel. Estaba suave y redondo arriba. ¡No podía esperar a ponerle el betún! Así que, usando agarraderas, levantó el recipiente con el pastel y lo sacudió sobre un platón. Para su sorpresa, solo una parte de su hermoso pastel cayó sobre el platón. Hilary lo miró con horror. Luego rompió en llanto.

Su mamá entró de nuevo a la cocina apresuradamente y, cuando vio lo que había sucedido, sacudió la cabeza.

—No esperaste, ¿verdad? —preguntó—. Sabes, querida, esperar es la única manera de hacer bien algunas cosas.

—Pero cuesta trabajo esperar —lloró Hilary.

—Es difícil, pero vale la pena —dijo su mamá—. ¿Te acuerdas cuando el año pasado cultivamos esos girasoles gigantes y querías tostar las semillas que recogimos? La primera vez que lo intentaste no estaban lo suficientemente maduras. ¿Recuerdas lo que pasó?

—Lo recuerdo —dijo Hilary—. Costaba trabajo sacarlas de la cáscara.

—¿Qué pasó cuando esperaste dos semanas y lo volviste a intentar? —preguntó su mamá.

—Apenas las tocaba salían —dijo Hilary.

Su mamá asintió.

—Así es —dijo—. Por medio de la naturaleza, Dios nos muestra la importancia de la paciencia. Él sabe cuánto más contentos estaremos cuando hayamos aprendido esa lección.

Recogió el recipiente del pastel y usó la espátula para sacar el resto.

—¿Sabes qué? —dijo—. Pegaremos esta parte del pastel con más betún, y nadie sabrá que se rompió.

Hilary sonrió.

—¡Está bien! —dijo—. Y después de esto, voy a recordar que debo dejar que los pasteles se enfríen y que las semillas de girasol maduren y... y... ¡y seré paciente en todo! *KEC*

¿Y TÚ?

¿Eres una persona paciente? Dios quiere que lo seas. Quiere que des lo mejor de ti en todo lo que hagas, y eso a menudo toma tiempo.

PARA MEMORIZAR:
«Sean pacientes con todos».
1 Tesalonicenses 5:14

DESARROLLA
PACIENCIA

EL DESIERTO EN LA NOCHE

LEE JOSUÉ 1:7-9

Sonia abrió la puerta mosquitera de la casa del rancho y empezó a alejarse por el camino desértico hacia sus vecinos más cercanos, los Salazar. Iba a jugar con María Elena Salazar, su mejor amiga.

—Regresa a casa antes del anochecer —le dijo su mamá.

—Está bien —contestó Sonia.

No tenía intención de estar fuera de casa después del anochecer de cualquier modo. Le encantaba el desierto. Le encantaban las plantas espinosas, las rocas brillantes y la arena cálida. Pero de noche, las brisas del desierto silbaban siniestramente a través de la maleza. Era fácil imaginarse tropezando con una serpiente de cascabel o sintiendo las patas peludas de una tarántula. Además, los coyotes merodeaban a lo largo del borde del rancho durante la noche en busca de un becerro solitario. Sus ojos brillaban con la luz de la luna, y el modo en que se escabullían le decía a Sonia que no buscaban nada bueno.

Cuando Sonia estaba cerca del rancho de los Salazar, María Elena la vio venir y corrió a saludarla.

—¿Quieres jugar en los columpios? —preguntó María Elena—. ¿Y trajiste tu traje de baño? Mamá dice que podemos correr entre los aspersores si queremos.

Pronto las niñas estaban gritando y riendo mientras jugaban.

Más tarde, mientras la mamá de María Elena cocinaba, las niñas se sentaron en la cocina a jugar en la computadora.

—Debo irme pronto —dijo Sonia al mirar por la ventana.

Pero se interesó tanto en lo que hacían que se olvidó del tiempo.

Cuando el papá de María Elena llegó del trabajo, Sonia se dio cuenta de que ya empezaba a oscurecer. Se levantó de un salto.

—¡Debo irme a mi casa! —exclamó.

Pensó en el cactus, las serpientes de cascabel y las tarántulas. Cuando pensó en los coyotes, sus ojos se llenaron de lágrimas.

La señora Salazar lo notó.

—No tengas miedo, Sonia —dijo, dándole un abrazo—. María Elena y su papá te acompañarán a tu casa mientras yo termino de preparar la cena.

—Correcto —concordó el señor Salazar, y pronto estuvieron en camino.

Que el señor Salazar la acompañara no cambió el desierto en la noche, pero Sonia ya no tenía miedo. Se había vuelto fuerte y valiente. ¿Por qué? Porque ya no se enfrentaba sola al desierto en la noche. *DSK*

¿Y TÚ?

¿Alguna vez has sentido temor al enfrentar una situación nueva o de miedo? Si eres cristiano, no tienes que enfrentarla solo. Dios siempre está contigo.

DIOS ESTÁ CONTIGO

PARA MEMORIZAR:

«¡Ánimo, pueblo de esta tierra! —afirma el SEÑOR—. ¡Manos a la obra, que yo estoy con ustedes! —afirma el SEÑOR Todopoderoso». Hageo 2:4, NVI

LA TEMPORADA CORRECTA

LEE ECLESIASTÉS 3:1-8

Mirta andaba triste por la casa. Estaba aburrida y se sentía sola. Becca, su hermana mayor, estaba en un campamento de fin de semana con un grupo de niñas de su edad.

—Me pudieron haber invitado —murmuró Mirta mientras pateaba un zapato por el piso de su recámara. Fue en busca de su madre—. ¡Soy muy pequeña para hacer cualquier cosa divertida! —se quejó con su mamá, que estaba ocupada en su telar—. Soy muy pequeña para ir de campamento. Soy demasiado pequeña para montar mi bicicleta en la calle. Y *nunca* soy lo suficientemente grande para hacer lo que Becca hace. ¡No es justo!

—Pronto podrás hacer esas cosas —le dijo su mamá—. No trates de correr en la vida. Eso solo te hará infeliz.

Su mamá tomó un poco de lana de colores brillantes.

—Cuando eras una bebé y tu hermana una niña pequeña, yo trataba de tejer —dijo—. Extendía mis lanas y patrones en el suelo. Pero me interrumpían tan a menudo que nunca lograba hacer nada. Tú necesitabas comer, o tu hermana necesitaba algo de beber. Era la temporada incorrecta en mi vida para tratar de coser, así que guardé mis patrones.

—Pero ahora ya tejes —observó Mirta.

—Así es —dijo su mamá—, porque ahora es el tiempo correcto. Tu hermana y tú son más grandes y no necesitan tanto cuidado, así que ahora puedo tejer. —Le sonrió a Mirta—. Verás, Dios nos da "temporadas en la vida", así como estaciones en el año. La comida no crecerá si se planta en la estación incorrecta, y no podemos ser felices si tratamos de vivir en la temporada incorrecta. Si esperas pacientemente la temporada correcta para hacer las cosas que Becca está haciendo, serás más feliz.

Mirta suspiró.

—Está bien —concordó—, pero este debe ser el momento correcto para hacer *algo*.

—Lo es —dijo su mamá—. Creo que estás en la edad perfecta para ayudarme a hacer un pastel de carne. *KEC*

¿Y TÚ?

Desde que eras un bebé hasta que envejezcas, pasarás por muchas temporadas. Dios tiene cosas para que disfrutes en cada una de ellas. Disfruta haciendo lo que puedes ahora. Espera con entusiasmo hacer otras cosas conforme vayas creciendo. Sé feliz donde estés.

PARA MEMORIZAR:

«Pues hay un tiempo y un modo para cada cosa».
Eclesiastés 8:6

ACEPTA CADA «TEMPORADA» DE TU VIDA

DE LA MANO DE DIOS

LEE ISAÍAS 41:10, 13

En una tarde fresca y con viento, Alec y su papá estaban sentados juntos y en silencio en la oficina de su papá en la casa. A Alec le gustaba hacer las tareas y estudiar su Biblia en la misma habitación donde su papá estaba ocupado.

Al terminar Alec su lección de la escuela dominical y cerrar su cuaderno de trabajo, su papá apartó la vista de sus papeles para mirarlo.

—¿Ya terminaste tu lección? —preguntó—. ¿Memorizaste tu versículo?

—Claro —dijo Alec—. Es uno fácil esta vez. —Lo recitó—: "Pues yo te sostengo de tu mano derecha; yo, el SEÑOR tu Dios. Y te digo: 'No tengas miedo, aquí estoy para ayudarte'".

Su papá asintió.

—¿Y entiendes lo que significa? —preguntó.

Alec frunció el ceño.

—Bueno... no realmente —dijo.

—Ven, dame tu mano —dijo su papá.

Alec pensaba que ya estaba muy grande para cosas cursis como tomar de la mano a mamá y a papá, pero de cualquier modo extendió su mano. Su papá la sujetó con firmeza dentro de la suya.

—¿Ves? Cuando permites que sostenga tu mano, estás seguro. Si vamos a dar una caminata y te caes, yo estoy aquí para ayudarte.

—Sí —dijo Alec—. Puedo entender eso. Pero Dios realmente no puede sujetar mi mano, ¿o sí? No como tú.

Su papá sonrió.

—No. Porque Dios es espíritu, no sostiene tu mano físicamente, como lo hago yo —concordó—. Pero al confiar en Dios, le permites que sostenga tu mano. Eso no significa que las cosas serán siempre fáciles, pero cuidará de ti aun en los momentos difíciles.

Alec apretó la mano de su papá.

—Supongo que nunca eres demasiado grande como para sujetarte de la mano de Dios —dijo Alec.

—¡O de la de tu papá! —insistió su padre con una sonrisa. *RIJ*

¿Y TÚ?

¿Permites que Dios «sostenga tu mano»? ¿Estás dispuesto a confiar en él para cuidarte? ¿O para ir adonde él quiera que vayas? ¿O para ser lo que él quiere que seas? Rinde tu vida y tu voluntad a él ahora. ¡No podrías estar en mejores manos!

CONFÍA EN DIOS

PARA MEMORIZAR:
«Pues yo te sostengo de tu mano derecha; yo, el SEÑOR tu Dios. Y te digo: "No tengas miedo, aquí estoy para ayudarte"». Isaías 41:13

MONOS, MANGOSTAS Y ¡BOBOS!

LEE FILIPENSES 4:8-13

Karina vivía con sus padres misioneros en la República Centroafricana. Estaba disfrutando muchas nuevas y emocionantes experiencias. Pero un día, Karina recibió una carta de Shandra, una amiga en Estados Unidos.

«Hicimos un viaje a Disney World —escribió Shandra—. Desearía que hubieras estado conmigo, Karina. Te estás perdiendo de tanto».

Karina suspiró al leer sobre las emocionantes atracciones que Shandra disfrutó. ¡Parecían muy divertidas! El paseo preferido de Shandra había sido el del río del Safari Africano.

—Había elefantes imaginarios rociándonos agua —escribió Shandra—. Y monos parloteando en los árboles. Parecía tan real.

Justo entonces, Benji, el mono de Karina, se acurrucó junto a ella. A Benji le encantaba estar con ella y a menudo la seguía a la iglesia y a la escuela. Por supuesto, eso no debía ocurrir, y cuando sucedía, Karina tenía que llevar a Benji de regreso a la casa. Ahora le dio un pequeño apretón.

—Tú eres mejor que un mono mecánico —le dijo—. Tú eres real.

Karina pensó en sus otras mascotas. Además de Odie, el perro, tenía a Francis, el bebé antílope, y a Rollo, la mangosta. Rollo era muy regordete y tierno. Su comida preferida eran los huevos. Un día, la mamá de Karina lanzó una pelota de ping-pong. Rollo la atrapó con rapidez, la levantó con sus patas delanteras y la estrelló con fuerza contra el suelo. Después de intentarlo varias veces, se dio cuenta de que no era real y se rindió. Rollo a veces los desesperaba al chirriar demasiado, pero lo compensaba comiendo cucarachas y pequeñas termitas llamadas «bobos». Cuando creciera, ¡comería serpientes! Karina sonrió. *¡No todos los niños pueden tener una mascota como esta!*, pensó.

Karina regresó a la carta de Shandra. Sonrió al terminar de leerla. Se dio cuenta de que el Señor le estaba dando muchas cosas divertidas para ver y hacer ¡justo allí donde estaba! Estaba contenta con lo que tenía. *CVM*

¿Y TÚ?

¿A menudo deseas estar en otro lugar o incluso ser alguien más? ¿O has aprendido el secreto de estar contento con lo que tienes? Aprende a disfrutar todas las cosas pequeñas que Dios ha puesto justo a tu alrededor, y agradécele por cada una de ellas.

PARA MEMORIZAR:

«No es que haya pasado necesidad alguna vez, porque he aprendido a estar contento con lo que tengo». Filipenses 4:11

DISFRUTA LAS COSAS PEQUEÑAS

—No tengas miedo, Álvaro —dijo Mayra para consolar a su hermanito—. Jesús estará contigo cuando te arreglen los dientes, ¿verdad, mamá?

Su mamá sonrió.

—Así es —concordó.

Álvaro siguió al dentista a la oficina interior. Cuando salió, Álvaro sonreía.

—No me dolió tanto —dijo.

—¿Ves? Te dije que Jesús estaría contigo —dijo Mayra mientras salían de la oficina—. Yo me siento al frente con mamá —añadió corriendo al auto.

—¡No! ¡Me toca a mí! —protestó Álvaro.

—Yo lo dije primero —insistió Mayra.

—Pero yo tuve que ir al dentista, así que me toca ir al frente.

Álvaro trató de pasar a su hermana para entrar primero al auto. Ella lo empujó, y él la empujó a su vez.

La mamá de los chicos fingió no darse cuenta de que los niños estaban peleando y se dirigió a su lado del auto.

—Dios está conmigo hoy —cantó—. Dios está conmigo siempre. Está conmigo en el trabajo, y está conmigo cuando juego. Ve todo lo que hago, y escucha todo lo que digo. Dios está conmigo ahora mismo.

Enfatizó las palabras *ahora mismo*. Álvaro y Mayra se miraron con incertidumbre.

—Canten conmigo, niños —los animó su mamá.

Mayra no se unió al canto mientras entraba al asiento trasero lentamente.

—Sé que Jesús está con nosotros cuando tenemos miedo —dijo finalmente—, o cuando necesitamos su ayuda en algo, pero nunca pensé que estuviera presente cuando peleamos. Pero sí está, ¿verdad?

—Oh, sí —contestó su mamá—. Prometió no dejarnos jamás. Pero a menudo se nos olvida.

—Siento haber sido grosera contigo, Álvaro —dijo Mayra. Luego comenzó a cantar la canción—. Dios está conmigo hoy... *HWM*

¿Y TÚ?

Si eres cristiano, Jesús siempre está contigo. Es un gran consuelo cuando tienes un examen o vas a una escuela nueva o estás solo en tu casa. Pero que no se te olvide, también está contigo en las cosas comunes y rutinarias que haces. ¿Le agradará lo que ve que haces hoy? ¿Le agradará lo que oye?

DIOS SIEMPRE ESTÁ CONTIGO

PARA MEMORIZAR:
«Yo estaré contigo como estuve con Moisés. No te fallaré ni te abandonaré». Josué 1:5

DEJAR EL NIDO

LEE PROVERBIOS 4:1-13

Catalina caminó junto a su mamá, y su papá sujetó la mano de su hermano menor al dirigirse a la iglesia. Era una mañana soleada de otoño. Las hojas empezaban a tornarse anaranjadas y doradas.

—Me alegra que vivimos lo suficientemente cerca como para caminar a la iglesia —dijo Catalina al agacharse para tomar un puñado de hojas coloridas—. Quentin hasta conoce el camino por sí mismo.

Su mamá sonrió. Catalina continuó.

—La iglesia queda más cerca que la escuela, y ¡me alegra que no tengo que tomar ese horrible autobús los domingos!

Catalina había comenzado a ir a una escuela nueva, más lejos que la anterior, y debía tomar el autobús todos los días.

Su mamá le dio un abrazo comprensivo justo cuando la familia llegó al edificio de la iglesia. En los escalones, su mamá volteó a ver a Quentin.

—Ahora eres un niño grande —dijo—. Sabes el camino a la iglesia, y conoces el camino a tu salón de la escuela dominical.

Catalina miró que su hermano apretaba la mano de su madre y sacudía la cabeza.

—Llévame tú —le rogó.

—Me quedaré aquí mientras entras, pero aprender a hacer las cosas por ti mismo es parte de crecer —le dijo su mamá.

Catalina señaló un gran pájaro negro que circulaba en el cielo.

—Ese pájaro no podía volar cuando nació. Sus padres lo alimentaron en el nido hasta que estuvo lo suficientemente grande para probar sus alas.

Catalina miró el ave mientras su papá hablaba.

—El ave creció poco a poco, y después de un tiempo, la mamá ave supo que tenía las plumas suficientes para volar por sí mismo. Lo dejó dar vuelos cortos que supo que serían seguros. Finalmente, pudo volar adonde fuera que necesitara ir.

La mamá le sonrió a Quentin.

—Dios también ayuda a sus pequeñas aves a aprender a volar. Quiere que las personas pequeñas también aprendan cómo cuidarse a sí mismas mientras crecen. Dios no te dio alas, pero te dio piernas fuertes y una mente inteligente para encontrar tu camino. Recuerda, él irá contigo.

Catalina pensó en eso. El reto de Quentin de encontrar su propio camino a la escuela dominical era parecido al de Catalina de viajar sola en el autobús. De pronto, se sintió más confiada sobre el viaje a la escuela a la mañana siguiente.

—Mamá, sé que estaré bien tomando el autobús este año —le dijo. Y así fue. *KEC*

¿Y TÚ?

Dios quiere que hagas más cosas por ti mismo a medida que creces. Confía en que Dios te ayudará. Recuerda no depender de otros en lo que puedes hacer por ti mismo.

PARA MEMORIZAR:
«Pues la sabiduría entrará en tu corazón, y el conocimiento te llenará de alegría».
Proverbios 2:10

CONFÍA EN DIOS A MEDIDA QUE CRECES

NO UNA BEBÉ

LEE LUCAS 12:13-21

Josefina estaba teniendo problemas mientras cuidaba a su hermanito y a su hermanita. Primero, Julieta, de tres años, le arrebató un muñeco de peluche a su hermanito, y lo hizo llorar. Josefina sugirió que jugaran con los bloques. Los dos niños apilaron bloques por un rato. Gerson, sin embargo, empezó a derrumbar las torres y a lanzar los bloques.

—Gerson, ¡no tires los bloques! —lo regañó Josefina.

Cuando su mamá llegó a la casa, Josefina estaba desesperada.

—Estos dos me están volviendo loca —lloró.

—Los bebés de manera natural quieren lo que tiene el otro —dijo su mamá cuando Josefina le contó sobre el comportamiento de los pequeños.

Unos días después, cuando Josefina regresó a casa de la escuela, se fue directo a su recámara. Azotó la puerta y pateó su oso de peluche. *¡Pum!* Rebotó contra la pared.

Su mamá tocó y luego abrió la puerta.

—¿Qué pasa? —preguntó.

—¿Puedes creerlo? Eligieron a Katya como presidenta de nuestra clase. Yo tenía tantos deseos de ganar. —Josefina hizo un puchero.

—Lo siento —dijo su mamá—. Pero amargarte por eso solo te hará sentir peor. «¡Oooooh!».

Escucharon un grito fuerte en la sala, y un momento más tarde, Gerson entró tambaleante al cuarto, sujetando una tortuga de peluche en sus pequeñas manos.

—¡Gesson quitó To-tuga! —lloró Julieta, cerca de él—. Dame, Gesson.

La mamá de Josefina suspiró y pronto resolvió el problema. Sacudió la cabeza.

—Como dije antes, los bebés tienden a querer lo que tiene el otro —dijo—. Necesitan aprender a estar contentos con lo que tienen.

Miró a Josefina con seriedad.

—Me he estado comportando como una bebé, ¿verdad? —dijo Josefina—. Bueno, supongo que necesito aprender a estar contenta con no ser la presidenta de la clase. *LJR*

¿Y TÚ?

¿Estás enojado porque alguien más fue elegido para cantar un solo? ¿Te molesta que todos tus amigos tengan ropa nueva y que tu mamá te haya dicho que no necesitabas más? Tal vez no entraste al equipo de básquetbol, pero tu mejor amigo sí. Estar contento con tus circunstancias no es sencillo. Pero Dios te puede ayudar. Pídeselo.

APRENDE A ESTAR CONTENTO

PARA MEMORIZAR:
«No amen el dinero; estén contentos con lo que tienen, pues Dios ha dicho: "Nunca te fallaré. Jamás te abandonaré"». Hebreos 13:5

SEPTIEMBRE
25

SIMPLEMENTE UNA BUENA CHICA

LEE FILEMÓN 1:1-7

La vecina de Alison, la señora Henderson, era una mujer mayor que no salía muy seguido. Así que cada día después de la escuela, Alison la visitaba para decirle «hola» y contarle lo que había sucedido ese día. A menudo, la amiga de Alison, Christy, la acompañaba, pero había días que Christy tenía lecciones de música justo después de la escuela.

Un martes lluvioso, Alison subió corriendo los escalones de la señora Henderson y tocó a la puerta.

—¡Señora Henderson, soy yo! —llamó mientras abría la puerta.

—Buenas tardes, Alison —la saludó la señora mayor. Estaba en su silla favorita y cobijada con una manta vieja.

—Se ve abrigada y cómoda —sonrió Alison—. ¿Quiere que le prepare una taza de té? También tengo un par de panecillos. Ayer ayudé a hornearlos.

—Parece que estás preparada para una verdadera fiesta —dijo la señora Henderson.

Más tarde, mientras bebían su té, la señora Henderson le preguntó a Alison dónde estaba Christy.

—Oh, tiene lecciones de flauta —dijo Alison. Suspiró—. ¡Tiene tanto talento! Puede cantar y tocar la flauta, y también dibuja bien. ¡Yo no puedo hacer nada!

—Pero, Alison, ¡no es verdad! —exclamó la señora Henderson—. Tienes un don especial: la capacidad de hacer sentir bien a los demás. Fue un día muy triste hoy, hasta que llegaste. ¡Eres como un rayito de sol! Me recuerdas a Filemón, de la Biblia. El apóstol Pablo escribió que Filemón renovaba a quienes lo conocían. Y así eres tú también, Alison. Haces felices a los demás, solo con ser tú misma. Haces felices a los demás al mostrar el amor de Dios con tu forma de vivir. Eso, Alison, es uno de los mejores dones que puedes tener.

Alison le dio un abrazo a la señora Henderson.

—Gracias por decirme eso —dijo—. Me gusta hacer felices a los demás, pero nunca antes pensé que fuera un don especial de Dios. *LMW*

¿Y TÚ?

¿Haces felices a los demás? ¿Les sonríes con frecuencia a las personas? ¿Es refrescante para los demás tenerte como amigo o amiga? Mira a tu alrededor. Encuentra a alguien a quien puedas animar solo siendo su amigo. Ser una persona amigable y feliz es una buena manera de compartir el amor de Dios con los demás.

PARA MEMORIZAR:
«Hermano, tu amor me ha dado mucha alegría y consuelo, porque muchas veces tu bondad reanimó el corazón del pueblo de Dios». Filemón 1:7

SÉ UNA PERSONA ALEGRE

PROGRAMA DE INTERCAMBIO

LEE MATEO 6:1-4

Después de la escuela cierto día, Lauren entró a la casa con el ceño fruncido en lugar de su habitual sonrisa. Su mamá alzó la vista de unos papeles.

—¿Qué sucede, Lauren? —preguntó.

—La señora Blanca nos puso a Clara Adams y a mí juntas para un proyecto de ciencias —contestó Lauren—. Es una niña nueva, y luce rara. A nadie le agrada.

—Quizás puedas ayudar a Clara a ser parte del grupo —sugirió su mamá.

Lauren sabía que su mamá diría algo así. Se encogió de hombros.

—Las otras niñas dijeron que debía pedirle a la señora Blanca que me asignara una compañera diferente —dijo—. Si no lo hago, pensarán que *yo* también soy rara.

—Tal vez —dijo su mamá y regresó a su pila de papeles.

Después de un momento, dijo:

—Lauren, ¿has revisado tu alcancía recientemente?

—No desde la otra noche que saqué dinero para el libro que quería —respondió Lauren.

Se preguntó por qué su mamá cambiaba de tema.

—¿Por qué no la revisas ahora?

Parecía algo extraño que su mamá se lo pidiera, pero Lauren bajó su alcancía de la repisa, tal como lo había hecho cuando su papá dijo que necesitaba pagar el libro que quería. Había acabado con casi todo su dinero. Cuando abrió la alcancía, sin embargo, encontró una sorpresa.

—Mamá, ¿de dónde salieron todos estos billetes? —preguntó Lauren y corrió hacia su mamá.

—Cuando le diste a tu papá el dinero para el libro, él puso esos los billetes en tu alcancía cuando no estabas viendo —le dijo su mamá—. Quería que estuvieras dispuesta a gastar tu propio dinero, pero también quería que tuvieras dinero.

Después de un momento, añadió:

—Me recuerda a la forma en que trabaja Dios. Si nos cuesta trabajo hacer algo bueno, nos recompensará, no siempre exactamente de la manera que nosotros desearíamos. Y no siempre lo descubrimos de inmediato tampoco. Pero él nos retribuye tarde o temprano. De eso puedes estar segura. *EMB*

¿Y TÚ?

¿Tienes miedo de hacer lo que está bien porque crees que cuesta mucho? Cuando eres generoso, obediente, honesto o amable, al principio te podría parecer un cambio desfavorable. Pero Dios sabe todo al respecto, y algún día tus esfuerzos serán recompensados.

NO PUEDES DAR MÁS QUE DIOS

PARA MEMORIZAR:
«Los problemas persiguen a los pecadores, mientras que las bendiciones recompensan a los justos». Proverbios 13:21

SEPTIEMBRE
27

LA EXCURSIÓN ESCOLAR

LEE ROMANOS 7:14-25

Rob y los otros niños de su clase subieron al autobús para su excursión escolar al zoológico. *¿Cómo pude perder la calma así?* Pensó Rob mientras miraba por la ventana. *Greg no quiso romper mi lápiz rayado favorito. ¿Por qué le grité? También me enojé con mi hermana ayer. He sido cristiano por tres meses, y todavía tengo un temperamento terrible. ¿Alguna vez aprenderé a controlarlo?* Aún después de llegar al zoológico, se sintió molesto consigo mismo y se le hizo difícil concentrarse en lo que Nels, el guía turístico, decía. Pero cuando vieron un bebé elefante, incluso Rob mostró interés.

—¡Ah! ¿No es hermoso? —gritaron algunas niñas.

—Apenas está aprendiendo a usar su trompa —les dijo Nels—. Miren.

Los niños rieron al ver al bebé elefante tratar de tomar agua. Primero sopló burbujas en el agua en lugar de aspirarla. Cuando finalmente logró meter algo de agua en su trompa, no le atinó a su boca y roció su cara.

—Tomará tiempo para que el bebé pueda usar su trompa de modo adecuado —dijo Nels—. Pero lo seguirá intentando, y lo logrará. Después de todo, solo tiene tres meses de nacido.

Es como yo, pensó Rob. *Solo soy un nuevo cristiano. Tal vez tomará más tiempo del que pensé para que me deshaga de este mal carácter. Lo seguiré intentando... así como el bebé elefante. Con la ayuda del Señor, venceré mi problema.*

Rob buscó a Greg. Quizás podrían caminar juntos a la siguiente exhibición de animales. *SLN*

¿Y TÚ?

¿Sientes que cometes el mismo pecado una y otra vez? No te desanimes. Los viejos hábitos son difíciles de romper. Sigue trabajando para superarlos, pero date cuenta de que no puedes hacerlo por ti mismo. Pídele al Señor que te ayude. A su tiempo, al aprender a someterte a él, serás victorioso.

PARA MEMORIZAR:

«El Señor llevará a cabo los planes que tiene para mi vida, pues tu fiel amor, oh Señor, permanece para siempre. No me abandones, porque tú me creaste». Salmo 138:8

PUEDES VENCER EL PECADO

RENUNCIAR

LEE 2 TESALONICENSES 3:7-13

—Estoy aburrido, mamá. Necesito algo interesante que hacer —se quejó Cliff.

—Puedes terminar tu modelo de barco o la pajarera que empezaste a hacer. O puedes trabajar en tu programa de memorización bíblica —sugirió su mamá—. He notado que rara vez terminas lo que empiezas. Esto podría convertirse en un problema más adelante en la vida.

Cliff respondió:

—Siempre haces un gran problema de cualquier pequeñez, mamá. No terminar esas cosas pequeñas no me hará un fracasado en la vida.

Su mamá empezó a responder, pero se detuvo. Más bien, dijo:

—Tienes una cita con el tío Sid mañana.

—¡Oh, no! —gritó Cliff—. Odio ir al dentista, aunque sea mi tío.

Cuando estaba en la silla del dentista la tarde siguiente, el tío Sid dijo:

—Necesitas un empaste.

Cliff gimió, y el tío Sid comenzó el trabajo. Pero a la mitad, bajó sus herramientas.

—Creo que eso es todo lo que haremos ahora —le dijo a su asistente—. Quiero ir a pescar.

Empezó a salir del consultorio.

Cliff se sentó erguido.

—¿Qué quieres decir? —preguntó—. No has terminado con mi diente.

El tío Sid se encogió de hombros.

—Terminaré otro día —prometió—. Ahora tengo ganas de ir a pescar.

—Pero no puedes renunciar ahora —protestó Cliff—. Debes terminar de taparme el diente, ¡o comenzará a dolerme!

Entonces notó que su tío parecía estar tratando de no reírse. De pronto lo comprendió.

—¡Está bien, tío Sid! Sé que has hablado con mi mamá —dijo—. Ella te convenció de que hicieras esto, ¿verdad?

El tío Sid sonrió, pero dijo con seriedad:

—Cliff, necesitas aprender ahora a terminar lo que empiezas. Yo no sería un dentista hoy si hubiera renunciado la primera vez que quise hacerlo. Verás, es importante desarrollar buenos hábitos ahora.

Cliff asintió.

—Entiendo el mensaje. Ahora, ¿qué te parece si terminas con mi diente? *BJW*

¿Y TÚ?

¿Terminas lo que empiezas? Hacerlo te enseña responsabilidad, disciplina y consistencia: palabras y lecciones importantes que harán una gran diferencia en tu vida. Si te cuesta trabajo terminar lo que empiezas, pídele a Dios que te ayude.

TERMINA LO QUE EMPIEZAS

PARA MEMORIZAR:
«He peleado la buena batalla, he terminado la carrera y he permanecido fiel». 2 Timoteo 4:7

SEPTIEMBRE
29

REFUGIO
LEE SALMO 91:1-10

Las nubes negras cubrían el cielo, y los truenos retumbaban en la distancia.

—Mira a Lina la gallina, mamá —dijo Michelle, señalando el pequeño gallinero cerca del granero—. Está cloqueando por sus pollitos. Yo creo que quiere protegerlos de la tormenta.

La mamá gallina estaba de pie frente al gallinero, cloqueando con fuerza. Los pollitos corrían hacia ella de todas direcciones. Entonces ella los guio hacia dentro del gallinero y se acomodó, cubriéndolos con sus alas. Una fuerte ráfaga de viento y las primeras gotas de lluvia hicieron que Michelle y su mamá entraran corriendo a la casa.

—Hay una advertencia de tornado —les dijo el papá de Michelle—. Lo acabo de escuchar en la radio. Vamos al sótano.

En la sala del sótano, Michelle y sus padres se acurrucaron en el sofá. Todas las luces se habían apagado. A salvo adentro, la familia escuchó que aumentaba la furia de la tormenta. El viento rugía y aullaba, y los relámpagos resplandecían una y otra vez. Michelle se acercó a su padre.

—Estréchame en tus brazos, papá —le rogó—. Tengo miedo.

Por fin pasó la tormenta, y todos se apresuraron a hacia el primer piso, agradecidos de que la casa aún estuviera en pie.

—Realmente tenía miedo, papá, pero me sentí más segura en tus brazos, más o menos como los pollitos, seguros bajo las alas de su mamá —dijo Michelle.

—Lina la gallina protegió a sus pollitos, papá te protegió a ti y Dios protege a sus hijos —observó la mamá de Michelle.

—Sí —dijo su papá—. Pasarás por muchas tormentas en la vida, Michelle, y habrá ocasiones en las que las cosas se pondrán difíciles y atemorizantes. Quizás yo no siempre esté allí para estrecharte en mis brazos. Pero recuerda lo que dice la Biblia acerca de tu Padre celestial: "Con sus alas te dará refugio". Él siempre está allí para cuidarte en las tormentas de la vida.

—Así es —concordó la mamá de Michelle. *MRP*

¿Y TÚ?

¿Tienes miedo de algo como las tormentas, la oscuridad, ir a una escuela nueva, perderte o lastimarte? Recuerda que Dios promete estar contigo siempre. Está ahí para protegerte y cuidarte. Confía en que él lo hará.

PARA MEMORIZAR:
«Con sus plumas te cubrirá y con sus alas te dará refugio. Sus fieles promesas son tu armadura y tu protección». Salmo 91:4

DIOS TE PROTEGE

EL NIÑO QUE ERA DIFERENTE

LEE GÁLATAS 5:13-15, 22-26

La señorita Norris suspiró mientras miraba a su clase de la escuela dominical. Nico había dejado un sitio vacío entre él y Maury. Al otro lado de Maury había otra silla vacía. Aunque estaba rodeado de niños, el niño asiático estaba solo. Al otro lado del aula, las niñas parlanchinas ignoraban a Annie, que tenía una deficiencia mental.

La señorita Norris enseñó la clase con tristeza en el corazón. Al despedir a la clase, dijo:

«La semana próxima quiero que cada uno traiga una hoja de árbol para colocarla en nuestra pizarra de corcho».

Mientras los estudiantes se agrupaban alrededor de la pizarra el domingo siguiente, la señorita Norris eligió una hoja.

—Esta es una hoja hermosa —dijo.

—Yo la trají —se enorgulleció Annie.

Varios alumnos se rieron disimuladamente.

La señorita Norris levantó otra hoja.

—Esta hoja no es tan bonita, así que la dejaré de lado.

Nico frunció el ceño. No le agradó que descartara su elección.

—Y esta no es tan grande —dijo la señorita Norris al hacer otra a un lado. Estudió otra críticamente—. No queremos hojas de roble.

—¿Por qué no? —preguntó Natalia, que la había traído—. ¿Qué tiene de malo?

—Oh, es diferente —dijo la señorita Norris levantando la primera hoja y haciendo una comparación entre ambas—. ¿Ves lo diferente que es?

—Claro que es diferente —dijo Nico—. Dios hizo las hojas de esa manera. Nico levantó su hoja.

—La hoja de Annie no es mejor que la mía —dijo.

—O que la mía —declaró Stephanie recogiendo la pequeña hoja.

Para sorpresa de los niños, la señorita Norris asintió y sonrió.

—Tienen razón. "Diferente" no significa mejor o peor. Me agrada que se den cuenta de eso —dijo—. Tampoco una persona es mejor que otra. Dios nos hizo diferentes a todos, e hizo a todos especiales. —La señorita Norris empezó a ordenar las hojas en la pizarra y añadió—: Que estas hojas les recuerden lo hermoso que es que cada persona sea diferente. *BJW*

¿Y TÚ?

¿Eres amable con los demás, incluso con los que parecen «diferentes»? Mira en el espejo. ¿Has visto a alguien que sea exactamente como tú? Por supuesto que no, porque tú mismo eres diferente a los demás. Así como tú eres único, igual lo es cada persona. Dios nos ama a todos.

DIOS NOS HIZO ESPECIALES A TODOS

PARA MEMORIZAR:
«Entonces Pedro respondió: "Veo con claridad que Dios no muestra favoritismo"». Hechos 10:34

OCTUBRE
1

¿QUÉ HAY DESPUÉS DE LA MUERTE?

LEE EZEQUIEL 18:30-32

Ciro apretó la mano de su papá mientras entraban en silencio a la iglesia para el funeral. El señor Connors, que había vivido en la misma calle que ellos, había muerto. Ciro había ayudado con frecuencia al anciano con trabajos en su casa y en su patio. De hecho, justo el sábado pasado los dos habían trabajado una hora cortando leña para el invierno. Pero ahora, solo unos días después, el señor Connors estaba en el cielo.

Solamente los tonos suaves del órgano rompían el silencio mientras la familia pasaba al lado del ataúd. El señor Connors se veía extraño entre todas las flores, y Ciro se alegró cuando su papá lo guio hasta un asiento. Una mujer cantó una inspiradora canción sobre el cielo, y luego habló el pastor Plummer. Ciro escuchó atento mientras el pastor hablaba sobre las cosas que el señor Connors había hecho por la iglesia y por el Señor. El pastor Plummer también habló sobre la promesa de Dios de que todos los cristianos se reunirían algún día en el cielo.

Ciro guardó silencio mientras la familia se dirigía al cementerio.

—Papá —dijo finalmente—, ¿qué puede decir un pastor si la persona que muere no es cristiana?

—Eso es algo triste, de lo más triste —le dijo su papá—. Pero debemos recordar que no nos toca a nosotros juzgar quién es cristiano y quién no. Solo el Señor lo sabe. Cuando una persona no ha hecho un compromiso con Cristo, lo único que el pastor puede hacer es entregarla a Dios. Él debe asegurarse de que aquellos que aún viven conozcan el camino al cielo.

Ciro asintió. *Gracias, Señor*, oró en silencio, *porque el señor Connors te conoció como Salvador. Y, Señor, estoy muy contento de que seas mi Salvador también.* LFW

¿Y TÚ?

¿Sabes si irás al cielo algún día? Si quieres estar seguro, pídele ayuda a un adulto cristiano en quien confíes para comprender cómo puedes vivir con Dios para siempre.

PARA MEMORIZAR:

«Y así como cada persona está destinada a morir una sola vez y después vendrá el juicio, así también Cristo fue ofrecido una sola vez y para siempre, a fin de quitar los pecados de muchas personas». Hebreos 9:27-28

ASEGÚRATE EL CIELO

NO HAY DUDA

LEE SALMO 103:8-12

Javier estaba sentado en la playa observando el vaivén de las grandes olas. Pero su mente estaba en otro lado. Cuando su amigo Jim se burló de él por ser un «niño de iglesia» y le preguntó cómo podía estar seguro de que iría al cielo, Javier comenzó a pensar en eso.

—Ustedes cantan sobre cómo sus pecados "se alejan rodando". ¿No tienes miedo de que puedan "rodar" otra vez, pero de regreso? —Jim preguntó con risa.

Javier no estaba muy seguro de cómo responder. ¿Cómo *saber* con seguridad?

Mientras Javier miraba el agua, de pronto se dio cuenta de que alguien se le había unido. Giró y vio a su abuelo sentado a su lado sobre la arena.

—Cuando miro esas olas —dijo su abuelito—, me acuerdo de cómo Dios ha perdonado mis pecados.

Javier lo miró.

—¿Cómo puede el océano recordarte eso? —preguntó.

—¿Puedes ver dónde termina el océano? —preguntó su abuelito.

Javier hizo sombra sobre sus ojos con su mano y miró a la distancia.

—Sí —dijo—. Veo dónde termina.

Su abuelo no estuvo de acuerdo.

—No, hijo —dijo—. Miras un lugar que parece ser donde el agua y el cielo se juntan, pero no es el fin. Es solo lo más lejos que puedes ver.

Javier continuó entrecerrando los ojos mientras su abuelito hablaba.

—¿Recuerdas cuando salimos en el bote ayer? Estábamos tan lejos que solo podíamos ver agua y cielo en todas las direcciones. Parecía un camino largo, largo desde una "punta del cielo" hasta la otra. Pero esa distancia no es nada comparada con la distancia que Dios ha puesto entre nosotros y nuestros pecados. ¿Sabes? Sin importar cuánto viajes hacia el este, puedes seguir caminando hacia el este para siempre. Y sin importar cuánto viajes hacia el oeste, puedes seguir caminando para siempre. Sin embargo, Dios dice que los pecados del cristiano están apartados tan lejos de él como el este del oeste. ¿No es grandioso?

Javier asintió.

—Tampoco pueden regresar, ¿verdad? —preguntó.

—Por supuesto que no —respondió su abuelito con firmeza.

¿Y TÚ?

¿Alguna vez te has preguntado si en verdad eres cristiano? Recuerda, si has aceptado a Jesús como Salvador, la Palabra de Dios dice que ha apartado tus pecados lejos de ti. ¿No te alegras?

DIOS LIMPIA EL PECADO PARA SIEMPRE

PARA MEMORIZAR:
«Llevó nuestros pecados tan lejos de nosotros como está el oriente del occidente». Salmo 103:12

OCTUBRE
3

RANAS NECIAS

LEE 1 CORINTIOS 10:1-13

Mientras Cristóbal lanzaba el hilo de pescar sobre el estanque, observó a dos ranas que parecían pelear por un lugar para sentarse sobre un tronco. Cristóbal sonrió cuando ambas ranas cayeron al agua.

Un momento después, Cristóbal vio a una víbora grande serpentear hacia el tronco para dormir bajo el sol. Las ranas, que estaban nadando cerca del troco, también vieron a la serpiente y rápidamente se alejaron. Pero poco a poco se acercaron otra vez, como si estuvieran cerciorándose de que la serpiente en verdad estuviera durmiendo. La serpiente parecía no prestarles atención a sus gracias, y poco a poco se acercaron tanto que ya estaban a su alcance. La serpiente de repente cobró vida y atrapó a la rana más cercana. La necia rana fue devorada enseguida, y la otra nadó lejos con rapidez. Más tarde, Cristóbal les contó a sus papás lo que había visto.

Al día siguiente, Cristóbal llegó a la casa de la escuela con noticias.

—¿Recuerdan a Bruno? ¿El niño con el que solía jugar a veces? —preguntó—. Bueno, lo descubrieron con una navaja en la escuela, y ahora lo han suspendido. —Cristóbal meneó la cabeza—. No sé cómo se echó a perder tanto —añadió.

El padre de Cristóbal puso su brazo sobre los hombros de su hijo.

—¿Recuerdas a las ranas y la serpiente? —preguntó—. ¿Cómo fue que quedó atrapada la rana?

—Bueno, las ranas no dejaban de acercarse más y más a la serpiente, hasta que estuvieron demasiado cerca —contestó Cristóbal.

Su papá asintió.

—Así es como al diablo le gusta "atraparnos" —dijo—. Primero, puede sugerir que digamos una mentira, luego que tomemos algo que no nos pertenece. De ahí sigue y sigue. Eso es probablemente lo que le pasó a Bruno.

Cristóbal se veía pensativo.

—¿Es así como los niños empiezan a consumir drogas, a beber y a fumar? —preguntó.

Su papá asintió.

—Sí, y a otras cosas también. Así como las ranas, se acercan demasiado a cosas que saben que están mal, y antes de que se den cuenta, están atrapados en esas cosas. *MPC*

¿Y TÚ?

¿Te acercas demasiado a las cosas que sabes que están mal? Ten cuidado. Vivir cerca del pecado es peligroso. Sé sabio. Mantente alejado de él.

PARA MEMORIZAR:
«Si ustedes piensan que están firmes, tengan cuidado de no caer».
1 Corintios 10:12

ALÉJATE DEL PECADO

ATRAPADO

LEE 1 TIMOTEO 6:6-11

Alejandro vio cómo su abuelito apretaba el último tornillo en la pajarera que habían construido. Luego colocaron la pajarera en el tronco de un arce en el patio trasero del abuelito.

Más tarde, el abuelito de Alejandro le sonrió y le dijo:

—Si sigues yendo y viniendo a esa ventana, vas a desgastar tus zapatillas.

—Quiero ver qué clase de aves vienen —contestó Alejandro—. ¡Oye! —Apuntó a la ventana—. ¡Una ardilla está tratando de meterse en la pajarera!

—No te preocupes. El libro de aves dice que el hoyo es demasiado pequeño para ese peludo amigo —el abuelito le aseguró a Alejandro—. Tampoco puede mordisquear la entrada para hacerla más grande, porque clavamos un pedazo de metal alrededor del hoyo.

Alejandro y su abuelito rieron al mirar a la ardilla menearse, retorcerse y dar vueltas, tratando de entrar en la pajarera. De pronto, para su sorpresa, ¡la ardilla se escurrió por el hoyo! Desapareció por unos momentos. Luego sacó la cabeza. Una vez más, miraron cómo luchaba y se retorcía y se estiraba, tratando de salir. Pero no podía escapar.

—Bueno —dijo el abuelito de Alejandro—, vamos al rescate de la señora ardilla.

Salieron al patio, y el abuelito de Alejandro bloqueó el hoyo de la pajarera y la bajó. Después de liberar a la ardilla, decidieron que más valía hacer un poco más pequeña la abertura de la pajarera.

—¿Sabes, Alejandro? A veces creo que somos como esa ardilla. Nosotros también nos retorcemos y luchamos para conseguir lo que queremos, sea que Dios lo quiera o no —dijo su abuelito mientras trabajaba—. Luego, en ocasiones, Dios nos deja recibir lo que creemos que queremos. Sin embargo, cuando lo obtenemos, descubrimos que eso no nos hace felices después de todo. *DAB*

¿Y TÚ?

¿Les ruegas a tus padres que te dejen participar en actividades cuestionables o ir a lugares que sabes que no debes ir? ¿Le pides a Dios más y más cosas, en lugar de agradecerle por lo que ya tienes?

DESEA LO QUE DIOS DESEA

PARA MEMORIZAR:
«Entonces [Dios] les dio lo que pedían, pero al mismo tiempo les envió una plaga». Salmo 106:15

OCTUBRE
5

FOTOGRAFÍAS IMPERFECTAS

LEE 1 PEDRO 1:7-9

Celeste abrió rápidamente el paquete que recibió en el correo de parte de la tía Virginia.

—Oh, mira... un nuevo libro de historias de la Biblia —dijo. Hojeó varias páginas—. Mira, mamá —dijo al detenerse en una página—. Este debe ser Jesús, pero no se parece a otras ilustraciones que he visto de él.

—Bueno, cuando Jesús estuvo en la tierra no había cámaras fotográficas —dijo su mamá—. Todas las ilustraciones que tenemos son ideas de cómo los artistas piensan que se veía Jesús.

—Desearía saber cómo se veía realmente —dijo Celeste—. Entonces sería más fácil leer la Biblia y orar.

—No necesitas saber cómo se veía Jesús para hablar con él —dijo su mamá—. Hablas con la tía Virginia por teléfono, pero no sabes cómo se ve. Nunca la has visto porque vive muy lejos.

—Vi fotos de ella en el álbum familiar —dijo Celeste.

Su mamá asintió.

—Sí, pero todas esas fotografías fueron tomadas hace tiempo —dijo con una sonrisa—. Podrías pensar que tenemos algunas fotografías recientes, pero no le gustan las cámaras. Siempre evita que le tomen fotos.

Se detuvo, y luego añadió:

—Pero cuando la tía Virginia te escribe, te gusta leer el mensaje, ¿cierto?

Celeste asintió.

—Se parece al tipo de relación que tenemos con Jesús —dijo su mamá—. Podemos hablar con él en oración y leer su Palabra, la Biblia. —Después de un momento añadió—: Imagina que la tía Virginia te envía una foto, y no te parece muy bonita... ¿te decepcionarías?

Celeste negó con la cabeza.

—Realmente no importa cómo se ve —dijo—. Y supongo que tampoco importa cómo se veía Jesús cuando vivía en la tierra. *PLR*

¿Y TÚ?

Si alguien a quien amas sufriera un accidente y tuviera el cuerpo cubierto de cicatrices y quemaduras, aun así amarías a la persona. Eso es porque la amas por ser quien es. Aun cuando no puedas ver a Jesús, lo amas por ser quien es. Entre más llegues a conocerlo, más lo amarás.

PARA MEMORIZAR:

«Ustedes aman a Jesucristo a pesar de que nunca lo han visto. Aunque ahora no lo ven, confían en él y se gozan con una alegría gloriosa e indescriptible». 1 Pedro 1:8

AMA A DIOS POR SER QUIEN ES

LO MÁS PRECIOSO

LEE PROVERBIOS 1:7-10, 29-33

Emocionada, Nicole esperó a que llegara Andrea, la niña más popular de la escuela.

Cuando finalmente llegó, Andrea tenía algo para enseñarle.

—¡Mira este collar! —gritó—. Me lo mandó el tío Derek.

Nicole estaba impresionada, y quería impresionar a Andrea también. Así que con orgullo le dijo a Andrea sobre el anillo que recién había heredado de su abuelita.

—Déjame verlo —exigió Andrea.

—Bueno, se supone que no debo sacarlo sin permiso —respondió Nicole con dudas—. Y mamá fue a la tienda.

—No seas una bebé —dijo Andrea.

Así que Nicole sacó la caja y la abrió. Allí estaba el precioso anillo.

—¡Oh, Nicole! —exclamó Andrea—. ¡Es hermoso! Deja que me lo pruebe.

Nicole titubeó, pero le pasó el anillo a Andrea.

—Quiero usarlo un rato —declaró Andrea.

Las niñas decidieron ir a un parque cercano. Después de un rato, Nicole sugirió que regresaran a la casa.

—Dame el anillo antes de irnos —dijo—. No quiero que mamá te vea con él.

—Está bien —dijo Andrea.

Se quitó el anillo. Al girar para dárselo a Nicole, lo soltó demasiado rápido. El anillo cayó por la alcantarilla.

Nicole dio un grito ahogado. Corrió a su casa y con lágrimas en los ojos explicó lo que había sucedido. Su mamá se acercó al lugar de prisa, pero ni siquiera pudo ver el anillo. Después llamó al departamento de alcantarillas de la ciudad, pero nadie pudo ayudarlas. Andrea se fue a su casa. Nicole se tumbó en la cama y lloró.

—¡Oh, papá! —lloró Nicole esa tarde—. Sabía que estaba mal dejar que Andrea usara mi anillo. ¡Ahora se ha perdido para siempre!

Su papá contestó:

—Muy pronto serás una adolescente, y más y más "amigos" querrán que hagas cosas que sabes que están mal —dijo—. Si escuchas a esos amigos, puedes perder cosas más valiosas que ese anillo.

—¿Como cuáles? —preguntó Nicole.

—Bueno —dijo su papá—, si haces las cosas malas que ellos quieren que hagas, eso podría tener serias consecuencias. Nunca aceptes el consejo de amigos si va en contra de lo que sabes que está bien. *RJC*

¿Y TÚ?

¿Permites que tus amigos influyan en ti para que hagas cosas que desagradan a Dios? Eso es muy insensato, y puede tener consecuencias tristes y duraderas.

EL PECADO TIENE CONSECUENCIAS GRAVES

PARA MEMORIZAR:
«Hijo mío, si los pecadores quieren engatusarte, ¡dales la espalda!». Proverbios 1:10

OCTUBRE
7

UNA MALA SEMANA

LEE 1 PEDRO 4:14-19

Lucas y León estaban en la casa de Ben preparándose para estudiar para una prueba de matemáticas.

—Hoy ha sido un día terrible —les dijo Ben a sus amigos—. Los chicos de la clase de educación física me fastidiaron porque no quería ver la revista que uno de ellos trajo. El papá de alguien la consiguió en una librería para adultos.

—Mi día tampoco fue muy bueno —dijo Lucas—. Mi maestro de ciencias se burló de mí porque escribí sobre la creación en una de las preguntas de ensayo en el examen de ayer.

León tomó un puñado de palomitas de maíz del tazón sobre la mesa.

—Para mí, hoy fue un buen día —dijo—, pero ayer se rieron de mí también. Compré tarjetas de béisbol en una tienda de pasatiempos, y el dependiente me dio mucho dinero de cambio. Mi primo estaba conmigo, y dijo que era un gran tonto por devolver el dinero extra. —Suspiró—. ¿Por qué todos nos hacen pasar un mal rato por hacer lo correcto?

El papá de Ben había estado trabajando en su computadora y había escuchado a los niños hablando.

—Realmente no me sorprende escuchar que los persigan por las cosas correctas que hacen —dijo—. De hecho, eso es bueno.

Ben, Lucas y León lo miraron.

—¿Lo es? —preguntó Ben.

—¡Sí! —asintió el papá de Ben—. La Biblia dice que es algo que debemos esperar. Verán, su obediencia a Dios a veces hace sentir incómodas a las personas, así que ellas tratan de hacerlos sentir incómodos a ustedes también. Pero Dios dice que ¡nos alegremos cuando eso suceda!

El papá de Ben les sonrió a los chicos.

Lucas frunció el ceño.

—No estoy seguro de entender esto —dijo—. ¿Se supone que debemos alegrarnos porque la gente se burla de nosotros?

—Así es —dijo el papá de Ben—. Sé que parece difícil cuando sucede. Pero la Biblia promete una bendición a aquellos que sufren por hacer lo correcto. *LJO*

¿Y TÚ?

¿Te frustras o entristeces cuando los demás se burlan o se enojan contigo porque haces lo correcto? Sigue obedeciendo a Dios, y ora por los que te persiguen. Dios te bendecirá, y tal vez te usará para hablarles a ellos sobre Jesús.

PARA MEMORIZAR:

«Dios los bendice a ustedes cuando la gente les hace burla y los persigue y miente acerca de ustedes y dice toda clase de cosas malas en su contra porque son mis seguidores. ¡Alégrense! ¡Estén contentos, porque les espera una gran recompensa en el cielo!». Mateo 5:11-12

SUFRE CON ALEGRÍA

PASTELES Y NIÑOS

LEE ÉXODO 31:1-11

—¡Ponle más betún en la nariz de Donald, María Cristina! —exigió Ryan, de tres años. Aplaudió con deleite mientras su hermana le ponía los últimos toques a su pastel de cumpleaños. Luego salió corriendo del cuarto gritando—: ¡Papi! ¡Papi! ¡María Cristina me hizo un Pato Donald para mi cumpleaños!

La mamá rio, pero María Cristina solo suspiró.

—¿Qué pasa? —preguntó su mamá.

—Solo estaba deseando tener un talento especial —respondió María Cristina—. Melanie va a pasar el fin de semana en una competencia de gimnasia. Cindy irá a un concurso estatal de música mañana. Lo único que yo haré este fin de semana es cuidar niños.

Justo entonces sonó el teléfono, y fue a contestar.

—Hola —dijo—. Habla María Cristina. Después de un momento añadió—: Oh, hola, señora Burgos. ¿El sábado en la tarde? Bueno, tengo que cuidar a alguien a las seis, pero supongo que puedo ayudarla más temprano.

Una sonrisa se dibujó lentamente en su rostro mientras continuaba escuchando.

—Oh, dígale a Jenny que no se preocupe —dijo—. Allí estaré. Adiós.

—¿Qué le preocupaba a Jenny? —preguntó su mamá.

María Cristina rio.

—La señora Burgos me dijo que Jenny temía que no lograran conseguir que yo la cuidara mañana.

Su mamá sonrió.

—La señora Burgos me dijo que Jenny y Emily no quieren a otra niñera porque piensan que cuentas historias muy bonitas—dijo, y le dio un abrazo a su hija—. María Cristina, los dones de Dios no son siempre talentos evidentes, como la música o los deportes —continuó—. Pero a cada uno nos da habilidades que harán más felices a los que nos rodean. Te ha dado las habilidades para hornear y decorar. También tienes el importante don de cuidar niños.

—¡Oh, mamá! —dijo María Cristina un poco apenada, pero complacida—. Gracias —dijo—. Supongo que debo agradecer a Dios también, por hacerme como soy. *LRS*

¿Y TÚ?

¿A veces desearías que Dios te diera más o diferentes talentos? Él nos da a cada uno habilidades como coser, hacer carpintería, contar cuentos u hornear para que ayudemos a otras personas. Pídele que te muestre lo que haces mejor y cómo usar esa habilidad para ayudar a otros.

HAZ LO MEJOR PARA DIOS

PARA MEMORIZAR:
«Sea que coman o beban o cualquier otra cosa que hagan, háganlo todo para la gloria de Dios».
1 Corintios 10:31

UN REGALO DESCONCERTANTE

LEE PROVERBIOS 3:1-8

El cartero trajo un paquete para Juanita y Pablo. Era de la abuelita, y contenía dos sobres y dos grandes rompecabezas, uno para cada uno. Los sobres estaban cerrados con cinta adhesiva, y sobre ellos había letras que decían: «¡No los abran hasta que hayan terminado los rompecabezas!».

Juanita y Pablo vaciaron los rompecabezas sobre el suelo y con ahínco se pusieron a armarlos. Se tardaron un rato, pero finalmente estaban casi terminados.

—Me falta una pieza —dijo Pablo, mientras ponía la última pieza que tenía de su rompecabezas.

—A mí también —dijo Juanita—. Hay un hueco en mi rompecabezas.

Juanita buscó por todo el piso mientras Pablo buscaba entre el papel de la envoltura y las cajas, pero no podían encontrar las piezas restantes. Finalmente, su madre sugirió que buscaran en los sobres. Los abrieron rápidamente y leyeron: «¡A mí también me falta algo! ¡Los extraño a cada uno de ustedes y siento que hay un hueco en mi vida! Iré a visitarlos la próxima semana. Con amor, abuelita».

Cuando la abuelita llegó, le dio a Juanita un pequeño paquete. Dentro, Juanita encontró la pieza que le faltaba y una cadenita de oro. Luego la abuelita le dio a Pablo un paquete con la pieza que le faltaba y un pequeño llavero.

—¡Muy bien! Ahora podremos terminar nuestros rompecabezas, y ya no tendrán huecos —dijo Juanita.

Su abuelita asintió.

—Solo no olviden —dijo— que los extraño cuando no los veo o no tengo noticias de ustedes. —Le dio un abrazo a cada uno—. ¿Saben quién más a veces extraña saber de ustedes? —preguntó.

—¿Nuestros amigos? —preguntó Juanita.

Su abuelita asintió.

—Seguro que sí —concordó—, pero estaba pensando en Jesús. Los extraña cuando se olvidan de orar o leer la Biblia. *KHW*

¿Y TÚ?

¿Alguna vez te entristeces cuando alguien promete jugar contigo o llamarte y luego se olvida? ¿Eres tú quien a veces se olvida de llamar a un amigo? No seas el «hueco», la pieza que falta. Sé fiel a tus amigos. Sobre todo, sé fiel y pasa tiempo con el Señor leyendo la Biblia y hablando con él.

PARA MEMORIZAR:

«Hijo mío, nunca olvides las cosas que te he enseñado; guarda mis mandatos en tu corazón». Proverbios 3:1

MANTENTE EN CONTACTO CON JESÚS

EL CUERPO-CASA

LEE JUAN 11:21-27

—Papá, estaba leyendo el libro de Juan esta mañana —dijo Milo—. Dice que si alguien cree en Dios, jamás verá la muerte. Pero las personas que son cristianas mueren. Como el abuelito Potter. Estoy seguro de que amaba a Dios, pero igual murió el año pasado. ¿Eso significa que hay un error en la Biblia?

Su papá sacudió la cabeza. Luego se estiró y apretó un poco el brazo de Milo.

—¡Auch! —exclamó Milo—. ¿Por qué me pellizcaste?

—No te pellizqué —dijo su papá—. Solo apreté la casa en la que vives.

—¿Qué quieres decir? —preguntó Milo.

—Bueno, tú eres más que un cuerpo —explicó su papá—. Dios te hizo con una mente para pensar y un espíritu para conocerlo, ¿verdad?

—Sí, supongo que sí —dijo Milo.

—Entonces —su papá continuó—, Dios les dio a tu mente y a tu espíritu una casa para vivir en la tierra. La llamamos cuerpo. El verdadero tú vive dentro de tu cuerpo-casa.

—Oh —dijo Milo pensativo.

—Milo, cuando creíste en Jesucristo y le pediste perdón por tus pecados, él le dio vida eterna a tu espíritu, a tu verdadero yo. ¿Morirá alguna vez algo que es eterno?

—No —respondió Milo rápidamente—. Durará por siempre y para siempre.

—Así es. Pero, Milo, tu cuerpo no fue hecho para durar para siempre. Así que en el justo momento en que tu cuerpo muera, Dios te sacará de tu cuerpo-casa y te llevará a su hogar en el cielo. El verdadero tú no verá ni pasará por la muerte, jamás.

Milo se quedó callado unos momentos. Su papá estaba callado también, para que Milo pudiera pensar.

—Así que... el abuelito realmente no murió, ¿cierto? Solo se mudó al cielo —dijo Milo—. ¡Y ahora ve a Jesús! ¡Guau! *EMM*

¿Y TÚ?

¿Le has pedido a Jesús que sea tu Salvador? Si lo has hecho, ¡el verdadero tú jamás morirá! Y tú vivirás con Jesús para siempre. Si no lo has hecho, ¡habla con un adulto de confianza para saber más!

LOS CREYENTES EN REALIDAD NUNCA MUEREN

PARA MEMORIZAR:
«Todo el que vive en mí y cree en mí jamás morirá». Juan 11:26

OCTUBRE
11

REDUCTORES DE VELOCIDAD

LEE ROMANOS 13:1-7

—¡El señor Cox me está pidiendo que vuelva a hacer toda mi tarea porque no mostré cómo obtuve mis respuestas! —se quejó Natán—. ¡No podré ir a nadar hoy!

—Reductores de velocidad —dijo Lucas, su hermano mayor.

—¿Qué? —preguntó Natán.

—¿Conoces esas elevaciones en los estacionamientos que te obligan a ir más despacio? —preguntó Lucas.

Natán asintió. Lucas continuó:

—Los reductores de velocidad son buenos porque mantienen alerta al conductor. Si va demasiado rápido, le recuerdan que debe bajar la velocidad.

—¿Y? —preguntó Natán.

—Así que, tal vez el señor Cox te está obligando a ir más lento para que seas más cuidadoso también —le dijo Lucas a su hermano.

Natán no respondió. *¿Cómo podría entenderme Lucas?*, pensó. *Siempre ha sido bueno en Matemáticas.*

—Mira —dijo Lucas, dando la vuelta para salir—. Estaré listo para ir a nadar en una hora. Trata de terminar tu tarea para entonces.

—Sí, cómo no —dijo Natán. Estaba seguro de que eso era imposible.

Natán sacó su libro de Matemáticas. Cuando revisó con cuidado el primer problema, mostrando todos los pasos que había dado para obtener la respuesta, descubrió que había sumado en lugar de restar. En otro problema, había olvidado el punto decimal. Una respuesta la había expresado en centímetros en lugar de metros.

—¿Ya casi terminas? —preguntó Lucas cuando regresó y acercó una silla—. Oye, Natán, ¿alguna vez te conté sobre *mi* maestro de Matemáticas de quinto grado? Se llamaba señor Cox.

Natán miró a su hermano.

—¿El mismo señor Cox? —preguntó.

Lucas asintió.

—Mucho de las Matemáticas solo implica ser cuidadoso y revisar tu trabajo. El señor Cox me enseñó eso. —Le dio a su hermano un codazo juguetón—. Supongo que Dios sabía todo el tiempo que el señor Cox es el tipo de maestro que necesitas —dijo.

Natán sonrió.

—Y él sabía que tú eres el tipo de hermano que necesito. Tan pronto como pase por estos reductores de velocidad, te reto a una carrera hasta la piscina. *MEU*

¿Y TÚ?

¿Te das cuenta de que Dios pone a personas en tu vida para tu bien? Tal vez te están proporcionando los «reductores de velocidad» que necesitas. Honra a Dios sometiéndote a aquellos que él pone en autoridad.

PARA MEMORIZAR:

«Por amor al Señor, sométanse a toda autoridad humana». 1 Pedro 2:13

SOMÉTETE A LA AUTORIDAD

LA CÁSCARA DURA

LEE 1 SAMUEL 16:6-13

¡Pum! ¡Pum! ¡Pum! Los dos martillos pegaron contra las suaves y esponjosas cáscaras de nuez. Darnell y su papá estaban quitando las cáscaras de las nueces que habían recogido.

—¡Asqueroso! —exclamó Darnell, mirando las manchas en sus guantes viejos—. Estas nueces hacen mucho tiradero, ¿verdad, papá?

—Sí —murmuró su papá, ocupado con su propio montón—. Pero solo piensa en lo ricas que sabrán estas nueces negras en el pastel especial de la abuelita. Pensaremos que ha valido la pena el trabajo cuando lo probemos.

Mientras trabajaban, Darnell habló de la escuela, de su equipo de fútbol y de sus amigos.

—Me agrada Esteban —dijo Darnell—. ¡Pero Jeff es extraño!

—¿Qué tiene Jeff? —preguntó su papá.

—Oh, siempre habla demasiado fuerte. Y piensa que es un chico duro. Simplemente no me agrada —declaró Darnell.

Su papá continuó trabajando en silencio un rato. Luego recogió una nuez y la sostuvo.

—Tal vez Jeff sea un poco como esta nuez —le dijo a Darnell.

—¿Cómo? —preguntó Darnell.

—Tal vez por fuera parezca duro, pero, ¿y adentro? —preguntó su papá y golpeó una nuez con su martillo—. Las nueces crecen con esta cubierta pulposa y un cascarón duro —añadió—. No podemos ver la rica nuez que está adentro. Tal vez Jeff esa así.

—¿Quieres decir que tal vez solo está actuando? —respondió Darnell—. ¿Que por dentro es en verdad muy agradable?

—Puede que sea más agradable de lo que te imaginas —explicó su papá—. A veces, cuando las personas tienen miedo o son inseguras, actúan de modo duro o resistente para esconderse de otros. Solo vemos el exterior, pero Dios hizo a Jeff, y debajo de ese exterior duro hay un alma que Dios ama, y una persona hecha a la imagen de Dios. Tal vez, con la ayuda de Dios, puedas encontrar lo bueno en Jeff. *JKB*

¿Y TÚ?

¿Te cuesta trabajo que te caiga bien otra persona? Pídele ayuda a Dios para ver lo bueno en esa persona, y luego hazle un cumplido sobre esa característica buena. ¡Quién sabe, tal vez descubras a alguien agradable bajo esa cubierta externa! Aún más, tal vez podrías compartir el amor de Dios con esa persona.

MIRA A TRAVÉS DE LOS OJOS DE DIOS

PARA MEMORIZAR:
«La gente juzga por las apariencias, pero el SEÑOR mira el corazón».
1 Samuel 16:7

OCTUBRE
13

LA VOZ DEL ENTRENADOR

LEE DEUTERONOMIO 5:32-33

El balón rebotó a lo largo de la cancha y hasta las manos estiradas de Verónica. Era su primera temporada en el equipo de la secundaria. Su corazón latía con emoción mientras sobrepasaba a las otras jugadoras defensivas del equipo. Escuchó a alguien gritar: «¡Jugada número 5!».

Verónica reconoció la voz del entrenador Hurtado y recordó la jugada que habían practicado. ¡Pero la canasta estaba tan cerca! ¡Qué emocionante sería poder anotar algunos puntos en el juego! Así que Verónica corrió rumbo a la canasta. De pronto, la defensa la rodeó, y perdió su oportunidad de anotar. Con un rápido pivoteo, lanzó el balón hacia la canasta. El público gimió cuando una niña alta del otro equipo tomó la pelota y comenzó a driblear con rapidez hacia el otro extremo de la cancha.

Después del juego, el entrenador Hurtado se sentó en la banca junto a Verónica. Ella no alzó la mirada. Sabía que había decepcionado al equipo y al entrenador.

—¿Me escuchaste decir el número de la jugada? —preguntó el entrenador con gentileza.

—Sí, lo escuché —admitió Verónica—. ¡Pero pensé que tenía la oportunidad perfecta para obtener algunos puntos! Lo siento.

El entrenador Hurtado asintió.

—Creo que has aprendido una buena lección —dijo.

Verónica fue al vestidor, se cambió de ropa y corrió para volver a casa con su papá, que había venido a ver el juego.

—Buen partido, Roni —dijo.

Verónica suspiró.

—Gracias, pero no debí tratar de anotar. Escuché al entrenador Hurtado pedir una jugada, y debí haberlo escuchado.

Su papá se quedó callado un momento.

—Roni, creo que sé cómo te sientes —dijo—. Algunas veces yo le respondo de la misma manera a Dios al dejar que mis deseos sean más importantes que su voz.

Verónica suspiró.

—Creo que yo he hecho lo mismo —dijo. Luego sonrió y añadió—: El entrenador Hurtado me dejó permanecer en el partido, de todos modos. Y estoy muy contenta de que Dios me deje jugar en su partido, ¡aun cuando me equivoco! *JJB*

¿Y TÚ?

¿Escuchas la voz de Dios a través de su Palabra y de las personas sabias? ¿Escuchas y obedeces, o haces tu propia voluntad? Dios quiere que escuches sus mandamientos y lo obedezcas. Su plan es mucho mejor que el tuyo.

PARA MEMORIZAR:

«Serviremos al SEÑOR nuestro Dios. Lo obedeceremos solo a él». Josué 24:24

ESCUCHA A DIOS Y OBEDÉCELO

UNA MANO FUERTE

LEE SALMO 71:12-16

—¡Papá! ¿Viste esos peces?

Los ojos de Rogelio brillaron al alzar la cabeza del agua y ajustar su máscara de esnórquel. Su familia estaba tomando unas vacaciones cortas en Florida.

—¡Sí que los vi! —sonrió su papá.

—Casi toqué uno de esos amarillos con negro —dijo Rogelio.

Su papá miró al sol a punto de ponerse.

—Bueno, se está haciendo tarde —dijo—. Será mejor que nademos de regreso a la orilla. ¿Estás listo?

—¿Tan pronto? —preguntó Rogelio—. Te apuesto a que te gano.

Pero la orilla estaba mucho más lejos de lo que Rogelio creía. Poco después llamó a su padre.

—Papá, ¿podemos descansar un minuto?

Su papá dejó de nadar y sacudió la cabeza.

—Si nos detenemos, esta corriente nos arrastrará lejos de la orilla. Ven...

Extendió el brazo para que Rogelio lo agarrara.

—Aférrate a mí y te jalaré.

Pronto alcanzaron la orilla, cansados, pero a salvo.

Al meter su equipo de esnórquel en el auto, el papá de Rogelio lo miró.

—Fue bueno que estuviera cerca de ti para jalarte, ¿cierto?

—Sí —concordó Rogelio—. Me estaba cansando.

Su papá sonrió.

—¿Sabes?, creo que vivir la vida cristiana es a veces un poco como nadar —dijo—. De vez en cuando te cansarás de hacer cosas que sabes que están bien. ¿Dónde crees que puedes obtener ánimo y apoyo entonces?

—De ti —contestó Rogelio de inmediato.

Su papá se rio un poco.

—Correcto —dijo—. Te ayudaré en todo lo que pueda. Y otros cristianos también pueden ayudarte. ¿Dónde más puedes encontrar ayuda?

—En la Biblia y en el Señor —dijo Rogelio.

—Esa es una buena respuesta —dijo su papá—. Cuando le pido ayuda al Señor, a veces siento como si me dijera: "Ven... te jalaré". Siempre podemos depender de él. *RSM*

¿Y TÚ?

Cuando estás cansado y desanimado tratando de vivir para el Señor, ¿buscas a otros cristianos para que te alienten? Pueden ser de gran ayuda para ti. Y asegúrate de pedirle al Señor que él también te ayude. Siempre te extenderá su mano y te ayudará cuando dependes de él.

RECIBE AYUDA DE DIOS

PARA MEMORIZAR:
«No tengas miedo, porque yo estoy contigo; no te desalientes, porque yo soy tu Dios. Te daré fuerzas y te ayudaré; te sostendré con mi mano derecha victoriosa». Isaías 41:10

OCTUBRE
15

LA ESTAMPILLA DISTINTA

LEE JUAN 15:18-21

—Ese Marcus Duarte es muy raro, y se lo dije —anunció Daniela mientras azotaba la puerta tras ella—. Jamás tendremos listo el proyecto de ciencias si sigue actuando como un santito todo el tiempo.

—¿Qué sucedió? —preguntó su mamá, quien conocía a la familia Duarte de la iglesia.

—Marcus y yo tenemos que hacer un reporte sobre programas de televisión para adolescentes —dijo Daniela—. Y Marcus le dijo a la maestra que algunos de los programas son una mala influencia para nuestra mente y que los adolescentes no deben ver tanta tele. ¿Puedes creerlo? Eso dijo ¡frente a toda la clase! ¡Me sentí completamente avergonzada!

Antes de que su mamá respondiera, Daniela se dirigió rápidamente a su habitación. Salió unos minutos después.

—¿De dónde salió esto? —preguntó, sosteniendo un objeto pequeño y cuadrado.

Su mamá sonrió.

—El tío Ray sabe que te gustan las estampillas, así que quería que vieras esta.

—¿Qué tiene de especial? —preguntó Daniela—. Parece una estampilla común y corriente. No es bonita ni especial.

—Mírala bien —dijo su mamá—. Algunas de las palabras están boca abajo, y eso la hace diferente y muy poco usual. De hecho, es valiosa porque es muy rara.

Hizo una pausa mientras Daniela estudiaba la estampilla con nuevo respeto.

—¿Sabes?, tu amigo Marcus es un poco como esta estampilla.

—¿Qué? —gruñó Daniela—. ¿Cómo?

—A algunas personas tal vez les parezca extraño, pero creo que es mejor persona de lo que tú piensas —explicó su mamá—. Tuvo el valor de defender lo que cree. Deberías estar orgullosa de ser la amiga de Marcus. ¡Es uno en un millón! *SLK*

¿Y TÚ?

¿Te da miedo ser considerado «raro» por tus creencias? ¿Estás dispuesto a adoptar una postura diferente a la de la mayoría de los niños? Cristo fue rechazado por el mundo, y sus seguidores a veces también somos rechazados. Júzgate a ti mismo, y a tus amigos, bajo los estándares de Dios, y no los del mundo.

PARA MEMORIZAR:

«Si pertenecieran al mundo, el mundo los amaría como a uno de los suyos, pero ustedes ya no forman parte del mundo». Juan 15:19

«DIFERENTE» PUEDE SER ALGO BUENO

¡HORA DE LA LECHE!

LEE SALMO 119:33-40

Toni puso el jugo de naranja en el refrigerador. Trató de cerrar la puerta, pero Nico, su hermanito, gateó y se metió en el espacio entre el refrigerador y la puerta. Y se quedó allí. Cuando Toni lo movió unos centímetros, gimió.

Cuando Toni abrió la puerta unos minutos después para guardar la mantequilla, Nico se acercó otra vez.

—¿Qué hay en el refrigerador que tanto te gusta? —preguntó Toni y volvió a moverlo hacia atrás. Nico empezó a lloriquear.

Justo entonces su mamá entró a la habitación.

—Hora de tu biberón —le dijo a Nico y abrió la puerta del refrigerador.

Sacó una botella y caminó hacia la alacena. Lloriqueando más fuerte, Nico gateó hacia ella.

—¡Ah, ya entiendo! Con razón ha estado merodeando cerca del refrigerador. Quería su leche —dijo Toni.

—Es un niño inteligente —dijo su mamá con una sonrisa—. Especialmente cuando quiere comer.

Levantó al bebé, que lloraba y se estiraba con emoción tratando de alcanzar el biberón en su mano. Su boca se abrió muy grande cuando le ofreció el biberón.

Toni sonrió.

—¿Sabes, mamá? —dijo pensativa—. La señora Johansen habló sobre los bebés y la leche en la escuela dominical hace dos semanas. Teníamos que aprender un versículo bíblico sobre eso.

—"Como bebés recién nacidos, deseen con ganas la leche espiritual pura para que crezcan a una experiencia plena de la salvación" —dijo su mamá.

—Así que también conoces ese versículo —dijo Toni y añadió—: La señora Johansen dijo que debemos estar tan ansiosos por aprender sobre Dios como un bebé está ansioso por beber su leche. Y mirando a Nico, ¡creo que sé a qué se refiere! *RLV*

¿Y TÚ?

¿Lees tu Biblia? ¿Te gusta ir a la iglesia? ¿Escuchas cuando estás allí? ¿Hablas sobre lo que dice la Palabra de Dios? Un cristiano debe amar la Palabra de Dios así como un bebé ama beber la leche.

ANHELA LA PALABRA DE DIOS

PARA MEMORIZAR:
«Como bebés recién nacidos, deseen con ganas la leche espiritual pura para que crezcan a una experiencia plena de la salvación». 1 Pedro 2:2

OCTUBRE
17

DEMASIADO TARDE
LEE SANTIAGO 4:13-17

—He terminado toda la tarea. ¿Puedo ver televisión? —preguntó Erik cierta tarde mientras él, sus padres y su hermana mayor estaban en la sala.

—Bueno, veamos... creo que ese documental sobre el *Titanic* está a punto de comenzar —contestó su mamá—. Yo también quiero verlo.

—¡Ay, mamá! ¡Debe haber algo mejor que ese tonto documental! —protestó Erik.

—Creo que te parecerá interesante —insistió su mamá—. ¿Sabes qué era el *Titanic*?

—Claro, era un barco grande, y creían que era imposible que se hundiera, pero se hundió —contestó Erik—. ¿Qué les hizo pensar que no podía hundirse?

—Veamos el programa y lo descubriremos —dijo su mamá.

—Oh, está bien —gruñó Erik, mientras se acomodaba en el suelo, —pero sé que será aburrido.

Pronto, sin embargo, se vio conmovido por la trágica historia del *Titanic*. Cuando el programa terminó, Erik se puso de pie y se estiró.

—¡No puedo creer que hayan sido tan tontos! —declaró—. Ni siquiera tenían suficientes botes salvavidas. ¿No pensarías que al menos habrían puesto más de esos botes a bordo? Quiero decir... cuando estás en el mar y tu barco empieza a hundirse, ¡es demasiado tarde para conseguirlos!

Su papá asintió.

—Es fácil para nosotros, en retrospectiva, ver lo necios que fueron. Sin embargo, muchas personas son igual de necias hoy. También creen que "es imposible que se hundan", que pueden posponer pensar en Dios hasta el final de su vida. Pero la verdad es que ninguno de nosotros sabe cuándo será ese día.

—Bueno, espero estar preparado —dijo Erik.

—Puedes estar seguro de tu salvación —contestó su papá—. Si crees en Cristo, ¡estás preparado! *BRE*

¿Y TÚ?

¿Has pospuesto aceptar a Jesús como tu Salvador? ¿Crees que tienes «mucho tiempo»? ¡Puedes estar equivocado! Acepta a Cristo hoy, ¡antes de que sea demasiado tarde!

PARA MEMORIZAR:
«¿Cómo saben qué será de su vida el día de mañana? La vida de ustedes es como la neblina del amanecer: aparece un rato y luego se esfuma». Santiago 4:14

NO ESPERES PARA SER SALVO

MONEDA DE LA BUENA SUERTE

LEE MATEO 10:29-31

Mientras Celso y Damián caminaban, vieron una moneda en la acera. Celso la recogió.

—No puedes hacer gran cosa con una moneda de un centavo —dijo—. Pero por lo menos hoy no tendré mala suerte.

—¿Qué tiene que ver una moneda con la suerte? —preguntó Damián.

—¿No te acuerdas del poema? —contestó Celso—. "Ve una moneda, déjala ahí, tendrás mala suerte todo el día. Ve una moneda, recógela, tendrás buena suerte todo el día".

—¡Ja! —se burló Damián—. No creo en la suerte. Creo que Dios controla los sucesos de nuestra vida.

—¿No crees en la suerte en absoluto? —dijo Celso, incrédulo—. ¿No te preocupa caminar debajo de una escalera o mirar espejos rotos o dejar que un gato negro se cruce en tu camino?

—No —dijo Damián—. Y tampoco me preocupa si el trece del mes cae en viernes. Estoy seguro de que Dios tiene el control de cada cosa que sucede.

—No —resopló Celso—. Supongo que Dios piensa en cosas grandes como las guerras, los terremotos, las inundaciones y cosas así, pero estoy seguro de que no se preocupa por todos los detalles de la vida de millones de personas aquí abajo. ¿O puede hacerlo?

—Él observa todo —insistió Damián—. Aprendimos en la escuela dominical que Dios observa aun a las aves pequeñas.

—¡Estás bromeando! —exclamó Celso.

—No —dijo Damián sacudiendo la cabeza—. ¡Oye! ¿Quieres venir conmigo a la escuela dominical esta semana y escuchar más sobre Dios?

—Está bien —aceptó Celso al llegar a su casa—. Si mamá me deja. Y ten.

Le lanzó la moneda.

—¡Ten la moneda! Si no existe la suerte, ¡ya no la necesito! *CEY*

¿Y TÚ?

¿Crees que la «suerte» controla tu vida? ¿O pones tu fe en Dios y confías en que él te cuidará? Dios hizo la tierra y todo en ella, incluyéndote a ti. Él controla todas las cosas. Él te ve y sabe todo, incluso todo de las pequeñas aves. Y a él le importas.

A DIOS LE IMPORTA TODO

PARA MEMORIZAR:
«Así que no tengan miedo; para Dios ustedes son más valiosos que toda una bandada de gorriones».
Mateo 10:31

OCTUBRE
19

EL EQUILIBRIO ADECUADO

LEE SANTIAGO 1:21-25

Andrés, Rosa y su mamá avanzaron sobre sus yeguas por el camino de tierra. Andrés y Rosa montaban a Medianoche y su mamá a Lady. Andrés miró hacia atrás.

—Miren —dijo—. Papá está alimentando a Buster con algo de grano.

Buster era un poni viejo, y cuando comía con los otros cabellos, Lady a menudo lo empujaba para comer su grano. Lady era la jefa del establo.

—Qué bien —dijo Rosa—. Por una vez podrá disfrutar su refrigerio de la tarde. Le dio palmaditas a Medianoche.

—*Tú* seguro que no lo necesitas, ¿verdad, Medianoche? —preguntó.

—También he notado eso de Medianoche —dijo su mamá con una sonrisa—. Tu papá dice que es porque lo único que hace es comer. Dice que lo que necesita es que la monten o hacer ejercicio todos los días.

—¿Podemos ir a medio galope? —preguntó Andrés.

—Eso sería bueno para ella —aceptó su mamá.

Al desensillar las yeguas más tarde, los niños le contaron a su papá sobre su paseo.

—Uno de nosotros va a ejercitar a Medianoche todos los días —dijo Andrés, y Rosa asintió.

—Bien —dijo su papá—. Lo necesita. Es como algunos cristianos que conozco.

—No te entiendo, papá —dijo Andrés.

Su papá sonrió.

—Algunos cristianos son como Medianoche: comen todo el tiempo, pero no hacen ejercicio —explicó—. "Comen" al ir a la iglesia todo el tiempo y leer mucho la Biblia. Pero fallan a la hora de "ejercitar" su fe. Rara vez comparten con otros o hacen algo para servir al Señor. Solo engordan espiritualmente.

La mamá de los chicos se unió a la conversación.

—Buen punto —dijo y le dio una palmadita a Buster—. Y también hay cristianos como Buster. Hace suficiente ejercicio, pero no siempre tiene suficiente para comer. Los cristianos como él pueden hacer muchas cosas para servir al Señor, pero no dedican el tiempo necesario para obtener alimento espiritual. No leen la Biblia por sí mismos ni van a la iglesia. Están poniéndose "flacos espiritualmente".

El papá de los chicos asintió.

—Necesitamos un equilibrio adecuado entre comida y ejercicio —dijo—, no solo física, sino también espiritualmente. *TJE*

¿Y TÚ?

¿Estás leyendo la Biblia y orando? ¿Vas a la iglesia con regularidad? ¿Tienes amigos cristianos? Eso es bueno. ¿También estás ejercitando tu fe? ¿Estás compartiendo la Palabra de Dios y haciendo su obra? Jesús quiere que seas un cristiano bien equilibrado. Pídele que te muestre en qué área necesitas trabajar.

PARA MEMORIZAR:

«No solo escuchen la palabra de Dios; tienen que ponerla en práctica».
Santiago 1:22

ESCUCHA LA PALABRA DE DIOS Y «PRACTÍCALA»

UN PEQUEÑO PASO

LEE ROMANOS 8:1-6

Cuando Esteban y su amigo Teo llegaron a casa de la tienda, Esteban puso una bolsa de comestibles sobre la encimera.

—Aquí está el cambio, mamá —dijo.

—Falta un dólar —dijo su mamá al contar el dinero.

Esteban tragó saliva.

—El dependiente debe haber cometido un error —murmuró—. Voy a jugar afuera con Teo.

Poco después, el hermanito de Esteban, Desi, entró a la cocina.

—Mami, yo también quiero una paleta de helado —dijo—. Esteban y Teo comieron una.

—¿De dónde sacaste esa idea? —preguntó su mamá.

—Vi cuando tiraban los palitos. Yo también quiero un helado —lloró Desi.

Su mamá llamó a Esteban a la casa y le preguntó sobre el helado.

—Teo los compró —dijo Esteban—. Él...

En ese momento, Teo metió la cabeza por la puerta.

—Tengo que irme a casa, Esteban —dijo—. Gracias por el helado.

Hubo silencio en la cocina después de que Teo cerró la puerta. Finalmente, la mamá de Esteban habló.

—Estás castigado por las próximas dos semanas —dijo—. No solo gastaste el dinero sin permiso, también mentiste dos veces.

—Un pequeño error en estos rumbos y te tratan como un criminal —refunfuñó Esteban camino a su cuarto. Su papá, que venía por el pasillo, lo escuchó.

—Ven conmigo, Esteban —dijo su papá cuando se enteró de lo que había sucedido—. Quiero enseñarte algo.

En silencio, manejaron hasta el centro del pueblo a un sitio de construcción. Una gran armazón de acero para un edificio alto se elevaba hacia el cielo.

—¿Ves a ese hombre allá arriba? ¿Qué pasaría si pensara: "¿Qué importa la manera en cómo camino? ¿Si solo doy un pequeño paso..."? ¿Qué podría suceder?

—Bueno... podría caerse —respondió Esteban.

—Para él es importante caminar con cuidado —dijo su papá—. La Biblia dice que los cristianos debemos caminar con cuidado en este mundo. Decir mentiras puede tener serias consecuencias. Y una mentira por lo general lleva a otra. Así que ten cuidado. *BJW*

¿Y TÚ?

¿Tratas de excusarte por hacer algo malo diciendo: «Bueno, fue solo un pequeño pecado» o «fue una mentirita» o «tomé solo unos centavitos»? Al caminar con Dios, cada paso es importante. Ten cuidado de cómo caminas.

CADA ACCIÓN ES IMPORTANTE

PARA MEMORIZAR:
«Así que tengan cuidado de cómo viven. No vivan como necios sino como sabios». Efesios 5:15

UNA BENDICIÓN EXTRAÑA

LEE SALMO 34:1-3, 8

Después de disfrutar un *picnic* en el parque a la hora del almuerzo, Travis y Sara convencieron a su mamá y a su papá de jugar con un disco volador. Travis y su mamá eran un equipo, y trataban de mantenerlo lejos de Sara y su papá.

Travis y Sara corrían, riendo y tratando de atrapar el disco volador. Travis saltó y cayó con un ruido sordo.

—¡Ayyy! —se quejó—. ¡Mi tobillo!

Con una mano se sujetó el pie y con la otra agarró firmemente el disco volador. Pero su mamá y su papá dejaron de jugar.

—Creo que mejor te sientas y me dejas darle una mirada a tu tobillo —dijo su papá—. Caíste muy duro sobre él.

—Estoy bien —insistió Travis.

Pero cuando dio un paso, le dolió mucho.

—Creo que está empezando a hincharse —dijo su mamá.

Su papá asintió.

—Necesitamos ir a que lo revisen —dijo—. Espera aquí. Arrimaré el auto tan cerca como pueda y te ayudaré a subir.

Travis se sentía infeliz por la decisión de marcharse, pero su tobillo le dolía mucho.

Más tarde, Travis estaba recostado en el sofá de su hogar, rodeado por su familia.

—¿Te duele mucho? —preguntó Sara, ansiosa.

—No tanto como antes —contestó Travis.

—El dolor es una bendición —dijo su mamá mientras le llevaba un cojín.

—¿Una bendición? —dijo Travis—. ¡Debes estar bromeando!

—No, de ninguna manera —respondió su mamá—. El dolor es una alarma interna que nos dice que algo no está bien. Si tu tobillo no te hubiera dolido, habrías continuado caminando. Entonces tal vez lo habrías lastimado más.

—Tu mamá tiene razón, Travis —concordó su papá—. El dolor es una bendición: una bendición extraña, pero aun así una bendición. Un dolor de cabeza, un dolor de estómago, un dolor de muela, todos son advertencias de que algo está mal y necesita atención. El dolor a menudo libra a la gente de la muerte.

—¡Gracias a Dios por el dolor! —sonrió Travis débilmente, y luego añadió—: Supongo. *BJW*

¿Y TÚ?

¿Has dado gracias a Dios por el dolor alguna vez? Probablemente no. Es difícil dar gracias cuando algo te duele, pero hasta el dolor tiene un propósito. Si agradeces más y te quejas menos, descubrirás que te sientes mejor más rápido.

PARA MEMORIZAR:
«Y den gracias por todo a Dios el Padre en el nombre de nuestro Señor Jesucristo».
Efesios 5:20

AGRADECE A DIOS POR EL DOLOR

¡CORRECCIÓN!

LEE COLOSENSES 1:9-14

Elena puso su cabeza en sus manos y gimió.

—Tengo que hacer un informe de Historia este fin de semana —le dijo a su mamá—. Pensé que sería más rápido si lo escribía en la computadora. Pero cada cuantas palabras, cometo un error y tengo que buscar cómo corregirlo.

—¿Por qué no lo escribes y luego usas el corrector de ortografía cuando termines? —preguntó su mamá.

—¿Cómo funciona eso? —preguntó Elena.

—Así —dijo su mamá. Le mostró a Elena cómo hacer que la computadora corrigiera las palabras mal escritas.

—¡Grandioso! —exclamó Elena—. ¡Entonces podré terminarlo!

Una hora más tarde, Elena le preguntó a su mamá:

—¿Quieres leer mi informe?

Cuando su mamá empezó a leer, una extraña expresión se posó en su rostro.

—¿Leíste esto dos veces? —preguntó.

Se lo mostró a Elena.

—George Wash fue el primer presidente de Estados Unidos —leyó en voz alta—. Se le conoce como el pato de la nación.

—¡Oh, no! —rio Elena—. La computadora sabía cuándo una palabra no estaba bien escrita. Pero no sabía que *Wash* y *pato* no eran las palabras correctas para reemplazar. Se supone que debía decir: "George Washington fue el primer presidente de Estados Unidos. Se le conoce como el padre de la nación".

Su mamá sonrió.

—Tendrás que volver a abrir el documento. Tú eres responsable de hacer la revisión final, ¿sabes? —añadió—: Esta será una buena ilustración para mi lección de la escuela dominical.

—¿De qué manera? —preguntó Elena.

—La computadora puede eliminar errores, como la sangre de Cristo puede quitar nuestra culpa —explicó su mamá—. Pero necesitamos revisar nuestra vida cada día para asegurarnos de que no seguimos haciendo cosas malas. Así como tú necesitas reemplazar las palabras equivocadas en la computadora con las palabras correctas, todos necesitamos reemplazar las malas acciones con buenas acciones. *SLK*

¿Y TÚ?

¿Has aceptado el sacrificio de Cristo en la cruz por tus pecados? Su sangre es suficiente para borrar toda tu culpa. Pero también quiere que uses tu vida para hacer su voluntad. No solo te deshagas de tu pecado, permite que Cristo ponga algo bueno en su lugar.

HAS SIDO SALVADO PARA SERVIR

PARA MEMORIZAR:

«Entonces la forma en que vivan siempre honrará y agradará al Señor, y sus vidas producirán toda clase de buenos frutos. Mientras tanto, irán creciendo a medida que aprendan a conocer a Dios más y más». Colosenses 1:10

23

LA PARCELA DE ALGODÓN DEL ABUELITO

LEE 1 JUAN 1:8-10; 2:1-2

—Mira, papá —dijo Miqueas, caminando por la parcela de algodón de su abuelito—. Hay una cosa gris y extraña en este capullo de algodón. Es muy pequeña, pero parece que tiene una nariz larga. ¿Qué es, papá?

El papá de Miqueas examinó con cuidado el capullo de algodón.

—Esta pequeña peste es un gorgojo de algodón —dijo.

—¿Qué hace un gorgojo de algodón? —preguntó Miqueas.

—Se alimentan de la planta de algodón —contestó su papá—. También pone muchos huevos. Luego de los huevos salen bebés gorgojos. Esta peste destruye muchas plantas.

—Será mejor que le digamos al abuelito sobre estos gorgojos para que los detenga antes de que arruinen su algodón —dijo Miqueas.

—Sí, hagámoslo —concordó su papá.

Cuando el abuelito escuchó sobre los gorgojos, frunció el ceño.

—Debo encargarme de ellos de inmediato —dijo.

Pronto llegó la hora de que Miqueas y su papá se fueran a su casa.

—Adiós, abuelito —dijo Miqueas—. No olvides hacerte cargo de esos gorgojos.

—No lo olvidaré —le aseguró su abuelito. Luego sonrió—. Tengo una adivinanza para ti. ¿Qué es lo que entra a tu vida y se multiplica igual que esos gorgojos si no te deshaces pronto de él?

Miqueas pensó por un momento.

—No lo sé —dijo.

—Entonces más vale que te lo diga —dijo su abuelito—. Es el pecado. Cuando nos damos cuenta de que algo de pecado ha entrado a nuestra vida, debemos deshacernos de él de inmediato. Jesús hizo que esto fuera posible en la cruz. Podemos confesar nuestros pecados y recibir perdón. A través de él, nuestros pecados serán totalmente limpiados.

El abuelito le dio un abrazo a Miqueas.

—Yo me encargaré de esos gorgojos del algodón —dijo—, y ambos recordemos confesar nuestros pecados todos los días y no dejar que se multipliquen en nuestra vida. ¿De acuerdo?

Miqueas asintió. *WWS*

¿Y TÚ?

Cuando haces algo malo, ¿lo confiesas rápidamente? Si no lo haces, probablemente lo repetirás. Dios quiere que te arrepientas de tu pecado y te alejes de él. Pídele que te ayude a arrepentirte.

PARA MEMORIZAR:

«Pero si confesamos nuestros pecados a Dios, él es fiel y justo para perdonarnos nuestros pecados y limpiarnos de toda maldad».
1 Juan 1:9

EL PECADO QUE NO SE CONFIESA MUCHAS VECES SE REPITE

DEMASIADO DINERO

LEE ROMANOS 12:9-21

—Son ocho con setenta y cinco, nueve, diez y veinte dólares —contó la cajera.

Los ojos de Dennis se abrieron muy grandes y rápidamente guardó los billetes en su bolsillo. Levantó la pequeña bolsa de comestibles y salió corriendo por la puerta.

—¡Guau! —silbó—. Pensó que le di un billete de veinte cuando solo le di uno de diez. Ahora podré comprar esa raqueta de tenis que quiero.

Cuando llegó a su casa, le dio a su papá el cambio y escondió los diez dólares extra en el cajón de su escritorio.

Esa noche no hizo el devocional. No tenía ganas de pensar en Dios. Pero no podía apagar la voz que le decía una y otra vez: *Eso fue robar. Devuélvelo. Devuélvelo.*

A la mañana siguiente, Dennis tomó el dinero de su alcancía y añadió los diez dólares. Pensaba detenerse en la tienda deportiva cuando volviera a su casa de la escuela. Pero al entrar al salón escuchó a Silvia hablando con la maestra.

—No podré ir a la excursión de la clase, señorita Martínez —dijo Silvia—. Mi hermana iba a pagar mi boleto, pero ayer le faltaron diez dólares en la caja registradora. Tuvo que reponerlos.

El corazón de Dennis por poco se detiene. Había sido la hermana de Silvia quien le había devuelto demasiado dinero.

«No es mi culpa —trató de decirse a sí mismo—. Yo no lo tomé. Ella me lo dio».

Pero realmente sabía que, al quedarse con el dinero, estaba robando tan ciertamente como si hubiera sacado él mismo el dinero de la caja registradora. Y de pronto se dio cuenta de que siempre que algo era robado, alguien tenía que pagar.

«Si me quedo con el dinero, Silvia será la que pague al no poder ir a la excursión de la clase —murmuró—. Entonces, ¿cómo podría yo disfrutar la excursión? Como cristiano, ¿cómo podría disfrutar cualquier cosa que comprara con ese dinero?».

Así que se detuvo en la tienda de comestibles después de la escuela para devolver el dinero en lugar de ir a la tienda deportiva. Y regresó a casa con una sonrisa en lugar de una raqueta. *BJW*

¿Y TÚ?

¿Has robado cosas? Es posible robar de diferentes maneras, no solo tomando lo que no te pertenece, sino también dejando de devolverlas cuando le pertenecen a alguien más. A Dios le disgusta tanto un método de robar como otro. ¿Debes devolver algo?

SÉ HONESTO

PARA MEMORIZAR:
«Tenemos cuidado de ser honorables ante el Señor, pero también queremos que todos los demás vean que somos honorables».
2 Corintios 8:21

LOS TALENTOS DE TALÍA

LEE MATEO 25:14-23

—Debo estar en el hospital por lo menos una semana para la operación —dijo la mamá de Talía desde su silla de ruedas mientras veía a Talía recoger la mesa—. La tía Belén dice que tú y Berto pueden quedarse con ella.

—Ohh —se quejó Talía—. ¿Tenemos que hacerlo?

—No pueden quedarse solos —razonó su mamá—. ¿Por qué no te gusta estar allá?

Talía titubeó. Luego dijo rápidamente.

—Es solo que Marci es tan... tan... bonita e inteligente y conocida. Cuando estoy con ella, ¡me siento como una gran perdedora!

Antes de que mamá pudiera responder, un grito atravesó el aire.

—¡Es Berto!

Mientras su mamá giraba la silla de ruedas, Talía salió corriendo por la puerta. Casi de inmediato regresó con un niño llorando en brazos.

—Se cortó el dedo, pero no muy profundo.

Talía cargó a Berto y lo llevó al baño, y pronto su llanto se convirtió en risas. Unos minutos después, Berto mostró con orgullo su dedo vendado.

—¡Mira, mamá! Talía lo arregló. Es una buena enfermera.

Su mamá asintió.

—Lo sé. Es una buena cocinera y una buena ama de casa también. Ha cuidado de nosotros con excelencia desde que me lastimé la pierna. La tía Belén dice que se alegra de que tú y Talía se queden con ellos unos días porque Talía es una buena influencia para Marci. Cree que Talía es una de las niñas más dulces y talentosas que conoce.

—Yo también —concordó Berto—. Incluso sabe hacer galletas con una porción doble de chispas de chocolate.

Talía rio.

—Está bien. Ya entendí, hermanito. Iré a hacer unas galletas. Y también entiendo lo que quieres decir, mamá. Estaré agradecida por los talentos que Dios me ha dado y los usaré para él en lugar de quejarme y desear lo que le ha dado a alguien más. *BJW*

¿Y TÚ?

¿A veces te sientes como un don nadie? Dios les ha dado a todos por lo menos un talento. ¿Qué talento te ha dado a ti? ¿La habilidad de cantar o hablar? ¿De esparcir alegría por medio de una sonrisa? ¿De ayudar a otros? Cualesquiera que sean tus talentos, úsalos para la gloria de Dios.

PARA MEMORIZAR:

«El amo dijo: "Bien hecho, mi buen siervo fiel. Has sido fiel en administrar esta pequeña cantidad, así que ahora te daré muchas más responsabilidades. ¡Ven a celebrar conmigo!"». Mateo 25:23

USA TUS TALENTOS

EL NIÑO DE LAS CURITAS

LEE SALMO 32:1-5

El papá de Monty suspiró cuando vio a Monty barriendo el garaje. Cuando Monty hacía algo sin que se lo pidieran, a veces significaba que había hecho algo malo.

—Hola —dijo el papá de Monty, saludando a su esposa—. ¿Sucedió algo hoy?

—Elliott tiene varicela —anunció—. Y Monty le disparó al perro del señor White con la pistola de perdigones de Cristóbal Monroe.

El papá de Monty frunció el ceño.

—¡Le he dicho una y otra vez que no juegue con la pistola de Cristóbal! ¿Lastimó al perro?

—No. Solo lo asustó y enfadó al señor White —contestó su mamá—. Él vendrá esta tarde.

El papá de Monty hizo una mueca.

—Sabía que algo andaba mal cuando...

—¡Mírame! ¡Mira, papá! —interrumpió Elliott, de tres años.

Su mamá se quedó boquiabierta y su papá rugió de risa cuando vieron a Elliott.

—Tengo las varicelas —dijo Elliott—. ¿Ves? Me puse curitas en las ampollas.

—¡Qué tan tonto puedes ser! —gruñó Monty al entrar al cuarto y ver a su hermano—. ¡No puedes curar la varicela cubriendo las ampollas!

—Tienes razón —concordó su papá—. Y tampoco puedes cubrir el pecado con "curitas de buenas acciones". He notado que cuando haces algo malo, tratas de cubrirlo haciendo algo bueno. Has estado barriendo el garaje como si eso compensara por lo que hiciste esta tarde.

—Cristóbal me retó y dijo...

Monty hizo una pausa.

—Cuando haces algo malo, Monty, no culpes a nadie más. Sé lo suficientemente maduro para admitirlo —dijo su papá—. La única cura para el pecado es el arrepentimiento.

Los ojos de Monty se llenaron de lágrimas.

—Lo siento, papá. ¿Crees que el señor White me perdonará?

Su papá suspiró.

—Ciertamente lo espero. También le debes una disculpa a Jesús, Monty. Cuando le haces algo malo a alguien, también pecas contra el Señor.

Monty tragó saliva.

—Iré a hablar con el Señor ahora —dijo. *BJW*

¿Y TÚ?

¿Eres un «niño de curitas»? No trates de cubrir tus pecados con buenas acciones o excusas. Necesitas arrepentirte y pedirle a Dios que te perdone.

CONFIESA Y ALÉJATE DEL PECADO

PARA MEMORIZAR:
«Los que encubren sus pecados no prosperarán, pero si los confiesan y los abandonan, recibirán misericordia». Proverbios 28:13

OCTUBRE
27

LOS DOLORES POR LA MUDANZA (PARTE 1)

LEE 1 TESALONICENSES 2:17; 3:9-13

El padre de Pancho había sido asignado a un nuevo trabajo en otra ciudad, y este sería el último día de Pancho con sus amigos de la iglesia antes que él y su familia se mudaran. Estaba ansioso por ver a sus amigos una vez más, pero detestaba las despedidas.

—Algún día todos nos mudaremos —dijo el señor Constantino al empezar la lección—. Si conocen al Señor Jesús como Salvador, su mudanza los llevará a vivir con él en el cielo. —Miró a cada uno de los estudiantes—. ¿No sería maravilloso tener allá una reunión de la clase? Me pregunto, ¿estarán todos allí?

El salón se quedó en silencio por un momento, y entonces Pancho habló.

—Yo sí —dijo—. Acepté a Jesús como mi Salvador, así que sé que los veré otra vez en el cielo.

De pronto, el tiempo de la clase se convirtió en un servicio de testimonio. Uno tras otro, los miembros hablaron de cómo habían aceptado a Cristo como Salvador y estaban seguros de que irían al cielo. Algunos mencionaron que esperaban con ansias ver a sus abuelos allá. Pancho sonrió. Sus abuelos eran cristianos, así que él también los vería en el cielo. A veces pensaba en la gente de la Biblia que había puesto su fe en acción al obedecer y confiar en Dios. Algún día también los conocería y hablaría con ellos en el cielo.

Al finalizar la hora de la escuela dominical, la clase le dio a Pancho una tarjeta gigante con las firmas y direcciones de cada miembro. Prometieron que si les escribía, contestarían.

—Los extrañaré, chicos —dijo Pancho.

—También nosotros te extrañaremos —le dijo el señor Constantino—, pero a juzgar por los testimonios que hemos oído aquí, podemos tener la esperanza de que un día estaremos todos juntos en el cielo.

Pancho sonrió. *RIJ*

¿Y TÚ?

¿Has tenido que mudarte lejos, o ha tenido que hacerlo un amigo? Entonces, es natural que se sientan tristes, pero pueden orar el uno por el otro, escribirse y esperar con ansias poder visitarse. Lo mejor es que, si ambos son cristianos, pueden estar seguros de que un día estarán juntos en el cielo.

PARA MEMORIZAR:
«Pues, si bien estoy lejos, mi corazón está con ustedes. Y me alegro de que viven como deben hacerlo y de que su fe en Cristo se mantiene firme». Colosenses 2:5

LOS CRISTIANOS TIENEN AMISTADES DURADERAS

LOS DOLORES POR LA MUDANZA (PARTE 2)

LEE JUAN 9:13-25

Al prepararse para la escuela el lunes por la mañana, Pancho estaba pensando en sus amigos de la escuela dominical. De pronto se detuvo cuando un nuevo pensamiento lo asaltó. *¿Y qué hay de los niños de mi salón de la escuela pública? ¿Cuántos de ellos conocen al Señor?* Pancho empezó a pensar en ellos, uno por uno. *Nunca les he preguntado, pero si no conocen al Señor, quizás nunca los vuelva a ver después de mudarme.* Entonces Pancho hizo un compromiso silencioso con Dios: «Ayúdame, Señor, a usar mi última semana en la escuela para hablar con mis amigos acerca de ti», oró. Pero sintió miedo. *¿Y si se burlan de mí?*

Mientras Pancho pensaba en sus amigos nuevamente, otro pensamiento vino a su mente. *¿Qué tal si hacen preguntas que no puedo responder?* Entonces recordó la historia de un hombre ciego a quien Jesús le devolvió la vista. La gente le había preguntado cosas que no pudo responder. Él simplemente les dijo que no sabía las respuestas a sus preguntas, pero afirmó: «Lo que sé es que yo antes era ciego, ¡y ahora puedo ver!».

Eso haré, decidió Pancho. *Les diré que no tengo todas las respuestas, pero hay una cosa de la que estoy seguro: Antes estaba separado de Dios por el pecado, pero ahora soy hijo de Dios.*

Antes de que sonara la campana esa mañana, Pancho tuvo su primera oportunidad de dar testimonio. Su amigo Jackson preguntó qué había hecho el día anterior.

—Fui a la iglesia y a la escuela dominical y les dije adiós a mis amigos de allí, pero los veré nuevamente en el cielo algún día —contestó Pancho. Respiró hondo y añadió—: Espero verte allí a ti también. ¿Conoces a Jesús?

Para su sorpresa, Jackson asintió.

—Ojalá hubiera sabido antes que eres cristiano —dijo—. Lamento que te mudes. Ahora probablemente sea el único cristiano de nuestra clase.

Pancho lo miró. ¿Jackson también era cristiano? ¡Ninguno de los dos había dicho nada antes!

—También quisiera haber dicho algo antes —dijo Pancho. *RIJ*

¿Y TÚ?

¿Alguna vez les has preguntado a tus amigos de la escuela si son cristianos? ¿Tienes miedo de que se burlen o de no saber qué decir? Pídele valor a Dios. Luego hazles saber que crees en Jesús. Quizás tu testimonio le dé valor a otro cristiano tímido para hablar de Jesús también.

HABLA DE JESÚS

PARA MEMORIZAR:
«"Yo no sé si es un pecador —respondió el hombre—, pero lo que sé es que yo antes era ciego, ¡y ahora puedo ver!"». Juan 9:25

LOS DOLORES POR LA MUDANZA (PARTE 3)

LEE EFESIOS 1:15-19

Al mediodía, en su primer día en la escuela nueva, Pancho se preguntaba si algún día tendría amigos allí. Vio a un grupo de chicos recargados contra el edificio cerca de ahí. *Bueno, si quiero tener amigos supongo que debo ser amigable,* pensó. Caminó hacia ellos y dijo.

—Hola, me llamo Pancho Carlson.

Los otros chicos lo miraron con detenimiento. Finalmente, uno de ellos habló.

—¿Tienes conexiones? —preguntó el chico—. ¿Puedes conseguir algo de yerba?

Pancho se sorprendió. *¿Yerba?,* se preguntó. *Quiere decir marihuana. ¿Hay que consumir o vender marihuana para «ser parte» de este grupo de chicos de la escuela?* Pancho dudó solo un momento. *Quiero amigos, pero... bueno, supongo que mejor busco en otro lado.* Estaba a punto de darse la vuelta y marcharse cuando recordó que le había pedido ayuda a Dios para ser un buen testigo en su nueva escuela. Bueno, ¡seguramente esta era una oportunidad!

Pancho inhaló profundo.

—Si ustedes creen que consumo drogas —dijo con valor, aunque temblaba por dentro—, me han juzgado mal. —Volvió a inhalar profundo—. Soy cristiano, y no necesito nada para drogarme. Estoy contento con la vida como es porque conozco a Jesús.

Pancho se dio la vuelta para marcharse. Al hacerlo, hubo un rugido de risas del grupo, pero Pancho se sentía bien por dentro. En su escuela anterior jamás se había enfrentado con la tentación de involucrarse con las drogas. Aquí, la tentación había llegado el primer día, pero Dios lo había ayudado a ser fuerte y a no ceder. Mientras se alejaba, le agradeció en silencio al Señor por ayudarlo, y también le pidió que le mostrara dónde podía encontrar el tipo correcto de amigos. *RIJ*

¿Y TÚ?

¿Alguna vez has sido tentado a involucrarte con las drogas? ¿O bebidas alcohólicas? ¿O robar en una tienda? ¿O robar del escritorio de alguien? Satanás tiene muchas maneras de tentarte. No cedas. Usa todas las provisiones que Dios ha creado para resistir la tentación. Sé fuerte en el Señor.

PARA MEMORIZAR:

«Una palabra final: sean fuertes en el Señor y en su gran poder». Efesios 6:10

RESISTE LA TENTACIÓN

LOS DOLORES POR LA MUDANZA (PARTE 4)

LEE 1 TIMOTEO 1:12-15

Cuando Pancho se alejó de los chicos que habían hablado de drogas, notó que uno de ellos se apartó del grupo y lo llamó. Pancho se detuvo y esperó.

El niño le ofreció una pequeña sonrisa.

—¡Hola! Me llamo Lázaro Serrano. Tuviste mucho valor al hablar como lo hiciste allá atrás —dijo—. Si yo hubiera hecho eso en mi primer día aquí, estaría mejor. Solía ir a la iglesia y a la escuela dominical cada semana. Pero luego empecé a juntarme con esos chicos, y las cosas cambiaron mucho. A mis papás no les importa si voy a la iglesia o me quedo en la casa.

Hizo una pausa y tragó saliva.

Pancho decidió que era su oportunidad de hablar.

—Oye, ¿por qué no vienes conmigo a la iglesia el próximo domingo? —le preguntó.

Pero el niño sacudió la cabeza.

—Es demasiado tarde —dijo.

—No es demasiado tarde. Solo porque te equivocaste en el pasado no significa que las cosas tengan que seguir siendo igual —dijo Pancho—. Si te acercas a Jesús y confiesas que eres un pecador y le pides que venga a tu vida, lo hará. —Pancho se detuvo un momento—. Te consideras un pecador, ¿verdad?

—¿Yo? ¿Un pecador? —dijo Lázaro con desdén—. ¡Soy el peor! Eso me convierte en un caso perdido.

—Nadie es un caso perdido —le aseguró Pancho, mientras oraba en silencio pidiendo orientación—. ¿Por qué no le pides al Señor que te perdone y cambie tu vida? Eso hice yo.

Lázaro suspiró y negó con la cabeza.

—Ahora no. Debo regresar con mis amigos —dijo—. ¡Pero tú estás bien! Mantente firme. Nos vemos.

Pancho miró cómo Lázaro se alejaba. De una cosa estaba seguro, iba a orar por Lázaro todos los días y le iba a ser amigable en cada oportunidad que se le presentara. *RIJ*

¿Y TÚ?

¿Te sientes como «un caso perdido»? ¿Has hecho cosas peores que las que conocen tus papás? Bueno, entonces Jesús vino a salvarte. Él cambió a Saulo, que estaba persiguiendo a los cristianos, y lo convirtió en Pablo, el apóstol. Él quiere hacer una nueva persona de ti también. Entrégale tu vida hoy.

EL PEOR PECADOR PUEDE SER SALVO

PARA MEMORIZAR:

«La siguiente declaración es digna de confianza, y todos deberían aceptarla: "Cristo Jesús vino al mundo para salvar a los pecadores", de los cuales yo soy el peor de todos». 1 Timoteo 1:15

OCTUBRE
31

LA ROPA APROPIADA

LEE APOCALIPSIS 19:5-9

Raquel y Jack estaban emocionados por el desfile de disfraces y el concurso que su grupo de jóvenes tendría el sábado por la noche.

—Espero ganar el primer lugar —dijo Raquel mientras confeccionaba su disfraz de princesa.

—Nada que ver —declaró Jack—. Yo voy a ganar. Mira este arco que acabo de terminar para mi disfraz de Robin Hood —dijo, y con orgullo le mostró su creación.

Raquel sonrió.

—Veremos —dijo.

Ambos trabajaron duro en sus disfraces. Querían que cada pequeño detalle fuera perfecto.

—Ambos lucen maravillosos —declaró su mamá.

Después de la fiesta, unos amigos de Raquel y Jack los llevaron a la casa. En cuanto los dejaron, entraron corriendo.

—¡Adivina qué! —gritó Jack—. Ambos ganamos. Los jueces no pudieron decidir cuál era el mejor, ¡así que nos dieron el empate!

—Sí —dijo Raquel—. Medio acaparamos los premios, supongo. Incluso me sentí un poco culpable, ¡pero no tanto!

—Bueno —dijo su papá—. Me alegra que se divirtieran, chicos. ¿Aprendieron algo de valor también?

Jack asintió.

—En nuestro devocional, el señor Perry habló del gran trabajo que tomaron nuestros disfraces para este día de diversión. Luego dijo que debemos asegurarnos de tener la "ropa correcta" para algo aún más importante.

—Se refería a estar listos para ir al cielo —añadió Raquel—, y sobre las "ropas de salvación" que recibimos cuando aceptamos a Jesús como Salvador. Dijo que eso significa estar cubiertos con la salvación que viene de Cristo, que nos hace presentables a los ojos de Dios.

—Así es —concordó su mamá—. ¡Y cuánto me alegra que todos nosotros ya tengamos nuestras "ropas celestiales"! *HWM*

¿Y TÚ?

¿Te disfrazaste y lo pasaste bien hoy? Es divertido ir a un desfile o a una fiesta disfrazados, ¿cierto? ¿Te has esforzado por estar listo para ir al cielo? Necesitas la «ropa» apropiada para esa ocasión también; necesitas la salvación de Cristo. Piensa en eso hoy.

PARA MEMORIZAR:

«¡Me llené de alegría en el SEÑOR mi Dios! Pues él me vistió con ropas de salvación y me envolvió en un manto de justicia. Soy como un novio vestido para su boda o una novia con sus joyas». Isaías 61:10

«VÍSTETE» PARA EL CIELO

DIOS SABE LO QUE ES MEJOR

LEE SALMO 25:8-13

Lautaro pateó una caja vacía fuera del camino al entrar al estudio de su padre. Se desplomó en una silla y miró por la ventana los carámbanos de hielo que colgaban del techo.

—Creo que Dios cometió un gran error al enviarnos aquí —dijo.

—¿Qué te hace decir eso? —preguntó su papá—. Sabes que tu madre y yo pensamos que Dios nos mostró claramente que era hora de cambiarnos a un nuevo ministerio.

—Pero todo es tan diferente aquí —se quejó Lautaro—. Antes teníamos una iglesia grande con mucha gente. Casi nadie viene a esta iglesia, y no tienen todos los programas interesantes que teníamos allá.

—Esta iglesia apenas está empezando, Lautaro —dijo su papá—. Conforme vaya creciendo, tendremos más programas para chicos como tú. Por ahora solo necesitamos confiar en que Dios nos puso en el lugar que él quiere para nosotros.

—¡Llegó el correo! —La mamá de Lautaro entró a la habitación y le dio varias cartas a papá y una a Lautaro—. Yo también recibí una carta —dijo—. Es de tu abuelita Robinson. Envió una nueva receta de galletas.

Lautaro sintió que se le hacía agua la boca al recordar la última vez que tomó leche con galletas en la cocina de la abuelita Robinson.

—¿Puedes hacer unas pronto, mamá? —preguntó con entusiasmo.

—Espera un minuto. —Su papá se estiró para tomar la receta de las manos de la mamá de Lautaro—. ¿Estás seguro de que quieres algunas de estas? ¿Qué tal si tu abuelita nos mandó una mala receta? ¿Qué tal si esta receta hace las peores galletas que hayas probado en tu vida?

—No lo creo. Abuelita ya la probó —dijo Lautaro—. Ella no nos mandaría una receta a menos que supiera que saldría bien.

Una amplia sonrisa se dibujó en el rostro de papá.

—¿Y crees que Dios nos enviaría a un ministerio nuevo si no supiera que será para nuestro bien?

Lautaro le devolvió la sonrisa.

—Está bien... ya entiendo —dijo. *EMO*

¿Y TÚ?

¿Piensas en Dios como en un Padre celestial amoroso o como en un bravucón viejo y malo que arruina tus planes? Aunque las cosas no vayan en la dirección que te agrada, recuerda que Dios te ama. Él quiere lo mejor para ti y para todos sus hijos.

PUEDES CONFIAR EN DIOS

PARA MEMORIZAR:
«El Señor guía con fidelidad y amor inagotable a todos los que obedecen su pacto y cumplen sus exigencias». Salmo 25:10

2

CUANDO LA VIDA DUELE

LEE 1 PEDRO 5:6-7, 10-11

Nick estaba parado llorando en un campo de la granja de su abuelo. Habían venido para enterrar a su mascota. Terry había sido un hermoso labrador dorado. Nick lo había criado desde cachorro y lo había entrenado para buscar cosas, saludar con la pata y a sentarse. Desafortunadamente, Nick no había logrado evitar que persiguiera autos.

Una tarde, la mamá de Nick encontró a Terry muerto al costado de una avenida cerca de su casa.

Al principio, Nick se sintió impactado y triste.

—Debí haber encontrado una mejor manera de mantenerlo a salvo —se quejó. Pero ahora, parado entre sus papás en la granja del abuelo, empezó a sentirse enojado—. Dios sabía cuánto amaba a Terry. ¿Por qué dejó que esto pasara?

Las palabras escaparon de su boca.

El papá de Nick se arrodilló junto a él.

—La manera en que amaste a Terry es un poco la manera en que te amamos nosotros a ti —dijo—. Aun cuando te amamos, no podemos evitar que te lastimes en ocasiones. ¿Es nuestra culpa que te caigas de la bicicleta o te golpees la cabeza?

Nick sacudió la cabeza.

—No —dijo.

—Claro que no —concordó su papá—. Podemos intentar asegurarnos de que nunca te lastimes manteniéndote en la cama todo el tiempo. Pero eso no te gustaría, y necesitas cierta cantidad de libertad para crecer. Hiciste tu mejor esfuerzo para tratar de mantener seguro a Terry al poner una cerca en el patio trasero. Quizás si lo hubieras encadenado al garaje habría estado más seguro, pero no le habría gustado, y tampoco habría sido algo bueno para él. No es tu culpa que se haya lastimado. Pero tampoco es culpa de Dios. Cuando les damos libertad a quienes amamos, a veces ellos se lastiman.

Nick se veía pensativo.

—Entonces le voy a pedir a Dios que me ayude a sentirme mejor por la muerte de Terry —decidió.

Su papá le apretó el hombro.

—Esa es una oración sabia. Estoy seguro de que Dios lo hará —dijo. *KEC*

¿Y TÚ?

¿Culpas a Dios cuando las cosas salen mal en tu vida, o recuerdas que su amor incluye libertad para crecer? Dios no siempre aleja el dolor de nuestra vida. Pero sí nos ofrece consuelo cuando nos sentimos lastimados, ¡y siempre te ama!

PARA MEMORIZAR:

«Yo, sí, yo [Dios] soy quien te consuela». Isaías 51:12

DEJA QUE DIOS TE CONSUELE

EL PROBLEMA DE KATY

LEE PROVERBIOS 8:6-9

Katy estaba callada en el camino a casa. Tenía que tomar una decisión.

—Estás demasiado callada —dijo su amiga Teresa.

Katy solo sonrió.

En casa, Katy se apresuró a su cuarto para cambiarse de ropa. Abrió su cuaderno y de nuevo leyó la nota de su amiga Jennifer invitándola a dormir en su casa el viernes por la noche. Katy tenía muchas ganas de ir. El problema era que ya había prometido ir de compras con Teresa ese viernes por la noche.

Tal vez le pueda decir a Teresa que no me siento bien, pensó Katy.

Katy bajó las escaleras y entró a la cocina.

—Mamá, tengo un problema —dijo—. Le prometí a Teresa que iría al centro comercial con ella el viernes por la noche, pero hoy Jennifer me invitó a dormir en su casa ¡la misma noche!

—Bueno, ya que tenías planes con Teresa, ¿no le dijiste a Jennifer que no podías ir? —preguntó su mamá.

Katy sacudió la cabeza.

—Prefiero ir a la casa de Jennifer —dijo.

Su mamá frunció el ceño. Katy se apresuró:

—Y Teresa ni siquiera tiene que saberlo. Puedo decirle que no me siento bien o algo así.

—Eso sería una mentira —dijo su mamá.

—Pero no sería *tan* mala, ¿cierto? —insistió Katy—. ¿Solo una mentirita?

Su mamá apuntó al fregadero.

—¿Ves esos platos sucios en el fregadero? —preguntó.

Katy asintió.

—Voy a dejar correr algo de agua limpia y los lavaré —dijo su mamá—. Cuando termine, ¿te gustaría beber esa agua?

—Claro que no —dijo Katy, confundida.

—¿Y tomar un trago después de que lave solo un pequeño plato? —preguntó su mamá.

—¡No! —dijo Katy—. ¿A dónde quieres llegar?

—Bueno —dijo su mamá—, decir una mentira es más o menos como ensuciar tu agua para beber. Puedes pensar que una mentira no hará una gran diferencia, pero la hará. *VRG*

¿Y TÚ?

¿Crees que decir una mentira solo una vez no hará ningún daño? Recuerda, cada vez que dices una mentira hace una diferencia en ti espiritualmente. Dios detesta la mentira. Esfuérzate por decir la verdad.

DI LA VERDAD

PARA MEMORIZAR:
«Pues hablo la verdad y detesto toda clase de engaño». Proverbios 8:7

CONTENTO CON LOS DONES

LEE 1 CORINTIOS 12:7-11

—¡Bien, chicos! —los llamó el entrenador Pereira—. Si quieren una oportunidad para ser porteros, formen una línea cerca de la portería.

Tony corrió al otro lado de la cancha y se unió a la línea en formación. Contó a otros nueve jugadores que querían pasar la prueba para ser porteros.

—¡Tony! —gritó el entrenador Pereira—. Es tu turno. Veamos qué puedes hacer.

Tony esperó mientras dos jugadores pateaban el balón de un lado a otro y se aproximaban a la portería. De pronto, uno de ellos pateó el balón con fuerza. Tony se tiró hacia abajo y lo atrapó. Salvó dos de tres intentos de gol.

Cuando todos los niños habían hecho la prueba para la posición, el entrenador anunció que tres niños practicarían para porteros. El nombre de Tony no fue nombrado.

El entrenador Pereira puso su mano sobre el hombro de Tony mientras se encaminaban al medio campo.

—Tony, ¿por qué crees que no fuiste elegido para portero? —preguntó.

—Supongo que porque no puedo hacerlo —dijo Tony en voz baja.

El entrenador sacudió la cabeza.

—Hiciste un buen trabajo —dijo—. Pero correr y mover la pelota es lo tuyo. Te necesitamos demasiado en el medio campo. No podemos darnos el lujo de perderte para que seas el portero. ¿Puedes entender eso?

—Sí, supongo —dijo Tony, su rostro iluminándose un poco.

Esa tarde, Tony le contó a su papá lo que había dicho el entrenador.

—¿Sabes, Tony? —dijo—. Dios nos da a cada uno dones y talentos especiales. Uno de tus talentos en el fútbol es correr y mover el balón. Cuando usas tus dones en tu posición actual, haces lo que es mejor para el equipo. Eso no significa que nunca serás portero. Solo que no por ahora. Lo mismo pasa en la iglesia. Dios les ha dado diferentes dones a las personas. Dios se complace y es honrado cuando cada persona usa sus dones para ayudar a los demás.

—Bueno, creo que tienes razón —respondió Tony—. Trataré de dar lo mejor de mí en la posición donde el entrenador me tiene. *BMR*

¿Y TÚ?

¿Estás contento con los talentos que tienes? ¿Preferirías tener un talento que Dios le ha dado a alguien más? Recuerda que Dios en su sabiduría te da los dones que sabe que son los mejores para ti. Aprende a ser agradecido por esos dones y dales buen uso.

PARA MEMORIZAR:

«Es el mismo y único Espíritu quien distribuye todos esos dones. Solamente él decide qué don cada uno debe tener». 1 Corintios 12:11

USA TUS DONES

DIOS HABLA NUESTRO IDIOMA

LEE HEBREOS 1:1-2; 2:1-4

Mientras la familia Martínez escuchaba las noticias de la tarde en la televisión, el reportero mencionó un derrame de petróleo en la Costa Oeste, donde muchas millas de hermosa y arenosa playa estaban cubiertas con una capa espesa, negra y pegajosa.

«Parece que la Madre Naturaleza tendrá que hacer el trabajo final de limpieza aquí», declaró el reportero.

—¡Madre Naturaleza! —exclamó el papá de José—. ¿Por qué no admiten que esto está en las manos de Dios? Solo él puede controlar el clima y los océanos para resolver un problema de este tamaño.

En la pantalla, varias aves marinas abandonadas miraban a la cámara. Incapaces de moverse, eran la viva imagen del abatimiento, y los ojos de José, de catorce años, se llenaron de compasión.

—Las personas que no conocen al Señor se parecen mucho a esas aves marinas —comentó su papá—. ¿Puedes adivinar lo que quiero decir con eso?

—Bueno... —José se quedó pensativo—. Las aves deben ser limpiadas para que puedan vivir. Y alguien que no tiene a Jesús como Salvador también necesita ser limpiado para tener vida eterna.

José había confiado recientemente en Jesús como su Salvador y había pensado mucho en su nueva relación con el Señor. Las palabras brotaron con profunda sinceridad. Ahora veía a un ave empapada de petróleo que trataba de liberarse de las manos de una rescatista.

—¡Pobrecita! —murmuró José—. Si no deja que la señora la ayude, morirá. Qué mal que ella no pueda hablar el lenguaje de las aves y decirle que solo quiere ayudarla.

—Cierto —concordó su papá. Luego añadió—: Me alegra que Dios hable nuestro idioma, ¿y a ti? Él nos dice en la Biblia que ha provisto una manera de limpiar el desastre del pecado. Pero las personas necesitan dejar de luchar contra Dios y simplemente confiar en Jesús, su Hijo, para que él haga lo que ellos no pueden hacer por sí mismos. *PIK*

¿Y TÚ?

¿Estás batallando para limpiar tu corazón y tu vida? No lo puedes hacer por ti mismo. Pero Dios habla tu idioma. Escúchalo y deja que se encargue del «trabajo de limpieza». Confía en él hoy.

CONFÍA EN DIOS PARA LA SALVACIÓN

PARA MEMORIZAR:
«¿Qué nos hace pensar que podemos escapar si descuidamos esta salvación tan grande, que primeramente fue anunciada por el mismo Señor Jesús?». Hebreos 2:3

NOVIEMBRE
6

ATA A ESE LEÓN

LEE PROVERBIOS 26:12-16

Toda la semana Gabriela había estado ocupada, tan ocupada que parecía no poder encontrar tiempo para estudiar para su habitual prueba de ortografía de los viernes. Tenía la intención de estudiar, pero siempre había algo más interesante que hacer: leer un libro, hacer gimnasia, jugar básquetbol con sus hermanos o ver su programa de televisión favorito. La lista no tenía fin. «Estudiaré mañana», murmuraba mientras subía las escaleras a su habitación cada noche.

El viernes después de la escuela, Gabriela se tomó su tiempo caminando a su casa. No tenía ganas de escuchar la típica pregunta de su mamá: «¿Cómo te fue en tu prueba de ortografía?».

Tal cual, cuando Gabriela finalmente entró a la casa, llegó la pregunta.

—Bueno... saqué una mala calificación —admitió Gabriela—. Simplemente no tuve tiempo de estudiar.

Su mamá lucía decepcionada, pero no dijo nada.

Después de cenar, su papá encendió el televisor para ver las noticias.

—Escuchen esto —las llamó—. Creo que les interesará.

Gabriela y su mamá se unieron a él para escuchar un reporte sobre un león que se había escapado del zoológico. Quienes vivían cerca del zoológico se habían encerrado en sus casas cuando escucharon que un león andaba suelto. Los niños no podían salir a jugar afuera.

Gabriela sintió escalofríos.

—Me alegra que no vivo ahí —dijo.

Su mamá asintió.

—Un león suelto en verdad puede interferir en las cosas que queremos y necesitamos hacer —concordó. Miró a Gabriela—. ¿Estás segura de que no te has encontrado con algún león últimamente? —preguntó.

Ante la expresión confundida de Gabriela su mamá explicó:

—Una vez leí sobre un león llamado Procrastinar. Pensé que quizás te lo habías encontrado. Verás, procrastinar significa posponer o dejar las cosas para después. Cuando Procrastinar anda suelto en nuestra vida, nos impide hacer lo que debemos estar haciendo, como estudiar.

El papá de Gabriela añadió:

—El libro de Proverbios dice que el hombre perezoso usa la excusa de que puede haber un león suelto en las calles para no hacer lo que debe hacer. Es importante "atar a ese león" y ocuparnos de lo que necesitamos hacer. *KAB*

¿Y TÚ?

¿Estás esperando otro día para hacer algo que deberías hacer ahora? No esperes. No te unas a la compañía del hombre perezoso del pasaje de hoy. Haz una lista de las cosas que debes hacer hoy. Pídele a Dios que te ayude; luego hazlas.

PARA MEMORIZAR:

«No te jactes del mañana, ya que no sabes lo que el día traerá». Proverbios 27:1

NO POSPONGAS LAS COSAS

LA CARRILANA DE CARRERAS

LEE DEUTERONOMIO 10:12-13, 20-21

Denzel quería una carrilana igualita a la que su papá había tenido cuando ganó la carrera de carrilanas cuando era niño, así que él y su papá fueron al ático para buscar los planos de la carrilana ganadora. El papá de Denzel abrió un viejo baúl y sacó un papel amarillento.

—¡Ah! ¡Aquí está! —dijo.

Denzel miró los planos.

—¡Muy bien! —exclamó—. ¡Esto nos enseñará cómo construir la mejor carrilana de carreras del pueblo! ¿Qué hacemos primero?

Miró cómo su papá devolvía los planos al baúl.

—¡Oye! ¿Por qué los estás guardando? —preguntó Denzel.

—Solo podemos construir la carrilana de acuerdo a lo que pensamos que está bien —contestó su papá.

Denzel se quedó mirando a su papá.

—Papá, este es un proyecto importante —se quejó—. Necesitamos esos planos. No hay modo de construir una carrilana de carreras como la tuya sin eso.

Su papá se veía pensativo.

—Construir una carrilana de carreras es un proyecto pequeño comparado con construir nuestra vida —dijo lentamente—. Pero parece que piensas que no necesitas un plano para tu vida.

Denzel frunció el ceño.

—¿Qué quieres decir? —preguntó.

—Bueno —dijo su papá—, hace algunas semanas nos dijiste que uno de tus maestros dijo que leer la Biblia no es necesario. Que la gente debe creer y vivir de acuerdo a lo que piensa que está bien. He notado que desde entonces te has estado quejando de tener que ir a la iglesia o a la escuela dominical. Y no has tenido interés en el tiempo devocional familiar. Si no necesitas la Biblia para aprender de Dios y su plan para tu vida, ¿por qué necesitas un plano para construir un carro de madera?

Denzel no supo qué decir. Después de un silencio incómodo, asintió.

—Creo que tienes razón —admitió—. Sin los planos, no podemos construir la carrilana, y sin leer la Biblia, no podemos conocer a Dios y su plan para nuestra vida. *PCS*

¿Y TÚ?

¿Te das cuenta de que necesitas la ayuda de Dios y su dirección para construir tu vida? Eso lo encuentras en la Biblia, tu «plano» de parte de Dios. Construye tu vida según el plano de Dios.

SIGUE EL PLANO DE DIOS

PARA MEMORIZAR:
«Asegúrate de obedecer todos mis mandatos, para que te vaya bien a ti y a todos tus descendientes, porque así estarás haciendo lo que es bueno y agradable ante el Señor tu Dios». Deuteronomio 12:28

8

TOMA TU MEDICINA

LEE 2 CORINTIOS 7:8-13

Pedro gruñó.

—¡Me enfurece tanto sentirme enfermo en un sábado!

Su mamá sonrió con simpatía.

—Lo sé, pero tómate estas pastillas; deben bajarte la fiebre —dijo.

Mientras su mamá ajustaba las persianas, Pedro tiró las píldoras en el bote de basura junto a su cama.

Más tarde, su mamá entró con el teléfono.

—Jacinto quiere hablar contigo —dijo.

Cuando su mamá regresó más tarde, encontró a Pedro agitado por la fiebre.

—Los padres de Jacinto se están divorciando —dijo Pedro débilmente—. Está muy triste, mamá, y no sé cómo ayudarlo.

Su mamá se sentó al borde de la cama.

—Lo siento mucho, Pedro.

—¿Por qué no hace Dios algo al respecto? —preguntó Pedro—. Podría hacer que se amaran el uno al otro. De hecho, Dios puede detener cualquier pelea en el mundo. ¿Por qué no lo hace?

Su mamá suspiró y sacudió la cabeza con tristeza.

—Sé que podría, pero... —Se detuvo mientras miraba el bote de basura—. ¡Tus pastillas! —exclamó—. ¡Con razón te está subiendo la fiebre! ¡No te has estado tomando tu medicina!

—No me gusta —se quejó Pedro—. ¡Odio tomar pastillas!

—No te gusta estar enfermo —dijo su mamá—, y sabes cómo recuperarte, pero te niegas a tomar tu medicina. —Suspiró, luego continuó—. En cierto sentido, el mundo también está enfermo, y Dios ha puesto a su alcance un remedio. Si las personas siguieran sus instrucciones, no habría pleitos familiares o divorcios. No habría guerras. Pero las personas han elegido ignorar las leyes de Dios. Han "botado" la medicina a la basura, por decirlo así. —Se puso de pie—. Dios no obliga a nadie a tomar la cura que ofrece, pero yo sí. Voy a traerte otro par de pastillas, y esta vez te las vas a tomar, ¡te guste o no! *BJW*

¿Y TÚ?

¿Necesitas tomar una «dosis de arrepentimiento»? ¿Necesitas pedirle a alguien que te perdone? ¿Estás tenso y triste porque te has negado a obedecer la Palabra de Dios? La única cura para esta enfermedad de pecado es obedecer las instrucciones de Dios. Así que... toma tu «medicina». Te sentirás mejor de inmediato.

PARA MEMORIZAR:

«Sirve únicamente al Señor tu Dios y teme solamente a él. Obedece sus mandatos, escucha su voz y aférrate a él». Deuteronomio 13:4

OBEDECE A DIOS

LIMPIEZA

LEE HEBREOS 9:13-22, 28

—Es hora de su baño, niños —dijo su mamá—. César, tú vas primero.

—¿Ya es hora de dormir? Apenas empezamos el juego —se quejó César.

—Está bien. Podemos jugar mañana —sugirió su hermana Brianna—. ¿No te acuerdas, César? Mañana es día de planeación para los maestros... ¡no hay clases!

—¡Muy bien! —exclamó César, dando a Brianna una palmada en el aire.

Brianna y César despertaron al día siguiente a un sol cálido y dorado. Era un día perfecto para jugar en la casa de árbol que su papá les había construido.

A las ocho y treinta esa noche, su mamá anunció de nuevo la hora de bañarse.

—Pero me bañé anoche —gruñó César entrando a la casa—. ¿Por qué necesito hacerlo de nuevo hoy?

—Necesitas un baño esta noche porque te ensuciaste al jugar en la casa de árbol —respondió su mamá.

—No es una casa de árbol, mamá. ¡Es un barco con tres mástiles! —le dijo César mirando sus manos, piernas y ropa sucias—. Supongo que no me veo muy bien, ¿verdad?

—No, y un cuerpo sucio no es atractivo ni saludable —dijo su mamá.

—¿Sabes qué dijo mi maestra de la escuela dominical la semana pasada? —preguntó Brianna—. Dijo que el pecado es como suciedad en nuestro corazón.

—Bien pensado —concordó su mamá—. ¿No te alegra que Dios diga que él perdonará y lavará nuestros pecados cuando los confesamos? Podemos estar limpios por fuera *y* por dentro. Recuerden esto cuando oren antes de irse a dormir esta noche.

—Bueno —dijo César, dándole un abrazo a cada uno de sus padres—. Buenas noches, mamá. Buenas noches, papá.

—Y no olvides tu baño —añadió su mamá cuando César empezó a subir las escaleras.

—Oh... cierto —suspiró César—. Mi baño. *ECK*

¿Y TÚ?

¿Sabes si hay algún pecado en tu vida, algo malo que has hecho? ¿Has hablado con Dios al respecto y le has pedido su perdón? ¡Su perdón es el mejor limpiador para cualquier «mancha» de pecado!

EL PERDÓN DE DIOS TE LIMPIA

PARA MEMORIZAR:
«Pero si confesamos nuestros pecados a Dios, él es fiel y justo para perdonarnos nuestros pecados y limpiarnos de toda maldad». 1 Juan 1:9

UN REFRIGERIO ANTES DE LA CENA

LEE 2 CORINTIOS 4:16-18; 5:1

Jordan y su amigo Mitch se detuvieron por un refrigerio en un puesto en la calle. Jordan ordenó un perro caliente con mostaza y pepinillos, pero cuando se lo dieron se decepcionó. Estaba frío, el pan estaba duro y tenía demasiada mostaza.

—Este es el peor perro caliente que haya probado nunca —se quejó Jordan.

—Sí —concordó Mitch—, pero ¿sabes qué? Realmente no me importa mucho. Hoy es mi cumpleaños, y mamá y papá me llevarán a cenar. ¡Allí es donde voy a comer de verdad! Voy a pedir una hamburguesa grande y gruesa y unas papas y una Coca Cola y pastel y helado...

—¡Oye! Vas a hacer que me dé hambre —protestó Jordan.

Miró el hot dog en su mano y le dio una mordida.

Mientras el papá de Jordan leía el periódico esa tarde, encontró un artículo anunciando la muerte de uno de los antiguos maestros de la escuela dominical de Jordan.

—El señor Jarvis nunca tuvo mucho dinero —dijo el papá de Jordan—, pero ahora ha recibido su verdadera recompensa. —Le sonrió a Jordan—. A veces los cristianos somos tentados a envidiar a la gente del mundo, desando algunas de las cosas materiales que tienen. Pero ¿sabes?, realmente no importa cuánto dinero o cuánto placer tengamos, porque sabemos que disfrutaremos nuestra vida en el cielo.

Jordan asintió.

—¡Oye! ¡Eso me recuerda a algo que dijo Mitch! —exclamó. Luego le contó a su papá sobre la mala comida y el comentario de Mitch—. A Mitch no le importó ese perro caliente malísimo porque iba a cenar algo especial hoy en la noche —dijo Jordan.

Su papá sonrió y luego dijo:

—Aunque esta vida es un don de Dios, supongo que es como un refrigerio antes de la cena. El cielo será un gran banquete. *SLK*

¿Y TÚ?

¿A veces deseas ser más popular y tener cosas más bonitas? La felicidad del mundo, al igual que el sufrimiento, son solo temporales y nada se compara con lo que Cristo les da a quienes lo aman. No te quejes si la vida parece difícil. Para los cristianos, el verdadero premio viene después.

PARA MEMORIZAR:

«Sin embargo, lo que ahora sufrimos no es nada comparado con la gloria que él nos revelará más adelante». Romanos 8:18

LO MEJOR ESTÁ POR VENIR

FLORES Y ESPINAS

LEE GÁLATAS 5:22-26

Lori se paró frente al espejo y se enderezó la camisa. Con cuidado se arregló el cabello y se hizo hacia atrás para mirarse. Era el día de la foto en la escuela, y ella quería que la foto saliera perfecta.

La hermanita de Lori, Liz, la miró con una sonrisa.

—Te ves bonita —dijo—. ¿Me ayudas a escoger algo para ponerme? Yo también quiero verme bonita.

—No tengo tiempo para ayudarte —contestó Lori con enfado—. Aún tengo que encontrar un collar que haga juego con esta camisa.

Liz se veía desilusionada.

—¿Puedes prestarme un collar? —preguntó.

Lori sacudió la cabeza.

—Lo perderías.

Los ojos de Liz se llenaron de lágrimas.

—No lo haría —dijo.

Lori frunció el ceño.

—No tengo tiempo para esto —dijo abruptamente—. ¡Deja de molestarme!

Cuando Lori fue a la cocina, vio un florero sobre la mesa.

—¡Oh! ¡Rosas! —exclamó Lori—. ¿De dónde salieron, mamá?

—Las trajo la señora Grimaldi —dijo su mamá.

—¡Son tan bonitas! —exclamó Lori. Pero cuando se estiró para alcanzar una flor, se pinchó el dedo con una espina afilada.

—¡Auch! —gritó. Los ojos se le llenaron de lágrimas, y una gota brillante de sangre apareció en su dedo—. Las rosas son bonitas, pero las espinas son muy afiladas —se quejó mientras se limpiaba el dedo con un pañuelo desechable.

Su mamá la miró, pensativa.

—Me pregunto si eso piensa Dios sobre las personas de vez en cuando —murmuró.

—¿Personas? —preguntó Lori—. ¿De qué hablas?

—De hecho, estaba pensando en ti —contestó su mamá.

Lori se sorprendió.

—¿En mí? —preguntó—. ¿Por qué en mí?

—Como las rosas, te ves muy bonita esta mañana. Pero escuché cuando hablabas con tu hermana; fuiste muy cortante con ella —le explicó su mamá—. Lastimaste sus sentimientos así como esa espina lastimó tu dedo.

—Tienes razón —admitió Lori—. No actué bien. Le diré a Liz que lo siento. *KEC*

¿Y TÚ?

¿Te preocupas por cómo te ves por fuera? Es importante mantener una buena apariencia, pero es aún más importante ser como Cristo en tus acciones. Recuerda tratar a otros del modo que deseas ser tratado.

SIGUE LA REGLA DE ORO

PARA MEMORIZAR:
«Traten a los demás como les gustaría que ellos los trataran a ustedes». Lucas 6:31

NOVIEMBRE
12

FIDEL EL VAGÓN

LEE JUAN 15:6-11

Alex escuchó desde el otro lado de la sala que su mamá empezaba a leerle una historia antes de dormir a su hermanito, Joel.

«Fidel, un brillante y nuevo vagón despertó un día encontrándose estacionado sobre las vías de una ocupada estación de trenes —leyó su mamá—. Se consideraba bastante atractivo con su capa de pintura amarillo intenso y las palabras *Nueva York* impresas en su costado. Casi explotó de orgullo cuando lo cargaron con cajas de fresca y jugosa fruta. "¡Soy el mejor vagón del patio!", exclamó mientras miraba a su alrededor.

—Oye, ¿qué estás haciendo? —le dijo un pequeño vagón rojo.

Fidel resopló.

—¿No puedes leer? —preguntó—. Voy a Nueva York. Soy un vagón muy importante.

—Estoy seguro de que lo eres —concordó el vagón rojo—. Pero, ¿cómo vas a llegar a Nueva York?

Fidel le preguntó:

—¿Me puedes empujar?

—Yo no —respondió el otro vagón—. Tampoco me puedo mover por mí mismo. Pero hoy llega una locomotora grande, y nos puede empujar a los dos.

Toda esa tarde Fidel pensó en la locomotora grande, y se enfadó.

¿Quién se cree esa máquina que es? Después de todo, yo también soy importante. No debería tener que estar aquí sentado esperando a que venga y me empuje.

Así que, por la noche, cuando la locomotora grande entró al área, Fidel solo bostezó y miró hacia otro lado.

—¡Oye, vagón amarillo! —lo llamó el vagón rojo—. Ya nos vamos. ¿Estás listo?

Fidel pensó que era un vagón elegante. Sintió que debía ser capaz de ir a Nueva York con sus propias fuerzas. Trató de moverse, pero sabía que en realidad no podía. Luego pensó en quedarse ahí en ese ruidoso y polvoriento lugar por mucho tiempo, quizás por siempre, con su carga de fruta echándose a perder adentro.

"Oye, ¡espera! —llamó a la máquina que comenzaba a marcharse—. Lamento haber sido tan orgulloso. Te necesito. ¡Por favor llévame a Nueva York!"».

Alex miró cuando su mamá cerró el libro, recogió a Joel y lo llevó a la cama. *SLK*

¿Y TÚ?

¿Eres un poco como Fidel el vagón? Quizás piensas que puedes crecer tú mismo como cristiano sin la ayuda de Dios. Pero no puedes. Necesitas que él te ayude a crecer y a hacer lo que es correcto.

PARA MEMORIZAR:

«Ciertamente, yo soy la vid; ustedes son las ramas. Los que permanecen en mí y yo en ellos producirán mucho fruto porque, separados de mí, no pueden hacer nada». Juan 15:5

NECESITAS LA AYUDA DE DIOS

LOS MENSAJEROS

LEE MATEO 21:33-42

—¡Estoy cansado de que me sermoneen todo el tiempo! —se quejó José Miguel—. Me dan sermones en la escuela, en la iglesia, e incluso en la casa: "Ama a tu hermano". "Obedece a tu madre". "Ora todos los días". "Fíjate en lo que dices".

Su papá levantó las cejas.

—José Miguel, Dios nos da maestros, pastores y padres para ayudarnos.

José Miguel se encogió de hombros.

—Tal vez. Pero me molesta la forma en que todos tratan de decirme cómo vivir. No son perfectos. ¿Quiénes son ellos para establecer leyes?

—Ellos no establecen leyes —contestó su papá—. Simplemente nos comunican las leyes de Dios. Son sus mensajeros.

José Miguel contestó:

—Bueno, ¡no me gustan los mensajeros!

Cuando José Miguel regresó de ayudar al señor Bentley en su tienda de abarrotes la tarde siguiente, estaba molesto.

—Hoy le llevé un pedido a la anciana señora Carrington. El señor Bentley me dijo que le dijera que no podría cargarle nada más a su cuenta hasta que pagara la factura. ¿Y creerás que la anciana me gritó? Me dijo que era un "adolescente arrogante". ¿Por qué me grita a mí? ¿Por qué no le grita al señor Bentley? Yo solo soy el repartidor. Solo le di el mensaje.

Una mirada sorprendida se reflejó en el rostro de José Miguel cuando su papá sonrió y dijo:

—Supongo que a ella no le gustan los mensajeros. Me parece recordar que a ti tampoco. —El papá de José Miguel hizo una pausa y añadió—: Si no te gustan los mensajes que te dan el pastor y tu maestro, José Miguel, deberías decírselo a Dios, no a los mensajeros. ¿Correcto?

José Miguel se pasó los dedos por el cabello.

—Supongo que soy como la anciana señora Carrington —admitió pensativo.

Su papá asintió.

—Me temo que no son el mensaje ni los mensajeros los que están mal —dijo—. Sino tú.

—Bueno, no sé si la señora Carrington cambiará algún día, pero yo lo haré, ¡empezando ahora mismo! —declaró José Miguel. *BJW*

¿Y TÚ?

¿Te quejas y refunfuñas cuando un mensaje de la Biblia se aplica a ti? Cuando otros comparten el mensaje de Dios contigo, será mejor que los escuches. No te enfurezcas ni rezongues contra ellos. Son solamente los mensajeros. Escúchalos.

ESCUCHA A LOS MENSAJEROS DE DIOS

PARA MEMORIZAR:
«Obedezcan a sus líderes espirituales y hagan lo que ellos dicen. Su tarea es cuidar el alma de ustedes y tienen que rendir cuentas a Dios». Hebreos 13:17

14

UN LIBRO DE DESEOS

LEE SALMO 34:8-10

—Aquí viene el cartero —dijo Alisha.

Había estado mirando por la ventana, esperando una carta de una misionera, una amiga por correspondencia en Brasil. Se apresuró para recibir el correo. Mientras sacaba cartas y folletos del buzón, un pequeño catálogo le llamó la atención. Comenzó a hojearlo mientras volvía a la casa.

—¡Guau! Mira todas las cosas de niños que hay en esta revista —le dijo con entusiasmo a su mamá.

—Un libro de deseos —dijo su mamá, mirando el catálogo que Alisha sostenía.

—¿Un libro de deseos? —Alisha repitió—. ¿Por qué lo llamas así?

Su mamá sonrió.

—Porque miras las fotos y deseas tener esto o aquello —contestó—. Hay muchas cosas que quisieras tener, pero a menudo no las necesitas realmente.

Alisha se sentó en el sillón, y su mamá se acercó y se sentó junto a ella. Por unos minutos hojearon el catálogo en silencio. Luego su mamá habló.

—A veces complicamos las cosas y pensamos que nuestros deseos son realmente necesidades —dijo, pensativa—. Dios ha prometido suplir todas nuestras necesidades, pero no ha prometido suplir nuestras inclinaciones y nuestros deseos.

Alisha pensó en eso. Había muchas cosas del catálogo que le gustaría tener, pero que realmente no necesitaba. Quizás no había nada de malo en desear cosas como esas, pero Alisha sabía que su mamá tenía razón. Debía confiar en que Dios supliría todo lo que realmente necesitara. Y sabía que a veces podía concederle sus deseos también, como un modo de demostrar su amor. *SLK*

¿Y TÚ?

¿En ocasiones confundes tus deseos con tus necesidades? ¿Deseas una bicicleta? ¿Un juguete nuevo? ¿Más dinero? Pídele a Dios que te ayude a diferenciar entre tus deseos egoístas y las cosas que realmente necesitas. Él puede darte algunas cosas que quieres, también, pero siempre puedes confiar en que él suplirá todas tus necesidades.

PARA MEMORIZAR:

«Y este mismo Dios quien me cuida suplirá todo lo que necesiten, de las gloriosas riquezas que nos ha dado por medio de Cristo Jesús». Filipenses 4:19

DIOS SUPLE TUS NECESIDADES

RESPONDE A LA LLAMADA

LEE ECLESIASTÉS 11:9-10; 12:1, 13-14

—Colette, voy a la tienda, así que estaré fuera una hora más o menos —dijo su mamá una tarde—. Mientras estoy fuera, quiero que ordenes tu habitación.

—Está bien —respondió Colette.

Se sentó en la orilla de la cama y miró a su alrededor. *No debería tomarme mucho arreglar esto,* pensó. *Primero ordenaré mi armario.*

Mientras trabajaba, Colette escuchó que tocaban a la puerta trasera, pero estaba parada en una silla, arreglando las repisas del armario, así que no atendió. Un poco después, alguien volvió a tocar, pero esta vez Colette estaba sacudiendo el tocador, así que volvió a ignorar la puerta. *Probablemente son los niñitos de la casa de al lado,* pensó. *Desearía que no me molestaran todo el tiempo.*

Cuando su mamá regresó de la tienda, parecía sorprendida de ver a Colette.

—¿No pasó por ti la tía Nel? —preguntó—. La vi en la tienda. Iba camino a la granja de tu abuelito. Me preguntó si estaba bien que te llevara con ella. Estaba segura de que te gustaría. Le dije que estaría bien.

—¡La tía Nel! —gritó Colette—. ¡Era ella quien estaba tocando! Oh, ¡yo quiero ir con ella! ¡Me encanta jugar en la granja!

—¿Por qué no atendiste cuando tocó la puerta? —preguntó su mamá.

—Yo... yo pensé que eran los vecinos —dijo Colette—. Oh, ¡si tan solo hubiera atendido la puerta!

—Lamento que no hayas ido —dijo su mamá—, pero ya es demasiado tarde para hacer algo al respecto. Ven a comer unas palomitas de maíz conmigo; quizás te haga sentir un poco mejor.

Mientras Colette comía su refrigerio, su mamá le sonrió.

—¿Recuerdas el versículo donde Jesús toca a la puerta de tu corazón pidiendo entrar para ser tu Salvador? —preguntó.

Colette asintió.

—Me alegra no haber ignorado esa llamada —dijo. *RIJ*

¿Y TÚ?

Jesús también está tocando la puerta de tu corazón. Quiere entrar y ser tu Salvador. Si quieres saber más, pregúntale a un adulto en quien confíes.

PERMITE QUE JESÚS ENTRE EN TU CORAZÓN

PARA MEMORIZAR:
«¡Mira! Yo estoy a la puerta y llamo. Si oyes mi voz y abres la puerta, yo entraré y cenaremos juntos como amigos». Apocalipsis 3:20

NOVIEMBRE
16

LA PODA

LEE JUAN 15:1-5

—¡Detente! Mamá, ¿qué estás haciendo? —preguntó Maggie con horror cuando vio que su mamá cortaba rama tras rama de los rosales. A Maggie le encantaban los rosales más que cualquier otra cosa en el extenso jardín de su mamá—. Esas rosas eran tan bonitas, ¡y habían crecido tanto! ¿Por qué les cortaste sus ramas? —preguntó Maggie.

Su mamá miró desde donde estaba arrodillada en el jardín de rosas.

—Pero, Maggie, ¿no lo recuerdas? —preguntó sorprendida—. Es algo que hago todos los años. Se llama "poda". Las rosas deben ser podadas, o las flores no serán tan grandes ni bonitas cuando llegue la primavera.

—¿No lastima a las plantas? —preguntó Maggie mientras se estiraba para tocar una de las ramas.

Su mamá sonrió.

—No. —Hizo una pausa—. ¿Sabías que Dios nos poda a nosotros? Cuando lo hace, puede doler un poquito, pero nos ayuda a crecer.

Maggie abrió mucho los ojos.

—A veces —añadió su mamá—, suceden cosas difíciles en nuestra vida, y pueden doler mucho, pero...

—¿Como cuando mi abuelita se enfermó? —interrumpió Maggie—. ¿Y cuando Snoopy se enfermó tanto que lo tuvimos que llevar al veterinario para que lo sacrificara?

—Sí —contestó su mamá—. Las cosas difíciles de la vida nos hacen acercarnos a Dios o alejarnos de él. Si elegimos acercarnos a él, descubrimos lo bueno que es al darnos paz y consuelo. Aprendemos que podemos confiar en él aun cuando las cosas lucen oscuras. Pasar por esas experiencias nos enseña a depender de Jesús más que nunca.

Maggie estaba pensativa.

—Entonces supongo que vale la pena la poda, ¿cierto?

—¡Vale mucho la pena! —dijo mamá y continuó podando. *KRL*

¿Y TÚ?

Todos tenemos momentos en los que la vida es particularmente difícil. Pero si le has entregado tu vida a Jesús, él quizás quiera usar esos momentos difíciles para acercarte más a él y hacerte más fuerte espiritualmente. Así que, aunque no te gusten los tiempos difíciles, recuerda que Jesús está creando algo hermoso en ti.

PARA MEMORIZAR:
«Él corta de mí toda rama que no produce fruto y poda las ramas que sí dan fruto, para que den aún más». Juan 15:2

DIOS TE «PODA»

SIGUE PRACTICANDO

LEE EFESIOS 6:10-17

Tim estaba emocionado mientras salía a patinar sobre el hielo para su primera práctica de hockey. Algunos niños se resbalaron tan pronto como sus patines tocaron el hielo. Pero no Tim. Se sentía seguro patinando, ya que había comenzado a patinar cuando cumplió los tres años.

—Vamos a practicar cómo golpear el disco —dijo el entrenador.

¡Pum! El palo de Tim golpeó el hielo con fuerza. Entonces, sorprendentemente, ¡sus pies resbalaron y cayó!

—Inténtalo de nuevo, Tim —le dijo el entrenador mientras se acercaba para ayudarlo—. Coloca las manos sobre el palo así, e inténtalo de nuevo.

Tim siguió las instrucciones del entrenador, ¡y esta vez golpeó el disco!

Al terminar la práctica, sin embargo, se sentía desanimado.

—Pensé que sería más fácil —le dijo a su papá.

—Eres un buen patinador, Tim —dijo su papá—. Y con la práctica, puedes aprender a jugar hockey también. Solo necesitas aprender a manejar el palo de hockey.

Así que Tim practicó cada día después de la escuela, acostumbrándose a balancear y mecer el largo palo.

Unos días más tarde, después de cenar, Tim preguntó:

—Papá, ¿puedo ir a practicar hockey con los chicos hoy en la noche? ¡Estoy mejorando mucho con mi palo de hockey!

—¡Genial! —dijo su papá—. Sabía que aprenderías a hacerlo. Por cierto, ¿cómo vas con tu "espada"?

—¿Mi espada? —preguntó Tim—. ¿Qué espada?

Su papá sonrió y sostuvo la Biblia.

—Esta —dijo—. A la Palabra de Dios se le llama la "espada del Espíritu". Es mucho más importante practicar cómo usar el equipo de Dios que practicar como usar el equipo de hockey. —Le pasó la Biblia a Tim—. ¿Ya aprendiste los versículos para el club bíblico? —preguntó.

—Iré a trabajar en eso ahora, papá —respondió Tim con una sonrisa. *SLR*

¿Y TÚ?

¿Practicas algún deporte o instrumento musical? ¡Necesitas practicar como usar tu equipo! Y no descuides el equipo que Dios ofrece. Tu Biblia es tu «espada» para pelear contra el diablo. Entre más la estudies, mejor serás en la batalla.

PRACTICA CÓMO USAR TU ESPADA

PARA MEMORIZAR:
«Pónganse la salvación como casco y tomen la espada del Espíritu, la cual es la palabra de Dios». Efesios 6:17

EL LIBRO DE CITAS

LEE ROMANOS 5:12, 17-21

Miranda colgó el teléfono.

—O yo me estoy volviendo olvidadiza, o Evelyn está perdiendo la memoria —le dijo a su mamá—. Pensé que debíamos vernos a las cuatro, pero ella dice que quedamos a las tres. Es la segunda vez que la hago esperar.

—Parece que debes anotar las cosas —sugirió su mamá—. Tengo algo que te puede ayudar.

Agarró un pequeño libro de una repisa y se lo dio a Miranda.

—Un libro de citas, ¡es perfecto! —dijo Miranda.

Después de eso, anotó sus citas, y no faltó a ninguna.

—El sermón del pastor hoy fue interesante —dijo Miranda en el camino a casa de la iglesia un domingo—. Ya sabes, las cosas que dijo sobre el cielo.

—Sí, lo fue —contestó su papá—. Miranda, ¿has confiado en Jesús como tu Salvador para ir al cielo? En realidad, nunca nos has dicho que lo hayas hecho.

Miranda se encogió de hombros.

—Bueno, aún soy muy joven —dijo—. Tengo mucho tiempo para eso.

—¿Cómo lo sabes? —preguntó su mamá—. Justo estaba pensando en tu libro de citas; anotas citas y acudes a ellas. ¿Sabías que Dios también establece citas? La Biblia dice que es el destino de cada persona morir solo una vez y después de eso llega el juicio. Para algunas personas, esa cita llega tarde en la vida. Para otras, llega temprano.

—Así es. Tu cita para encontrarte con Dios puede suceder en cualquier momento —concordó su papá—. También tienes que pensar en esto: Dios ha establecido un tiempo para que Jesús venga otra vez y lleve a los creyentes al cielo para vivir con él para siempre. Pero solo Dios sabe cuándo sucederá. Solo nos pide que estemos preparados.

—Bueno, supongo que no debo posponerlo, pero quiero estar segura de que sé lo que estoy haciendo cuando confíe en Dios —contestó Miranda—. Podemos hablar más de este tema mientras almorzamos. *MRP*

¿Y TÚ?

¿Eres cristiano? ¿O estás interesado en ser cristiano? Si es así, encuentra a un adulto o amigo cristiano de confianza para hablar sobre el tema.

PARA MEMORIZAR:
«En la casa de mi Padre hay lugar para todos. [...] Voy allá a prepararles un lugar». Juan 14:2, TLA

PREPÁRATE PARA ENCONTRARTE CON DIOS

PELDAÑOS DE ESCALERA

LEE SALMO 37:23-31

—¡Oh, qué rico! ¡Pollo frito! —exclamó Hernán—. Estoy contento de que me invitaran a comer.

Sus abuelos sonrieron.

—Me di cuenta de que pasaste al frente al final del servicio esta mañana, Hernán —dijo su abuelito mientras pasaba el pollo—. ¿Hubo alguna razón especial?

—Sí, señor —dijo Hernán—. ¿Sabes que siempre he querido ser un doctor, ¿cierto?

Su abuelito asintió, y Hernán continuó:

—Bueno, aunque solo soy un niño, en verdad siento que el Señor quiere que sea un doctor misionero un día. Hoy le dije sí.

Los ojos de su abuelita se llenaron de lágrimas de felicidad, pero Hernán frunció un poco el ceño y se sirvió un pancito.

—Solo que no sé cómo lo lograré. Mamá dice que cuesta mucho dinero ir a la escuela de medicina, y somos muy pobres desde que papá murió —dijo.

—Con Dios todo es posible —citó su abuelita suavemente.

Después de comer, el abuelito le pidió a Hernán que fuera rápido arriba y le trajera un libro.

—Y veamos si puedes llegar hasta arriba de un salto.

Hernán se rio.

—No puedo hacerlo —dijo—. Hay diecisiete escalones hasta la cima.

—Tienes que subir un peldaño a la vez, ¿verdad? O tal vez dos peldaños a la vez ya que tus piernas están creciendo tanto —dijo su abuelito—. Ahora, me parece que tu meta de ser un doctor es como alcanzar la cima de las escaleras. Dios no espera que llegues hasta arriba de un brinco. Espera que subas un peldaño a la vez.

—Allí es donde la fe juega su papel —dijo su abuelita—. Si el Señor dice que avances, levantas el pie, confiando en que él hará posible el camino.

—Supongo que hoy di el primer paso cuando dije sí —dijo Hernán—. ¿Cuál creen que será el siguiente?

—Probablemente estudiar mucho —sugirió su abuelito.

Hernán sonrió.

—Supongo que entonces será mejor que me vaya a casa y comience el segundo paso —dijo—. Tengo un examen mañana. *MRP*

¿Y TÚ?

¿Crees que Dios quiere que hagas algo que te parece imposible? Él te puede ayudar a estudiar, a dar testimonio, a ser amable, a encontrar un trabajo y a obedecer. Sé sensible a lo que él quiere que hagas ahora y en el futuro. No tengas miedo de decirle sí a Dios. Si él quiere que hagas algo, no es imposible.

PUEDES HACER LO QUE DIOS TE PIDA

PARA MEMORIZAR:
«Jesús los miró y les dijo: "Humanamente hablando es imposible, pero para Dios todo es posible"». Mateo 19:26

NOVIEMBRE
20

LA OSTRA Y LA PERLA

LEE SANTIAGO 1:2-4

—No es justo —se quejó Kimberly, señalando el yeso en su pierna—. ¿Por qué siempre me pasan cosas malas?

—A todos nos llegan pruebas —contestó su mamá—. Todos necesitamos ayuda para desarrollar nuestro carácter cristiano.

—Bueno, ¿no podría obtener más ayuda con mi carácter en la escuela y la iglesia, que aquí acostada? —preguntó Kimberly.

—Debemos dejar esa clase de cosas en las manos de Dios —contestó su mamá—. Él sabe lo que necesitas. —Se puso de pie—. Quiero enseñarte algo —dijo.

Salió del cuarto, pero pronto regresó con una caja pequeña. Abrió la tapa y Kimberly miró adentro.

—¡Oh! ¡El broche que usaba mi abuelita! —exclamó Kimberly—. Es tan bonito. ¿Es esa una perla verdadera?

Su mamá asintió.

—¿Sabes cómo se formó esta perla? —preguntó.

—Claro —dijo Kimberly—. Algo, quizás un grano de arena, se metió dentro de la ostra y la lastimó. Así que produjo un tipo de capa que cubrió el grano de arena. Después de mucho tiempo, se formó una perla.

—Así es —dijo su mamá—. Una ostra hace algo hermoso de algo que la irrita. ¿No crees que deberíamos seguir el mismo principio?

—¡Uf! —dijo Kimberly frunciendo el ceño—. ¡Mi pierna me duele mucho! ¿Cómo puedo hacer algo hermoso de eso?

—Quizás este sea un buen momento para aprender a ser paciente —sugirió su mamá.

Kimberly suspiró.

—Sí, supongo que me enfado cuando las cosas no salen como yo quiero —admitió—. Bien, me esforzaré por ser mejor. Pero, ¿cuánto tiempo tendré que usar este tonto yeso? Es tan... —Kimberly se detuvo. Luego sonrió—. ¡Ahí voy otra vez! Quizás tenga que usarlo lo suficiente como para desarrollar la perla de la paciencia. *MRP*

¿Y TÚ?

¿Los problemas te irritan o entristecen? Todo en la vida cristiana sucede con un propósito. Dios puede usar las pruebas para enseñarte paciencia o resistencia, o para enseñarte a confiar en él. Aprende a confiar en él mientras desarrolla hermosas perlas de carácter cristiano a partir de tus problemas.

PARA MEMORIZAR:

«Amados hermanos, cuando tengan que enfrentar cualquier tipo de problemas, considérenlo como un tiempo para alegrarse mucho». Santiago 1:2

LAS PRUEBAS PUEDEN EMBELLECER TU VIDA

LA RAÍZ DEL PROBLEMA

LEE EFESIOS 4:26-27, 30-32

Sofía se desplomó sobre una silla en la cocina.

—¡Nunca más hablaré con Melody ni con Norma! —declaró.

Su mamá trató de hablar con ella sobre el problema, pero Sofía solo se quejó de Melody y de Norma. Toda la tarde estuvo inquieta y triste. No participó en el tiempo devocional porque estaba enfadada, y le tardó mucho tiempo dormirse.

A la mañana siguiente tenía un terrible dolor de estómago.

—¡Ay! —se quejó—. ¡Me duele! No puedo ir a la escuela.

Su mamá le tocó la frente.

—No tienes fiebre, pero te dejaré quedarte en casa esta mañana —decidió—. Veremos cómo te sientes al mediodía.

Nuevamente Sofía estaba inquieta. Se puso de pie, se puso una bata y fue a la cocina.

—¿Qué estás haciendo? —preguntó a su mamá.

Su mamá estaba sacando una planta mustia de una maceta pequeña para colocarla sobre la mesa cubierta de periódicos.

—¿Se murió la planta?

—No —contestó su mamá—. Sus raíces están enredadas y necesita más espacio para crecer. —Mientras trabajaba, hablaba con Sofía—. Supongo que esta planta y tú tienen un problema de raíz —dijo.

Sofía la miró confundida y su mamá continuó.

—No creo que tu dolor de estómago sea realmente tu problema. Creo que la raíz de tu problema es el enojo que ha irritado tu estómago. Quedarte en casa y tomar medicinas no te curará. La cura es perdonar a Melody y a Norma. Debes deshacerte de la amargura que tienes dentro de ti.

Sofía miró sus manos.

—¿Cómo puedo hacer eso? —preguntó.

Su mamá abrazó a Sofía.

—Pídele a Dios que te perdone —sugirió—, y pídele que te ayude a perdonar a esas niñas. Luego habla con ellas. Admite tu parte de culpa en el pleito y perdona sus faltas.

Sofía asintió.

—Me prepararé para ir a la escuela. *BJW*

¿Y TÚ?

La amargura y el enojo pueden provocar dolor de cabeza, dolor de estómago y otros dolores. Confiesa tu enojo al Señor. Pídele que te dé un espíritu que sepa perdonar. Él te perdona. ¿No harías lo mismo por los demás? Pronto te sentirás mucho mejor.

DESHAZTE DE LA AMARGURA

PARA MEMORIZAR:
«Líbrense de toda amargura, furia, enojo, palabras ásperas, calumnias y toda clase de mala conducta». Efesios 4:31

LA ABUELA SECOYA

LEE SALMO 92:1-2, 12-15

—¿No es la abuelita muy anciana para estar enseñando en la escuela dominical? —preguntó Ryan un día—. Quiero decir, tiene casi setenta años.

—No, ¡no es demasiado anciana! —contestó su mamá—. Sus alumnos de primer grado la adoran. Y ella me dijo que está aprendiendo y creciendo tanto como los niños.

Unas semanas después, Ryan y sus padres estaban disfrutando unas vacaciones en los bosques de secoyas en California. Allí vieron la majestuosidad de los viejos árboles.

—Son rascacielos vivientes —les dijo uno de los guías—. Están entre los seres vivos más altos y más antiguos del planeta. Y crecen de pequeñas semillas. Algunos de estos árboles probablemente ya tenían dos mil años cuando Jesús era niño.

—¡Guau! ¿Qué hace que vivan tanto tiempo? —preguntó Ryan.

—La corteza a veces tiene hasta 60 centímetros de grosor —respondió el guía—. Eso ayuda a que el árbol resista ataques de incendios forestales, insectos y enfermedades.

Ryan miró a lo más alto de esos gigantes.

—¿Este todavía está creciendo? —preguntó.

—Sí, así es —contestó el guía—. Crecen muy lento, pero nunca dejan de crecer mientras viven.

—Viejos, pero aún siguen creciendo —dijo la mamá de Ryan suavemente.

Él la miró confundido.

—Como tu abuelita —le recordó. Su mamá sonreía mientras caminaban por el sendero—. Fue el poder creativo de Dios que puso vida en una pequeña semilla y permitió que creciera para convertirse en un monarca en el bosque. Ese mismo poder puso una semilla de fe en el corazón de tu abuelita cuando ella era muy pequeña. Esa diminuta semilla creció hasta convertirla en una cristiana fuerte y madura. Como la gruesa corteza de la secoya, el fiel amor de Dios la protegió de los fuegos de la tentación y los ataques de la desilusión y la tristeza.

—Y ahora, aunque está envejeciendo, aún sigue creciendo y aprendiendo —concluyó Ryan. *TVV*

¿Y TÚ?

¿Conoces a cristianos que están sirviendo al Señor en su edad madura? Dale gracias a Dios por ellos. ¿Y tú, estás empezando a crecer para llegar a ser un cristiano maduro? ¿Confías en que el amor de Dios te protegerá y te mantendrá alejado del pecado? Comienza a prepararte hoy para una larga vida de crecimiento y servicio a Jesús.

PARA MEMORIZAR:

«Incluso en la vejez aún producirán fruto; seguirán verdes y llenos de vitalidad». Salmo 92:14

VIVIR ES CRECER

EL CABALLO QUE NO NECESITABA COMER

LEE 1 PEDRO 1:22-23; 2:1-3

Bill, el tío de Hugo, era un ranchero tosco, pero de corazón amable, y a Hugo le gustaba escuchar las muchas historias interesantes que contaba.

—¿Alguna vez te conté del caballo no alimentado? —preguntó el tío Bill cuando Hugo lo estaba visitando un día.

—No. ¿Qué hay con él? —preguntó Hugo con entusiasmo.

—Bueno, un tipo del que me contaron una vez descubrió la manera de criar a un caballo que no necesitaba comer —dijo el tío Bill—. ¡Solo imagina el dinero que nosotros los rancheros nos ahorraríamos!

—¿Cómo lo logró? —preguntó Hugo.

—Empezó reduciendo su ración de comida cien gramos al día —dijo el tío Bill—. Luego la redujo doscientos gramos, y luego trescientos gramos, y siguió así. Lo siguió haciendo hasta que el caballo sobrevivía con casi nada de comida.

—¡Guau! —exclamó Hugo—. ¿Y luego qué pasó?

—Esa es la parte triste —dijo el tío Bill—. Justo cuando pensó que lo había logrado, el caballo de repente se murió.

Por un momento, Hugo se quedó con la boca abierta. Luego notó que su tío sonreía, ¡y ¡se dio cuenta de que le había tomado el pelo!

—¡Tío Bill! ¡Te estás burlando de mí! —lo acusó.

El tío Bill rio con fuerza.

—Sí, supongo que sí —admitió—. Pero en la vida real he conocido a algunos tipos tan tontos como ese granjero. Siempre pensando que pueden conseguir algo por nada.

Masticó pensativo una hebra de paja.

—También he conocido a algunos cristianos como ese tipo —añadió—. Empiezan leyendo la Biblia y orando y yendo a la iglesia con frecuencia. Luego van disminuyendo su esfuerzo, y si no ven los malos resultados de inmediato, suponen que pueden seguir así, sin nutrir sus almas en absoluto. Pero, se den cuenta o no, su vida espiritual está sufriendo.

—Vaya —dijo Hugo—, espero no ser tan tonto jamás. *SLK*

¿Y TÚ?

¿Piensas que puedes sobrevivir día a día sin nutrir tu alma? ¿Sientes que puedes vivir tu vida con éxito sin Dios? ¡Cuidado! La Biblia contiene muchas advertencias en contra de tratar de vivir sin la Palabra de Dios, la oración, y la comunión con otros creyentes. No dejes que tu espíritu pase hambre. Deja que Dios nutra tu alma.

NO DESCUIDES TU VIDA ESPIRITUAL

PARA MEMORIZAR:

«Jesús le dijo: "¡No! Las Escrituras dicen: 'La gente no vive solo de pan'"». Lucas 4:4

ALGO PARA EL SEÑOR

LEE 2 CORINTIOS 9:5-11

Mateo y Max habían pasado una semana interesante con sus abuelos. Tenían mucho que hacer en la vieja granja de sus abuelos, pero se sorprendieron al descubrir que realmente disfrutaban el equilibrio que había entre el trabajo y la diversión. Ayudaron a su abuelito a cortar leña y a limpiar el granero. Ayudaron a su abuelita a limpiar el ático. Puesto que habían trabajado tan duro, su abuelito les dio veinticinco dólares cada uno.

—Esto seguramente ayudará a mis ahorros para una patineta —dijo Mateo, mientras su papá manejaba de regreso a casa—. Tal vez para la primavera podré tener suficiente dinero para comprar una muy buena.

—Y será suficiente para que yo compre el nuevo videojuego que he estado deseando —añadió Max.

Su papá asintió.

—Pero no olviden que parte del dinero va a su cuenta de ahorros —les recordó.

—Cierto, y otro tanto va a la iglesia —dijo Max, pero no lo dijo con alegría. De hecho, se escuchaba bastante acongojado.

—¿Por qué das dinero al Señor? —preguntó su papá.

Max miró a su papá con sorpresa.

—Porque tú nos dijiste que lo hiciéramos.

—¿Sabes realmente lo que dice la Biblia sobre dar? —preguntó su papá.

—No exactamente —admitió Max.

—Bueno —dijo su papá—, dice que no solo debemos dar, sino que lo debemos hacer con alegría. De hecho...

—Oh, recuerdo cuando el pastor habló de eso —interrumpió Mateo—. Dijo que en griego, el significado de la palabra *alegre* es "divertidísimo". Así de emocionados debemos estar cuando damos al Señor.

Max estaba pensativo. Ya que el Señor había hecho tanto por él, se dio cuenta de que ¡debía estar contento de poder dar algo de su dinero a cambio! *LMW*

¿Y TÚ?

¿Das algo de tu mesada o del dinero que ganas al Señor? ¿Lo haces a regañadientes, deseando poder quedártelo todo? El Señor no solo desea que le demos nuestro dinero a él, sino que también quiere que lo hagamos con la actitud apropiada.

PARA MEMORIZAR:

«Cada uno debe decidir en su corazón cuánto dar; y no den de mala gana ni bajo presión, "porque Dios ama a la persona que da con alegría"».
2 Corintios 9:7

DA CON ALEGRÍA

TODAS LAS COSAS, GRANDES O PEQUEÑAS

LEE SALMO 107:1-2, 21-22

Tami entró al cuarto de hospital donde su hermano gemelo, Sammy, se recuperaba de una operación en el pie. En sus manos llevaba un cartel grande con la palabra *gratitud* impresa.

—Es parte de nuestra lección de la escuela dominical —explicó—. Tenemos que escribir cosas que nos hacen sentir agradecidos, una cosa por cada letra de la palabra *gratitud*, para el Día de Acción de Gracias.

Decidieron hacerlo juntos, turnándose para sugerir palabras, y Tami decidió empezar con *gelatina* para la letra *g*.

Mientras trabajaban, Tami se dio cuenta de que su hermano escribía cosas más serias como *recuperación* y *trinidad*.

—Siempre te pones tan serio —se quejó Tami—. ¡Yo pongo palabras divertidas!

Cuando terminaron, su lista lucía así.

G — Gelatina
R — Recuperación
A — Anillos
T — Trono
I — Imán
T — Trinidad
U — Uvas
D — Dios

Los niños revisaron la lista completa.

—Ahora me alegra que te lo hayas tomado en serio —dijo Tami—. Mis palabras parecen un poco tontas comparadas con las tuyas.

—No es verdad —contestó Sammy—. Me alegra que las hayas puesto. Nos da un buen equilibrio. Papá dice que necesitamos dar gracias a Dios por todo, grande o pequeño. *RIJ*

¿Y TÚ?

¿Das gracias por tus juguetes, pero olvidas estar agradecido por tus padres? ¿O tal vez das gracias por la salud, pero olvidas dar gracias por el sol? Todas las cosas vienen de la mano de Dios. Dale gracias por todo.

DA GRACIAS POR TODO

PARA MEMORIZAR:
«¡Gracias a Dios por este don que es tan maravilloso que no puede describirse con palabras!». 2 Corintios 9:15

EL "CORTAFUEGO"

LEE SALMO 112

—¡Ya basta! —dijo el papá de Lucy y Alan, quitando una mano del volante y apagando la radio—. Es verdad el dicho de que ninguna noticia es buena —comentó.

—¿Quién secuestró a esa niñita? —preguntó Lucy con miedo.

—¿Están todavía en esta área esos prisioneros que escaparon? —preguntó Alan. Su mamá suspiró.

—No lo sé, pero no tengan miedo. Somos hijos de Dios, y él ha prometido estar con nosotros dondequiera que vayamos.

—Pero tengo miedo... —empezó Lucy.

—¡Miren! ¡Miren! ¡Allá hay un incendio!

Alan señaló al horizonte.

—¡Cuánta emoción en un día! ¡Prisioneros fugitivos y ahora un incendio en la pradera!

Al acercarse al incendio, su papá dijo:

—Ese es un fuego controlado. Parece que el agricultor lo ha comenzado para crear un cortafuego.

—¿Qué es un cortafuego? —preguntó Alan.

—Es una franja ancha de tierra arada o quemada alrededor de los edificios —explicó su papá—. Cuando un fuego que ruge a través de la pradera alcanza un cortafuego, muere porque no hay nada que lo alimente. No sé por qué el agricultor está haciendo uno ahora. Tal vez porque es temporada seca, y simplemente quiere estar preparado. Si llega un fuego, su propiedad estará a salvo.

—Así como él combate el fuego con fuego, nosotros podemos vencer el miedo con miedo —añadió la mamá de los chicos—. El temor de Dios echa fuera del corazón al otro temor.

El papá de los chicos asintió.

—Nuestro temor de Dios construye un "cortafuego" a nuestro alrededor —dijo.

—Pero no tengo miedo de Dios —dijo Alan—. Él me ama.

—El tipo de temor al que nos referimos es una clase de respeto y honor —explicó su mamá.

Lucy frunció el ceño, pero luego sonrió.

—Bueno, supongo que Dios cuidará de nosotros, así que ya no tengo miedo. *BJW*

¿Y TÚ?

¿Le tienes miedo a la oscuridad? ¿O tienes miedo de ser secuestrado? ¿O de perder a alguien que amas? Trata de luchar contra el miedo con miedo. Teme (o respeta) a Dios. Confía y obedécelo como tu Padre celestial. Construye un «cortafuego» alrededor de tu corazón ahora.

PARA MEMORIZAR:
«Los que temen al SEÑOR están seguros; él será un refugio para sus hijos». Proverbios 14:26

CONFÍA EN DIOS

MEJORES AMIGOS

LEE JUAN 15:12-15

Andy jugó toda la tarde con su mejor amigo, Miroslav, que vivía en la misma calle. Cuando su mamá lo llamó para cenar, Andy entró sonriendo y silbando una tonada alegre.

—¡Vaya! —dijo su mamá—. Estás de buen humor. ¿Disfrutaste tu día?

—¡Claro que sí! —exclamó Andy—. Pasé toda la tarde con mi mejor amigo en todo el mundo.

—Ya veo —dijo su mamá—. ¿Cómo sabes que es tu mejor amigo?

Andy pensó por un momento y luego respondió:

—Bueno, pasamos mucho tiempo juntos. Siempre nos divertimos jugando o hablando o simplemente estando juntos. Nos ayudamos y nos animamos el uno al otro cuando nos sentimos mal.

—¿Sabes? —dijo su mamá con una voz suave y gentil—. Acabas de describir a mi mejor amigo también, excepto por una cosa. Mi mejor amigo hizo algo extra especial por mí hace mucho tiempo. Algo que ningún otro mejor amigo podrá hacer.

—¿En serio? ¿Qué hizo tu mejor amigo por ti? —preguntó Andy.

Su mamá sonrió.

—Mi mejor amigo me amó tanto que dio su vida por mí para que pudiera tener vida eterna con él.

—Oh, estás hablando de Jesús, ¿verdad? —preguntó Andy—. En realidad nunca pensé en él como un mejor amigo.

—Bueno, él lo será si se lo permites —dijo su mamá—. Puedes hacer con Jesús algunas de las mismas cosas que haces con Miroslav. Puedes incluirlo en todo lo que haces. Siempre está allí para ti, igual que un mejor amigo.

—Sí, lo es, ¿verdad? —dijo Andy pensativo y sonrió—. Supongo que a Miroslav no le importará mucho si es mi segundo mejor amigo, especialmente después de que le diga quién es realmente mi mejor amigo en todo el mundo —dijo—. Y le diré que no me importa si Jesús es *su* mejor amigo también. *DVG*

¿Y TÚ?

¿Tienes un mejor amigo? Los amigos son bendiciones especiales, particularmente los amigos cristianos. Pueden pasar momentos maravillosos juntos. Aún más especial es la amistad que puedes tener con Jesús. Él quiere ser tu amigo, y es el amigo más fiel que puedas tener.

HAZ DE JESÚS TU MEJOR AMIGO

PARA MEMORIZAR:
«Hay quienes parecen amigos pero se destruyen unos a otros; el amigo verdadero se mantiene más leal que un hermano». Proverbios 18:24

28

AGUA DE VIDA

—¡Oye! ¿Qué sucede aquí? —Penny había abierto la llave del agua al máximo, pero lo único que salió fue un ruido gutural. Penny colocó su vaso sobre la encimera con disgusto—. ¡Me voy a morir de sed!

—Lo siento —contestó su mamá—. Cuando llegué a casa del centro, encontré una nota en la puerta diciendo que el departamento de agua estaría trabajando hoy en nuestra calle. Si lo hubiera sabido antes, habría llenado algunos recipientes. Pero no morirás de sed. Hay un poco de jugo de naranja en el refrigerador.

Pronto Penny sació su sed, pero su hermano Colin no fue tan afortunado. Cuando entró y tomó la jarra de jugo, estaba vacía.

—¿Tenemos algo de leche? —preguntó con esperanzas.

—Lo siento. Me acabé la leche esta mañana —dijo su mamá.

Colin tragó saliva y se desplomó sobre una silla.

—¡Agua! ¡Agua! —gritó.

Penny rio mientras iba a ver quién tocaba a la puerta.

Era Molly, su vecina de al lado. Entró con una jarra de agua.

—Pensé que necesitarían esto —dijo, vaciando un poco en un vaso.

Colin estiró la mano y bebió con entusiasmo todo el vaso de agua. Luego, con un suspiro extático, dijo:

—Oh, gracias, Molly. ¡Me salvaste la vida!

Durante la cena, la familia comentó sobre lo agradecidos que estaban por su restaurado suministro de agua.

—Debe ser terrible estar sin agua —observó Colin.

Su papá asintió.

—Pero hay una sed aún más terrible —dijo—. Es la sed de amor, de perdón y de Dios. Así como un trago de agua nos puede salvar de la muerte física, Jesús, el Agua Viva, nos pude salvar de la muerte espiritual. *TVV*

¿Y TÚ?

¿Te sientes insatisfecho aun cuando tienes muchas cosas buenas en tu vida? Entonces tienes un alma sedienta. Jesús puede satisfacer esa sed. ¿Te acercarás con fe y tomarás de él la salvación que ofrece?

PARA MEMORIZAR:

«Pero todos los que beban del agua que yo doy no tendrán sed jamás. Esa agua se convierte en un manantial que brota con frescura dentro de ellos y les da vida eterna». Juan 4:14

JESÚS SATISFACE LAS ALMAS SEDIENTAS

CÓMO MEJORAR

LEE SALMO 103:1-5

Brandon estaba pasando tiempo con su hermanita menor, Tessa, una tarde mientras sus padres preparaban la cena. Brandon vio que Tessa ponía a su muñeca en la cuna.

—Buenas noches —le dijo y cubrió a la muñeca con una cobija. Puso a sus dos muñecos de trapo en una mecedora y los empujó con gentileza hacia adelante y hacia atrás—. Uno, dos, tres muñecos —contó—. Así de grande soy: uno, dos, tres.

—Sí —respondió Brandon— Tienes tres años.

El nuevo cachorro de Brandon, Darby, entró al cuarto corriendo. Rápido como un rayo, atrapó a un muñeco con su boca y huyó.

—¡No! ¡No! —lo regañó Brandon y salió tras Darby—. ¡Perro malo!

Logró agarrar uno de los brazos del muñeco, pero Darby pensó que era un juego. El cachorro sujetó con fuerza al muñeco y sacudió la cabeza de un lado al otro. Tessa estaba cerca y lloraba mientras Darby tiraba de un lado y Brandon del otro. Se escuchó un fuerte desgarro. El brazo del muñeco de trapo se desprendió y comenzó a salirse el relleno.

Brandon finalmente le quitó el muñeco a Darby y se lo devolvió a Tessa, pero las lágrimas desbordaban de sus ojos.

—Mami —dijo Tessa—, mi muñeco se lastimó, y quiero una curita para que se mejore.

Su mamá miró al muñeco.

—Una curita no hará que el brazo de tu muñeco se mejore —dijo—. Tendré que coserlo.

—Una curita mejoró *mi* dedo —dijo Tessa.

Brandon sacudió la cabeza.

—Las curitas mantienen las heridas limpias —dijo—, pero no las curan.

—Entonces, ¿cómo me mejoré? —preguntó Tessa.

—Dios nos ayuda a mejorarnos porque nos creó muy bien. Cuando estamos enfermos o heridos, nuestro cuerpo combate los gérmenes y las infecciones para que podamos sanar —dijo Brandon.

Tessa inhaló y asintió.

—Me alegra que Dios me ayude a mejorar —dijo Tessa—, ¡y que mamá no tenga que coserme! *PLR*

¿Y TÚ?

¿Le das gracias a Dios por darte un cuerpo maravilloso? Dale gracias por los doctores y las medicinas también. Pero siempre recuerda que es Dios quien tiene el poder de sanar. Cuando estés enfermo o lastimado, pídele que te sane. Pídele que sane a otros que también están enfermos. Y asegúrate de agradecerle cuando te sientas bien otra vez.

DIOS SANA

PARA MEMORIZAR:
«Que todo lo que soy alabe al SEÑOR; que nunca olvide todas las cosas buenas que hace por mí. Él perdona todos mis pecados y sana todas mis enfermedades». Salmo 103:2-3

PROBAR EL PAVO

LEE SALMO 84:10-12

—¡Qué rico! —murmuró Charlie suavemente. Era el Día de Acción de Gracias y estaba en la cocina, robando a hurtadillas pedazos de pavo.

—¡Charlie! —exclamó su mamá—. ¿Qué estás haciendo?

Lo echó de la cocina para que ocupara su lugar en la mesa. Pronto la comida estaría servida, ¡y todo estaba delicioso!

El domingo siguiente, Charlie asistió a la clase de la escuela dominical.

—Oye, Charlie, ¿oíste que Taylor Nelson murió? —preguntó Aarón, uno de sus compañeros.

—¿En serio? —preguntó Charlie—. ¡Guau! ¡Ese tipo pasó toda su vida haciendo cosas malas!

Aarón asintió.

—Sí. Bebía, apostaba y vivió una vida desenfrenada —dijo.

El señor Harper, el maestro de los niños, habló.

—Es verdad —concordó—, pero también hay buenas noticias. Cuando Taylor Nelson se enfermó, sabía que iba a morir y mandó llamar al pastor Smith. El pastor dijo que Taylor decidió confiar en Jesús y pidió el perdón de Dios. Así que cuando murió, fue al cielo para estar con el Señor.

—¿Así como si hubiera amado y servido a Dios toda su vida? —preguntó Aarón.

El señor Harper asintió.

—¡Oye, no es justo! —exclamó Charlie.

—No, no es justo —concordó el señor Harper—. No es justo, porque Taylor se perdió de las alegrías más grandes de la vida.

—¿Qué quiere decir? —preguntó Charlie.

El señor Harper sonrió.

—Dime, Charlie —dijo—, ¿alguna vez te has escabullido a la cocina para probar un poco de pavo antes de la comida del Día de Acción de Gracias?

Charlie asintió y recordó cuando hizo eso hacía solo tres días. Sonrió.

—Es la mejor parte del Día de Acción de Gracias —dijo.

—Bueno —dijo el señor Harper—, el tiempo que pasamos con otros cristianos y sirviendo a Dios es más o menos como ir a hurtadillas a la cocina para probar el pavo. Es casi como tener una probadita del cielo. Taylor no logró tener esa "probadita" en esta vida.

—¡Guau! —susurró Charlie—. Nunca pensé en eso. *MMS*

¿Y TÚ?

¿Te das tiempo para estar con otros cristianos? ¿Te das tiempo para servir al Señor? Esas son las cosas más placenteras y gratificantes que puedes hacer. Da gracias a Dios por cada día que te da para usarlo y servirlo a él.

PARA MEMORIZAR:
«Prefiero ser un portero en la casa de mi Dios que vivir la buena vida en la casa de los perversos». Salmo 84:10

SERVIR A DIOS DA ALEGRÍA

MARTA, MARTA

LEE LUCAS 10:38-42

Luis levantó la vista de su tarea cuando su papá entró a la casa.

—Hola, papá —dijo Luis.

—Hola, Luis —dijo su papá.

Hablaron un momento, y luego su papá miró a su mamá.

—¿Estás sacando tanto provecho como yo de ese libro devocional que decidimos leer? —preguntó—. La lectura bíblica de hoy me ayudó a tomar una decisión sobre un problema que tenía en el trabajo.

—¡Eso es genial! —contestó la mamá de Luis—. De hecho, no he tenido tiempo de leerlo hoy —admitió—. ¡He estado tan ocupada!

—Oh, Marta, Marta —la regañó el papá de Luis con cariño.

—Lo sé, lo sé —dijo su mamá.

—¿Por qué llamaste Marta a mamá? —le preguntó Luis a su papá. Sabía que el nombre de su mamá era Magdalena. Su mamá y su papá rieron a la vez.

—Marta es el nombre que uso para mamá cuando está tan ocupada que empieza a actuar como la Marta de la Biblia —explicó su papá—. ¿Recuerdas la historia? Marta estaba tan ocupada que no se dio el tiempo para sentarse y aprender a los pies de Jesús.

—Así es, y eso me ha estado pasando últimamente —añadió su mamá—. He permitido que las cosas me aparten de lo que es realmente importante. ¿Saben? Apuesto a que no sería el fin del mundo si *compro* tartas para la venta escolar mañana. Y si este piso permanece algo sucio un poco más, quizás pueda simplemente ir al otro cuarto y ponerme al día en mi lectura bíblica.

Eva entró corriendo a la habitación.

—¿Dónde está mi Biblia? —exigió—. Estoy a cargo del devocional esta noche en el grupo de jóvenes, y no he tenido un minuto para prepararme en toda la semana.

—Oh, Marta, Marta —dijo su mamá mientras Luis y su papá se echaban a reír.

LFW

¿Y TÚ?

¿Dejas que las distracciones te impidan leer la Palabra de Dios u orar? Quizás la novela de misterio que quieres leer puede esperar. Tal vez puedas saltarte un programa de televisión. O tal vez puedas jugar más tarde con tus amigos. Cuando debas eliminar algo, no permitas que sea tu tiempo con el Señor.

DEJA DE LADO LAS DISTRACCIONES

PARA MEMORIZAR:

«El Señor le dijo: "Mi apreciada Marta, ¡estás preocupada y tan inquieta con todos los detalles! Hay una sola cosa por la que vale la pena preocuparse"».
Lucas 10:41-42

DICIEMBRE
2

ANTIGÜEDAD PRECIADA

LEE LEVÍTICO 19:32; PROVERBIOS 16:31; 20:29

Darcy disfrutaba mirar cosas antiguas, así que decidió visitar una tienda de antigüedades que acababa de abrir a unas cuadras de su escuela. Cuando llegó a la tienda, vio todo tipo de botellas y frascos antiguos en la ventana. Al entrar por la puerta principal vio varias viejas lámparas de aceite sobre una mesa y algunas cajas llenas de platos antiguos. Las paredes tenían repisas con libros viejos, baratijas y algunas muñecas.

Todas las muñecas lucían antiguas, pero una en particular se veía muy desgastada. Sus ojos de hojalata habían sido arrancados, la pintura de su cuerpo de madera se estaba pelando y su ropa era vieja y andrajosa. Darcy miró la etiqueta de la vieja muñeca y contuvo la respiración cuando vio el precio.

—¿Por qué alguien pagaría un precio tan alto por una vieja muñeca como esta? —preguntó con un susurro.

El dueño de la tienda oyó su pregunta.

—Quizás te parezca que esa muñeca no se ve muy bien —dijo—, pero dado que es antigua es valiosa para los coleccionistas de muñecas. De hecho, es un buen precio. Se venderá enseguida.

Cuando Darcy llegó a su casa, le contó a su mamá sobre la vieja muñeca que había visto.

—Una vieja muñeca como esa me recuerda a las personas que visitamos en el hogar de ancianos —dijo su mamá.

—¿Qué quieres decir? —preguntó Darcy.

—Bueno —dijo su mamá—, las personas que visitamos son ancianas y se están desgastando, pero aún son especiales y valiosas.

—Así es —concordó Darcy—. Aprendo mucho de las historias que me cuentan, y siempre tienen tiempo para mí. A veces me pregunto si seré tan amable y sabia cuando envejezca. Estoy segura de que esas personas son muy especiales para Dios. *WEB*

¿Y TÚ?

¿Ves el valor y el mérito de los adultos mayores con quienes tienes contacto? ¿Los honras y los respetas como deberías? Recuerda agradecerle a Dios por los adultos mayores que conoces. Son más valiosos que una antigüedad preciada.

PARA MEMORIZAR:
«Para Dios ustedes son más valiosos que toda una bandada de gorriones». Mateo 10:31

HONRA A LOS ADULTOS MAYORES

UNA BUENA PLANCHADA

LEE 1 PEDRO 1:3-9

Mirna entró a la cocina y tiró sus libros sobre la mesa. Metió la cabeza en el refrigerador, salió con una manzana y le dio una mordida furiosa.

—Hola, Mirna —dijo su mamá.

—Hola —dijo Mirna con un gruñido.

—¿Cómo te fue en la escuela? —preguntó su mamá mientras tomaba una camisa y comenzaba a plancharla.

—¡Horrible! —exclamó Mirna—. ¡El señor Lagos me enfada tanto!

—¡El señor Lagos! —exclamó su mamá—. ¡Pensé que te agradaba tu entrenador de básquetbol!

—Al principio sí —contestó Mirna—. Pero ahora siempre dice: "Sostén la pelota así... Ven, corre... Eres perezosa... ¡Practica tus tiros!". Honestamente, mamá, ¡a veces pienso que me odia! —Mirna suspiró y recogió una blusa del montón. La miró fijamente—. Mamá, ¡mi blusa luce horrible! —lloró—. ¿Qué le pasó?

Su mamá se rio.

—Siempre se ve así después de que la lavo —dijo—. Solo necesita una buena planchada. —Tomó la blusa y la planchó mientras Mirna terminaba su manzana—. Listo. ¿Ves qué linda se ve? —preguntó su mamá con una sonrisa—. Le puse un poco de calor y presión, así como el entrenador Lagos te pone un poco de calor y presión a ti para ayudarte a ser una buena jugadora de básquetbol. Quizás no te agrade, pero te será de ayuda.

—Bueno, tienes razón cuando dices que no me gusta —concordó Mirna—. Pero supongo que tal vez tienes razón —admitió—. Cuando el entrenador me presiona, quizás está tratando de ayudarme a ser una mejor jugadora. Por supuesto que también es lo que yo quiero.

Su mamá sonrió.

—Solemos olvidar que las cosas valiosas de la vida requieren paciencia y disciplina —dijo su mamá—. Si puedes aprender a ver los tiempos difíciles como una oportunidad para crecer y mejorar, Dios podrá usarlos para hacer algo hermoso de tu vida. *JKB*

¿Y TÚ?

¿A veces sientes que la vida te está tratando con dureza? ¿Te sientes lastimado o enojado cuando alguien te señala un error? No te molestes por la crítica y la corrección; más bien, míralas como una oportunidad para crecer.

CRECE POR MEDIO DE LAS PRUEBAS

PARA MEMORIZAR:
«Porque ustedes saben que, siempre que se pone a prueba la fe, la constancia tiene una oportunidad para desarrollarse. Así que dejen que crezca, pues una vez que su constancia se haya desarrollado plenamente, serán perfectos y completos, y no les faltará nada». Santiago 1:3-4

DICIEMBRE
4

LA FEA MANCHA

LEE SALMO 51:1-12

—Creo que mis amigas se divirtieron en mi fiesta de pijamas —dijo Trina después de que todos se fueron—. ¡Yo también me divertí!

—Bien —dijo su mamá—. Todas parecieron llevarse bien. ¡No escuché una sola mala palabra! Y fuiste una anfitriona perfecta. Diría que fue una fiesta perfecta.

—Bueno, no tanto —dijo Trina con un suspiro—. Cathy derramó Coca Cola sobre mi colcha nueva, y eso dejó una fea mancha. Se sintió muy mal, pero le dije que estaba segura de que se quitaría y que no se preocupara. *Sí* se quitará, ¿verdad, mamá?

—Oh, creo que sí —contestó su mamá—. Vamos a verla.

La hermanita de Trina, Anya, las siguió mientras iban a revisar la colcha.

—Anya también se portó muy bien con tus amigas —dijo su mamá.

—Es un milagro —dijo Trina—, considerando que es una fastidiosa.

—¡Trina! —dijo su mamá.

—Bueno —dijo Trina—. ¡Mira la pintura que derramó en mis nuevos jeans!

—Trina, debes mostrarle a Anya la misma amabilidad que les mostraste a tus amigas —dijo su mamá con firmeza mientras entraba a la habitación de Trina.

—Mis amigas no son una molestia —respondió Trina y apuntó a la mancha sobre la colcha—. ¿Se quitará? —preguntó.

—Sé lo que puedes hacer —dijo Anya—. Puedes poner esta almohada sobre ella.

Levantó una almohada rosada y la colocó sobre la mancha.

—¡Ahí está! ¡Solucionado!

—Eso no arregla nada —gruñó Trina—. Solo lo cubre.

—Cierto... pero *podrías* solo cubrirla cuando tienes visitas, como cubres la mancha en tu corazón —murmuró su mamá.

—¿Qué? —preguntó Trina—. ¿A qué te refieres?

—Bueno, cuando tus amigas no están cerca, eres impaciente y poco amable con tu hermana. Pero cuando están contigo, eres amable y compasiva. Es como cubrir una mancha.

Trina se sonrojó. En el fondo, sabía que su mamá tenía razón. *PCS*

¿Y TÚ?

¿Eres tan amable y cortés cuando estás solo con tu familia como cuando otras personas están presentes? Si ese es un problema para ti, entrégale esa fea «mancha» a Dios.

PARA MEMORIZAR:
«Viviré con integridad en mi propio hogar». Salmo 101:2

SÉ AMABLE EN TU HOGAR

BOCAS HAMBRIENTAS

LEE SALMO 107:8-15

—¿Por qué tuvo que predicar tanto el pastor Carrasco? —se quejó Daniel de camino a casa de la iglesia.

—Desearía que no hubiera acabado tan pronto —dijo su papá—. Me ayudó a entender algo de las Escrituras que me había costado mucho entender antes.

Daniel añadió:

—Nuestra clase de la escuela dominical también fue muy aburrida.

—No me lo pareció —dijo su hermana Elinor—. El señor Linares nos decía cosas interesantes, Daniel. Es bueno para explicar la Biblia.

Cuando llegaron a la casa, Daniel llenó el plato del gato con comida.

—Ven, Mac. Hora de comer —lo llamó. Mac, el gato, corrió hacia el plato, olió la comida y se marchó con la cola en alto—. Ese gato es tonto. No sabe lo que es bueno —declaró Daniel.

Justo entonces, Elinor dijo:

—Ven aquí a la ventana y mira los polluelos en el nido. —Rio en voz alta—. La mamá ave les trajo comida. ¡Mira sus picos abiertos! —exclamó.

Daniel fue a ver.

—Bueno, son más listas que Mac —decidió—. Él ni siquiera quiso probar la buena comida que le ofrecí, pero esos polluelos abren el pico tan pronto como aparece su mamá. Comen cualquier cosa que les dé.

—Mmm —murmuró su mamá—. Así que por eso estás tan aburrido en la iglesia mientras que el resto de nosotros obtiene cosas buenas de los servicios.

—¿Eh? —dijo Daniel—. ¿Qué quieres decir?

—Bueno, estamos hambrientos de la Palabra de Dios, y abrimos nuestro corazón para que Dios nos llene —le dijo su mamá—. Pero tú eres como Mac, que cree que la comida no es buena sin probarla siquiera. Esperabas aburrirte. La próxima vez, ¿qué te parece si vas con algo de apetito para la comida espiritual? *MRP*

¿Y TÚ?

Cuando vas a la escuela dominical y a la iglesia, ¿estás entusiasmado por ver lo que puedes aprender de Dios? La Palabra de Dios alimenta tanto tu mente como tu alma. Te ayuda a ser un cristiano fuerte. Es más dulce que la miel. Lleva un buen apetito a la iglesia, pues Dios siempre satisface las almas hambrientas.

TEN HAMBRE DE LA PALABRA DE DIOS

PARA MEMORIZAR:
«Cuando abres tu mano, [Dios,] sacias el hambre y la sed de todo ser viviente». Salmo 145:16

DICIEMBRE

6

BONITO POR DENTRO

LEE 2 CORINTIOS 5:14-19

Durante dos semanas, Érica trabajó en su dibujo a tinta para el concurso de carteles. Finalmente quedó satisfecha.

—¡Guau! ¡Es hermoso! —dijo su papá.

A la mañana siguiente se escuchó un fuerte grito desde la sala de la casa.

—Mira mi cartel —gimió Érica—. Estaba firmando mi nombre y accidentalmente tiré el frasco de tinta. Mi cartel está arruinado.

Estaba llorando. Su mamá sacudió la cabeza mientras miraba el cartel.

—Lo siento tanto —dijo—. Dibujas tan bonito y....

—No luce nada bonito ahora —interrumpió el hermano de Érica.

—Bailey, tu hermana derramó tinta sobre su cartel —explicó su mamá—. El dibujo debajo de esa tinta negra es hermoso.

—¿Sí? Bueno, tal vez debas limpiarla —sugirió Bailey—. He leído que es algo que hacen a las pinturas famosas.

Érica sonrió ligeramente.

—Esta no es famosa —dijo—. No tiene remedio.

Ahora iría a la escuela sin un cartel para entrar al concurso.

Esa tarde, Bailey les contó sobre un estudiante nuevo en su clase.

—¡Va a ser un fastidio! —declaró Bailey—. Es totalmente nuevo en la escuela, pero ¡actúa como si fuera el dueño!

—Quizás en realidad solo está asustado y nervioso —sugirió su mamá—. Quizás solo está montando un acto de valentía.

—Así es —concordó su papá—. No lo juzgues demasiado rápido. Tal vez en el fondo sea un chico realmente agradable.

—Sí, quizás sea como mi cartel —añadió Érica—. Un poco desordenado por fuera, pero muy lindo por dentro.

—Tal vez —dijo Bailey dudoso—. Pero tu cartel no tenía remedio, ¿recuerdas?

—¡Ah! —dijo su mamá—. Pero una persona sería más como esa pintura famosa que mencionaste. Puede estar cubierta de problemas, pero Dios puede ver su potencial belleza y limpiar el desorden para que su hermosura logre brillar. *DSM*

¿Y TÚ?

¿Conoces a alguien que es feo por el modo en que actúa? ¿O a alguien que no es muy agradable? ¿Conoce esa persona a Jesús, que puede convertir una actitud mala, triste y quejumbrosa en algo hermoso?

PARA MEMORIZAR:

«Todo el que pertenece a Cristo se ha convertido en una persona nueva. La vida antigua ha pasado; ¡una nueva vida ha comenzado!». 2 Corintios 5:17

DIOS PUEDE CAMBIAR A LAS PERSONAS

TORTUGA EN UN POSTE

LEE SALMO 18:31-36, 46

—¡Sabía que ganaría un premio! —exclamó Ethan mientras él y su papá conducían de regreso a casa del espectáculo de caballos. Acarició el listón azul—. Es el listón de *primer lugar* —añadió—. Eso significa que *yo* tengo el mejor caballo que se presentó en el espectáculo. Relámpago se cuadró rápido y me prestó atención de inmediato. —Ethan pensó en lo rápido que su caballo se enderezó y se quedó quieto con sus orejas hacia adelante—. Relámpago fue el mejor porque tuvo el mejor entrenador: ¡a mí! —presumió Ethan.

—Ciertamente hiciste un buen trabajo —concordó su papá—, pero recuerda que tú no entrenaste a Relámpago solo.

—Claro que sí —dijo Ethan—. Nadie me ayudó, o no mucho.

De pronto, su papá bajó la velocidad y se detuvo al lado de la carretera. Luego puso el auto en reversa.

—¡Ajá! —exclamó—. Pensé que había visto algo extraño.

—¿Qué? —preguntó Ethan, mirando desde la ventana.

—Ven y ve —dijo su papá, abriendo la puerta del auto.

Su papá señaló uno de los postes gruesos y redondos de la cerca. Una tortuga grande y vieja estaba encima del poste, durmiendo bajo el sol.

—¿Cómo pudo subirse allá arriba? —preguntó Ethan riéndose.

—Bueno, yo diría que alguien debe haberla puesto allí —dijo su papá—, pero probablemente la tortuga piensa que llegó allí por sí sola. Apuesto a que nunca vio las manos que la recogieron. —Tomó la tortuga y la puso en el suelo—. Ni las manos que la pusieron en el piso —añadió.

Ethan presintió que su papá estaba hablando de algo más que de la tortuga.

—Manos invisibles —dijo su papá en voz baja—. Y diría que eso es lo que te ayudó a entrenar a Relámpago. Las manos invisibles de Dios.

—¿Quieres decir que Dios me ayudó? —preguntó Ethan—. ¿Dios me ayudó a entrenar a un caballo?

Su papá asintió.

—Dios te dio un cerebro y unos brazos y unas piernas y la habilidad para entrenar a Relámpago, ¿cierto? —dijo.

—Cierto —contestó Ethan, pensativo.

—Y sin la provisión de Dios para nuestra familia y para ti, ni siquiera tendrías un caballo —le recordó su papá.

—¡Correcto! —dijo Ethan—. Este es un listón azul para mí ¡y para Dios! *JKC*

¿Y TÚ?

¿A veces estás tan emocionado por tus buenas calificaciones o por haber ganado un partido que olvidas a Dios? ¿Te enorgulleces porque *tú* lo hiciste? Es bueno que te sientas bien por tus logros. Solo recuerda darle gracias a Dios por tu éxito.

DALE EL CRÉDITO A DIOS

PARA MEMORIZAR:
«Si alguien quiere jactarse, que se jacte solamente del SEÑOR». 2 Corintios 10:17

UN VIAJE QUE VALE LA PENA

LEE 2 CORINTIOS 5:1-10

A menos de la mitad de camino en la montaña, Leví luchaba por mantenerse a la par con su papá. Se preguntó por qué había llegado a pensar que sería divertido escalar esta montaña tan alta. Por supuesto, no había estado de buen humor cuando comenzó el día. La visita a su abuelito en el hogar de ancianos la noche anterior lo había entristecido.

—¿Por qué tiene que sufrir tanto mi abuelito? —le había preguntado Leví a su papá.

—No lo sé, Leví —le respondió su papá—. Sé que te duele ver a tu abuelito como está ahora, pero me da consuelo saber que pronto estará en un maravilloso lugar que Jesús le ha preparado.

Leví asintió, pero el pensar que su abuelito iría al cielo no parecía hacer mucha diferencia en cómo se sentía ahora. Sus pensamientos fueron interrumpidos por la voz de su papá que le sugirió que se detuvieran a descansar.

Después de descansar un rato, su papá se puso de pie.

—¿Listo para seguir? —preguntó.

Leví titubeó.

—Quizás deberíamos volver —sugirió.

El papá de Leví despeinó su cabello.

—No vas a renunciar ahora, ¿o sí, hijo? —preguntó—. Cuando lleguemos a la cima, verás que valió la pena el esfuerzo.

Leví no estaba seguro de eso, pero lo siguió. Finalmente alcanzaron la cima. Su papá encontró un buen lugar y sacó el almuerzo. Mientras comían, podían ver la ciudad debajo, rodeada de colinas y el desierto. ¡Era fenomenal! Una sensación de asombro invadió a Leví.

—¡Tenías razón, papá! —exclamó—. Valió la pena el esfuerzo.

Su papá asintió.

—He estado pensando —dijo mientras volvía a guardar las latas vacías de refresco. —Lo que le está pasando a tu abuelito es muy parecido a escalar esta montaña.

Leví tuvo que pensar solo un momento antes de entender.

—Quieres decir que mi abuelito ha tenido un viaje difícil, pero tendrá un final feliz.

Eso era realmente lo que papá había dicho la noche anterior, pero ahora Leví lo entendía. *EMB*

¿Y TÚ?

¿Está alguien que tú conoces peleando una batalla con la muerte? Será difícil decirle adiós, pero si ambos son cristianos, se volverán a ver. Mientras tanto, tu amigo o ser querido irá a un lugar mejor.

PARA MEMORIZAR:
«Pues, para mí, vivir significa vivir para Cristo y morir es aún mejor».
Filipenses 1:21

EL CIELO SANA EL DOLOR

BESOS DE CACHORRITO

LEE SALMO 118:1-3

¡El papá de Zach y Elías les dio un nuevo cachorro! Campeón, el cachorro, se meneaba y brincaba. Para Zach, era difícil sostenerlo.

—¡No, Campeón! —dijo Zach y se limpió la mejilla, húmeda por la lengua del cachorro.

—Te está dando besos de cachorrito —dijo su mamá con una sonrisa.

Elías rio.

—Déjame cargarlo, Zach —dijo Elías y se estiró para alcanzar al cachorro.

Los niños disfrutaban jugando con Campeón y entrenándolo.

—Mira, mamá —le dijo Elías mientras lanzaba un juguete chillón. Campeón salió corriendo para atraparlo y devolverlo. Cuando alcanzó a Zach, Campeón sujetó con fuerza el juguete. Elías tiró de él y volvió a lanzarlo. Campeón fue a recuperarlo.

—Ven, Campeón —lo llamó Zach.

El cachorro lo obedeció al instante. Zach miró a su mamá.

—¿Ves cómo obedece? Le agradamos.

Cuando llegó la hora de alimentar al cachorro, Elías llenó su plato.

—Campeón, ven a comer tu cena —lo llamó.

Campeón corrió hacia el plato y comenzó a comer. Hizo una pausa para ver si los niños seguían allí, pero luego rápidamente devoró su comida.

Los niños miraron en silencio.

—¡Ey! —dijo Elías de pronto—. Campeón se traga su comida como si fuera a desaparecer. No le dio gracias a Dios por ella.

Zach rio.

—Solo es un cachorro, tonto —dijo.

Campeón corrió hacia Zach, saltó y trató de lamerle la cara.

—Pero está agradecido y nos ama. Esta es su manera de demostrarlo —añadió Zach.

Su mamá había vuelto al porche.

—¿Saben? Hay otra manera en que Campeón les demuestra que los ama —dijo—. Zach, tú lo mencionaste antes.

—¿Cuál es, Zach? —preguntó Elías.

—Bueno —dijo Zach—, nos obedece cuando le decimos que haga algo.

—Así es —dijo su mamá—. Campeón es un buen ejemplo para nosotros. Nos muestra cómo se siente dando besos de cachorrito y obedeciendo. Nosotros podemos, y debemos, *decirle* a Dios que lo amamos tanto como *mostrarle* que lo amamos al obedecerlo. *BEL*

¿Y TÚ?

¿Le dices a Dios que lo amas? ¿También obedeces la Palabra de Dios? Así es como Jesús puede ver que sentimos lo que decimos.

PERMITE QUE DIOS SEPA QUE LO AMAS

PARA MEMORIZAR:
«Jesús contestó: "Todos los que me aman harán lo que yo diga"».
Juan 14:23

DICIEMBRE
10

LOS TRASPLANTES

LEE HECHOS 12:1-10

En el pequeño invernadero detrás de la cocina de la familia, Cami cambió una flor de lugar y con ternura comprimió algo de tierra a su alrededor. Trató de recordar cada paso del cuidadoso proceso que ella y su mamá habían usado para trasplantar flores en el pasado. Sabía que mover una flor amenazaba la vida de la planta. Aun cuando su mamá era muy cuidadosa, algunas flores trasplantadas habían muerto. Ahora estaban intentándolo de nuevo.

—Bueno, habría sido lindo ver nuestro primer lote florecer y desarrollarse —dijo con un suspiro su mamá, que trabajaba al lado de Cami.

—Seguramente habría ayudado mucho si Ricky no hubiera arrancado algunas flores junto con la mala hierba —observó Cami con tristeza.

Ricky y su hermano Ronny habían sido adoptados recientemente por la familia de Cami.

—No solo fue culpa de Ricky —dijo su mamá—. Algunas habrían muerto de todos modos. Algunas plantas son más difíciles de trasplantar que otras.

Cami se sentó junto a su mamá.

—Tienen tantos problemas —dijo.

—¿Estas flores? —preguntó su mamá y alzó una ceja.

—¡No! —rio Cami—. Me refiero a Ricky y a Ronny.

—Tus nuevos hermanos menores en realidad se parecen mucho a estos trasplantes —dijo su mamá, pensativa—. Es difícil para los niños mudarse de su propia casa a otro lugar. A veces funciona, a veces no. Necesitan mucho cuidado especial. Tú puedes ayudar, Cami.

—¿Yo? —preguntó Cami con sorpresa—. ¿Cómo?

—Por un lado, muéstrales amor cada vez que puedas —respondió su mamá—. Y ora por ellos cada día. Dios es el único que puede hacer que los trasplantes florezcan, ¡sean niños o flores! *KRL*

¿Y TÚ?

¿Conoces a alguien que parece tener muchos problemas? ¿Desearías poder ayudarlo? ¡Puedes hacerlo! Cuando oras, Dios escucha y ayuda. Tal vez tú mismo tengas problemas. Ora sobre ellos, y pídeles a los demás que oren por ti también. Dios actúa cuando sus hijos oran.

PARA MEMORIZAR:
«Pero, mientras Pedro estaba en la cárcel, la iglesia oraba fervientemente por él».
Hechos 12:5

OREN UNOS POR OTROS

MISIÓN SECRETA

LEE MATEO 6:1-4

—Mamá, ¿me puedes dar un adelanto de mi mesada? —preguntó Leilani.

—¿Para qué lo necesitas? —preguntó su mamá.

Leilani respiró hondo.

—No te lo puedo decir —dijo—. Es un secreto.

La mamá de Leilani la miró, pensativa. Luego preguntó cuánto necesitaba. Sacó su billetera y le dio el dinero a Leilani.

—Recuerda. Esto es parte de tu mesada —dijo su mamá.

Leilani asintió y trató de no pensar en todas las cosas a las que estaba renunciando. Pensó en su amiga Sara mientras colocaba el dinero en un sobre y lo ponía en su mochila. Su clase había estado estudiando la vida marina, y su maestro había hecho los arreglos para una excursión al acuario en una ciudad cercana. Durante los últimos días, todos los alumnos habían traído los permisos firmados y el dinero para los boletos. Todos menos Sara. Sara era la mayor de varios hermanos. Su papá acababa de perder su trabajo en la fábrica, y no tenían dinero extra en su casa.

A la mañana siguiente, Leilani llegó temprano a la escuela. Su salón estaba vacío. Con el corazón galopante, se acercó cuidadosamente al escritorio de Sara y puso el sobre dentro de su libro de matemáticas. *Sara lo encontrará pronto,* pensó. *Por lo general tenemos Matemáticas a primera hora del día.* Antes, Leilani había escrito en el sobre: «Dinero para la excursión».

La campana sonó y Leilani se dirigió rápidamente a su escritorio. Sacó su lista de palabras de ortografía. Estuvo atenta a la puerta. Pronto entró Sara. Se dirigió a su escritorio y sacó su libro de matemáticas. Al encontrar el sobre de Leilani, lo abrió. Sus ojos se abrieron muy grandes. Leilani sonrió y volvió a poner atención a sus palabras de ortografía. *Por favor, Señor,* oró, *por favor no dejes que descubra que fui yo. CMG*

¿Y TÚ?

¿Has hecho algo bueno por alguien en secreto, sin decirle a *nadie*? Esta semana pídele a Dios que te muestre a alguien que necesita tu ayuda, y luego ofrécela en una forma que solo tú y él sepan que fuiste tú. ¡Es divertido!

DA EN SECRETO

PARA MEMORIZAR:
«Pero tú, cuando le des a alguien que pasa necesidad, que no sepa tu mano izquierda lo que hace tu derecha». Mateo 6:3

EL BUEN SAMARITANO

LEE LUCAS 10:30-37

Un día, el papá de Ladislao, que era un pastor, tenía cartas para enviar a toda la gente de la iglesia. Él y Ladislao las doblaron, las metieron en los sobres y les pusieron las estampillas postales. Entonces, el papá de Ladislao le pidió que llevara las cartas a la oficina de correos. Así que Ladislao se montó en su bicicleta y arrancó por el camino.

—¡Ay! —gritó cuando cayó en un bache, ¡y los sobres volaron por todas partes!

Ladislao se bajó de la bicicleta. Estaba parado en medio de la calle con los sobres regados a su alrededor. Para empeorar las cosas, cuando Ladislao empezó a recogerlos, un niño se acercó y lo miró. Luego, el niño se rio y llamó a su amigo, y ambos se rieron de él y lo insultaron. Ladislao se sintió muy tonto.

Pronto llegó un tercer niño. Cuando vio a Ladislao apresurándose a levantar las cartas antes que el viento se las llevara, se detuvo y lo ayudó.

—Es difícil llevar tantas cosas cuando andas en bici —le dijo con una sonrisa—. Lo sé porque lo he intentado. Puedo ayudarte a llevar las cartas.

—Oh, gracias —dijo Ladislao, sintiéndose mucho mejor.

Era bueno tener un nuevo amigo a su lado y dejar atrás a los niños burlones.

Cuando Ladislao llegó a casa y le contó a su familia lo ocurrido, su hermana sonrió.

—Parece que conociste a un "buen samaritano" —dijo.

Ladislao sonrió.

—Oye, tienes razón. También conocí a los otros dos hombres de la historia bíblica. Pero mi samaritano actuó de la misma manera que Jesús enseñó en la parábola que debemos hacerlo. ¡Me alegra saber que aún hay personas buenas y serviciales como ese buen samaritano! *LMW*

¿Y TÚ?

La próxima vez que veas a una persona mayor lidiar con una bolsa de comestibles o a alguien más joven que está siendo acosado, ayuda a esa persona. La próxima vez que veas a un maestro o a un compañero de clases cargando muchos libros, ayuda a esa persona.

PARA MEMORIZAR:

«Siempre que tengamos la oportunidad, hagamos el bien a todos, en especial a los de la familia de la fe». Gálatas 6:10

AYUDA A LOS QUE TIENEN PROBLEMAS

UN NIÑO SOLO EN CASA

LEE SALMO 27:1-6

—Se estima que en Estados Unidos hay más de seis millones de niños que pasan tiempo solos a su casa —dijo la señora Robles, la maestra de Brendon—. Estos niños están en casa sin adultos durante cierto período del día.

Brendon suspiró. Él sabía a lo que se refería; él era uno de ellos. Cada día después de la escuela, se quedaba solo durante una hora, y saber que había seis millones de niños en la misma situación ¡no lo hacía sentirse menos solo o menos temeroso!

La señora Robles continuó:

—Muchos de estos niños tienen miedo, pero no quieren decírselo a sus padres. Sienten que es infantil tener miedo.

Brendon estuvo de acuerdo. ¡Así era exactamente como se sentía! Después de todo, a los doce años uno debería poder quedarse en casa sin asustarse ante cada pequeño ruido.

—No dudes en hablar con tus padres o con otro adulto si estás en esta situación —concluyó la señora Robles cuando sonó la campana.

Supongo que tengo que contarle a alguien que tengo miedo, pensó Brendon al dirigirse a su casa. Odiaba llegar a una casa vacía. Así que esa tarde le dijo a su mamá lo que la señora Robles había dicho sobre los niños que tenían miedo de estar solos en casa.

—¿Así es como te sientes, Brendon? —preguntó su mamá.

Brendon asintió.

—Pues me alegra que lo hayas mencionado. Yo también he estado pensando en eso. Lamento que sea necesario que yo llegue a la casa más tarde que tú. ¿Ayudaría si te llamara o si en ocasiones fueras a la casa de la tía Rut?

Brendon se animó.

—Eso me gustaría —dijo.

Su mamá colgó el secador de platos y abrazó a Brendon.

—Siempre recuerda que te amo, pero que el Señor te ama más aún —dijo—. Él promete estar contigo, y está aquí cuando te sientes solo y con miedo. Puedes hablar con él sobre tus miedos también. *LMW*

¿Y TÚ?

¿A veces tienes miedo cuando estás solo? El Señor siempre está dispuesto a escucharte. Habla con él sobre tu problema. Él te puede ayudar. Si eres cristiano, recuerda que Dios ha prometido estar contigo todo el tiempo.

DIOS ESTÁ CONTIGO

PARA MEMORIZAR:

«David siguió diciendo: "Sé fuerte y valiente y haz el trabajo. No tengas miedo ni te desanimes, porque el SEÑOR Dios, mi Dios, está contigo. Él no te fallará ni te abandonará"». 1 Crónicas 28:20

DICIEMBRE
14

EL COMEDERO DE PÁJAROS

LEE SALMO 119:41-48

Alicia se sentó junto a la ventana en la casa de su abuelita, mirando a los pajaritos volar al comedero en el patio trasero.

—¡Oye, mira! —exclamó—. Esa ardilla está comiendo el alimento que pusiste para los pájaros.

La abuelita de Alicia asintió.

—Lo sé —dijo—. Parece que el primero en llegar es el que gana el derecho de comer.

A su abuelita no parecía molestarle, pero Alicia quería que los pájaros tuvieran la comida, en especial los hermosos cardenales rojos.

La ardilla se sentó en lo más alto del comedero por un buen rato. Vinieron las palomas a comer, pero la ardilla se mantuvo erguida e hizo un ruido fuerte para ahuyentarlas. Más tarde, unos azulejos revolotearon alrededor del comedero. Ellos, también, trataron de obtener las semillas que habían dejado para ellos, pero una vez más la ardilla se negó a moverse. Aunque discutieron con la ardilla, pareció importar poco, o más bien, nada. Entonces, mientras Alicia observaba, unos pájaros carpinteros se acercaron. Uno se colocó en una rama justo encima del comedero; otro se sentó sobre el bebedero de pájaros. Por un rato nada ocurrió. Entonces, sin previo aviso, los pájaros carpinteros volaron al comedero y empezaron a comer. La ardilla parecía sorprendida y se hizo un poco a un lado. Los pájaros carpinteros empezaron a hacer ruidos fuertes, acercándose más y más a la ardilla. En unos minutos, el comedero estaba libre y disponible para todos los demás pájaros.

—¡Guau! —exclamó Alicia—. Esa ardilla se sentó allí y no iba a permitir que ningún pájaro pudiera comer, pero esos pájaros carpinteros la ahuyentaron.

La abuelita de Alicia asintió.

—Me recuerda a ciertas tácticas de Satanás. No quiere que los cristianos obtengan comida espiritual, en la Biblia. Así que nos anima a poner todo tipo de cosas en el camino. A veces son actividades escolares; a veces son los amigos. Pero el Señor en nosotros es más fuerte. Si lo observamos, veremos que él crea un camino para que podamos pasar tiempo en su Palabra. Entonces depende de nosotros comer y crecer a medida que obedecemos. *RIJ*

¿Y TÚ?

¿Llenas tus horas con cosas que te impiden leer la Palabra de Dios? «Las cosas» siempre estarán en el camino si se lo permites. Deja que Dios te guíe a planear tu día, para que puedas llegar a su Palabra. Es tu alimento espiritual.

PARA MEMORIZAR:
«Me deleitaré en tus decretos y no olvidaré tu palabra». Salmo 119:16

SIGUE LEYENDO LA BIBLIA

EL ROL CORRECTO

LEE ECLESIASTÉS 8:5-7

Susana esperó en la iglesia hasta que sus amigos se fueron a su casa. No quería caminar con ellos. No quería que nadie supiera lo decepcionada que se sentía.

Al ir subiendo los escalones de su casa, se tropezó y cayó, raspándose la rodilla. Al abrir la puerta, empezó a llorar.

—¿Qué pasa, Susy? —preguntó su mamá. Susana señaló su rodilla—. Vamos para curarte y ponerte una venda —dijo su mamá, y levantó a Helena, la hermanita de Susana.

Susana siguió a su mamá hasta el baño. Mientras su mamá curaba su rodilla, le preguntó:

—¿Es eso todo lo que te molesta?

Susana sacudió la cabeza.

—No obtuve el rol que quería en la obra de Navidad —dijo—. Voy a cantar en el coro otra vez. Y no me digas que ore sobre la situación. Ya he orado por dos años, y nunca obtendré el rol que quiero. Creo que Dios no me está escuchando.

Su mamá se arrodilló junto a ella.

—¿Te has fijado cómo Helena no deja de tratar de alcanzar las cosas que guardo en el gabinete de las medicinas?

Susana asintió.

—Sé que quiere esas cosas —continuó su mamá—, pero no dejo que las alcance. ¿Por qué?

—Porque no son buenas para ella en este momento.

—Así es —dijo su mamá.

Con un suspiro, Susana dijo:

—Ya sé lo que vas a decir ahora: que a veces pedimos cosas que no son para nosotros, o que quizás no es el mejor momento. ¿Crees que el lugar correcto para mí es en el coro?

—Así parece —dijo su mamá—. No significa que siempre estarás en el coro. Pero por ahora necesitas confiar en que Dios está escuchando tus oraciones, aunque no las haya contestado del modo que tú quieres. Tal vez el próximo año será tu momento para un rol en la obra. Pero por ahora...

—¡Seré la mejor cantante del coro! —dijo Susana con una sonrisa. *KEC*

¿Y TÚ?

¿Te desanimas cuando Dios no te da lo que le pides en oración? Recuerda, él escucha cada oración, y sabe lo que es mejor para ti. Confía en él.

CONFÍA EN LAS RESPUESTAS DE DIOS

PARA MEMORIZAR:
«Puedes hacer todos los planes que quieras, pero el propósito del SEÑOR prevalecerá». Proverbios 19:21

DICIEMBRE
16

¡HAGAMOS UNA FIESTA!

LEE MATEO 1:18-25

—Estamos empezando a cantar canciones de Navidad en la escuela —le dijo Darío a su mamá mientras se quitaba el abrigo—. Pero solo canciones como "Ya llegó la Navidad". No villancicos.

—Qué lástima —contestó su mamá—. Es posible que los maestros tengan miedo de usar algo que se considere "religioso", lo que incluye los villancicos. Las personas que no creen en Dios a veces hacen un gran escándalo cuando se menciona a Dios en la escuela.

Mientras Darío y su amigo Marcos caminaban a casa desde la escuela unos días después, hablaban de sus planes para la temporada navideña.

—Abuelito y abuelita vienen para Navidad este año —dijo Marcos—. Se van a quedar una semana completa, y en Nochebuena ¡todos vamos a ir a ver una película especial de Papá Noel! ¿Quieres venir con nosotros? Estoy seguro de que mi mamá estará de acuerdo.

Darío negó con la cabeza.

—Nuestra familia siempre va a la iglesia en Nochebuena —dijo—. Vamos a tener un servicio con un programa especial sobre la verdadera historia de la Navidad. Luego tendremos un refrigerio y otras cosas.

Marcos se veía confundido.

—¿Cuál es la verdadera historia de la Navidad? —preguntó—. Algo sobre ángeles y estrellas y pastores, cosas así, ¿verdad?

Darío estaba sorprendido.

—Es sobre el nacimiento de Jesús —dijo.

¡Casi no podía creer que Marcos no supiera el verdadero significado de la Navidad!

Cuando Darío le contó a su mamá más tarde, ella le hizo una sugerencia.

—Ya que los maestros no hablan de Jesús en la escuela, ¿te gustaría hacer una fiesta e invitar a tus amigos? —preguntó—. Podríamos hacer juegos con premios. Luego puedo ayudar cantando villancicos de Navidad y contando la historia de la Navidad antes de servir un refrigerio.

—Suena divertido —concordó Darío, así que invitó a siete amigos. Le hizo sentir bien poder darles la oportunidad de escuchar sobre Cristo. *LMW*

¿Y TÚ?

¿Conocen tus amigos la verdadera historia de la Navidad? Quizás tú también puedas hacer una fiesta para compartir a Cristo con otros. Este año encuentra alguna manera de asegurarte de que tus amigos conozcan el verdadero significado de la Navidad.

PARA MEMORIZAR:

«Dios no envió a su Hijo al mundo para condenar al mundo, sino para salvarlo por medio de él». Juan 3:17

COMPARTE A CRISTO EN LA NAVIDAD

LA RAZÓN CORRECTA (PARTE 1)

LEE EFESIOS 6:5-10

El almacén de la iglesia estaba lleno de latas y cajas que habían sido recolectadas durante el proyecto de comida para familias necesitadas. Después de organizar la comida para que cada familia tuviera variedad, el siguiente paso era llevar los comestibles a los hogares.

—Me tocó llevar la comida a los Collado —dijo el papá de Gabriel.

—Oh, yo conozco a Rex Collado —le dijo Gabriel a su papá—. Está en mi clase de la escuela.

—¿Por qué no me acompañas entonces? —sugirió su papá—. Puedes invitar a Rex al programa de Navidad de la iglesia.

Después de la cena, Gabriel y su papá pusieron las cosas en el auto y manejaron hasta la casa de los Collado. La señora Collado los recibió en la puerta y los guio por la sala, donde el señor Collado estaba mirando televisión, hasta la cocina. Gabriel y su papá pusieron las bolsas sobre la mesa y fueron por el resto de los alimentos. Cuando regresaron, el señor Collado se estaba quejando porque no había suficiente espacio en el refrigerador para la comida que habían llevado. Rex también estaba allí, quejándose porque la iglesia había enviado galletas de mantequilla de maní.

—¡Guácala! Odio la mantequilla de maní. ¿Por qué no trajeron galletas de chocolate? —se quejó y salió de la habitación enfadado.

Gabriel se sintió incómodo y no podía esperar para irse de la casa de los Collado.

—¿Cómo puede la gente actuar así? —dijo bruscamente cuando regresaron al auto—. Estamos tratando de ser amables, pero ni siquiera dijeron gracias.

—A veces es difícil comprender a las personas —dijo el papá de Gabriel gentilmente—. Sin embargo, debes recordar que estamos haciendo esto para el Señor. No lo hicimos para agradar a los Collado o para que nos lo agradecieran. Lo hicimos porque están necesitados y porque Dios quiere que les mostremos su amor. *LMW*

¿Y TÚ?

¿Has sido lastimado al tratar de ser amable? ¿Le has sonreído a alguien, y te han ignorado? ¿Le has ofrecido ayuda a alguien, y te han rechazado? Recuerda, la razón de ser amable no debe ser impresionar a otros, sino glorificar al Señor. Dios conoce tus pensamientos. Eso es lo importante.

HAZ TODO POR DIOS

PARA MEMORIZAR:
«Traten de agradarlos todo el tiempo, no solo cuando ellos los observan. Como esclavos de Cristo, hagan la voluntad de Dios con todo el corazón». Efesios 6:6

DICIEMBRE
18

LA RAZÓN CORRECTA (PARTE 2)

LEE 1 TIMOTEO 6:6-11

—¡Oh, no! —exclamó Gabriel mientras él y su papá manejaban a casa después de dejar los comestibles en la casa de los Collado—. La nieve se está descongelando otra vez. La necesitamos para nuestro viaje de esquí.

—Bueno —dijo su papá—, el meteorólogo dijo que esperaban temperaturas por encima del promedio toda la semana. Pero quizás caiga nieve —lo animó su papá.

Cuando llegaron a casa, su mamá tenía chocolate caliente, galletas saladas y queso esperándolos. Gabriel frunció el ceño.

—Quería palomitas de maíz y refresco esta noche —dijo.

—¡Por mí está bien! —declaró su papá, bebiendo a sorbitos su chocolate.

Gabriel masticó una galleta.

—¿Pueden comprarme un nuevo par de esquís de fondo? —preguntó—. ¿Y una chaqueta nueva?

—No tendrás esquís nuevos este año —le dijo su papá.

—Tu chaqueta actual servirá este invierno —dijo su mamá—. Si compramos una nueva ahora, probablemente no te quedará el próximo año, considerando la velocidad a la que estás creciendo.

—Todos mis amigos tienen chaquetas para esquiar —se quejó—. Papá y tú nunca me dejan tener tantas cosas como ellos.

El papá de Gabriel lo miró.

—¿Te apellidas Collado? —preguntó.

Gabriel lo miró sorprendido; luego sacudió la cabeza y miró el suelo.

—Te quejaste porque Rex y su papá no parecían muy agradecidos por los comestibles que les llevamos —dijo su papá—. Ahora estás actuando de la misma manera.

—Lo siento —dijo Gabriel—. Haré un mayor esfuerzo. —Miró a su mamá de reojo—. Este chocolate está muy rico; las galletas también.

Su mamá sonrió.

—¿Y? —sugirió.

Gabriel sonrió.

—Y me encantan mi chaqueta vieja y mis esquíes.

—¿Y? —sugirió su papá.

—Y, ¡oh, sí! —dijo Gabriel—. Y el clima... ¡simplemente me *encanta* el clima invernal cálido!

Todos rieron. *HWM*

¿Y TÚ?

¿Estás agradecido por todo lo que Dios hace por ti? En lugar de quejarte por el clima o la comida que tienes que comer o la ropa que tienes que vestir, confórmate con lo que Dios te ha dado y agradécele por eso.

PARA MEMORIZAR:
«Así que, si tenemos suficiente alimento y ropa, estemos contentos».
1 Timoteo 6:8

CONFÓRMATE CON LA PROVISIÓN DE DIOS

MEJORES AMIGOS

LEE MATEO 6:12-15

Rochelle realmente quería ganar el premio de diez dólares que sería entregado al mejor disfraz del desfile de Navidad. Había decidido vestirse como un regalo gigante, así que decoró una enorme caja. Cuando se metió, le cubría todo el cuerpo excepto los pies. Dos agujeros le permitían ver. *¿Cómo se vestirá Julieta?* Se preguntó Rochelle mientras se unía a los otros estudiantes disfrazados. *Ella nunca me lo diría, aunque yo le permití ver mi disfraz.*

—¡Hola! ¿Eres tú la que está allí dentro, Rochelle?

Al reconocer la voz de Julieta, Rochelle giró lentamente para ver a través de las aberturas. Casi choca contra... ¡otra caja! Julieta tenía un disfraz casi idéntico al suyo.

—Decidí sorprenderte para que pudiéramos ser las Cajas Gemelas —dijo Julieta—. ¿No se nos ven magníficas?

¡Rochelle estaba furiosa! ¡Cómo se había atrevido Julieta a copiar su idea! Pero el desfile ya iba a comenzar, así que avanzaron juntas. Con dificultad se inclinaron ante los jueces. Los jueces rieron, y el público las ovacionó.

Cuando el ganador se anunció, un juez dijo:

—Todos concordamos que las cajas son las mejores, pero hay un solo premio. Así que lo dividiremos entre las dos. Cada una recibirá cinco dólares.

Rochelle se esforzó para dibujar una sonrisa en su rostro, pero por dentro estaba furiosa mientras pasaba al frente y para aceptar el dinero.

—Mamá, nunca más hablaré con Julieta —declaró Rochelle cuando le contó a su mamá lo sucedido—. ¿Puedes creer lo que hizo?

—Tranquila, cariño —le advirtió su mamá—. Han sido mejores amigas durante años. Piensa en Jesús, tu mejor amigo, por un momento —sugirió.

—¿Qué hay con él? —preguntó Rochelle—. No es como Julieta. Nunca me ha hecho nada malo.

—Pero *tú* le has hecho daño a *él*, Rochelle —dijo su mamá—. Y aun así te perdonó y te salvó. Así quiere que tratemos a los demás.

—Eso es difícil de hacer, mamá —contestó Rochelle—. Pero lo intentaré. *MRP*

¿Y TÚ?

¿Es difícil para ti perdonar a alguien que te ha hecho mal? Quizás por lo general quisieras vengarte, ¿cierto? ¿No te alegra que Jesús no te trate así? Ser un verdadero amigo significa perdonar cuando te han hecho mal, y aun así amarlos de todas maneras.

LOS VERDADEROS AMIGOS AMAN Y PERDONAN

PARA MEMORIZAR:
«Un amigo es siempre leal, y un hermano nace para ayudar en tiempo de necesidad». Proverbios 17:17

DICIEMBRE
20

VASOS Y COPAS

LEE 2 TIMOTEO 2:19-22

—Mamá, le dije a la señora Adams que ayudaría en la sección de niños el domingo de Navidad, pero realmente no quiero hacerlo. Quiero usar mi vestido nuevo y estar en la iglesia —se quejó Cristina.

—Lo sé, pero me alegra que hayas aceptado ayudar —dijo su mamá, dándose vuelta para acercarse a su hija. En su mano traía una copa de cristal con un cuello largo—. ¿No es hermosa? —dijo y puso la copa sobre la mesa con otras piezas de cristal que brillaban con la luz del sol. Eran piezas antiguas que habían pertenecido a la bisabuela de Cristina.

—¡Guau! ¡Parece que están hechas de diamantes! —exclamó Cristina—. Desearía que las pudiéramos usar en cada comida y no solo en las fiestas.

Su mamá sonrió.

—Si lo hiciéramos, pronto se quebrarían —dijo, y las tocó con gentileza. Colocó los frágiles objetos en el gabinete, y cerró las puertas de vidrio—. Ven, querida —le dijo—. Almorcemos.

Mientras su mamá preparaba unos emparedados, Cristina llenó dos vasos con leche. Tomó un largo sorbo de uno de ellos y volvió a llenarlo.

—Después de todo, creo que prefiero los vasos —dijo con una sonrisa—. Por lo menos no tengo que preocuparme de desportillar los bordes o de romper el cuello.

Su mamá puso un plato con emparedados sobre la mesa.

—¿Sabes? La Biblia nos compara con diferentes tipos de recipientes —dijo—. Usamos copas finas cuando tenemos invitados para que todos las vean, y vasos simples cuando no hay nadie especial. Pero podemos ser como esas hermosas copas aunque estemos sirviendo en un lugar donde nadie más nos ve. La segunda carta a Timoteo dice que si mantenemos nuestra vida limpia y pura, Dios la puede usar para su propósito. —Le sonrió a Cristina.

Cristina rio. Comprendía lo que su mamá decía.

—Está bien, está bien —dijo—. Haré mi mejor esfuerzo para ser una "copa" en la clase de niños aunque me sienta como un "vaso para agua". *PIK*

¿Y TÚ?

¿Estás dispuesto a hacer el trabajo que no siempre te gusta? ¿Te alejas o pretendes no escuchar cuando te piden ayudar en trabajos «comunes»? Jesús pasó su vida haciendo el bien siempre que pudo. Sigue su ejemplo.

PARA MEMORIZAR:

«Y si le dan siquiera un vaso de agua fresca a uno de mis seguidores más insignificantes, les aseguro que recibirán una recompensa». Mateo 10:42

TEN LA DISPOSICIÓN DE SERVIR

ACTITUD DE REPUESTO

LEE LEVÍTICO 19:15-18

La mamá de Hayley estaba como anfitriona de una fiesta de cosméticos en la que ni Hayley ni su papá tenían interés, así que decidieron salir a tomar un refresco. Al ir conduciendo, pasaron al lado de un par de niñas de la edad de Hayley.

—¡No soporto a esas niñas! —dijo Hayley—. Bueno, por lo menos no a la más pequeña, la gordita. Lisa dice que es insufrible.

—¿Pero la conoces personalmente? —preguntó su papá.

—De ninguna manera —respondió Hayley—, y tampoco quiero conocerla.

¡Bam! De pronto el auto se desvió a la derecha.

—Oh, no —gruñó su papá—. Se ha ponchado una llanta.

Hayley habló mientras su papá cambiaba la llanta.

—¿Recuerdas a la niña que vimos? —dijo—. Es la que tomó mi lugar en el equipo de vóleibol.

—Hayley —dijo su papá—, no tienes una buena actitud sobre la situación, ¿verdad? Esa no es una razón para sentir antipatía por ella.

Hayley bajó la vista.

—Tal vez no —contestó—, pero Lisa la conoce, y tampoco le agrada.

—¿No crees que tu actitud hacia esta niña debe cambiar? —preguntó su papá mientras quitaba la llanta ponchada y ponía la de repuesto—. Una persona no puede andar conduciendo con un neumático ponchado —continuó—, pero es peor ir por la vida con una "actitud ponchada". Tal vez es tiempo de que mires en tu interior y encuentres una actitud de repuesto para reponer la ponchada.

—Supongo que me vi odiosa, ¿cierto? —admitió Hayley lentamente.

—Eso diría yo —concordó su papá y terminó el trabajo—. ¿Por qué no conducimos otra vez por donde estaban esas niñas y las invitamos a ir con nosotros por un refresco?

Hayley titubeó por un momento, y luego dijo:

—¿Por qué no? *VLR*

¿Y TÚ?

¿Tienes una actitud de odio hacia alguien? ¿Te ha dado esa persona una buena razón para que no te agrade? ¿Hay alguna razón lo suficientemente buena como para odiar a alguien que Dios ama? Reevalúa tu actitud hacia esa persona. Tal vez necesitas mirar en tu interior ¡y sacar una actitud de repuesto!

NO GUARDES RENCOR

PARA MEMORIZAR:
«No busques vengarte, ni guardes rencor [...], sino ama a tu prójimo como a ti mismo». Levítico 19:18

DICIEMBRE
22

PALOMITAS DE MICROONDAS

LEE SALMO 133

Blanca puso una bolsa de papel en el microondas, puso el cronómetro y esperó. Cuatro minutos después sacó del horno una inflada bolsa llena de palomitas de maíz que humeaban de calientes.

—Así no es como acostumbrábamos a hacer palomitas de maíz —le dijo su papá mientras estiraba la mano para agarrar unas cuentas palomitas—. Debíamos poner aceite en una olla, ponerla en la estufa, esperar a que el aceite estuviera caliente, echar los granos, cubrirlos y sacudirlos con mucha fuerza.

La mamá de Blanca añadió:

—Y luego había que sacar un recipiente grande para poner las palomitas en él, derretir la mantequilla, esparcir sal sobre ellas...

—Yo no hice nada de eso —dijo Blanca—, y me las puedo comer directamente de la bolsa. No hay tiradero ni nada que limpiar.

—Además saben bien —dijo su papá mientras el hermano de Blanca entraba, azotando la puerta detrás—. ¿Ocurre algo malo, Berto? —preguntó su papá.

—Es Tony —se quejó Berto—. Tiene una idea nueva para nuestro proyecto de servicio. Los chicos de nuestro club siempre barríamos hojas y recogíamos la basura como favor para los adultos mayores. Es mucho trabajo, pero siempre hace muy felices a las personas. Tony quiere que recojamos a un grupo de niños de una iglesia en el centro de la ciudad en la que trabaja su papá para que nos ayuden —dijo Berto con el ceño fruncido—. Y luego nuestro club llevaría a esos chicos y a los adultos mayores a un parque para un *picnic*.

—¿Y no quieres hacer eso? —preguntó su mamá suavemente.

—Justo ahora estábamos hablando, Berto —dijo su papá—, de la manera tradicional y la nueva de hacer palomitas. Saben muy bien de cualquier manera.

—¿Y crees que un proyecto nuevo podría ser tan bueno como el antiguo?

Su papá asintió.

—Tu modo de hacer el proyecto de servicio funcionó bien, pero creo que también funcionará bien la manera de Tony, y también ayudará a esos chicos. Además, no tendrás que trabajar tan duro. No había nada de malo con tu manera de hacer las cosas, pero cuando alguien ofrece una manera mejor, debes estar dispuesto a cooperar. *TVV*

¿Y TÚ?

¿Te sientes rechazado o celoso cuando alguien tiene una idea mejor que la tuya? No tengas la actitud de siempre saber lo que es mejor. Dios les ha dado a las personas muchas maneras diferentes para servirlo. Cooperen y sírvanlo juntos.

PARA MEMORIZAR:

«Por último, todos deben ser de un mismo parecer. Tengan compasión unos de otros. Ámense como hermanos y hermanas. Sean de buen corazón y mantengan una actitud humilde». 1 Pedro 3:8

SÉ UNA PERSONA DISPUESTA A COOPERAR

DIÁLOGO MORTAL

LEE PROVERBIOS 18:19-21; 21:23

—¡Mentirosa! —gritó Tabitha en el teléfono—. ¡No quiero volver a hablar contigo jamás!

—Oh, Tabby, no sabía...

Pero Tabitha azotó el auricular antes de que Janet pudiera decir otra palabra.

—¿De qué se trata todo esto? —preguntó su mamá.

—Janet dijo que no iba a entrar al concurso de arte de Navidad este año, pero sí entró —dijo Tabitha con enojo—. Yo hubiera ganado si ella no hubiera entrado.

—Pero, cariño, Janet tiene el mismo derecho de entrar al concurso que tú —le recordó su mamá—. Estoy segura de que a ella también le gusta ganar.

—Pero ella sabe cuánto necesito el dinero del premio para ayudar a pagar los regalos de Navidad —lamentó Tabitha—. Ella no lo necesita.

—Eso no justifica la manera en que le hablaste —dijo su mamá.

—No me importa —insistió Tabitha con terquedad.

Mientras Tabitha ayudaba a su mamá a preparar la cena de esa noche, su hermanita, Dorrie, estaba jugando con un tubo de panecillos. De repente... *¡pop!* Un tiradero de masa se escapó por una grieta del tubo.

—Dorrie, ¿qué has hecho? —preguntó su mamá mientras los dedos pequeños y regordetes de Dorrie trataban de devolver la masa al tubo.

—¡Una vez que la masa se sale del tubo no puedes devolverla, Dorrie! —dijo Tabitha sonriendo.

La mamá de Tabitha la miró.

—Tienes razón, Tabitha —dijo seriamente—, y eso me recuerda que lo mismo pasa con las palabras hirientes.

Justo entonces se abrió la puerta trasera y el hermano de Tabitha, Rob, entró.

—Acabo de ver a Cristina, la hermana de Janet —dijo—. Me dijo que estás enojada con Janet por el concurso. Pero Cristina dijo que *ella* fue quien mandó el dibujo de Janet al concurso, sin que Janet lo supiera. Janet se sorprendió cuando anunciaron su nombre.

Tabitha se mordió el labio. *¡Oh, no!*, pensó. *Desearía no haberle dicho esas cosas tan crueles a Janet.* Se sentía terrible. *Vaya que estoy contenta de contar con Jesús,* pensó. *Él me perdonará. Y espero que Janet también lo haga cuando le pida perdón.* *LJR*

¿Y TÚ?

¿A veces dices malas palabras o insultos? ¿Alguna vez te has arrepentido de lo que has dicho y habrías querido regresar las palabras a tu boca? No puedes hacerlo, pero puedes pedir perdón. Y agradece que Jesús nos da segundas oportunidades.

NO DIGAS COSAS CON ENOJO

PARA MEMORIZAR:
«La lengua puede traer vida o muerte; los que hablan mucho cosecharán las consecuencias». Proverbios 18:21

DICIEMBRE
24

ESPERANDO VIVIR

LEE LUCAS 2:1-20

El meteorólogo había dicho que se aproximaba una gran tormenta de nieve, así que Will y Roxy la esperaron toda la mañana. A mediodía el viento silbaba y la nieve caía con rapidez. Roxy estaba tan emocionada que no podía quedarse quieta.

—¿Crees que la tormenta llegará pronto? —le preguntó a su hermano.

Will se encogió de hombros.

—Eso creo —dijo.

Cuando su mamá entró al cuarto a decirles que el almuerzo estaba listo, Will y Roxy estaban mirando pacientemente la escena frente a ellos.

—Will dijo que la tormenta de nieve debe llegar pronto —le dijo Roxy a su mamá.

—Me parece que ya está aquí —dijo su mamá.

Roxy se paró de un salto.

—¡Ya llegó! —gritó, brincando de arriba a abajo.

Su mamá sonrió.

—Mientras esperaban que llegara la tormenta, de hecho ya estaban observándola y no se dieron cuenta —dijo—. Eso me hace pensar en el mensaje que escuché en la radio sobre cómo los judíos esperaban que viniera el Mesías, pero se lo perdieron cuando finalmente llegó. ¿Saben cuándo fue eso?

—Cuando Jesús nació —dijo Will de inmediato.

Su mamá asintió.

—¿Pueden pensar en otras ocasiones en las que no nos damos cuenta de cosas que esperamos y ya están sucediendo? —preguntó.

Nadie dijo nada.

—¿Qué tal las respuestas a las oraciones? —sugirió su mamá.

Will asintió.

—A veces espero con tantas ansias a que Jesús responda a la oración que no puedo pensar en otra cosa —dijo lentamente—. Tal vez estoy esperando tanto la respuesta que se me pasa sin darme cuenta.

—Y yo estoy esperando la Navidad —dijo Roxy.

Su mamá sonrió.

—Solo no estés tan ocupada esperando que se te pase disfrutar el día de hoy —dijo—. Disfruta cada día que Dios te da. *NMS*

¿Y TÚ?

¿Parece que estás esperando algo constantemente? ¿Estás esperando vivir? Dios te ha dado este día. Dale gracias por él. Disfrútalo. Úsalo para servirlo. Que cada minuto cuente ahora mismo.

PARA MEMORIZAR:

«Este es el día que hizo el Señor; nos gozaremos y alegraremos en él». Salmo 118:24

DISFRUTA Y USA CADA DÍA

DOS BEBÉS

LEE LUCAS 4:1-13

Rut pegó la nariz contra la ventana para ver la sala de bebés. Su hermanito tenía solo cinco horas de nacido. Estaba envuelto en una cobija de franela azul con una pequeña gorra sobre su cabecita de rizados cabellos. Su cuna estaba justo al lado de la cama de su mamá, que se iba a quedar esa noche con el bebé en el hospital.

El papá de Rut se paró detrás de ella y le apretó los hombros con gentileza.

—Así que, ¿cómo se siente ser la hermana mayor? —preguntó.

Rut contestó dando una vuelta sobre las puntas de sus pies.

—¡Se siente genial! —dijo.

Un poco después, Rut y su papá caminaban agarrados de la mano en el aire frío de diciembre. Las estrellas brillaban en el cielo como millones de luces de Navidad.

—Papá —dijo Rut—, cuando Jesús nació, ¿era tan pequeño como nuestro bebé?

—Sí, lo era —contestó su papá—. Pero Jesús no tenía un lugar limpio y agradable de hospital donde quedarse como nuestro pequeñito. Jesús nació en un establo tosco, muy lejos de su hogar. Por supuesto, Dios le dio el amor de María y José, además de su propio amor y cuidado.

Rut se estremeció y se ciñó más la bufanda.

—La señora Montoya nos dijo en la iglesia que Jesús vino al mundo como un bebé para saber cómo es ser una persona. Cuando oramos a él podemos estar seguros de que él comprende los problemas y las dificultades que tenemos.

—Es verdad —respondió su papá—. ¿No es maravilloso pensarlo de esa manera?

Rut asintió.

—Estoy feliz —dijo—. Y estoy feliz de que tenemos nuestro propio bebé ahora. En cuanto sea más grande para comprender, me aseguraré de que sepa todo sobre el niño Jesús. *REB*

¿Y TÚ?

Jesús creció en la tierra con todos los problemas que tú tienes: hambre, cansancio, tentaciones y todo lo demás. Puedes acudir a él y saber que entiende tus problemas y dificultades. ¿Piensas en él como un bebé en un pesebre? ¿O lo ves como es hoy, un maravilloso Sumo Sacerdote que te comprende a la perfección?

JESÚS TE COMPRENDE

PARA MEMORIZAR:
«Nuestro Sumo Sacerdote comprende nuestras debilidades, porque enfrentó todas y cada una de las pruebas que enfrentamos nosotros, sin embargo, él nunca pecó». Hebreos 4:15

CUPONES EXPIRADOS

LEE 2 CORINTIOS 5:20-21; 6:1

—¿Aceptarían a Jesús esta noche? —preguntó el señor Anderson, el maestro del club bíblico de Josué—. Si quieren saber más sobre cómo ser salvos, levanten la mano. Quisiera orar por ustedes y hablar sobre el tema. No tienen que esperar hasta que sea demasiado tarde.

Josué se retorció en su asiento. Ciertamente pretendía ser salvo un día, ¡pero no aún! *¿Qué pensarían los niños si alzo mi mano?*, pensó. *Además, tendré tiempo de sobra para ser salvo cuando crezca.*

Cuando llegó a su casa, Josué se sirvió un vaso de leche. Su mamá había ido al supermercado y ahora estaba guardando los comestibles. Luego sacó unos cupones de su cartera, los ordenó y tiró algunos de ellos.

—¿No quieres usar esos cupones? —preguntó Josué.

—Lo habría hecho, pero me equivoqué —respondió su mamá—. Iba a usarlos hoy, pero cuando los saqué, me di cuenta de que habían expirado hace algunos días. —Suspiró—. Y nos hubieran ahorrado cerca de cinco dólares en comestibles. Debería haberlos usado la semana pasada. ¡Ahora es demasiado tarde!

Josué tomó su leche y caminó hasta el porche. Se sentó en el escalón más alto. Allí estaban otra vez las mismas palabras: «demasiado tarde», las mismas palabras que había usado el señor Anderson. Mientras Josué pensaba en ellas, tomó una decisión. Se levantó de un salto y regresó a la cocina.

—¡Mamá! —exclamó—. El señor Anderson dijo que un día será demasiado tarde para aceptar a Jesús como Salvador. Tú perdiste la oportunidad de usar tus cupones, pero yo no quiero perder la oportunidad de ser salvo. ¿Me ayudas?

Su mamá lo abrazó con fuerza.

—¡Claro que sí! —dijo. *LMW*

¿Y TÚ?

¿Cuántas veces has oído a un maestro, pastor o padre de familia dar el plan de salvación, pero has decidido posponerlo hasta después? ¿Por qué no hablas con un adulto en quien confíes para aprender más?

PARA MEMORIZAR:

«Busquen al SEÑOR mientras puedan encontrarlo; llámenlo ahora, mientras está cerca». Isaías 55:6

ACEPTA A JESÚS

LOS COPOS DE NIEVE Y LAS PERSONAS

LEE SALMO 139:13-16

—Mamá, la hermana mayor de mi amiga Lissy, Alana, va a operarse la nariz. ¿Crees que tal vez pueda hacerme cirugía plástica para hacer mi nariz más pequeña? —preguntó Lilita—. Es tan fea.

—Me gusta tu nariz así como es —dijo su mamá—. Eres una niña hermosa.

—Oh, tú tienes que decir eso —respondió Lilita—. Eres mi mamá, y todas las mamás piensan que sus hijas son perfectas.

Su mamá sonrió.

—Pienso que cualquiera diría que eres muy bonita, ¡incluso personas que no son parte de la familia! Además, la Biblia dice que la verdadera belleza viene de adentro. —Le dio un abrazo a Lilita—. Ahora necesito llevarle unos comestibles a la señora Burgos. No se está sintiendo bien. ¿Qué tal si cuidas a Jaime mientras voy?

—Claro —concordó Lilita—. Me pondré las botas y lo llevaré afuera. Está nevando otra vez.

Pronto, Lilita y Jaime jugaban en la nieve.

—¡Qué copos de nieve tan grandes! —gritó Jaime—. Vamos a atraparlos.

Estiraron las manos con sus guantes y mangas de colores oscuros.

—¿Quieres verlos aún mejor? —preguntó Lilita—. Espera aquí.

Corrió dentro de la casa y regresó con una lupa. Mientras le mostraba a Jaime cómo se veían los copos de nieve de cerca, él gritaba con deleite.

—Dios hizo a cada uno diferente y especial —le dijo Lilita—. ¿Sabías que en el mundo entero nunca ha habido dos copos de nieve iguales?

—Mi mami dice que no hay nadie como yo en todo el mundo tampoco —dijo Jaime sonriendo—. Y no hay nadie más como tú. Dios nos hizo especiales también —añadió.

Lilita pensó en lo que Jaime había dicho y sonrió. Le alegraba tener un hermanito que la amara tanto y, por supuesto, Dios también la amaba.

Tal vez mi nariz no está tan mal, se dijo a sí misma. *BRE*

¿Y TÚ?

¿Estás contento con tu apariencia? La Biblia dice que Dios nos hizo, a cada uno de nosotros, especiales. Él te ama. Y nunca se equivoca. Eres maravilloso tal y como eres.

ERES LA OBRA MAESTRA DE DIOS

PARA MEMORIZAR:
«Pues somos la obra maestra de Dios». Efesios 2:10

28

¿CUÁL ES LA TRAMPA?

LEE ROMANOS 5:12, 17-21

—¡Oh, guau! —gritó Miguel—. ¡Mira la gran oferta en esta caja de cereal! Un auto de carreras tan grande que te puedes sentar en él. ¡Y lo mejor de todo es que es gratis!

—¿Gratis? —preguntó su papá—. ¡Lo dudo!

—¡Lo es! —insistió Miguel—. Lo dice justo aquí. ¡Escucha! "Envía por tu auto de carreras de tamaño real absolutamente gratis". ¿Puedo hacerlo, papá? ¿Puedo?

Su papá levantó la caja y leyó las instrucciones.

—Puede ser gratis, pero tiene una condición. Necesitas $2.50 para pagar el manejo y el envío —dijo.

—Aun así es un buen precio, papá —dijo Miguel—. Dos cincuenta por un auto de carreras ¡es grandioso! Espera a que mis amigos lo vean.

—Aun así no me gusta la idea —dijo su papá—, pero si usas tu propio dinero, te dejaré pedirlo. Quizás me equivoque, pero creo que aquí puedes aprender una lección.

Con entusiasmo, Miguel llenó el formulario y envió el dinero. Luego esperó con entusiasmo el correo cada día. Finalmente llegó un paquete para él. Era sorprendentemente pequeño para ser un auto de carreras. Leyó las instrucciones y luchó con las piezas de cartón, tratando de armar el auto.

Cuando todas las piezas estaban finalmente en su lugar, Miguel no sabía si reír o llorar.

—Si esto es tamaño real, ¡debe ser para un niño de dos años! —le dijo a su papá.

Con cuidado, se sentó y con un ¡cataplum!, el auto colapsó. Miguel suspiró.

—Hasta aquí llegó ese auto de carreras —dijo—. Tenías razón, papá. Era una trampa.

—Por lo general lo es —dijo su papá—. Puedo pensar en una excepción, sin embargo. El Señor nos ofrece el regalo de la salvación sin trampas ni trucos. Nos ama tanto que nos la da de inmediato, realmente gratis.

—Sí —dijo Miguel, pensativo—, y el regalo de salvación de Dios nunca nos decepcionará, ¿verdad, papá? *LMW*

¿Y TÚ?

¿Alguna vez te has desilusionado por una oferta que parecía demasiado buena para ser verdad? Eso nunca sucederá cuando trates con Dios. Él te ofrece un regalo tan valioso que jamás se le puede colocar una etiqueta con el precio. Es la vida eterna a través de una relación personal con Jesucristo.

PARA MEMORIZAR:

«Pues la paga que deja el pecado es la muerte, pero el regalo que Dios da es la vida eterna por medio de Cristo Jesús nuestro Señor». Romanos 6:23

LA SALVACIÓN ES UN REGALO GRATUITO

¿CUÁL CAMINO?

LEE PROVERBIOS 4:10-19

—¿No es esto divertido? —preguntó Elsa mientras marchaba pesadamente sobre la nieve con otros camperos de su iglesia.

—Sí —respondió Olivia—. El señor Oñate es un buen director de campamentos.

Pronto llegaron a una bifurcación en el camino. Los chicos que estaban más adelante siguieron el camino a la izquierda.

—¡Esperen! —dijo Elsa—. El señor Oñate dijo que giráramos a la derecha en cada bifurcación, y así regresaríamos al campamento.

Los otros camperos vacilaron.

—Sí, pero mira, este camino de la izquierda está lleno de huellas, y no hay una sola huella en el de la derecha —discutió uno de ellos—. Deberíamos tomar el camino que todo mundo usa.

Los otros chicos estuvieron de acuerdo y comenzaron a andar por el camino más transitado.

Elsa y Olivia decidieron probar el camino a la derecha.

—Si no llegamos al campamento pronto, daremos media vuelta —concordaron y empezaron a caminar.

Para su deleite, no pasó mucho tiempo antes de que, de hecho, llegaran al campamento.

Cuando el señor Oñate oyó que los otros camperos habían tomado el camino equivocado, sacudió la cabeza.

—Llegarán a un callejón sin salida y deberán volver —dijo—. Pero enviaré a alguien en una moto de nieve para asegurarme de que estén bien. Supongo que debí haber enviado a un guía, después de todo.

Esa tarde, el señor Oñate estuvo a cargo del tiempo devocional.

—Esta noche tenemos un grupo de camperos cansados —dijo—. La mayoría de ustedes tomó un camino más largo que el planeado. —Abrió su Biblia—. Me parece que hay una lección en esta experiencia —les dijo—. La mayoría de ustedes no obedeció las instrucciones que se les dieron y eligieron seguir lo que otros hicieron. Aquellos que los siguieron probablemente tampoco sabían dónde iban. Afortunadamente, solo los desviaron del camino y no hacia algún peligro. Pero quiero que recuerden que cuando sean tentados a abandonar las enseñanzas del libro de Dios y prefieran seguir a la muchedumbre, el camino más transitado puede llevarlos al desastre. Elijan el camino de Dios. La muchedumbre puede estar equivocada, pero él siempre está en lo correcto. *MRP*

¿Y TÚ?

¿Te cuesta trabajo ir por un camino diferente al de los demás a tu alrededor? ¿Odias que te digan «gallina»? A veces es más fácil seguir al grupo que defender lo que es correcto. Pero vale la pena ir por el camino de Dios.

SIGUE A DIOS, NO A LOS DEMÁS

PARA MEMORIZAR:
«No hagas lo que hacen los perversos ni sigas el camino de los malos».
Proverbios 4:14

DICIEMBRE
30

DESARRAIGADO

Las cajas sin abrir estaban apiladas contra la pared del cuarto de Josías. Suspiró y se alejó de una que estaba desempacando.

—¿Ya te cansaste de abrir cajas? —preguntó su mamá, apartándose del cuadro que acababa de colgar.

—No, es solo que quisiera que no nos hubiéramos mudado —dijo Josías con tristeza.

Su mamá bajó el martillo.

—Es un tiempo complicado para ti, ¿cierto? —dijo.

—Sí, y no conozco a nadie aquí. Soy un extraño en la escuela y en la iglesia y en todos lados —dijo Josías.

Su mamá bajó una planta de la repisa.

—Mira esto —dijo.

Las hojas de la planta estaban marchitas.

—Esta planta tampoco luce muy feliz —murmuró Josías.

—No lo está —dijo su mamá—. Es una violeta africana, y la cambié de maceta hace dos días. Necesita extender sus raíces en la tierra nueva para obtener la nutrición que necesita para sobrevivir. Justo ahora está en un estado de *shock*. Pero me tiene a mí para cuidarla —dijo su mamá sonriendo—. Pronto comenzará a arraigarse en la tierra nueva.

—¿Quieres decir que yo también necesito tiempo? —preguntó Josías.

—Estoy tratando de decir que comenzar de nuevo es difícil. Pero también que alguien te está cuidando —dijo su mamá—. Jesús puede darte el valor y las fuerzas que necesitas para acostumbrarte a lugares nuevos y conocer a gente nueva.

—Supongo que aún estoy en la etapa de *shock* —dijo Josías. Se puso de pie y se estiró—. Creo que sacaré al perro a correr.

Mientras caminaban, las orejas aterciopeladas y largas de Duke se movían con cada paso. Lucía tan contento como Josías de estar afuera. En una esquina, un chico de la edad de Josías esperaba que el semáforo cambiara.

—Hola —dijo Josías—. ¿Sabes si hay un parque cerca?

—A unas cuadras de aquí. Te lo mostraré —contestó el chico.

Hmm, pensó Josías. *Quizás esto se convierta en una amistad. CLK*

¿Y TÚ?

¿Cómo te sientes cuando te encuentras en una nueva escuela, club deportivo, iglesia o vecindario? ¿A veces te sientes sin ganas de conocer a las personas nuevas que te rodean? Tal vez tengas que pedirle al Señor que te dé valor para ser amigable. Pídele que te ayude a ajustarte a tu nuevo ambiente.

PARA MEMORIZAR:
«Dios lo hizo todo hermoso para el momento apropiado».
Eclesiastés 3:11

DIOS AYUDA EN LOS TIEMPOS DE CAMBIO

CENTÍMETROS ADICIONALES

LEE 1 PEDRO 2:1-5

—¡Julio, estás creciendo muy rápido! —dijo la mamá de Julio parada a su lado con la cinta de medir en la mano. Estaba revisando cuánto había crecido Julio en seis meses—. Casi cinco centímetros —anunció.

—Mamá, ¿qué es lo que hace que los niños crezcan?

Su mamá sonrió.

—No lo sé exactamente —contestó—. Los científicos pueden medir el crecimiento, y a veces pueden desacelerarlo o acelerarlo. Saben que una buena dieta, ejercicio apropiado y buen descanso ayudan a crecer apropiadamente, pero no estoy segura de que eso explique del todo lo que te hace crecer. Por supuesto, sabemos que Dios es quien realmente da vida y quien ha creado nuestros cuerpos para que crezcan.

—Desearía ser tan alto como papá —dijo Julio.

—Algún día lo serás —dijo su mamá con una sonrisa—. Los niños a menudo crecen y son tan altos, o más altos, que sus padres. Pero sin importar con cuánta frecuencia desees o cuánto lo intentes, no puedes hacer nada al respecto. De hecho, la Biblia dice que no podemos añadir un centímetro a nuestra estatura con nuestros propios esfuerzos.

—Bill dice que se cuelga de una barra cada día, esperando ser más alto —dijo Julio.

—Pues lo único que va a conseguir con eso es que le duelan los brazos —comentó su mamá—. Sin embargo, hay un tipo de crecimiento por el que puedes hacer algo.

—¿Lo hay? —preguntó Julio entusiasmado—. ¿Cuál es?

—Es tu crecimiento espiritual. De la misma manera que comes alimentos para ayudarte a crecer físicamente, necesitas "alimentarte" de la Palabra de Dios para crecer espiritualmente —explicó su mamá—. Primera de Pedro 2:2 dice: "deseen con ganas la leche espiritual pura". Podemos crecer a medida que obedecemos y usamos la Palabra de Dios en nuestra vida. *CVM*

¿Y TÚ?

¿Eres un cristiano en crecimiento? ¿Amas más a Jesús ahora que hace un año? Cuando Dios habla a través de su Palabra, acéptala y obedécela. Él la usará para ayudarte a crecer espiritualmente. Haz de este año nuevo uno en el que crezcas fuerte en Jesús.

CRECE ESPIRITUALMENTE

PARA MEMORIZAR:
«Como bebés recién nacidos, deseen con ganas la leche espiritual pura para que crezcan a una experiencia plena de la salvación». 1 Pedro 2:2

ÍNDICE DE TEMAS

de junio; 19 de julio; 6 de agosto; 1 de septiembre; 9 de octubre; 23 de noviembre; 1 y 31 de diciembre

CUIDADO DE DIOS
26 de febrero, 15 de junio, 25 de agosto, 29 de septiembre, 18 de octubre, 14 y 29 de noviembre

DAR
14 de marzo, 21 de mayo, 19 de junio, 26 de septiembre, 24 de noviembre, 11 de diciembre

DECIR GROSERÍAS
26 de julio

DINERO. *VER* **DAR**

DIOS
2 de enero, 14 de febrero, 13 de marzo, 4 de septiembre, 1 de noviembre

DIVORCIO, SEPARACIÓN
30 de marzo, 8 de noviembre

DOLOR
21 de octubre

ENEMIGOS
7 de enero

ENOJO
5 y 23 de enero, 1 de febrero, 10 de marzo, 3 de septiembre, 23 de diciembre

ENVIDIA
17 de marzo

ESPERAR
27 de febrero

FE
2 de enero, 4 de junio, 25 de julio

FRUTO DEL ESPÍRITU
29 de julio

GENTILEZA
20 de abril, 17 de agosto

HÁBITOS
29 de mayo, 25 de junio, 13 de agosto

HACER LO CORRECTO
4 y 24 de enero, 15 y 22 de agosto, 5 y 13 de septiembre

HONESTIDAD. *VER TAMBIÉN* **MENTIR**
24 de octubre

IGLESIA
20 de mayo, 5 de diciembre

JESÚS
24 de febrero, 23 y 28 de marzo, 16 de

julio, 19 de agosto, 8 de septiembre, 27 y 28 de noviembre

JUZGAR A OTROS. *VER* **APARIENCIA**

LECTURA BÍBLICA Y ESTUDIO
9 y 13 de enero; 26 de marzo; 12 y 22 de abril; 2 y 13 de mayo; 8, 14 y 29 de junio; 11 de julio; 23 de agosto; 16 de octubre; 17 de noviembre; 14 de diciembre

MAL HUMOR
21 de marzo

MANEJO DEL TIEMPO
18 de abril, 24 de diciembre

MENTIR
27 de abril, 14 de agosto, 20 de octubre, 3 de noviembre

MIEDO
1 de mayo, 10 de junio, 11 de agosto, 18 de septiembre, 26 de noviembre, 13 de diciembre

MISIONES
2 de junio, 2 de agosto

MOTIVACIÓN
17 de mayo

MUERTE, FUNERALES
1 y 10 de octubre

MÚSICA
28 de agosto

NAVIDAD
16 y 25 de diciembre

OBEDIENCIA
14 de enero, 22 de marzo, 3 de abril, 24 de mayo, 13 de octubre, 8 de noviembre, 9 de diciembre

ORACIÓN
3, 10 y 21 de enero; 18 de marzo; 28 y 31 de mayo; 10 y 15 de diciembre

PACIENCIA
25 de febrero, 30 de junio, 17 de septiembre

PADRES
11 de enero, 9 de agosto

PECADO
1 y 7 de marzo, 1 y 14 de abril, 14 de mayo, 24 de junio, 21 y 24 de julio, 11 y 27 de septiembre, 3 de octubre

PERDÓN DE DIOS
9 de marzo, 2 de octubre, 9 de noviembre

PERDONAR A OTROS
11 de febrero, 19 de diciembre

PERSISTENCIA
5 de julio, 28 de septiembre

POSESIONES. *VER* **DAR**

PONER EN PRÁCTICA LA FE
19 de octubre

PREOCUPACIÓN. *VER* **CONFIAR EN DIOS**

PRESENCIA DE DIOS
22 de septiembre

PRESIÓN DEL GRUPO
15 y 16 de febrero, 5 de abril, 5 de junio

PROBLEMAS, PRUEBAS
16 de abril, 7 y 10 de mayo, 12 de junio, 3 de julio, 6 de septiembre, 7 de octubre, 16 y 20 de noviembre

PROCRASTINAR
22 de febrero, 6 de noviembre

RELACIONES
15 de abril, 9 y 15 de mayo, 9 de julio, 11 de octubre, 11 de noviembre, 4 de diciembre

SABIDURÍA
11 de mayo, 13 y 20 de julio

SABIDURÍA DE DIOS
26 de agosto

SACRIFICIO
31 de marzo

SALUD ESPIRITUAL
1 de junio

SALVACIÓN
16, 25, 28 y 30 de enero; 19, 20 y 27 de marzo; 3 de mayo; 7 y 18 de junio; 12 de julio; 8, 12 y 27 de agosto; 1, 17 y 30 de octubre; 5, 15 y 18 de noviembre; 26 y 28 de diciembre

SATANÁS
4 de marzo, 9 de abril, 22 de agosto, 14 de diciembre

SERVIR
17 y 26 de enero, 24 de agosto, 22 de octubre, 30 de noviembre, 20 de diciembre

SEGUIR A JESÚS
7, 8 y 12 de febrero; 16 y 25 de marzo; 26 de abril; 25 de mayo; 17 de junio; 2 y 17 de julio; 29 de diciembre

TALENTOS
8 de marzo, 6 de mayo, 10 y 31 de julio, 30 de agosto, 8 y 25 de octubre, 4 de noviembre

TENTACIÓN
18 y 27 de febrero, 5 de marzo, 16 de junio, 21 de julio, 1 y 13 de agosto, 29 de octubre

TESTIGOS
11 de marzo; 4 y 10 de abril; 18 y 27 de mayo; 11 y 22 de junio; 15, 22 y 28 de julio; 5 de agosto; 7, 14 y 15 de septiembre; 28 de octubre

VALOR
2 de marzo

VIDA CRISTIANA
31 de enero, 24 de marzo, 25 de abril, 23 de junio, 25 de julio, 3 de agosto, 2 de septiembre

VIDA ETERNA
27 de enero

VOLUNTAD DE DIOS
20 de febrero, 12 de marzo, 27 de julio, 19 de noviembre

ÍNDICE DE PASAJES BÍBLICOS DE LECTURA

Salmo 46
3 de junio

Salmo 49:16-20
2 de julio

Salmo 51:1-12
15 de enero, 3 de marzo, 4 de diciembre

Salmo 55:1-2, 16-17, 22
31 de mayo

Salmo 71:5-9, 14-18
23 de junio

Salmo 71:12-16
14 de octubre

Salmo 84:10-12
30 de noviembre

Salmo 86:1-7
7 de mayo, 7 de julio

Salmo 91:1-10
29 de septiembre

Salmo 92:1-2, 12-15
22 de noviembre

Salmo 100
28 de agosto

Salmo 103:1-5
29 de noviembre

Salmo 103:8-12
2 de octubre

Salmo 105:1-5
28 de mayo

Salmo 107:1-2, 21-22
25 de noviembre

Salmo 107:8-15
5 de diciembre

Salmo 112
26 de noviembre

Salmo 118:1-3
9 de diciembre

Salmo 119:1-8
20 de enero

Salmo 119:9-12
9 de enero, 26 de marzo

Salmo 119:9-16
14 de junio, 23 de agosto

Salmo 119:11-16
7 de febrero

Salmo 119:33-40
16 de octubre

Salmo 119:41-48
14 de diciembre

Salmo 119:97-104
12 de abril

Salmo 119:129-138
11 de julio

Salmo 133
22 de diciembre

Salmo 139:3-10
22 de septiembre

Salmo 139:13-16
27 de diciembre

Salmo 139:13-18
5 de mayo

Salmo 145:13-19
18 de agosto

Proverbios 1:1-7, 20-23
20 de julio

Proverbios 1:2-9
11 de marzo

Proverbios 1:7-10, 29-33
6 de octubre

Proverbios 1:10-15
10 de febrero, 5 de junio

Proverbios 2:1-5
13 de enero, 1 de julio

Proverbios 2:1-8
13 de mayo

Proverbios 3:1-8
24 de mayo, 9 de octubre

Proverbios 3:5-7
12 de marzo

Proverbios 3:11-18
10 de mayo

Proverbios 4:1-11
14 de enero, 9 de agosto

Proverbios 4:1-13
23 de septiembre

Proverbios 4:5-9
29 de junio

Proverbios 4:10-18
21 de febrero

Proverbios 4:10-19
29 de diciembre

Proverbios 4:13-21
3 de abril

Proverbios 6:6-11
9 de abril

Proverbios 7:1-4
13 de junio

Proverbios 8:6-9
3 de noviembre

Proverbios 11:24-28
21 de mayo

Proverbios 14:14-18
10 de marzo

Proverbios 15:1-7
1 de febrero

Proverbios 16:31; 20:29
2 de diciembre

Proverbios 17:27-28; 18:13
4 de febrero

Proverbios 18:6-8, 21, 24
13 de febrero

Proverbios 18:19-21; 21:23
23 de diciembre

Proverbios 22:2-9
23 de julio

Proverbios 26:12-16
6 de noviembre

Proverbios 26:21-28
17 de agosto

Proverbios 27:11-12
1 de marzo

Proverbios 27:17
30 de junio

Eclesiastés 2:4-11
19 de agosto

Eclesiastés 3:1-8
19 de septiembre, 30 de diciembre

Eclesiastés 8:5-7
15 de diciembre

Eclesiastés 11:9-10; 12:1, 13-14
15 de agosto, 15 de noviembre

Isaías 40:6-8
13 de julio

Isaías 40:28-31
13 de septiembre

Isaías 41:10, 13
20 de septiembre

Isaías 53:3-12
8 de septiembre

Isaías 64:6-9
21 de marzo

Ezequiel 11:16-21
3 de agosto

Ezequiel 18:30-32
1 de octubre

Ezequiel 33:10-11
14 de mayo

Daniel 1:8-15
5 de abril

Jonás 3:1-4, 10; 4:1-4, 11
15 de septiembre

Mateo 1:18-25
16 de diciembre

Mateo 5:13-16
27 de mayo, 22 de julio

Mateo 5:21-24
20 de abril

Mateo 5:38-42
20 de junio

Mateo 6:1-4
26 de septiembre, 11 de diciembre

Mateo 6:9-15
13 de marzo

Mateo 6:12-15
19 de diciembre

Mateo 6:26-29, 34
10 de junio

Mateo 7:1-5
9 de septiembre

Mateo 7:9-11
6 de septiembre

Mateo 9:2-8
10 de abril

Mateo 10:29-31
5 de mayo, 15 de junio, 18 de octubre

Mateo 11:25-30
23 de mayo

Mateo 14:25-32
2 de marzo

Mateo 19:13-15
9 de junio

Mateo 21:33-42
13 de noviembre

Mateo 23:25-26
16 de agosto

Mateo 25:14-15, 19-23
8 de marzo

Mateo 25:14-23
25 de octubre

Mateo 25:31-34, 41, 46
16 de marzo

Mateo 25:34-40
9 de febrero

Mateo 28:16-20
2 de agosto

Marcos 4:3-20
18 de abril

Marcos 4:14-20
11 de junio

Marcos 4:21-25
22 de junio

Marcos 4:35-41
1 de mayo

Marcos 10:13-16
24 de febrero

Marcos 14:32-38
18 de febrero

Marcos 15:1-5
6 de enero

Lucas 2:1-20
24 de diciembre

Lucas 2:51-52
24 de abril

Lucas 4:1-13
25 de diciembre

Lucas 6:27-31
9 de julio

Lucas 6:27-35
5 de enero

Lucas 8:4-8, 11-15
27 de febrero

Lucas 10:25-37
31 de julio

Lucas 10:30-37
12 de diciembre

Lucas 10:38-42
1 de diciembre

Lucas 12:1-3
13 de abril, 14 de agosto

Lucas 12:13-21
24 de septiembre

Lucas 12:22-31
25 de agosto

Lucas 12:31-34
17 de mayo

Lucas 15:4-7
16 de enero

Lucas 17:11-19
24 de febrero

Lucas 18:1-8
3 de enero

Lucas 19:1-6
8 de julio

Juan 1:1-5, 9-12
18 de junio

Juan 1:1-9
16 de julio

Juan 1:1-12
30 de enero

Juan 1:37-47
15 de julio

Juan 3:1-16
3 de mayo

Juan 3:14-18, 36
28 de marzo

Juan 3:19-21
14 de abril

Juan 4:4-14
20 de marzo

Juan 4:5-14
28 de noviembre

Juan 4:7-14
12 de julio

Juan 6:32-35
14 de septiembre

Juan 8:12-19
5 de agosto

Juan 8:31-36
9 de marzo

Juan 9:13-25
28 de octubre

Juan 10:7-10
8 de agosto

Juan 11:21-27
10 de octubre

Juan 14:1-6
6 de febrero, 23 de marzo, 14 de julio

Juan 15:1-5
16 de noviembre

Juan 15:4-8
21 de enero

Juan 15:6-11
12 de noviembre

Juan 15:9-13
31 de marzo

Juan 15:12-15
27 de noviembre

Juan 15:13-17
10 de enero

Juan 15:18-21
15 de octubre

Juan 20:26-31
2 de enero

Juan 21:3-13
8 de febrero

Hechos 5:12-16
2 de mayo

Hechos 12:1-10
10 de diciembre

Hechos 17:24-28
12 de agosto

Hechos 24:24-27
25 de enero

Romanos 3:19, 23-28
11 de septiembre

Romanos 5:1-5
3 de julio

Romanos 5:6-11
27 de agosto

Romanos 5:12, 17-21
18 de noviembre, 28 de diciembre

Romanos 7:14-25
27 de septiembre

Romanos 8:1-4
24 de junio

Romanos 8:1-6
19 de marzo, 20 de octubre

Romanos 8:28-32
20 de agosto

Romanos 8:35-39
14 de febrero, 30 de marzo

Romanos 10:8-17
30 de abril

Romanos 11:33-36
4 de septiembre

Romanos 12:1-2, 9
4 de enero

Romanos 12:9-21
24 de octubre

Romanos 12:10-17
27 de junio

Romanos 12:13-21
15 de abril

Romanos 12:17-21
7 de enero

Romanos 13:1-7
11 de octubre

Romanos 13:8-10
23 de febrero

Romanos 15:4-6
6 de abril

1 Corintios 5:6-8
26 de julio

1 Corintios 9:24-27
12 de febrero

1 Corintios 10:1-13
3 de octubre

1 Corintios 11:23-26
7 de agosto

1 Corintios 12:4-7, 14-19
10 de julio

1 Corintios 12:7-11
4 de noviembre

1 Corintios 12:14-27
6 de mayo

1 Corintios 12:22-27
6 de julio

1 Corintios 12:27-31
30 de agosto

1 Corintios 13:1-3
8 de mayo

1 Corintios 13:1-7
3 de septiembre

1 Corintios 13:4-7, 13
9 de mayo

1 Corintios 13:9-13
10 de agosto

2 Corintios 4:16-18; 5:1
10 de noviembre

2 Corintios 5:1-10
8 de diciembre

2 Corintios 5:14-19
6 de diciembre

2 Corintios 5:20-21; 6:1
26 de diciembre

2 Corintios 5:20-21; 6:11-12
22 de febrero

2 Corintios 6:14-18
25 de abril

2 Corintios 7:8-13
8 de noviembre

2 Corintios 9:5-11
24 de noviembre

2 Corintios 9:6-8
19 de junio

2 Corintios 9:6-11
14 de marzo

Gálatas 5:13-15, 22-26
26 de mayo, 30 de septiembre

Gálatas 5:16-25
29 de julio

Gálatas 5:22-26
11 de noviembre

Gálatas 6:2, 9-10
12 de mayo

Gálatas 6:7-10
17 de septiembre

Efesios 1:15-19
29 de octubre

Efesios 2:1-10
28 de enero

Efesios 2:4-10
7 de junio

Efesios 3:14-21
30 de mayo

Efesios 4:1-6
30 de junio

Efesios 4:14-18
12 de agosto

Efesios 4:26-27, 30-32
21 de noviembre

Efesios 4:26-32
23 de enero

Efesios 4:30-32; 5:1-8
17 de junio

Efesios 5:1-2, 8-10
1 de abril

Efesios 6:5-10
24 de agosto, 17 de diciembre

Efesios 6:10-17
31 de enero, 4 de marzo, 21 de junio, 17 de
noviembre

Filipenses 1:20-27
5 de febrero

Filipenses 2:3-8
3 de febrero

Filipenses 4:4-9
12 de enero

Filipenses 4:8-13
21 de septiembre

Filipenses 4:10-13
7 de abril

Colosenses 1:9-14
22 de octubre

Colosenses 1:15-18
2 de abril

Colosenses 2:6-10
22 de mayo, 19 de julio

Colosenses 3:1-3, 16-17
17 de enero

Colosenses 3:1-4
16 de mayo

Colosenses 3:8-11
28 de julio

Colosenses 3:8-14
29 de mayo

Colosenses 3:12-15
11 de febrero

Colosenses 3:17-25
18 de enero

1 Tesalonicenses 2:17; 3:9-13
27 de octubre

1 Tesalonicenses 5:11-15
6 de marzo

1 Tesalonicenses 5:11-18
22 de enero

1 Tesalonicenses 5:12-13
11 de abril

1 Tesalonicenses 5:16-24
28 de junio

2 Tesalonicenses 3:7-13
28 de septiembre

1 Timoteo 1:12-15
30 de octubre

1 Timoteo 6:6-11
17 de febrero, 4 de octubre, 18 de diciembre

2 Timoteo 2:3-10
5 de julio

2 Timoteo 2:19-22
5 de marzo, 1 de agosto, 20 de diciembre

2 Timoteo 2:20-25
15 de mayo, 16 de junio

2 Timoteo 3:14-17
28 de abril, 6 de agosto

2 Timoteo 4:1-5
2 de junio

2 Timoteo 4:16-18
4 de agosto

Tito 2:1-8
5 de septiembre

Filemón 1:1-7
25 de septiembre

Hebreos 1:1-2; 2:1-4
5 de noviembre

Hebreos 3:1-6
8 de abril

Hebreos 5:12-14
19 de enero

Hebreos 6:9-12
17 de julio

Hebreos 9:13-22, 28
27 de enero, 9 de noviembre

Hebreos 10:23-25
20 de mayo

Hebreos 10:25-37
7 de septiembre

Hebreos 11:1-6
4 de junio

Hebreos 11:23-29
1 de septiembre

Hebreos 11:24-27
11 de mayo

Hebreos 11:32-40
25 de julio

Hebreos 12:1-3
7 de marzo, 18 de mayo, 2 de septiembre

Hebreos 12:5-11
11 de enero, 21 de agosto

Santiago 1:2-4
20 de noviembre

Santiago 1:12-15
21 de julio

Santiago 1:21-25
19 de octubre

Santiago 1:22-25
22 de marzo

Santiago 2:1, 5, 8-9
12 de septiembre

Santiago 2:14-18
24 de enero

Santiago 2:14-23
29 de marzo

Santiago 3:13-18
17 de marzo

Santiago 4:13-17
20 de febrero, 13 y 27 de julio, 17 de octubre

1 Pedro 1:3-5
6 de junio

1 Pedro 1:3-9
3 de diciembre

1 Pedro 1:7-9
5 de octubre

1 Pedro 1:13-16
25 de mayo

1 Pedro 1:17-23
24 de julio

1 Pedro 1:22-23; 2:1-3
23 de noviembre

1 Pedro 2:1-5
31 de diciembre

1 Pedro 2:4-10
24 de marzo

1 Pedro 2:21-24
16 de abril

1 Pedro 3:8-12
25 de junio

1 Pedro 3:10-12
15 de febrero

1 Pedro 4:14-16
16 de febrero

1 Pedro 4:14-19
7 de octubre

1 Pedro 5:1-5
11 de abril

1 Pedro 5:6-7, 10-11
2 de noviembre

2 Pedro 1:3-8
23 de abril

2 Pedro 1:5-11
16 de septiembre

1 Juan 1:3-7
18 de marzo

1 Juan 1:8-10
27 de abril

1 Juan 1:8-10; 2:1-2
23 de octubre

1 Juan 3:16-18
29 de enero

2 Juan 1:7-11
29 de abril

3 Juan 1:1-8, 11
1 de junio

Apocalipsis 3:14-16
26 de abril

Apocalipsis 3:14-19
31 de agosto

Apocalipsis 7:9-10
19 de mayo

Apocalipsis 19:5-9
31 de octubre

Apocalipsis 19:7-8, 21:2, 9-10, 27
28 de febrero

Apocalipsis 21:22-27
8 de enero

ÍNDICE DE VERSÍCULOS PARA MEMORIZAR

Salmo 92:14
22 de noviembre

Salmo 101:2
4 de diciembre

Salmo 103:2-3
29 de noviembre

Salmo 103:12
2 de octubre

Salmo 105:4
28 de mayo

Salmo 106:15
4 de octubre

Salmo 118:24
24 de diciembre

Salmo 119:9
14 de junio

Salmo 119:11
13 de mayo

Salmo 119:14
1 de julio

Salmo 119:15
26 de marzo

Salmo 119:16
23 de agosto, 14 de diciembre

Salmo 119:18
9 de enero

Salmo 119:72
20 de enero

Salmo 119:97
2 de mayo

Salmo 133:1
15 de abril

Salmo 138:8
27 de septiembre

Salmo 139:14
8 de julio

Salmo 139:17
5 de mayo

Salmo 145:14
18 de agosto

Salmo 145:16
5 de diciembre

Proverbios 1:8
14 de enero

Proverbios 1:10
10 de febrero, 6 de octubre

Proverbios 2:10
23 de septiembre

Proverbios 3:1
9 de octubre

Proverbios 3:5
6 de septiembre

Proverbios 3:6
12 de marzo

Proverbios 3:15
10 de mayo

Proverbios 4:1
9 de agosto

Proverbios 4:4
3 de abril

Proverbios 4:7
20 de julio

Proverbios 4:14
29 de diciembre

Proverbios 4:26
5 de junio

Proverbios 7:2
13 de junio

Proverbios 8:7
3 de noviembre

Proverbios 8:11
11 de mayo

Proverbios 11:27
27 de julio

Proverbios 12:15
16 de septiembre

Proverbios 13:1
11 de marzo

Proverbios 13:21
26 de septiembre

Proverbios 14:21
23 de julio

Proverbios 14:26
26 de noviembre

Proverbios 14:29
4 de febrero

Proverbios 15:1
1 de febrero

Proverbios 15:6
18 de enero

Proverbios 16:9
19 de febrero

Proverbios 16:17
1 de marzo

Proverbios 17:17
19 de diciembre

Proverbios 18:21
23 de diciembre

Proverbios 18:24
23 de febrero, 27 de noviembre

Proverbios 19:21
15 de diciembre

Proverbios 21:3
13 de septiembre

Proverbios 27:1
6 de noviembre

Proverbios 28:13
14 de mayo, 26 de octubre

Proverbios 29:11
3 de septiembre

Eclesiastés 3:11
30 de diciembre

Eclesiastés 8:6
19 de septiembre

Eclesiastés 9:10
30 de agosto

Eclesiastés 12:1
22 de febrero

Eclesiastés 12:14
15 de agosto

Isaías 41:10
1 de enero, 2 de marzo, 14 de octubre

Isaías 41:13
20 de septiembre

Isaías 51:12
4 de agosto, 2 de noviembre

Isaías 55:6
26 de diciembre

Isaías 61:10
31 de octubre

Jeremías 6:16
22 de agosto

Jeremías 29:11
12 de junio

Ezequiel 11:19
3 de agosto

Hageo 2:4
18 de septiembre

Mateo 5:5
6 de enero

Mateo 5:11
29 de agosto

Mateo 5:11-12
7 de octubre

Mateo 5:13
6 de abril

Mateo 5:14
5 de agosto

Mateo 5:16
27 de mayo, 28 de julio

Mateo 5:41
20 de junio

Mateo 6:3
11 de diciembre

Mateo 6:33
17 de mayo

Mateo 7:1
9 de septiembre

Mateo 10:31
15 de junio, 18 de octubre, 2 de diciembre

Mateo 10:42
20 de diciembre

Mateo 11:29
23 de mayo

Mateo 12:34
20 de abril

Mateo 13:13
29 de abril

Mateo 13:23
11 de junio

Mateo 16:26
6 de febrero, 2 de julio, 1 de septiembre

Mateo 18:20
20 de mayo

Mateo 19:14
9 de junio

Mateo 19:26
19 de noviembre

Mateo 25:23
25 de octubre

Mateo 25:40
9 de febrero

Mateo 28:19
10 de abril

Marcos 1:17
14 de septiembre

Marcos 4:21
22 de junio

Marcos 10:14
24 de febrero

Marcos 14:38
18 de febrero

Marcos 16:15
2 de agosto, 15 de septiembre

Lucas 3:11
29 de enero

Lucas 4:4
23 de noviembre

Lucas 6:31
11 de noviembre

Lucas 6:38
21 de mayo

Lucas 8:15
27 de febrero

Lucas 10:41-42
1 de diciembre

Lucas 12:2
13 de abril

Lucas 12:7
10 de junio

Lucas 18:1
3 de enero

Lucas 19:10
16 de enero

Lucas 21:34
18 de abril

Juan 1:4-5
18 de junio

Juan 1:42
15 de julio

Juan 3:16
3 de mayo

Juan 3:17
16 de diciembre

Juan 3:36
28 de marzo

Juan 4:14
12 de julio, 28 de noviembre

Juan 6:40
27 de enero

Juan 7:24
12 de septiembre

Juan 8:12
30 de enero, 16 de julio

Juan 8:36
9 y 19 de marzo

Juan 9:4
26 de enero

Juan 9:25
28 de octubre

Juan 10:9
8 de agosto

Juan 10:10
19 de agosto

Juan 11:26
10 de octubre

Juan 13:15
8 de febrero

Juan 13:34
9 de mayo

Juan 14:1
14 de julio

Juan 14:2
18 de noviembre

Juan 14:23
9 de diciembre

Juan 15:2
16 de noviembre

Juan 15:5
21 de enero, 12 de noviembre

Juan 15:19
15 de octubre

Hechos 4:12
23 de marzo

Hechos 4:13
29 de julio

Hechos 10:34
30 de septiembre

Hechos 12:5
10 de diciembre

Hechos 17:28
12 de agosto

Hechos 20:35
6 de julio

Hechos 21:13
25 de julio

Romanos 3:23
11 de septiembre

Romanos 3:25
24 de julio

Romanos 3:28
30 de abril

Romanos 6:23
28 de diciembre

Romanos 7:6
24 de junio

Romanos 8:18
10 de noviembre

Romanos 8:28
20 de febrero, 20 de agosto

Romanos 8:38
30 de marzo

Romanos 8:39
14 de febrero

Romanos 10:9
7 de junio

Romanos 11:33
4 de septiembre

Romanos 12:9
4 de enero

Romanos 12:11
9 de abril

Romanos 12:15
27 de junio

Romanos 12:21
7 de enero, 9 de julio

1 Corintios 2:9
6 de junio

1 Corintios 9:25
12 de febrero

1 Corintios 10:12
3 de octubre

1 Corintios 10:31
17 de enero, 8 de octubre

1 Corintios 11:26
7 de agosto

1 Corintios 12:4-5
31 de julio

1 Corintios 12:6
10 de julio

1 Corintios 12:11
4 de noviembre

1 Corintios 12:22, 27
6 de mayo

1 Corintios 13:12
10 de agosto

2 Corintios 5:7
4 de mayo

2 Corintios 5:17
29 de mayo, 6 de diciembre

2 Corintios 5:20
22 de julio

2 Corintios 5:21
21 de febrero

2 Corintios 6:2
25 de enero

2 Corintios 6:17
25 de abril

2 Corintios 8:21
24 de octubre

2 Corintios 9:7
14 de marzo, 19 de junio, 24 de noviembre

2 Corintios 9:15
25 de noviembre

2 Corintios 10:17
7 de diciembre

Gálatas 5:9
14 de agosto

Gálatas 5:22
25 de febrero

Gálatas 5:22-23
23 de abril

Gálatas 5:26
15 de mayo

Gálatas 6:2
22 de enero

Gálatas 6:5
28 de abril

Gálatas 6:10
12 de mayo, 12 de diciembre

Efesios 2:8-9
28 de enero

Efesios 2:10
27 de diciembre

Efesios 4:26
23 de enero

Efesios 4:31
21 de noviembre

Efesios 4:32
30 de junio

Efesios 5:1
25 de mayo, 17 de junio

Efesios 5:8
1 de abril

Efesios 5:15
20 de octubre

Efesios 5:17-19
28 de agosto

Efesios 5:20
21 de octubre

Efesios 5:29
26 de mayo

Efesios 6:6
24 de agosto, 17 de diciembre

Efesios 6:10
29 de junio, 29 de octubre

Efesios 6:11
4 de marzo, 21 de junio

Efesios 6:17
17 de noviembre

Filipenses 1:6
21 de marzo

Filipenses 1:21
5 de febrero, 8 de diciembre

Filipenses 2:4
3 de febrero

Filipenses 3:20
28 de febrero

Filipenses 4:11
21 de septiembre

Filipenses 4:11-12
7 de abril

Filipenses 4:13
31 de enero

Filipenses 4:19
25 de agosto, 14 de noviembre

Colosenses 1:10
7 de febrero, 22 de octubre

Colosenses 1:11
30 de julio

Colosenses 1:17
2 de abril

Colosenses 2:5
27 de octubre

Colosenses 2:7
17 de abril, 22 de mayo, 19 de julio

Colosenses 3:2
12 de enero, 16 de mayo

Colosenses 3:13
11 de febrero

Colosenses 4:2
10 de enero

1 Tesalonicenses 5:12-13
11 de abril

1 Tesalonicenses 5:14
17 de septiembre

1 Tesalonicenses 5:18
28 de junio

1 Timoteo 1:15
30 de octubre

1 Timoteo 4:12
6 de marzo

1 Timoteo 6:8
18 de diciembre

2 Timoteo 2:3
5 de julio

2 Timoteo 2:15
13 de enero, 26 de junio

2 Timoteo 2:21
5 de marzo

2 Timoteo 2:22
16 de junio, 1 de agosto

2 Timoteo 2:24
17 de agosto

2 Timoteo 3:14
6 de agosto

2 Timoteo 4:2
2 de junio

2 Timoteo 4:7
28 de septiembre

2 Timoteo 4:18
5 de abril

Tito 2:6
5 de septiembre

Filemón 1:7
25 de septiembre

Hebreos 2:3
5 de noviembre

Hebreos 3:4
8 de abril

Hebreos 4:12
14 de abril

Hebreos 4:15
25 de diciembre

Hebreos 6:12
17 de julio

Hebreos 9:22
27 de agosto

Hebreos 9:27-28
1 de octubre

Hebreos 10:36
7 de septiembre

Hebreos 10:38
26 de abril

Hebreos 11:1
2 de enero

Hebreos 11:6
4 de junio

Hebreos 12:1
7 de marzo

Hebreos 12:2
18 de mayo, 2 de septiembre

Hebreos 12:11
11 de enero

Hebreos 13:5
17 de febrero, 24 de septiembre

Hebreos 13:17
13 de noviembre

Santiago 1:2
20 de noviembre

Santiago 1:3
3 de julio

Santiago 1:3-4
3 de diciembre

Santiago 1:4
24 de abril

Santiago 1:19
5 de enero, 10 de marzo

Santiago 1:22
24 de mayo, 19 de octubre

Santiago 1:25
22 de marzo

Santiago 1:27
8 de mayo

Santiago 2:18
24 de enero, 29 de marzo

Santiago 3:16
17 de marzo

Santiago 4:7
21 de julio

Santiago 4:8
18 de marzo

Santiago 4:14
17 de octubre

Santiago 5:16
27 de abril

1 Pedro 1:8
5 de octubre

1 Pedro 2:2
19 de enero, 16 de octubre, 31 de diciembre

1 Pedro 2:5
24 de marzo

1 Pedro 2:13
11 de octubre

1 Pedro 2:21, 23
16 de abril

1 Pedro 3:8
25 de junio, 22 de diciembre

1 Pedro 3:18
8 de septiembre

1 Pedro 4:14
16 de febrero

1 Pedro 4:15
15 de febrero

1 Pedro 5:7
3 de junio

2 Pedro 3:18
30 de mayo

1 Juan 1:7
3 de marzo

1 Juan 1:9
23 de octubre, 9 de noviembre

1 Juan 5:14
13 de marzo

3 Juan 1:2
1 de junio

Apocalipsis 3:15
31 de agosto

Apocalipsis 3:19
21 de agosto

Apocalipsis 3:20
15 de noviembre

Apocalipsis 7:9
19 de mayo

Apocalipsis 21:23
8 de enero

Apocalipsis 22:12
8 de marzo

Apocalipsis 22:17
20 de marzo